tia
Scodra
Thracia
Philippi
Dyrrhachion
MACEDONIA
Apollonia
Thessalonica
ONISCHES
MEER
ACHAEA
Athen
Korinth
A S I A
Smyrna
Ephesus
Lycia
BITHYNIA
Pontus
Cappadocia
Galatia
CILICIA
Tigris
Euphrat
Antiochia
SYRIA
Cyprus
CRETA
Judaea
Jerusalem
Petra
Nabataea
Cyrene
Alexandria
CYRENAICA

Die Schlacht bei Aktium

John M. Carter

Die Schlacht bei Aktium

Aufstieg und Triumph des Kaisers Augustus

Mit 5 Karten im Text, einer Karte auf dem Vorsatz
und 8 Abbildungen auf Kunstdrucktafeln

F. A. Brockhaus · Wiesbaden 1972

Titel der englischen Originalausgabe »The Battle of Actium«,
Hamish Hamilton, Ltd., London 1970.
Einband und Umschlag nach Entwurf von Friedrich Poppl.
Übersetzung aus dem Englischen von Fred und Jessica Schmitz.

V. Nr. W 973 · ISBN 3-7653-0245-7.
 · Satz und Druck: L. C. Wittich, Darmstadt.

Inhalt

5. Blick von der Nordküste der Einfahrt in den Golf von Ambrakia nach Südwest
6. Kleopatra (nach Ludwig Curtius)
7. Agrippa
8. Relief eines römischen Kriegsschiffs mit Gefechtsturm und Legionären

Bildquellen: 1, 3, 4, 5, 8: Carter; 2, 6, 7: Deutsches Archäologisches Institut, Rom.

KAPITEL EINS

Die Iden des März

Auch heute kann man noch sehen, wo Caesar starb. In dem Stadtteil zwischen Corso und Tiberbogen gegenüber dem Petersdom, beim Largo di Torre Argentina, stehen nebeneinander vier Tempel aus republikanischer Zeit. Hinter ihnen, umgeben von Gebäuden der christlichen Ära, lassen sich die Überreste einer Halle erkennen, die offensichtlich zu einem viel größeren Komplex gehört hat. Die Tempel wurden bis heute nicht identifiziert; die Halle aber – obgleich dafür Beweise fehlen – kann eigentlich nur die Kurie des Pompeius gewesen sein, der Ort, an dem der Senat am Morgen des 15. März 44 v. Chr. zusammentrat.

Diese Kurie war einst Teil einer imposanten Anlage gewesen; sie stand an einem baumgesäumten, von Säulenhallen umgebenen Platz, den die hochragende Rückwand eines großen Freilichttheaters auf der gegenüberliegenden Seite begrenzte. Zu jener Zeit war dieses Theater das erste und einzige in Rom. Theater, Säulengänge und Haupthalle bildeten zusammen den größten Komplex öffentlicher Gebäude, den Rom damals kannte. Die Säulengänge dienten als Foyer, die Halle war, laut Plutarch, »als eine zusätzliche Ausschmückung des Ganzen« geplant worden. Alle drei Gebäude waren nach Gnaeus Pompeius benannt; sie waren sein Geschenk an das Volk von Rom.

Den jungen Pompeius hatte man mit dem Titel »der Große« verspottet. Aber es dauerte nicht lange, bis der Spott den Leuten verging. Seit den legendären Tagen des frühen Roms hatte niemand soviel Geltung und Einfluß besessen wie Pompeius auf der Höhe seines Ruhms. Der Tradition römischer Adliger folgend, stattete er dem Volk seinen Dank ab und stiftete diese großartigen Gebäude, womit er sich zugleich ein unvergängliches Denkmal setzte.

Er hatte 55 v. Chr. mit dem Bau begonnen, kurz nachdem das ungeschriebene Bündnis mit Caesar und Crassus zwecks Teilung der Herrschaft über den Staat erneuert worden war. Als das Werk rund drei Jahre später vollendet wurde, hatte Crassus inzwischen in der syrischen Wüste den Tod gefunden, war Julia, Caesars Tochter und des Pompeius geliebte Frau, im Kindbett gestorben. Jetzt zeichnete sich die Möglichkeit ab, daß Pompeius seinen Verbündeten im Stich lassen und zur konservativen Gruppe im Senat überschwenken würde, die beide Männer bisher bekämpft hatten. Genauso geschah es. Caesars politische Gegner zogen Pompeius auf ihre Seite und brachten ihn dazu, im Bürgerkrieg, den sie Caesar aufzwangen, ihr Anführer zu sein – und er ließ sich nicht sehr lange bitten.

Nach seiner Niederlage bei Pharsalos floh Pompeius nach Ägypten. Dort wurde er schmählich niedergemetzelt – von Männern, die die Gunst seines früheren Schwiegervaters zu gewinnen hofften. Es ist eine Ironie, daß diese Kette von Ereignissen damit enden sollte, daß Caesar in der Halle des Pompeius, zu Füssen seines Standbildes, erdolcht wurde.

Diese Ironie entging auch den antiken Historikern nicht. Dabei war es einfach ein makabrer Zufall. Denn im allgemeinen versammelte sich der Senat nicht so weit außerhalb des Stadtzentrums. Das Theater des Pompeius befand sich auf dem Marsfeld, einem Gelände, das ursprünglich als Exerzierplatz diente. Als die Stadt sich vergrößerte, wurde daraus ein Sport- und Erholungsgelände für die ständig wachsende Bevölkerung. Der 15. März war ein Festtag, der Anna Perenna geweiht, einer geheimnisvollen Göttin niederen Ranges, die bei der Erneuerung des Jahres im Frühling eine Rolle spielte. Ihr Fest reichte weit in die Vergangenheit Roms zurück, und bei den römischen Familien war es Sitte, an diesem Tage dem städtischen Treiben zu entfliehen, um sich am Ufer des Tibers zu vergnügen. Der Dichter Ovid beschreibt die Szene so:

> Siehe, da wallet die Menge heran, und im Rasen gelagert
>   Zecht man, zerstreut ringsum, Pärchen an Pärchen gereiht. . . .
> Alles erglüht von der Sonn' und vom Wein, und soviel man der Becher
>   Leeret, der Jahre so viel wünscht man und trinkt nach der Zahl.*

Sicherlich war das Volksfest für die würdigsten und einflußreichsten Männer Roms nicht ganz so amüsant. Aber es hat Caesar offenbar dazu

* Übers. v. E. Klußmann

veranlaßt, eben an diesem Tage die Kurie des Pompeius zum Treffpunkt des Senats zu bestimmen.

Von den Verschwörern erzählt uns Sueton folgendes: »Zuerst schwankten sie. Sollten sie ihn an einem Versammlungstage auf dem Marsfeld, wenn er dort die Stimmbezirke zur Stimmabgabe aufrief, in mehrere Gruppen aufgeteilt, erst von der Brücke* stoßen, ihn herausziehen und dann erschlagen? Oder sollten sie ihn auf der »Heiligen Straße« – oder auf dem Weg zum Theater überfallen? Nachdem jedoch die Zusammenkunft des Senats auf den 15. März in der Kurie des Pompeius angesetzt worden war, blieb kein Zweifel darüber, daß diesem Ort und Zeitpunkt der Vorzug gebührte.«

Die Vorteile lagen auf der Hand: Caesar würde allein auf den Stuhl des vorsitzenden Konsuls zugehen; die Verschwörer – alles Senatoren und 60 an der Zahl – würden sich leicht und ohne Aufsehen versammeln und um ihr Opfer scharen können. Außerdem war der Senat vermutlich ein geneigteres Publikum als das Volk von Rom, das sich weniger dafür interessierte, von wem es regiert wurde, als für die handgreiflichen Erfolge dieser Regierung.

Äußerlich gesehen, unterschied sich Caesars Senat doch wesentlich von jenem, der im Jahre 49 v. Chr. nicht verhindern konnte, daß die Fraktionskämpfe in einen Bürgerkrieg ausarteten. Ein großer Teil der erzkonservativen Opposition war gestorben oder auf den Schlachtfeldern des Bürgerkrieges gefallen, und Caesar hatte sich nicht damit begnügt, die offenen Stellen wie üblich mit reichen Patriziern neu zu besetzen. Er hatte den Senat um die Hälfte vergrößert, so daß er jetzt etwa 900 Mitglieder zählte. Bedeutsamer war noch, er hatte einige seiner neuen Männer von weither geholt, aus den Landbezirken Italiens und sogar aus Gallien, wahrscheinlich aus dem cisalpinen Gallien, also der Po-Ebene. Maueranschläge spotteten: »Im Namen Gottes: niemand zeige einem neuen Senator den Weg zum Rathaus.« Ein Knittelvers machte die Runde:

»Im Triumph führt Caesar Gallier,
führt sie zum Senatshaus droben.
Drinnen wimmeln nun die Gallier,
und statt Hosen – Purpurroben.«

* Die Brücke über einen Bach, die bei der Stimmabgabe eine Rolle spielte.

Das war so übertrieben und unangemessen wie jede politische Schmähschrift, aber es war etwas Wahres daran. Ob die Gallier nun Hosen trugen oder nicht — Caesars neue Männer wurden nicht für voll genommen. Das Senatsprotokoll sicherte nur den Konsularen (Ex-Konsuln) und den augenblicklichen Trägern höchster Magistratsämter das Recht der Debatte zu. Der Einfluß und die Autorität der rangälteren Senatoren standen in keinem Verhältnis zu ihrer Zahl. Zwischen ihnen und den neuen Männern war eine Mittelschicht: Aufsteigende, Anspruchslose, mittelmäßige oder einflußlose Männer ohne weitere Aufstiegsmöglichkeit, faktisch die Mehrheit — alle mehr oder weniger auf Seiten Caesars. Manche hatten von Anfang an seine Partei ergriffen, andere hatten Pompeius — und die Rechtsgrundsätze der Verfassung — verteidigt und später Vergebung erlangt. Aber sie waren alle Senatoren geworden, als die Republik noch als solche verstanden wurde, auch unter chaotischen Umständen. Viele kamen aus Familien, die seit Jahrhunderten Senatoren stellten. Viele hofften, einmal Konsul zu werden. In ihrer Jugend hatten sie die Wertbegriffe und Überlieferungen in sich aufgenommen, die die Republik formten — und schließlich zerstörten. Es war ihr Lebensziel, dem Staat zu dienen und zugleich dem Namen ihrer Familien Ehre zu machen, und deswegen bewogen sie das römische Volk, sie in den vorgesehenen Abständen in Magistratsämter zu wählen, die letztlich im Konsulat gipfelten. Der Aufstieg von Amt zu Amt war allerdings nicht selbstverständlich. Jedes Jahr wurden acht Prätoren gewählt, von denen aber nur zwei zum Konsul aufsteigen konnten. Genauso war es bei niederen Dienststellungen. Der Konkurrenzkampf kennzeichnete das System. Hatte aber einmal ein Mann die Spitze erreicht, gehörte er als Konsul oder Konsular zu der kleinen Gruppe, die den Staat *de facto* kontrollierte. Er war sein eigener Herr; geschickt ausgenutzte Freundschaften, Abhängigkeiten und Familienverbindungen durch Heirat verhalfen ihm vielleicht dazu, einige Zeit lang die Geschicke Roms zu lenken. Das alles tat er nicht kraft irgendeines Amtes, da er wahrscheinlich keines innehatte, sondern kraft der Autorität, der Würde und des Einflusses, die sein Aufstieg ihm eingetragen hatten. Man respektierte seine Ansichten und handelte auch danach, wenn er alles entsprechend einzurichten verstand. Aber er blieb *primus inter pares*, und die wechselnden Koalitionen familiärer oder politischer Art sorgten dafür, daß kein Einzelner die Macht an sich reißen konnte. Genau das verstand man unter »freier Republik«, und in dieser Tradition war die überragende Mehrheit in Caesars Senat aufgewachsen. Vielleicht hatten sie Stellung und Fortkommen Caesar zu verdanken; dennoch sahen sie ganz klar, daß er nicht mehr auf dem Boden republikanischer Grundsätze stand.

Caesar besaß in Wahrheit die absolute Macht. Als Sieger im Bürgerkrieg hatte er sich eine Position geschaffen, die er seinen Soldaten verdankte — sonst niemandem. Die verfassungsmäßige Rechtsgrundlage seiner Macht war die Diktatur, eine althergebrachte Einrichtung, deren ungeheure Machtfülle bloß deshalb erträglich war, weil sie nur in Notzeiten, für eine begrenzte Frist oder eine bestimmte Aufgabe galt. Aber die Diktatur Caesars war etwas Neues. Ursprünglich von einem Rumpfsenat voll seiner eigenen Parteigänger anfangs des Bürgerkriegs für ein Jahr bewilligt, wurde sie dann auf zehn Jahre verlängert und schließlich, im Sommer 45, auf Lebenszeit gewährt — von einem Senat, dessen gesetzliche Zuständigkeit niemand mehr in Zweifel stellte, nun da der Krieg vorbei war.

Caesar konnte es sich erlauben, die republikanische Theorie, der Senat sei ein Sammelbecken kollektiver Weisheit, vom Tisch zu wischen. Natürlich gab es weiterhin einen Senat, und er versammelte sich auch. Aber er traf keine wirklichen Entscheidungen mehr, schien vielmehr darauf bedacht, sich in einen Ausschuß zu verwandeln, der seinen Herrn und Meister nur noch mit immer ausgefalleneren Ehrungen zu überschütten hatte.

Caesar reagierte entsprechend. Im Oktober 45 sorgte er für eine Sensation: Er blieb einfach sitzen, als der ganze Senat in feierlichem Aufzug erschien, um ihn von den neuen Auszeichnungen zu unterrichten, über die gerade abgestimmt worden war. Abgesehen von der Diktatur auf Lebenszeit, enthielt der Ehrungskatalog das lebenslängliche Konsulat, den Titel »Landesvater«, einen goldenen Thron, die Aufnahme seines Standbildes in die Reihe der Statuen der alten Könige Roms und eine Anzahl von Privilegien, die einer Gottheit angemessen waren. So, wenn auch unausgesprochen, als Gott und König verehrt, behandelte er dennoch die Einrichtungen der Republik nach wie vor mit Verachtung. »Die Republik«, sagte er, »ist nichts als ein Name ohne Form und Inhalt«. In einem bitteren Brief berichtet Cicero, Anfang Januar 44, seinem Freund Curius über eine denkwürdige Episode:

> »Es mag unangenehm sein, von hiesigen Ereignissen zu hören, schlimmer ist es aber, sie zu erleben. Du jedenfalls warst nicht auf dem Marsfeld, als um 7 Uhr früh, zu Beginn der Quästoren-Wahl, der kurulische Stuhl für Quintus Maximus, den die Caesarianer Konsul

nannten, aufgestellt wurde. Aber dann kam die Nachricht, daß er tot sei, und der Stuhl wurde entfernt. Unser Freund Caesar hielt sodann eine Konsulwahl ab, ohne irgendwelche verfassungsmäßig vorgeschriebenen Vorbereitungen getroffen zu haben, und um 1 Uhr rief er einen Konsul aus, der bis zum 1. Januar amtieren sollte, und das heißt, bis zum nächsten Morgen. Wisse also: Unter dem Konsulat des Caninius hat niemand gefrühstückt. Indessen geschah auch nichts Böses in seinem Konsulat, war er doch von wunderbarer Wachsamkeit, da er während seiner ganzen Amtsführung kein Auge zutat. Du magst darüber lachen, aber Du bist nicht hier.«

Abgesehen von dieser Farce — Caesar nominierte die Konsuln gewöhnlich auf Jahre im voraus und nahm dadurch dem Volk das Recht, unter der Aristokratie zu wählen, und den Aristokraten die Möglichkeit, sich mit ihresgleichen zu messen. Er machte kein Geheimnis aus seiner Einstellung zur Macht und stellte fest, daß Sulla, eine Generation vorher in ähnlicher Lage, »ein Analphabet war«, weil er das Amt des Diktators freiwillig niedergelegt hatte. In der Tat, Caesar war Herr, und Herr wollte er bleiben.

Die Geliebte des Diktators war eine Königin: Kleopatra von Ägypten, in einer Villa jenseits des Tibers untergebracht, Mutter eines Knaben, der allgemein als Sohn des Diktators galt. Das einzige, was noch fehlte, um das Ende der Republik und die Wiedereinführung der Monarchie in Rom anzuzeigen, war der Königstitel selbst.

Die Verleihung eben dieses Titels, so ging das Gerücht, war der Zweck der Versammlung, die für den 15. März anberaumt worden war. Der betagte und ehrwürdige Aurelius Cotta, Senior der Konsularen, würde dartun, daß eine bedeutungsvolle Prophezeiung der Sibyllinischen Bücher ans Licht gekommen sei. Diese uralte Orakelsammlung wurde immer dann konsultiert, wenn man göttlicher Führung bedurfte — oder wenn mit den üblichen Mitteln der Überredung nichts auszurichten war. Die Prophezeiung besagte, daß die Parther — gegen die Caesar gerade einen Feldzug vorbereitete — nur von einem König besiegt werden könnten. Fünf Jahrhunderte lang waren Name und Institution der Monarchie in Rom geächtet gewesen — seit Lucius Junius Brutus den hochmütigen und ausschweifenden letzten Tarquinier aus der Stadt verjagt und als erster die Konsulswürde der neuen Republik angenommen hatte. Dem Senat aber wäre es so gut wie unmöglich gewesen, Caesar den Königstitel am Vorabend seiner Abreise zu verweigern, er hätte damit, in den Augen der abergläubischen Bevölkerung, Tausende von römischen Bürgern in den Wüsten des Ostens zum Tode verurteilt.

Jetzt aber sollte die Öffentlichkeit dazu gebracht werden, Caesar den Titel zuzubilligen, den ihm die öffentliche Meinung einen Monat vorher, beim Luperkalienfest, noch versagt hatte. Damals war Caesar zum erstenmal in der prächtigen Gewandung erschienen, die ihm Ende des letzten Jahres zugesprochen worden war. Er trug eine einfache Purpurtoga, hochschäftige rote Stiefel, und saß auf seinem goldenen Thron. Das waren die Attribute der alten römischen Könige und ihrer Vorgänger, der legendären Beherrscher von Alba Longa, von denen Caesars Familie ihre Herkunft ableitete.

Das Luperkalienfest reichte in die prähistorische Hirtenzeit der Stadt zurück und wurde von einer auserwählten, aristokratischen Bruderschaft gefeiert. Dabei trug man nichts weiter als ein Schaffell um die Hüfte.

Caesars Mitkonsul Marcus Antonius war unter den Teilnehmern, und als die Gruppe das Forum erreicht hatte, trat er vor, nicht in seiner purpurgesäumten Amtstoga, sondern halbnackt, wie es die archaische Ordnung der Luperkalien gebot, um Caesars Haupt mit dem unverkennbaren Symbol der Königswürde jener Zeit zu krönen — mit einem Diadem. Plötzlich war da eine Szene aus dem alten Rom in die Gegenwart projiziert. Selbst Männer, die Caesar am nächsten standen, schienen verlegen. Marcus Lepidus, Caesars jetziger »Reiteroberst«*, zeigte Unbehagen. Das Volk war offenbar völlig überrascht, und als Caesar das Diadem ergriff und von sich schleuderte, gab es Beifall in den hinteren Reihen. Eine Claque im Vordergrund rief »Heil König« und drängte ihn, es anzunehmen, während Antonius zum zweiten Mal versuchte, Caesar das Diadem aufzusetzen. Aber es war ganz klar, daß das Volk sich nicht mit »Caesar Rex« abfinden wollte. So legte also Caesar, Diktator, Konsul und Oberpriester, das Symbol der Königswürde beiseite und bestimmte, daß es im Tempel des Jupiter auf dem Kapitol aufzuhängen sei. Im Staatskalender sollte vermerkt werden: »... am Luperkalienfest bot Marcus Antonius, Konsul, auf Antrag des Volkes Caesar, Diktator auf Lebenszeit, die Königswürde an. Caesar lehnte ab.«

Etwa um diese Zeit muß die Verschwörung feste Konturen angenommen haben. Unter den drei Anführern galt Marcus Brutus am meisten, obgleich er sich als letzter entschlossen hatte mitzutun. Brutus war hochherzig, idealistisch, ein hervorragender Redner, erfüllt von ererbtem Haß

* »Magister Equitum« = Titel des Gehilfen des Diktators.

auf die Tyrannei, und durch sein Studium der griechischen Philosophen darin noch bestärkt. Er war ein direkter Nachkomme des ersten Konsuls von Rom und wußte genau, daß der Name seiner Familie in der Öffentlichkeit immer mit der Idee der Freiheit verknüpft war.

Im Alter von 41 Jahren bekleidete er das Amt eines städtischen Prätors, das höchste Magistratsamt nach dem Konsulat. Caesar schätzte ihn sehr und hatte ihn für das Konsulat im Jahre 41 vorgemerkt – obgleich Brutus beim Ausbruch des Bürgerkriegs für Pompeius Partei ergriffen und erst nach der Schlacht von Pharsalos um Vergebung gebeten hatte. Es gab sogar ein unbegründetes Gerücht, Brutus sei Caesars Sohn, denn die Affäre des Diktators mit Servilia, der Mutter des Brutus, gehörte zu den bekannteren seiner vielen Liebschaften. Wenn die Verschwörer einen Mann wie Brutus zu den Ihren zählen konnten, waren ihre Motive über jeden Zweifel erhaben. Wie Plutarch sagt: »Als Cassius seine Freunde dazu bewegen wollte, sich gegen Caesar zu erheben, stimmten alle zu, falls Brutus Führer sei, mit der Begründung, das Unternehmen verlange nicht Gewalt oder Mut, sondern das Ansehen eines Mannes wie Brutus, der durch seine bloße Teilnahme die Rechtmäßigkeit der Sache sichere.«

Gaius Cassius war die treibende Kraft in der Verschwörung. Er war im Wesen unergründlicher und leidenschaftlicher als Brutus, und er hatte es gewagt, im Senat Caesar offen anzugreifen. Caesar verzieh ihm wie Brutus und beförderte ihn dann. Er war Brutus' Altersgenosse und Rivale, hatte den nächstniederen Prätorenrang und war möglicherweise, neben Brutus, für das Konsulat im Jahre 41 vorgesehen. Die beiden Männer waren nicht nur durch Alter und Laufbahn miteinander verbunden; Cassius hatte überdies Junia, die Halbschwester des Brutus, geheiratet. So war er in ein Netz verwandtschaftlicher Beziehungen geraten, in dessen Mittelpunkt der Onkel und Schwiegervater des Brutus, Marcus Portius Cato, stand.

Cato war sein Leben lang Caesars Gegner gewesen. Im Jahre 46 hatte er sich in Utica das Leben genommen, um sich dem Feind nicht ergeben zu müssen. Eigensinnig, aufrecht, stolz und auf eine selbstgerechte Art konservativ, war eigentlich er – nicht Pompeius – Inbegriff und Brennpunkt des Widerstands gegen Caesar. Er war eine Art vorsintflutliches Relikt in der römischen Politik. Cicero klagte, er benähme sich, als lebte er in Platos Republik und nicht auf dem Misthaufen des Romulus. Er aber lebte und starb, seinen stoischen Prinzipien getreu. Sein Einfluß und sein

Vorbild wirkten über seinen Tod hinaus. Seine Verwandten verhalfen ihm schließlich zu später Rache.

Sueton nennt Decimus Brutus als dritten Führer der Verschwörung. Er hatte zwar denselben Familiennamen wie Marcus, war aber nur entfernt mit ihm verwandt und seit eh und je Anhänger Caesars. Er hatte im Gallischen Krieg unter Caesar gedient und später im Bürgerkrieg entscheidende Kampagnen für ihn geleitet. Dafür erntete er im Jahre 45 ein Prätorenamt und wurde zum Konsul für das Jahr 42 designiert. Caesar schenkte ihm sein Vertrauen, ehrte ihn sichtbar, indem er ihn mit seinem Großneffen Octavius, dem späteren Augustus, im selben Wagen gleich hinter seinem eigenen fahren ließ, als sie vom spanischen Feldzug nach Rom zurückkehrten. In seinem Testament ernannte er ihn zu einem seiner Erben. Decimus stand eine noch glänzendere Zukunft bevor als Marcus Brutus. Und dennoch wandte er sich gegen seinen Beschützer und Wohltäter; so stark war die republikanische Tradition, daß sich ein römischer Aristokrat ihr nicht entziehen konnte.

Die Verschwörer brauchten keine detaillierte Planung. Ein Dolch war in den weiten Falten der Toga schnell versteckt; sie konnten sich in den Säulenhallen vor der Kurie des Pompeius wie zufällig treffen, ohne Erklärungen abgeben zu müssen, bevor die Senatoren hineingingen, um ihres Amtes zu walten. Die Nähe des Theaters war auch von Vorteil. Da der 15. ein Feiertag war, wurde eine Vorstellung gegeben. Decimus Brutus verfügte über eine Gladiatorentruppe, die er, ohne Aufsehen zu erregen, bewaffnet neben dem Bühnenausgang, auf der gegenüberliegenden Seite des Platzes, postieren konnte. Jeder Beobachter hätte vermutet, sie warteten auf ihren Auftritt. Abgesehen davon, war der Plan sehr einfach – zu einfach, wie sich herausstellte –, und die Verschwörer hatten nichts weiter zu tun, als die Halle zu erreichen, in der Hoffnung, daß kein Zufall die Versammlung vorzeitig auffliegen ließ.

Die meisten Verschwörer – alle außer Brutus, wenn wir Plutarch glauben dürfen – versammelten sich im Haus des Cassius. Er hatte einen Sohn, der gerade volljährig wurde; bei einer solchen Gelegenheit war es üblich, daß der Vater möglichst viele einflußreiche Freunde bat, den Jungen zum Forum zu begleiten, um dessen Eintritt ins öffentliche Leben feierlich anzuzeigen. So begleiteten also alle den jungen Cassius zum Forum und gingen von dort zur Kurie des Pompeius. Niemand, der diese Männer zusammen sah, hätte erraten können, was sie planten. Einige von ihnen waren sicherlich als Gegner Caesars bekannt, wie Cassius und der

Tribun Pontius Aquila, der sich Caesars Zorn und Hohn dadurch zugezogen hatte, daß er beim triumphalen Vorbeizug des Diktators ungerührt sitzen geblieben war. Andere, wie Minucius Basilus, dem eine Statthalterschaft verweigert worden war, hegten einen persönlichen Groll gegen Caesar. Aber da waren ebenso viele, deren Loyalität außer Frage stand — Decimus Brutus vor allem oder Gaius Trebonius, ein Mann, dessen Karriere, in vielen Punkten der des Decimus ähnlich, ihm bereits ein Konsulat eingebracht hatte.

Trebonius war der einzige Konsular im Komplott. Andererseits war Cicero, der aus seinem Herzen nie eine Mördergrube gemacht hatte, nicht mit von der Partie, obwohl das nahegelegen hätte. Der große Redner hatte offenbar für das politische Leben keine Kräfte mehr übrig. Als Konsul hatte er vor vielen Jahren Rom vor einem gefährlichen Staatsstreich unzufriedener Mitglieder der herrschenden Klasse gerettet. In einer festgefügten Gesellschaft, in Friedenszeiten, wäre Cicero dank seinem Geiste, seinen Talenten und seinem Respekt vor der etablierten Ordnung ein Mann gewesen, der sich Gehör verschafft hätte. Aber jetzt brauchte man Truppen und einflußreiche Verbindungen, um politischen Erfolg zu haben, und Cicero besaß weder das eine noch das andere. So hatte er sich auf die Philosophie zurückgezogen und fand darin Zuflucht vor Kämpfen, denen er nicht mehr gewachsen war. Das Äußerste, was er sich gegen Caesar geleistet hatte, war ein Pamphlet zum Ruhme Catos, und Caesar, der auch den Krieg der Federn schätzte, nahm sich in seinem Kommandeurszelt in Spanien die Zeit, darauf zu antworten. Cicero war den Verschwörern zu vorsichtig, zu ängstlich und zu pedantisch, deshalb beschlossen sie, ihn nicht einzuweihen.

Im Säulengang erwartete sie eine unangenehme Überraschung. Ein gewisser Popillius Laenas, der gar nicht zu ihnen gehörte, begrüßte Brutus und Cassius und wünschte ihnen rätselhafterweise alles Gute für ihr Vorhaben. Nun drängte aber die Zeit, da Caesar alsbald nach Dyrrhachion auf der anderen Seite der Adria abzureisen gedachte, wo seine Legionen nur darauf warteten, sich gegen die Parther in Marsch zu setzen. Wenn aber Popillius Laenas schon wußte, was sie vorhatten, so wußten es auch andere, und es konnte höchstens eine Frage von Stunden sein, bis Caesar davon hörte. Aber nun war nichts mehr zu machen. Sie konnten nur abwarten und so unbekümmert wie möglich scheinen.

Die Konsuln verspäteten sich. Die anberaumte Stunde verstrich, und immer noch kam kein Zeichen von Caesar und Antonius. Dann ging das

Gerücht um, Antonius sei gesandt, den Senat nach Hause zu schicken. Eine solche Willkür war Caesar durchaus zuzutrauen, und die Verschwörer mußten das verhindern. Decimus Brutus, der Caesar von allen am nächsten stand, wollte sehen, was er ausrichten konnte. Als er Caesars Haus erreichte, stellte er fest, daß die Vorzeichen ungünstig waren. Caesar, Oberpriester und Konsul zugleich, war grundsätzlich verpflichtet, die Vorzeichen zu beachten, um sicher zu sein, daß er für jedes seiner Staatsgeschäfte den günstigsten Augenblick wählte. Der Urväter Sitte hatte ein zähes Leben in Rom, und die Männer, die das althergebrachte Privileg besaßen, den Willen der Götter im Donner, im Vogelflug, in der Form einer Tierleber oder anderem zu erkennen, waren mächtig. Nur eine Handvoll Reaktionäre glaubte noch an diesen altmodischen Unsinn, und Caesar gehörte nicht dazu. Aber diesmal beachtete er die Vorzeichen – vielleicht weil er sich an diesem Morgen nicht wohlfühlte und dankbar war für einen Grund, die Staatsgeschäfte aufzuschieben; vielleicht auch, weil seine Gattin Calpurnia einen sonderbaren Traum gehabt hatte, der nichts Gutes verhieß, und weil sie ihn bat, das Haus nicht zu verlassen.

Decimus versuchte, ihn zu überreden, und hatte Erfolg. Ein schlimmer Traum, sagte er, sei für den Eroberer Galliens kein Grund, daheim zu bleiben, und wenn er schon angesichts der schlechten Vorzeichen vorhätte, den Senat nach Hause zu schicken, so solle er wenigstens kommen und es selber sagen. Also machte sich Caesar auf; er wurde in einer Sänfte getragen und von Antonius begleitet. Es war jetzt etwa 11 Uhr morgens, und die Nachricht von der Verschwörung hatte sich inzwischen verbreiten können. Als Caesar gerade sein Haus verlassen hatte, traf ein Sklave mit einer dringlichen Botschaft ein, die Caesar nie erreichte. Unterwegs steckte ihm jemand ein Billett zu, das ihn vor der Gefahr warnte – man fand es nachher ungelesen in seiner Hand.

Vor der Kurie gingen die Konsuln daran, die routinemäßige Formalität der Vorzeichen-Deutung hinter sich zu bringen. Zuvor war Popillius Laenas auf Caesar zugegangen und hatte unter vier Augen mit ihm gesprochen. Die Verschwörer müssen natürlich angenommen haben, daß er von dem Komplott berichtete, aber er sprach nur in einer persönlichen Angelegenheit. Die Senatoren begaben sich in den Sitzungssaal, während die Konsuln und der Augur die heiligen Hühner beobachteten, die in ihren Körnern scharrten und pickten. Der Augur meinte, ihr Verhalten bedeute Unheil; Caesar bat ihn, die Prozedur zu wiederholen, aber die Vögel blieben unbeeindruckt. Caesar war drauf und dran, die Versammlung zu vertagen, aber in diesem Augenblick wurde ihm mitgeteilt, daß eine beschlußfähige Mehrheit anwesend sei, und zum zweiten Mal an diesem Morgen beschwor ihn Decimus, sich doch nicht durch rituelle Skrupel aufhalten zu lassen.

Antonius wurde an der Tür mit vorgetäuschten Geschäften von Trebonius abgefangen, und Caesar ging allein hinein – hochgewachsen, blaß und dunkeläugig, bekränzt vom Lorbeer, den er so schätzte, weil er seine Kahlheit verbarg. Als er den Gang zwischen ihnen durchschritt, erhoben sich die Senatoren in Ehrfurcht. Er hatte sich kaum auf den Stuhl des Vorsitzenden niedergelassen, als Tillius Cimber und eine Reihe anderer sich um ihn drängten mit der Bitte, Cimbers Bruder die Rückkehr aus dem Exil zu gestatten. Caesar bedeutete ihnen mit einer Handbewegung, daß die Sache auf einen angemesseneren Zeitpunkt verschoben werden sollte, aber Cimber ließ nicht nach. Er ergriff Caesars Toga wie in scheinbar flehentlichem Drängen. Caesar schien verärgert, und der Ärger verwandelte sich in Zorn, als Cimber stärker an der Toga zog. Die andern drängten heran. Caesars Toga rutschte über die Schultern, und plötzlich begriff er, was geschah. Mit dem Ausruf »Was für ein Verbrechen!« versuchte er sich aufzuraffen, wurde aber von der Toga behindert. Einer der Brüder Casca, der hinter ihm stand, wollte ihm den Dolch in den Nacken stoßen. Die Klinge glitt ab. Caesar bohrte den Schreibgriffel in seiner Hand in Cascas Arm und riß seine Toga heftig aus Cimbers Händen – und da sah er, daß alle Dolche hatten. Es gab keine Hoffnung mehr. Caesar zog die Toga über sich und fiel, mit einem langgezogenen Seufzer, unter den wütenden, ziellosen Stichen zu Boden. Nur eine der 23 Wunden war tödlich. Im Handgemenge bekamen auch einige der Verschwörer Stiche ab.

Der Senat war in Aufruhr. Jeder Anwesende hatte dem Diktator den Treueid geleistet, aber nur zwei Männer, Calvisius Sabinus und Censorinus, fühlten sich daran gebunden. Gegen die Übermacht hatten sie jedoch keine Chance; sie flohen, um nicht auch den Tod zu erleiden. Jetzt hätte eigentlich Marcus Brutus seine große Stunde haben müssen. Von seinem Dolche tropfte Tyrannenblut, und er hatte die Heldentat seines berühmten Ahnen Servilius Ahala wiederholt, der vor 400 Jahren den Staat von dem Emporkömmling Spurius Maelius befreit hatte. Caesar war im Angesicht des Senats ermordet worden, nicht nur, weil er hier ungeschützt war – in ungeheurem Selbstvertrauen hatte er seine Leibwache vor einigen Wochen entlassen und hätte irgendwo anders ebenso leicht angegriffen werden können –, sondern weil dieser Mord öffentlich sein mußte. Brutus und seine Freunde hatten die Stadt guten Gewissens von einem Unterdrücker befreit, der ihre Freiheit beschnitt, unter Berufung auf die höchsten Güter, auf die Tradition und die Geschichte Roms. Das durfte keine private Tat sein, von ein paar Männern insgeheim erfolgreich ausgeführt. Je mehr zusahen und zustimmten, je mehr erkennbare Mittäter es gab, desto heroischer wurde die Tat: kein Putsch, sondern die Verteidigung der Freiheit – und wo hätte die Freiheit glorreicher verteidigt werden können als im Angesicht der erhabensten Repräsentanten des Staates?

Da der Tyrann nun erschlagen war, blieb dem Senat nichts übrig, als den Mord zu billigen. Brutus versuchte, sich an die brodelnde, schreiende, drängelnde Menge verängstigter Männer zu wenden, aber niemand hörte auf ihn, jeder strebte nach draußen. Es wußte ja niemand, daß Caesar das einzige Opfer sein sollte und wer alles zu den Verschwörern gehörte. Man sah bekannte Günstlinge Caesars darunter; alte Freundschaften und Treueversprechen waren also im Augenblick kein Unterscheidungsmerkmal mehr. Flucht war der einzige Gedanke. Es war schon so lange her, daß jemand in Rom aus rein ethischen Gründen gehandelt hatte – Cato immer ausgenommen –, und deshalb fiel es niemandem ein, den edlen Brutus in der Rolle zu sehen, die er sich zugedacht hatte: als Helden, Tyrannenmörder und Befreier des Volks von Rom.

Brutus hatte sich vorgestellt, daß der Senat – von den Gladiatoren des Decimus Brutus gegen jeden Angriff, der der Todesnachricht hätte folgen können, geschützt – Caesar offiziell zum Tyrannen erklären und alle seine Beschlüsse als unrechtmäßig aufheben würde; sodann sei der Urteilsspruch zu besiegeln, indem die Leiche Caesars am Haken des Henkers zum Tiber geschleift und dort ohne Umstände in den Fluß geworfen werden sollte. Caesars Diktatur war ein Krebsgeschwür am Staatskörper gewesen. Jetzt, da es weggeschnitten war, würden die gesunden Organe ihre Tätigkeit sofort wieder aufnehmen. Sollte Antonius, als überlebender Konsul und somit Staatsoberhaupt, den Vorsitz ablehnen, so war Brutus als Rangältester befugt, die Geschäfte in Abwesenheit des Konsuls zu führen.

Doch Brutus hatte sich zu sehr darauf verlassen, daß man den Mord gutheißen würde. Er hatte sich selbst so lange damit beschäftigt, daß er gar nicht auf den Gedanken kam, die Uneingeweihten könnten eher von Entsetzen geschüttelt als entzückt und freudetrunken reagieren. Nicht das Volk draußen, sondern den Senat drinnen festzuhalten – das hätte den

Standort der Gladiatoren bestimmen müssen. Als die Halle sich leerte, hatte Brutus seine Chance vertan. Er versuchte draußen noch einmal, eine Rede zu halten, aber es war hoffnungslos. Die große Gelegenheit, den Mord zu legalisieren – mit den davoneilenden Senatoren schwand sie dahin.

Die Verschwörer waren in einiger Verlegenheit. Von Tatendrang befeuert, durchdrungen von der Gerechtigkeit ihrer Sache, von dem scheinbar so einfachen Mittel gegen die Unterdrückung irrigerweise überzeugt und auf ihre große Zahl vertrauend, hatten sie ihre Pläne nicht genügend durchdacht und die Folgen einer möglicherweise fehlenden Senatsunterstützung ignoriert. So beschlossen sie, sich auf den Kapitolinischen Hügel zurückzuziehen. Als symbolischer Akt mochte das einen Sinn haben, ein erfolgversprechender Ausweg war es nicht. Das Kapitol hatte schon seit längerer Zeit nicht mehr die militärische Bedeutung, die es in der heroischen Anfangszeit der Republik besessen hatte. Die Besetzung des Kapitols, wenn sie überhaupt etwas bewirkte, machte die Kluft zwischen den Verschwörern und dem Volk, das sie angeblich befreien wollten, nur noch tiefer. Nikolaos, ein Grieche aus Damaskus, später Herodes' Sekretär und Freund des Augustus, der offenbar viele Augenzeugen befragt hatte, beschrieb die Szene so: »Der ganze Platz war voller Leute, die alle schrien und zu entkommen versuchten. Da war auch eine Zuschauermenge, die ungeordnet aus dem Theater strömte, wo Gladiatorenkämpfe im Gange waren; die Leute wußten nicht genau, was vorgegangen war, aber das Geschrei ringsum erschreckte sie. Einige sagten, die Gladiatoren wären dabei, die Senatoren niederzumachen, andere, Caesar sei ermordet worden und die Armee rücke an, die Stadt zu plündern. Jeder glaubte, etwas anderes zu wissen. Im Tumult war nichts deutlich zu hören und zu verstehen, bis sie die Attentäter sahen und Marcus Brutus, der versuchte, den Lärm zu übertönen und die Leute zu ermahnen, Mut zu fassen, da kein Unheil geschehen sei ... In größter Eile flüchteten die Attentäter sodann durch das Forum zum Kapitol, das gezogene Schwert in der Hand, laut rufend, sie hätten für die Freiheit aller gehandelt.«

KAPITEL ZWEI

Nach dem Mord

An Aufruhr war das Volk von Rom gewöhnt. Die blutigen, innerpolitischen Wirren der sterbenden Republik liefen nie ohne Straßenschlachten und gespaltene Schädel ab. Die Menge flüchtete eilends nach allen Seiten und suchte Deckung in den großen Mietshäusern; schwere Läden schlossen sich vor den offenen Auslagen der Geschäfte. Antonius, froh, das Los des Diktators nicht teilen zu müssen, warf hastig die Konsuls-Toga ab und schlich sich durch Nebenstraßen in sein schützendes Haus, das einst Pompeius gehört hatte. Er machte sich auf eine Belagerung gefaßt. Vom Ausmaß, von den Motiven der Verschwörung wußte er genausowenig wie jeder andere. Nur eines war ihm zweifellos klar: Auf Caesars Veteranen konnten sich die Verschwörer auf keinen Fall stützen. Der Senat würde möglicherweise versuchen, den Mord zu entschuldigen und mit dem Schleier einer verfassungsmäßigen Billigung abzudecken. Aber wenn es noch Männer von Ansehen und Einfluß gab, deren Treueverhältnis oder deren Interessen jedes Einverständnis ausschlossen, mußte man sicherlich abermals den Konflikt mit Waffengewalt entscheiden. In diesem Falle hatte er eine starke Position. Als Konsul besaß er den Rang und die Vollmachten des rechtskräftig gewählten Staatsführers; als Soldat verfügte er über militärische Fähigkeiten und Erfahrungen; als Heerführer Caesars konnte er auf die Treue der Truppen vertrauen, die einst Caesar gefolgt waren. Doch schreckte er vor dem Gedanken zurück, den Staat in neuen Waffengängen bluten zu lassen. Der Verlierer dieses Kampfes wäre nur die Klasse, der er selbst angehörte, die ehrwürdige, staatstragende Nobilität, ohnehin schon kräftig zur Ader gelassen auf den Schlachtfeldern des Bürgerkriegs.

Die Verschwörer hatten inzwischen das Forum verlassen und marschierten zum Kapitol. Eine Reihe von Gesinnungsgenossen aus dem Senat hatte sich ihnen angeschlossen, Männer, wie Appian bissig bemerkte, »die keinen Anteil hatten an der Tat, doch den Ruhm wollten ... und keinen Anteil am Ruhm bekamen, sondern mit den Schuldigen der Bestrafung zugeführt wurden«. Er nennt ein halbes Dutzend Namen, allen voran Publius Cornelius Dolabella – einen jungen Aristokraten von ruchloser und wankelmütiger Natur; Cicero hatte ihn widerwillig als Schwiegersohn akzeptiert und war ihn mit Vergnügen wieder los geworden. Immerhin hatte ihn Caesar, dessen Menschenkenntnis selten trog, zum Truppenkommandeur in den Feldzügen von Pharsalos und Munda ausersehen. Danach, 47 v. Chr., hatte er sich als Volkstribun bemüht, dem Todfeind seines früheren Schwiegervaters nachzueifern, dem berüchtigten Publius Clodius Pulcher, dem niemand eine Träne nachweinte; dessen taktisches Zusammenspiel von Demagogie und organisierter Gewalttat machte sich Dolabella zu eigen. Man sagte ihm eine Liaison mit der Frau des Antonius nach. Sicherlich ließ Antonius, als »Reiteroberst« verantwortlich für die öffentliche Ordnung in Rom und vom Senat verpflichtet, nicht ohne Genugtuung Truppen gegen ihn ausrücken, als der Diktator im Orient weilte. Doch blieb Dolabella weiterhin in der Gunst Caesars, der ihn sogar als stellvertretenden Konsul vorgesehen hatte, wenn er selbst zur Vorbereitung des Feldzugs gegen die Parther abgereist wäre. Auch andere gesellten sich begeistert zu den »Befreiern«, welchen Titel sie mit Stolz in Anspruch nahmen; darunter war Lucius Staius Murcus, mittel-italischer Herkunft, jetzt designierter Gouverneur von Syrien, der seinen ganzen Aufstieg Caesar verdankte; darunter war aber auch ein Mann wie Publius Cornelius Lentulus Spinther, ein Römer, wie er im Buche stand – sein Vater war in den 50er Jahren Konsul gewesen und im Kampfe für Pompeius' Sache gefallen. Alles war offen, alles in Bewegung in der politischen Situation, die nach dem Mord entstanden war. Bindungen wurden unabschätzbar, Antriebe undurchsichtig.

Die »Befreier« waren gleichfalls Opfer der allgemeinen Richtungslosigkeit. Sie gingen zum Kapitol, zweifellos in der Absicht, sich dort eine Ausgangsbasis zu sichern. Aber sie wünschten sich auch Jupiters Zustimmung zu ihrer Tat. Sein Tempel auf dem Kapitol, wo er als der »Beste« und »Größte« verehrt wurde, galt den Römern jener Epoche etwa soviel wie der St. Peters-Dom ihren Nachfahren; für sie war es die heiligste, ehrwürdigste und gewaltigste Verehrungsstätte der Stadt. Sie war im ersten Jahr der Republik von einem Ahnen Brutus' geweiht worden, dem ersten

Konsul nach der Vertreibung der Tarquinier; jetzt war sie Aufbewahrungsort der größten Beutestücke, der würdigsten Opfergaben des Volks von Rom und seiner Herrscher.

Die »Befreier« hatten einen bewunderungswürdigen Sinn für historische Bezüge; der Sinn für politische Realitäten ging ihnen ab. Sie unternahmen nichts, um die Initiative zu ergreifen. Ihre Anhänger versammelten die Menge auf dem Forum; wie es in der republikanischen Politik seit kurzem üblich war, hatten sie sich die Unterstützung einer Reihe entlassener Veteranen und Bedürftiger gekauft. Der Prätor Lucius Cornelius Cinna, Bruder der ersten Frau Caesars, trat vor, legte das Prätorengewand ab und pries die »Befreier«, die mit ihrem Einsatz den Staat vor dem Tyrannen gerettet hätten.

Die Menge, nicht sehr beeindruckt, forderte lautstark nur Frieden. Dann sprach Dolabella. Was immer er Caesar verdankte – er unterdrückte jede Erinnerung, die ihn hätte hindern können, das Andenken des Ermordeten und seine Taten zu schmähen. Einigen Berichten zufolge beantragte er sogar, diesen Tag zum künftig zu feiernden Geburtstag der Republik zu erheben. Seine Worte waren um so wirkungsvoller, als er jetzt schon die Insignien des Konsuls angelegt hatte. Ob das rechtmäßig war, ist zweifelhaft. Caesar hatte ihn zwar als Nachfolger gewünscht, und Dolabella war auch vom römischen Volk in korrekter Form zum Konsul gewählt worden. Doch Antonius fand Fehler im religiösen Zeremoniell – die zu finden er im Voraus angekündigt hatte –, um die Wahl zu annullieren. Cicero behauptete später, Antonius habe da unrechtmäßig gehandelt. Caesar hätte natürlich diese republikanische Obstruktionspolitik mit der Verachtung abgetan, die sie seiner Meinung nach verdiente. Nun aber gab es keinen Caesar mehr, zu schlichten und zu richten; Antonius war ganz unbestreitbar Konsul, Dolabella sein persönlicher Feind. Kein Wunder, daß Dolabella in diesem Augenblick, da er sein Konsulat verteidigte, sich zu den »Befreiern« schlug. Aber sein phantastisch aufgeblähter Ehrgeiz vertrug sich schlecht mit der Gesinnung des hochherzigen Marcus Brutus. Die »Befreier« machten auch keinerlei Anstalt, Rang und Vollmacht, die der neue Konsul – zu Recht oder Unrecht – beanspruchte, zu ihren Gunsten auszunutzen.

Nach Dolabellas Rede stiegen Brutus und Cassius ins Forum herab, um auf die Rufe der Menge zu antworten. Sie beglückwünschten sich gegenseitig und die Stadt zu ihrem Unternehmen und riefen die Zuhörer auf, an die Vorväter zu denken, die auch ihre Könige vertrieben hatten. Die

Stimmung unter den Massen war zwar nicht ausgesprochen feindselig, aber von Begeisterung war keine Rede. Historische Analogien und der Ruf nach Freiheit ließen die Menge kalt. Politische Freiheit war ein Privileg der feinen Gesellschaft. Was kümmerte es sie, ob ein Cornelius oder ein Antonius Magistratsämter innehatte, gleichgültig ob auf Caesars Befehl oder durch die Wahl in einer Versammlung, die ohnehin für Reichtum und Nobilität voreingenommen war? Die Zuhörer wußten nur, daß Caesar einige Ordnung in das öffentliche Leben Roms gebracht und die Arbeitsbeschaffung und Unterbringung zahlloser Arbeitsloser der Plebs vorangetrieben hatte. Unter der Menge waren viele Veteranen aus Caesars Armeen. Sie waren entlassen worden und warteten nun in Rom nur darauf, daß sie jemand, möglichst in gewohnter Marsch-Formation, zu einer der neugegründeten Siedlungen irgendwo im italischen Raum führen würde. Dort würden sie endlich zur üblichen Abgeltung römischer Soldaten kommen, nämlich in den Genuß eines Kleinbauernhofs. Neue Konflikte konnten den Verlust der wohlverdienten Landstelle bedeuten. Darüber hinaus empfanden sie allerdings noch eine starke persönliche Bindung an ihren einstigen Befehlshaber. Sie hatten alle ihren Eid auf ihn abgelegt, der sie nicht nur für die Dauer ihrer Dienstzeit verpflichtete. Der Eid begründete tatsächlich gegenseitige Treue und Hilfeleistung weit über die Dienstzeit hinaus. Im römischen Sinn des Worts waren sie seine Klienten, und er war ihr Patron. Ungeachtet der Bedrohung persönlicher Interessen durch die Ermordung, fühlten sie sich jedenfalls verpflichtet, sein Andenken zu ehren und denen zu helfen, die sich als seine politischen und materiellen Erben ausgaben. Gerade Caesar scheint diese besondere Art der Verehrung auf sich gezogen zu haben; bei den Soldaten beliebt und geachtet, hatte er außerdem als Heerführer die geheimnisvolle »Fortüne«, keine Schlacht verloren zu haben. Angesichts so vieler Veteranen Caesars in der Stadt hätten die »Befreier« einen schwierigen Kampf um die öffentliche Meinung führen müssen. Dennoch wäre jetzt die beste Gelegenheit gewesen, solange alles offen war, die öffentliche Unterstützung zu gewinnen, die sie zu weiteren Aktionen brauchten. Aber die Gelegenheit wurde verpaßt. Schließlich zogen sie sich wieder aufs Kapitol zurück.

Freunde, Verwandte und Anhänger besuchten sie dort. Cicero gab ihnen den ausgezeichneten Rat, den Senat auf der Stelle einzuberufen. Antonius hielt sich versteckt, und sollten da noch rechtliche Zweifel an Dolabellas Stellung als Konsul bestehen, so hatte Brutus als Senior der Prätoren ohne weiteres die Vollmacht, die Senatoren zusammenzurufen. Aber die Angst vor einem möglicherweise vermeidbaren Zusammenstoß mit Antonius überdeckte alles andere. Boten schwärmten aus, um die Verbindung mit Antonius und Marcus Aemilius Lepidus aufzunehmen. Tenor der Botschaft war, daß die »Befreier« dem Staat unbedingt weiteres Blutvergießen ersparen wollten; sie baten Antonius und Lepidus, in diesem Sinne mit ihnen zu verhandeln.

Für Antonius war das ein sicheres Zeichen, daß keine unmittelbare Gefahr mehr drohte. Er gab eine unverbindliche Antwort und nahm sofort Kontakt mit Lepidus und anderen führenden Caesarianern auf, vornehmlich mit Lucius Cornelius Balbus, einem wohlhabenden und einflußreichen Bürger aus der spanischen Stadt Gades, der zu den zuverlässigsten Vertrauensmännern Caesars zählte, und mit Aulus Hirtius, einem Feinschmecker und Sohn eines angesehenen Bürgers von Ferentinum, dem designierten Konsul für 43, der Caesar mit der Unbefangenheit eines Außenseiters verehrt hatte.

Lepidus befehligte die einzigen Truppen, die noch in Rom waren – eine Legion, die auf der Tiberinsel kampierte. Seine Position war ohne Beispiel, denn der Diktator hatte ihm die Befehlsgewalt direkt übertragen. Mit dem Tod des Diktators war nun die verfassungsmäßige Grundlage für sein Kommando entfallen. Seine Truppen waren jedoch kaum in der Lage, die Zusammenhänge zu durchschauen, und wie vorauszusehen, gehorchten sie weiterhin seinem Befehl. Er hatte sie bereits auf das Marsfeld verlegt, zum Eingreifen bereit. Bei Sonnenaufgang, am 16. März, ließ er den Tempel der Ops, der als staatliche Schatzkammer diente, und das Forum besetzen. Er drang auf Rache, aber Antonius besänftigte ihn, indem er ihm das neu zu besetzende höchste Priesteramt verhieß. Wie Antonius dieses außerordentliche und ungewöhnliche Versprechen erfüllen wollte, darüber vermeldet die Geschichte nur, daß es unter der Hand geschehen sollte. Inzwischen hatte er Calpurnia aufgetragen – oder sie dazu überredet – ihm alle Staatspapiere und alle Geldbeträge, die noch in Caesars Haus waren, zu übergeben.

Die »Befreier« hatten ihrerseits, ohne Ergebnis, mit ihren Freunden konferiert. Das einzige, was Brutus am 16. März tun konnte, war, zu einer Volksversammlung auf dem Kapitol aufzurufen. Seine beherrschten und geschliffenen Formulierungen waren allerdings nicht sehr gefragt, seine Rede blieb wirkungslos – was ihn nicht hinderte, sie später veröffentlichen zu lassen. Er hatte die Kontrolle über die Entwicklung verloren, wie

Cicero mit der Klarheit dessen erkannte, der nicht angehört worden war. Dennoch war ein Kompromiß immer noch möglich, und Blutvergießen war bis jetzt vermieden worden.

Am Abend forderte Antonius den Senat auf, sich am nächsten Morgen, dem 17. März, im Tempel der Tellus einzufinden, der günstigerweise in der Nähe seiner Wohnung lag. Die öffentliche Meinung, aufgeputscht von Veteranen-Führern, verdichtete sich immer mehr gegen die Verschwörer. Als der Prätor Cinna in der Amtsrobe auftrat, die er am Vortag abgestreift hatte, mußte er ins nächstliegende Haus flüchten. Man hätte ihn dort verbrannt, hätten nicht Lepidus' Soldaten eingegriffen. Die Mehrheit des Senats schien andererseits mit den »Befreiern« zu sympathisieren. Wie Antonius diese heikle Situation meisterte, verdient allerdings Bewunderung. Er schaltete Dolabella aus, indem er auf dessen widerrechtliche Übernahme des offenen Konsulamts hinwies. Er führte die Debatte so, daß auch die abwesenden Helden mehr oder minder Anerkennung fanden. Der aufrechte Republikaner Tiberius Claudius Nero schlug eine außerordentliche Ehrung der Tyrannenmörder vor. Andere empfahlen, sie einfach als öffentliche Wohltäter zu ehren. Munatius Plancus, designierter Gouverneur des militärisch wichtigen transalpinen Galliens, plädierte, diplomatisch wie Cicero, für eine Amnestie. Den Forderungen der Extremisten, alle Maßnahmen Caesars für ungültig zu erklären, entgegnete Antonius einfach und überzeugend: Ungeachtet der Urheberschaft Caesars bei vielen wichtigen Plänen, die außer Kraft zu setzen ebenso schwierig wie töricht sei, sollte bedacht werden, daß die meisten der hier im Hause Versammelten ihre bisherige Karriere, ihre heutige Stellung und sogar ihre künftigen Ämter letztlich Caesar verdankten.

Zurückhaltung und Eigennutz bestimmten den Ausgang der Debatte. Man beschloß, die Mörder nicht zur Rechenschaft zu ziehen und Caesars Maßnahmen und Dekrete »zum Nutzen des Staates« zu bestätigen. »Und also«, schreibt Plutarch, »verließ Antonius allgemein bewundert den Senat; denn es schien, als hätte er den drohenden Bürgerkrieg abgewendet und eine schwierige und äußerst verworrene Lage mit Vernunft und staatsmännischer Klugheit bewältigt.«

Während der Debatte hatte sich natürlich eine große Menge vor dem Tempel eingefunden, der Antonius und Lepidus nun, altem Brauch entsprechend, die Senatsentscheidung mitteilten. Sie forderten darauf die »Befreier« auf, vom Kapitol herabzusteigen, sandten ihnen ihre eigenen Kinder als Geiseln entgegen und versöhnten sich dann vor aller Augen.

An jenem Abend speiste Brutus mit seinem Schwager Lepidus und Cassius mit Antonius.

Da beide Parteien davor zurückschreckten, einen neuen Bürgerkrieg auszulösen, war das Ergebnis der Debatte ebenso unausweichlich wie die offizielle Schaustellung gegenseitigen Wohlwollens. Die meisten Senatoren waren geneigt, die »Befreier« freizusprechen, wenn nicht sogar öffentlich zu loben, zumal wohl viele freundschaftliche oder sonstige Verbindungen zu den rund 60 Verschwörern bestanden haben.

Andererseits standen die Truppen, die Veteranen vor allem, gefühlsmäßig auf seiten der caesarianischen Führer. Cicero macht in einem Brief ganz deutlich, wo seine Sympathien lagen und warum er nur für eine Amnestie eintrat: »Wer hätte denn der Senatssitzung am 17. fernbleiben können? Angenommen, es wäre irgendwie möglich gewesen. Aber da wir nun gekommen waren, hätten wir denn wirklich frei sprechen können? Mußten wir uns nicht in irgendeiner Weise schützen vor den Veteranen, die da mit Waffen in der Hand gegen uns standen, während wir unbewaffnet waren?«

Was Cicero hier schon anklingen ließ, war eine der Grundstimmungen der folgenden dreizehn Jahre. Vermutlich waren die Soldaten die einzige Gruppe der Gesellschaft, die genau wußte, was sie wollte. Sie waren römische Bürger, aber Fremde in der Stadt Rom, und die Traditionen großstädtischer Politik berührten sie nicht. Der Scholle verbunden, von kleinen Höfen in Picenum, Samnium, Umbrien und im cisalpinen Gallien gekommen, hatten sie wenig gemein mit einer städtischen Plebs, die mit Nachkommen von Sklaven und Orientalen schon reichlich durchsetzt war. Für ihren jahrelangen gefahrvollen und unterbezahlten Dienst wollten sie wenigstens den erwarteten Lohn: eine kleine Bauernstelle und das, was man damals unter Alterssicherung verstand. Politische Schlagworte, die die Agonie der sich in Krämpfen windenden Republik begleiteten, ließen sie kalt. Die Konzeptionslosigkeit in der Verwaltung, das rücksichtslose Streben nach Amt und Macht, die wechselnden Bündnisse aus egoistischen und opportunistischen Gründen — diese Eigentümlichkeiten hoher Politik reizten die italischen Bauernsöhne nicht, sie interessierten sie nicht einmal.

Der römische Adel kämpfte nach wie vor um persönliches Prestige, mehr oder weniger unter völliger Mißachtung der Wandlungen, die der Staat seit über 100 Jahren durchgemacht hatte. Das Römische Reich hatte seine Macht fast über das ganze Mittelmeer und die angrenzenden Länder ausgedehnt; allmählich hatte sich dort so etwas entwickelt wie eine stehende Berufsarmee; das römische Bürgerrecht war allen Einwohnern der italischen Halbinsel zugesprochen worden. Das waren Symptome und Ursachen eines politischen Umschwungs. Die Stadt Rom hatte ihre vorrangige Stellung verloren, wiewohl die römische Aristokratie sich weigerte, das zur Kenntnis zu nehmen. Die Stärke des römischen Staats gründete sich auf die Völker Italiens, und zwar, um die Wahrheit zu sagen, seit dem schwarzen Tag von Cannae, als nur noch die Italiker Rom, dem sie sich verbunden fühlten, vor Hannibal retteten. Nun aber hatte der unersättliche Machthunger des römischen Adels endlich neue Kräfte freigesetzt, die seiner Kontrolle nicht mehr unterlagen und die Neuordnung im Sinne jüngster Realitäten notwendigerweise vorantrieben. Gerade die Soldaten waren es, die die Interessen Italiens, die im Grunde unpolitischen Interessen des Volkes außerhalb Roms vertraten.

Die Soldaten dienten Rom, und sie erwarteten, daß Rom ihre Dienste würdigte. Sie wollten Frieden, solide Verhältnisse und die gerechte Honorierung ihrer Mühen. Dafür zu kämpfen, waren sie bereit, und zu kämpfen hatten sie schließlich gelernt. Wenig hatte es sie gekümmert, ob Pompeius oder Caesar über Rom gebot, solange da nur einer war, der gebot, solange sie und ihresgleichen nicht in den Fehden oligarchischer Klüngel geopfert wurden. Nun, da Caesar tot war, würden sie seinen Nachfolger unterstützen. Das war letztlich keine Sache des Prinzips oder der Gesinnung, sondern der schlichten Notwendigkeit, der gleichen übrigens, die sie im Bürgerkrieg bewogen hatte, für rivalisierende Prätendenten zu kämpfen. Hätte Pompeius in jener Auseinandersetzung gesiegt und den rebellischen Adel unterjocht, dann hätte sein Name wahrscheinlich die gleiche große Wirkung wie jetzt Caesars Name, und das Andenken des Pompeius wäre geehrt worden. Natürlich hätte Cicero lieber »frei gesprochen«. Aber angesichts der Schwerter der Veteranen für eine Amnestie zu plädieren, war sicherlich die diplomatischste Lösung; außerhalb der erlauchten Kreise der Senatoren und Kaufleute Roms, deren Existenz und Wohlstand von den wenigen wirklich privilegierten und reichen Männern abhing, gab es Leute, die für diese Verbindung wenig Verständnis hatten. »Frei zu sprechen«, das war letztlich ein Ausdruck der engen, egoistischen – eben der konservativen römischen Politik, die sich schon als unzureichend erwiesen hatte. Doch bedurfte es weiterer 13 Jahre Bürgerkriegs, um das Neue mit dem Alten zu versöhnen.

Die scheinbare Übereinstimmung war nicht von langer Dauer. Man konnte mit einem Dolchstoß Caesars Laufbahn beenden, aber die Kräfte, die eben jene Laufbahn ermöglicht hatten, waren nicht so leicht zu bändigen. Sehr schnell zerbrach die vorübergehende Eintracht unter dem Druck individuellen Ehrgeizes, persönlicher Vorteilserwägungen und unter der Forderung nach einer Art politischen Gleichgewichts. Caesars Schwiegervater Calpurnius Piso war der Treuhänder von Caesars Testament. Anhänger der »Befreier«, die dessen Inhalt ahnten, baten ihn, das Testament nicht zu veröffentlichen. Als der Senat am nächsten Morgen früh zusammentrat, verkündete Piso, er habe nicht die Absicht, dieser Bitte zu entsprechen. Über den Inhalt des Dokuments war er wohl nicht im unklaren. Als man in Antonius' Haus die Siegel erbrach und es verlas, vernahm das römische Volk, daß Caesar ihm seine Gärten am Tiber vermacht hatte — und jedem einzelnen 300 Sesterzen.

Als Haupterbe war der Enkel seiner Schwester eingesetzt, der 18jährige Octavius. Mehrere seiner Mörder hatte er zu Vormündern seines Sohnes ernannt, sollte ihm noch einer geboren werden. Unter den Erben zweiten Grades waren Antonius und Decimus Brutus aufgeführt. Diese mildtätige Großzügigkeit und der Gedanke an den Verrat der »Befreier« entfachte in der wankelmütigen Menge erneut Begeisterung für Caesar und Haß gegen seine Mörder.

Einem Konsul, der in seinem Amtsjahr starb, wurde im allgemeinen ein Staatsbegräbnis gewährt. Im Geiste der Amnestie wurde also entschieden, daß diese Ehrung auch Caesar zukäme. Jetzige und frühere Träger staatlicher Ämter sollten den Leichnam in feierlichem Zuge am Forum vorbei zum Marsfeld tragen. Dort sollte er neben dem Grab seines einzigen Kindes, seiner Tochter Julia, eingeäschert werden.

Nahe männliche Verwandte gab es nicht, also fiel es Antonius zu, die übliche *laudatio* zu halten, die Totenrede, ans Volk gerichtet, sobald der Zug auf dem Weg durchs Forum anhielt. Es war Antonius' Pflicht, Caesar zu loben, aber wie er es dann tat, war römisch im besten alten Sinne und zugleich diplomatisch. Der Ruhm eines römischen Aristokraten beruhte auf seinen Taten, nicht auf seinem Charakter, seinen Meinungen oder seinem Einfluß. Antonius verhielt sich genau so, wie man es erwartete; gleichzeitig vermied er den Vorwurf unverantwortlicher Parteilichkeit, indem er einen Herold alle Dekrete des römischen Senats und des Volks zugunsten Caesars verlesen ließ — wobei die Treueeide aller Senatoren, der unverletzlichen Person Caesars geschworen, nicht ausgelassen wurden — sodann seine Kriege und Feldzüge, die Zahl der Gefangenen und den Umfang der heimgebrachten Beute, die Namen der besiegten Fürsten und Länder und die Danksagungen, die Rom ihm seiner Siege wegen zugedacht hatte. All das stand ihm zu. Jedermann mußte glauben, Caesar sei einer der größten Männer der römischen Geschichte. »Erinnerst Du Dich«, schrieb Cicero einen Monat später an Atticus, »wie Du klagtest, wir wären erledigt, wenn Caesar ein öffentliches Leichenbegängnis bekäme?« Hatte das Volk von Rom je Sympathien für Caesar gehabt — bei seiner Beisetzung mußten sie jedenfalls zutage treten.

Antonius sprach dann noch einige eigene Worte, und Appian beschreibt, wie seine innere Bewegung, sichtbar für alle, während des Redens stärker wurde. Er versuchte, sich zu fassen und die Leidenschaften, die in der Menge aufglühten, zu ersticken. Den lebenden Caesar hätten sie vielleicht verhöhnt. Aber sein Tod versöhnte sie mit allem. Zorn und Angst drohte sich in einem kathartischen Ausbruch zu entladen. Unter dem Singsang der Klagelieder verloren die Leute allmählich die Selbstbeherrschung. Schließlich zitierte jemand bei der Bahre laut aus einem Gedicht des alten Poeten Pacuvius, und es war, als ob Caesar selber spräche:

»Rettete ich diese Männer nur, damit sie mich vernichten?«

Der kritische Punkt war erreicht, als Hände im Verborgenen eine Wachsfigur des Toten hochzogen und über der Menge kreisen ließen — die 23 Stichwunden und das entstellte Gesicht waren erkennbar. Der Trauerzug hielt sofort an. Die Menge riß Geländer, Bänke, Fensterläden aus den Halterungen, alles, was brennbar war, und richtete im Forum einen Scheiterhaufen auf. Das war das dramatische und würdige Ende eines Mannes, der die korrupte Republik zerschlagen hatte. Cicero blieb kühl; auch dem Verbrecher Clodius hatte man vor nur acht Jahren spontan die gleiche Ehrung zukommen lassen.

Als der Scheiterhaufen brannte, machten sich die Radikalen unter den Anhängern Caesars auf, die Häuser der Mörder zu suchen, die nur dank den Bemühungen der Haussklaven und den Einsprüchen nüchterner Bürger um Haaresbreite der Brandstiftung entgingen. Die ganze Stadt hätte in Flammen aufgehen können. Die Angreifer zogen sich zurück, nicht ohne das Versprechen, am nächsten Morgen mit Waffen in der Hand zurückzukehren. Einige trafen dann auf dem Heimweg Helvius Cinna, den Volkstribun, den sie mit dem Prätor Cinna verwechselten und im Überschwang ihrer Gefühle lynchten.

Ob Antonius nun in schlauer politischer Berechnung gehandelt hatte, oder ob er sich, wie das Volk, hatte hinreißen lassen angesichts des großen Schauspiels und aufgrund starker Gefühle – jedenfalls war jetzt klar, wo die Sympathien des Volkes lagen. Der Konsul brauchte keine Bedrohung seiner Machtstellung zu fürchten. Man sagte, er hätte gehofft, als Caesars Erbe im Testament erwähnt zu werden. Aber eigentlich war das jetzt nebensächlich. Er war, natürlicherweise, das Haupt der Caesarianer – auch ohne das Prestige seines Amts. Als Soldat, Politiker und Stellvertreter hatte er Caesar die Treue gehalten; seine Verdienste standen außer Zweifel. In der Schlacht bei Pharsalos hatte er den linken Flügel kommandiert, hatte als Tribun, kurz bevor Caesar den Rubikon überquerte, im Senat ein entscheidendes Veto eingelegt, und schließlich von 49 bis 47 Italien regiert. Der einzig denkbare Gegenspieler war Lepidus. Zwar hatte Lepidus seit April 46 dem Diktator als »Reiteroberst« gedient, aber er war schon älter; seine Familie und seine Freunde waren vielleicht einflußreicher als die des Antonius, aber auch unzuverlässiger. Wenn er Antonius unterstützte, würde er wahrscheinlich höchste Ämter als Belohnung erwarten. Außerdem war er als Statthalter für die Narbonensis (die Provence) und das diesseitige Spanien vorgesehen, wo die Unternehmungen des überlebenden Sohnes von Pompeius, Sextus, Beachtung verlangten. Es gibt kaum Anzeichen dafür, daß er anderes im Sinne hatte, als an Antonius' Seite für öffentliche Ordnung zu sorgen und den Caesarianern die Fortdauer ihrer Vorherrschaft zu sichern. Antonius durfte sich sicher fühlen; getragen von seiner konsularischen Amtshoheit, von seinem Ruf als Caesarianer und dem neuerlichen Bekenntnis des Volkes zu Caesars Andenken, konnte er sich nun der Wiederherstellung der normalen Ordnung widmen und dabei seine Stellung festigen.

Der Idealismus des Brutus hatte sich allzu erfolgreich ausgewirkt. Die Republik war jetzt tatsächlich frei – frei, um abermals zur Arena jener Kräfte zu werden, die die Diktatur Caesars herbeigeführt hatten. Heute fällt uns die Einsicht leicht, daß diese Kräfte zum zweiten Mal gleicherweise anzutreten gezwungen waren. Nichts hatte sich im Mosaik der Situation geändert, seit Caesar mit einer Armee hinter sich unter dem Druck gegnerischer Machenschaften den Rubikon überqueren mußte. Die Senatoren gierten immer noch nach Macht und Geld; das Landproletariat betrachtete immer noch den Dienst unter einem erfolgreichen Feldherrn als die beste Möglichkeit, sich zu verbessern, gleich gegen welchen Feind es ging; die städtische Plebs wußte immer noch, daß sie ihre Stimmen verkaufen konnte. Sogar die Hauptakteure im Drama waren größtenteils dieselben geblieben. Antonius hatte selbst zum Ausbruch der Krise in den ersten Januartagen des Jahres 49 entscheidend beigetragen; Cassius hatte eine Flotte für Pompeius befehligt; Domitius Ahenobarbus, Urgroßvater des Kaisers Nero, hatte in Corfinium miterlebt, wie sein Vater, dieser trotzige Aristokrat, eine ganze Armee an Caesar verlor. Weder war es dem Diktator gelungen, die Gesinnung seiner Gegner durch Milde wesentlich zu wandeln, noch konnte er mit seiner Politik den labilen Staat konsolidieren – die Zeit war einfach zu kurz. Und nun, da er gestürzt war, mußte der Machtkampf, den er einst durch seinen siegreichen Auftritt beendet hatte, mit neuen Akteuren unausweichlich wieder beginnen. Daß es dann auch so kam, beweist auf ebenso tragische wie ironische Art, wie erfolgreich die Verschwörer tatsächlich gewesen sind. Brutus hatte heftig gegen einen Staatsstreich plädiert, obwohl Cassius den Antonius töten wollte; Cicero hat hinterher das Versäumnis beklagt. Aber es hätte nichts genutzt. Die caesarianische Partei hatte zu viele Köpfe; man hätte sie nur vernichten können, wenn man ihr die Basis entzogen hätte, den Beistand des einfachen Volks von Rom und von ganz Italien.

Brutus hatte recht daran getan, das Blutvergießen soweit wie möglich zu verhindern. Aber er und seine Genossen waren jetzt Opfer ihrer eigenen Tat. Sie hatten die Republik aus den Fesseln eines autoritären Regimes erlöst, aber die Art ihres Vorgehens machte ihnen in der nun entstandenen Situation schwer zu schaffen. Ihre Tat hatte die neue Situation herbeigeführt; sie konnten sich kaum darüber beschweren, daß sie nicht sofort besonders einflußreiche Stellen im gerade befreiten Staat erhielten und daß das Volk von Rom sie für schlimmer hielt als gemeine Mörder. Wenn sie etwas anderes erwartet hatten, waren sie im Irrtum gewesen.

Der Konsul Antonius und der Senat blieben ihnen gegenüber großzügig, so wie es unter römischen Adligen und ihresgleichen üblich war. Aber Antonius konnte vor den offenkundigen Gefühlsäußerungen des Volks, das er zu regieren aufgerufen war, nicht einfach die Augen schließen. Auch war er nicht zu tadeln, daß er auf seine Stellung und seine politische Zukunft achtete, als er danach trachtete, künftiges Blutvergießen einzuschränken und den Zusammenbruch der rechtmäßigen Regierung zu verhindern. Diese schwierige Aufgabe löste er mit so großem Geschick, daß er weder seine Stellung als Führer der Caesarianer aufs Spiel setzte, noch den Widerstreit im Senat vertiefte.

Die Vorfälle anläßlich der Leichenfeier Caesars ließen ahnen, was alles möglich gewesen wäre. Antonius machte deutlich, daß öffentliche Demonstrationen bei ihm nicht außer Kontrolle geraten würden. Kurz nach der Trauerfeier entstand auf einmal ein Caesar-Kult. Er lockte natürlich die caesarianischen Freigelassenen an, die sich selbst unter normalen Umständen in der Schuld ihres früheren Herrn und Meisters gefühlt und ihm Ehre und Achtung erwiesen hätten. Gerade jetzt ließ sich ihr Gefühlspotential nützen, und eben das tat auch, mit bemerkenswerter Wirkung, ein gewisser Amatius, ein Grieche aus Süditalien, der seinen ursprünglichen Namen Herophilos latinisiert hatte und vorgab, ein Enkel von Marius und also ein Verwandter Caesars zu sein.

Dieser Mann stellte im Forum, dort, wo Caesar verbrannt worden war, einen Altar und eine Säule auf und sammelte eine Bande um sich, die sich offen zu dem Ziel bekannte, an den Mördern eigenhändig Rache zu nehmen. Antonius war es gar nicht unlieb, wenn den »Befreiern« das Leben etwas schwer gemacht wurde, und zu Anfang ließ er Amatius gewähren. Die Bevölkerung hatte sicherlich auch nichts dagegen.

Die öffentliche Meinung in Rom war so gestimmt, daß Brutus und Cassius, immerhin amtierende Prätoren, sich in der Stadt nicht blicken lassen konnten und praktisch unter Hausarrest standen. Einige ihrer Mitverschwörer hatten die Stadt schon verlassen; Trebonius war offenbar schon in den ersten Apriltagen nach der Provinz Asia aufgebrochen und Decimus Junius Brutus nach dem diesseitigen Gallien. Tatsächlich stand ihnen das zu. Beide hatte Caesar zu Statthaltern bestellt, und Caesars Einrichtungen und Beschlüsse waren alle in der Amnestie bestätigt worden. Sie beriefen sich jetzt gern auf diese Beschlüsse, um sich an der Spitze ihrer Provinzarmeen eine starke Ausgangsstellung gegen Caesars Anhänger schaffen zu können. Kein Wunder, daß Trebonius die Hauptstraßen vermied und daß Cicero mit größter Erleichterung vernahm, Brutus sei heil bei seinen Provinztruppen angekommen.

Am 10. April trafen sich Marcus Brutus und Cassius mit Antonius. Vielleicht ist da ein Handel abgesprochen worden. Juristisch gesehen, hatten beide Prätoren in Rom zu sein, doch ihre Lage dort war aussichtslos und gefährlich. Andererseits hätte Antonius sie am liebsten weit weg gewußt, denn ihre Anwesenheit reizte nur zum Aufruhr und brachte ihm Ungelegenheiten. Man darf annehmen, daß Antonius versprach, er werde sie nicht an ihre verfassungsmäßigen Pflichten erinnern, wenn sie sich von der Hauptstadt — und von ihren Pflichten — absetzten; einer offiziellen Entbindung von ihren Ämtern hätte die Öffentlichkeit nicht zugestimmt. Auf Antonius' Antrag gewährte ihnen der Senat Befreiung von dem Gesetz, das Prätoren verbot, länger als zehn Tage abwesend zu sein. Als sie endlich abgereist waren, hatte Antonius keinen Anlaß mehr, Amatius und seine Schlägerbande zu schonen. Der aus dem Nichts gekommene Sektengründer hatte seine Schuldigkeit getan; mit seinem Verschwinden war die öffentliche Ordnung endlich wieder gesichert.

War es eine Absprache? Wie auch immer — Brutus kam spätestens am 14. April in Lanuvium an, rund 35 km südlich von Rom, und am 13. April ging Antonius gegen Amatius vor. Der Pseudo-Marius wurde ergriffen und ohne Verhandlung hingerichtet — vom Henker gepfählt. Wir wissen nicht, wo Cassius sich derzeit aufhielt, aber nichts spricht dafür, daß er länger in der Stadt geblieben wäre als Brutus. Also hatten alle vier Anführer der Verschwörung zwischen dem 5. und dem 13. April Rom verlassen. Das kann kein Zufall gewesen sein. Sie hatten sich abgestimmt in der Einsicht, daß es nicht mehr möglich war, den Lauf des Schicksals zu ihren Gunsten zu ändern. Vielleicht hatten sie Chancen gehabt — aber das war vorbei. Antonius war der Gebieter — noch nicht rachsüchtig damals, doch recht zufrieden, daß seine Opponenten täglich an politischem Einfluß verloren.

Auch nach der Leichenfeier hatte der Konsul mit der gleichen Umsicht gehandelt, wie er sie schon in der Krise des 16. und 17. März bewiesen hatte. Sein Meisterstreich aber war der Antrag auf Abschaffung der Diktatur für alle Zeiten vor dem Senat. Das brachte ihm wilden Applaus und eine Dank-Adresse ein. Das so gewonnene Vertrauen pflegte er weiter, indem er pflichtgemäß die Senioren des Senats, die *principes viri*, vor Entscheidungen konsultierte.

Die Papiere Caesars waren in seinem Besitz, aber die darin enthaltenen Verfügungen befolgte er nur sehr behutsam. Er gewann auch die Mitarbeit von Caesars Sekretär Faberius, und seine starke Stellung erlaubte es ihm, immer unter dem Vorwand, Caesar hätte das so gewollt, seine eigenen Pläne durchzusetzen. Aber er vermied den leisesten Verdacht, eigennützig zu handeln, indem er auf peinlich korrektes, freimütiges Auftreten bedacht war und dem Antrag des angesehenen Juristen und Ex-Konsuls Servius Sulpicius nachdrücklich zustimmte, daß nach den Iden des März keine Steuerfreiheiten noch andere Privilegien offiziell gewährt und verkündet werden sollten. Er erwies sich tatsächlich als ein Ausbund republikanischer Tugenden. Letztlich war das die beste Möglichkeit, die senatorische Oligarchie zu gewinnen und die eigene Stellung zu konsolidieren; die »Befreier« kümmerten ihn nicht mehr, er überließ sie der Gnade der öffentlichen Meinung.

Die Oligarchie hatte ihrerseits keinen wirklichen Führer. Ungeachtet seiner Empfindungen, hatte sich Cicero seit 55 niemals mehr politisch engagiert. Sulpicius, den anderen pompejanischen Konsular, konnte man als neutral bezeichnen; anfangs des Bürgerkriegs hatte er seine Stellung vorsichtig abgesichert, indem er seinen Sohn zu Caesar schickte. Die wenigen caesarianischen Konsulare außer Antonius und Lepidus, die einigermaßen angesehen waren, befanden sich entweder außerhalb Italiens, oder sie waren mit Caesar oder seinem jungen Großneffen direkt verwandt, oder sie waren zu alt oder zu gebrechlich, um noch mitzuspielen.

Es war auch jetzt müßig und gar nicht an der Zeit, Streitigkeiten vom Zaun zu brechen. Die weiten, neu eroberten Gebiete Mittel- und Nordgalliens würden sich gegen Rom erheben, da der Eroberer nun tot war — das hatte schon Gaius Matius, ein persönlicher Freund Caesars, Cicero Anfang April düster prophezeit. In Spanien führte der jüngere Sohn des Pompeius, Sextus, eine immer noch recht bedeutende Truppe an, um eine Republik zu verteidigen, deren Tod er sich weigerte anzuerkennen, und er brachte den caesarianischen Gouverneuren der Provinz einige kleinere Schlappen bei. Und in Syrien befehligte der Meuterer Caecilius Bassus zwei Legionen. Vielleicht wollte er gar nicht meutern, aber das änderte nichts an der Situation. Er hatte vor kurzem die Truppen besiegt, die der Gouverneur gegen ihn ins Feld geführt hatte. Das hätte nun alles nicht viel Bedeutung gehabt, wären da nicht die Parther gewesen. Bassus war eigentlich nur ein Abenteurer, auf den wenig Verlaß war. Im Gegensatz zu Sextus konnte er kaum behaupten, daß er sehr viel mehr verteidigte als seine eigene Haut und die seiner Männer.

Die Ostgrenze Syriens war der Euphrat — dahinter lag Parthien, der Feind Roms und dessen unausweichliches Angriffsziel, seit die in der verheerenden Schlacht von Karrhae eroberten Standarten römischer Legionen dem parthischen König als glanzvolle Ruhmeszeichen dienten. Bassus konnte sich mit Hilfsersuchen an die Parther wenden oder die römischen Truppen im Osten so zersplittern, daß die levantinischen Provinzen jeder Invasion schutzlos ausgeliefert waren.

Um diesen Gefahren, einzeln oder allen auf einmal, zu begegnen, brauchte Rom einen bewährten und erfahrenen Feldherrn. Wer hätte sich besser dazu geeignet als Caesars Stellvertreter, als der amtierende Konsul, dem die Veteranen Caesars vertrauten – vorausgesetzt, er stellte seine Loyalität gegenüber dem Toten nicht allzu aufreizend zur Schau und ebensowenig seine Abneigung gegenüber den alten Sitten. Sogar Cicero, mißtrauisch, wie er war, ließ sich überzeugen. Am 9. April schrieb er an Atticus: »Mir scheint, er (Antonius) ist viel zu sehr mit der Speisenfolge seiner Bankette beschäftigt, als daß er Unruhen planen könnte.« Am 16. April: »Wunderbar, daß selbst unser Brutus mit Antonius einverstanden ist.«

Schließlich war Antonius ein Mitglied der seit je herrschenden Schicht und darüber hinaus Sproß einer der ersten Adelsfamilien. Es war nicht auszuschließen, daß er endlich wußte, wo er hingehörte.

KAPITEL DREI

Der Erbe tritt auf

Gaius Octavius durfte sich mit Recht darüber freuen, daß der März bald zu Ende ging. Der Winter in der Küstenstadt Apollonia kann nichts besonders Interessantes oder Aufregendes für einen jungen Mann gehabt haben, der seinem Großonkel, dem Diktator, bereits im letzten Feldzug des Bürgerkriegs nach Spanien gefolgt war und bei der Rückkehr nach Rom den Ehrenplatz neben ihm eingenommen hatte. Zwei Dinge füllten seine Tage aus: Unterricht in Rhetorik und Philosophie und eine militärische Ausbildung, einem Achtzehnjährigen angemessen, der für höchste Ämter und somit auch für höchste Kommandostellen schon vorgemerkt war. An Zerstreuungen stand ihm wohl kaum mehr zu Gebote als Reiten, Glücksspiel und die sicherlich fröhliche Gesellschaft seiner jungen Offizierskameraden; natürlich bemühten sich auch die älteren Offiziere um den Verwandten Caesars. Ende März jedoch würde die Macht des Winters gebrochen sein – und welches Vergnügen dann, sich am Meer tummeln zu können, vor allem, wenn man, wie Octavius, von zarter Gesundheit war.

Am Ende des Monats wurde auch der Großonkel aus Rom erwartet. Damit fanden alle Vorbereitungen in den vier Monaten seines Kommandos in der Provinzstadt ihren geplanten Abschluß. Die hier zusammengezogenen Legionen, die von ihm trainierten Reiter, die Hilfstruppen aus fernen Ländern, der ganze Nachschub und das Geld, das in Apollonia ausgeladen worden war – all das würde nun Julius Caesar durch seine Gegenwart und Autorität zu einer Streitmacht verschmelzen, zum Kern des Heeres, das in Parthien einfallen sollte, um die Schmach von Karrhae zu rächen und den Staat zu demütigen, der die östlichen Grenzgebiete des Imperiums zu bedrohen wagte.

Eines Spätnachmittags gegen Ende des Monats erschien ein Bote mit einer Eilnachricht aus Rom. Daraus erfuhr der junge Mann lediglich, daß der Diktator im Senat ermordet worden war. Absender war Octavius' Mutter. Sie wußte nicht, wie viele Anhänger die Mörder innerhalb oder außerhalb des Senats hatten. Am Abend des 15. März, als der Brief geschrieben wurde, war die Lage völlig unklar.

Die Nachricht, daß etwas Außerordentliches geschehen sei, verbreitete sich mit Windeseile in der Stadt. Bald war eine große Menschenmenge versammelt, Fackeln flammten im Dunkel auf. Octavius schickte den Pöbel heim, was nicht ohne Schwierigkeiten vor sich ging, und berichtete dann den Honoratioren der Stadt, was vorgefallen war. In der Nacht wurden alle Möglichkeiten gegeneinander abgewogen. Sollte er die makedonischen Legionen aufrufen, den Mord zu rächen, und sich zum Marsch auf Rom an ihre Spitze setzen? Sollte er, dem Rat seiner Mutter folgend, vorsichtig sein, nicht überstürzt handeln und so schnell wie möglich nach Italien kommen, um Rat zu suchen und die weitere Entwicklung abzuwarten? Oder sollte er in Apollonia bleiben, wie die Bürger ihn drängten, die ihm die Verfügungsgewalt über die Stadt anboten und ihn zu schützen gelobten?

Der bedeutendste Politiker, den Rom jemals hervorgebracht hat, wählte den Weg der Vorsicht. Bevor er in See stach, kamen viele Soldaten und deren Offiziere, um ihm ihre Dienste anzubieten. Seine guten Freunde Agrippa und Salvidienus Rufus rieten ihm dringend, dieses Hilfsangebot nicht auszuschlagen. Er dankte also der Truppe und bat sie nur, bereit zu sein, wenn er sie brauchte; fürs erste wollte er jedoch als Privatmann nach Rom zurückkehren. Nachdem er von den Apolloniern Abschied genommen hatte, bestieg er das erste Schiff, dessen Kapitän bereit war, die Überfahrt in Richtung Brundisium zu wagen, obgleich für Seefahrer der Winter noch nicht zu Ende war und die Überquerung der Adria in einem so kleinen Schiff ihre Gefahren hatte. Viel gefährlicher jedoch war das Abenteuer, auf das er sich jetzt eingelassen hatte. Er landete sicher, vermied absichtlich den üblichen Weg über den großen Hafen Brundisium und logierte ein paar Tage lang unauffällig in der kleinen Stadt Lupiae, etwa 50 km entfernt. Hier erfuhr er nun Genaueres über die Ereignisse des 15. März und das, was danach geschehen war, vor allem über die vom Senat verfügte Amnestie und über die Verlesung von Caesars Testament. Nun erst hörte er, daß Caesar ihn zum Universalerben gemacht hatte, und das bezog sich nicht nur auf sein Vermögen. Auch seinen Namen hatte Caesar ihm vererbt — ein Vermächtnis, das weniger greifbar, aber viel wertvoller war als

Gold. Der Diktator hatte in einem Zusatz verfügt, daß er, falls ihm ein eigener Sohn versagt bliebe, seinen Neffen Gaius Octavius, Sohn seiner Nichte Atia und ihres Gatten Gaius Octavius, zu adoptieren wünsche und ihn »in seinen Namen und seine Familie« aufnehmen wolle.

Was hatte Caesar dazu bewogen, sich gerade diesen etwas kränklichen Jüngling auszusuchen, der zudem kein sehr naher Verwandter war, um ihm seinen Namen und den Löwenanteil seines Vermögens zukommen zu lassen? Frühe Bildnisse des Oktavian zeigen uns ein schmales, sensibles, auffallend schönes Gesicht auf einem schlanken Hals. Das Haar, nach Sueton rotbraun, ist kurz und lockig. In späteren Tagen war sein klarer und durchdringender Blick von so bestürzender Kraft, daß man darüber seine kleine Statur vergaß. Man darf sicher annehmen, daß diese geistige Intensität schon von Anfang an spürbar war. Vielleicht hatte Caesar, als Menschenkenner berühmt, in dem blassen und unscheinbaren Jüngling die Intelligenz und die Fähigkeiten erkannt, die ihn später, im Dienste eines vorwärts drängenden Ehrgeizes, zum ersten römischen Kaiser machen würden. Oktavians Vater hatte beides besessen: Ehrgeiz und Talent. Er war es, der die Familie aus ihrer gutbürgerlichen Bedeutungslosigkeit herausgerissen hatte. Der Großvater war in der kleinen latinischen Stadt Velitrae (dem heutigen Velletri), 35 km von Rom entfernt, Bankier gewesen, ohne sich am politischen Leben der großen Stadt zu beteiligen; aber sein Sohn beschloß, sich um Amt und Würden zu bewerben, und er wurde der erste Senator in der Familie. Er befestigte seine Stellung, indem er bei der zweiten Heirat Atia zur Frau nahm; damit verbündete er sich mit einem Politiker, dem die höchsten Ämter, die eine politische Karriere zu bieten hatte, sicher waren. Durch seinen frühen Tod entging ihm das Konsulat, das ihm gewiß gewesen wäre, wie Cicero behauptet. Wenn man Cicero glaubt, so war Gaius Octavius senior ein bemerkenswerter Mann. Die Stellung als Prätor, die er sich erwarb, war das Höchste, das ein Außenseiter sich erhoffen durfte, vor allem in den letzten Jahren der Republik. Cicero selbst, in ähnlicher Lage, was die Herkunft betraf, verdankte sein Konsulat einem Zusammentreffen glücklicher Zufälle, doch hatte er nicht so vorteilhaft geheiratet. Es mag sein, daß Ciceros derzeitige Sympathien sein Urteil etwas trübten; vielleicht hat erst der Ruhm des erfolgreichen Sohnes auf den Charakter und die Fähigkeiten des Vaters abgefärbt. Dessen Ehrgeiz stand jedoch außer Zweifel, und er übertrug sich durch Erbe und Milieu auf den Sohn, weniger durch das väterliche Vorbild, denn der junge Gaius war erst vier Jahre alt, als sein Vater starb. Sein Stiefvater

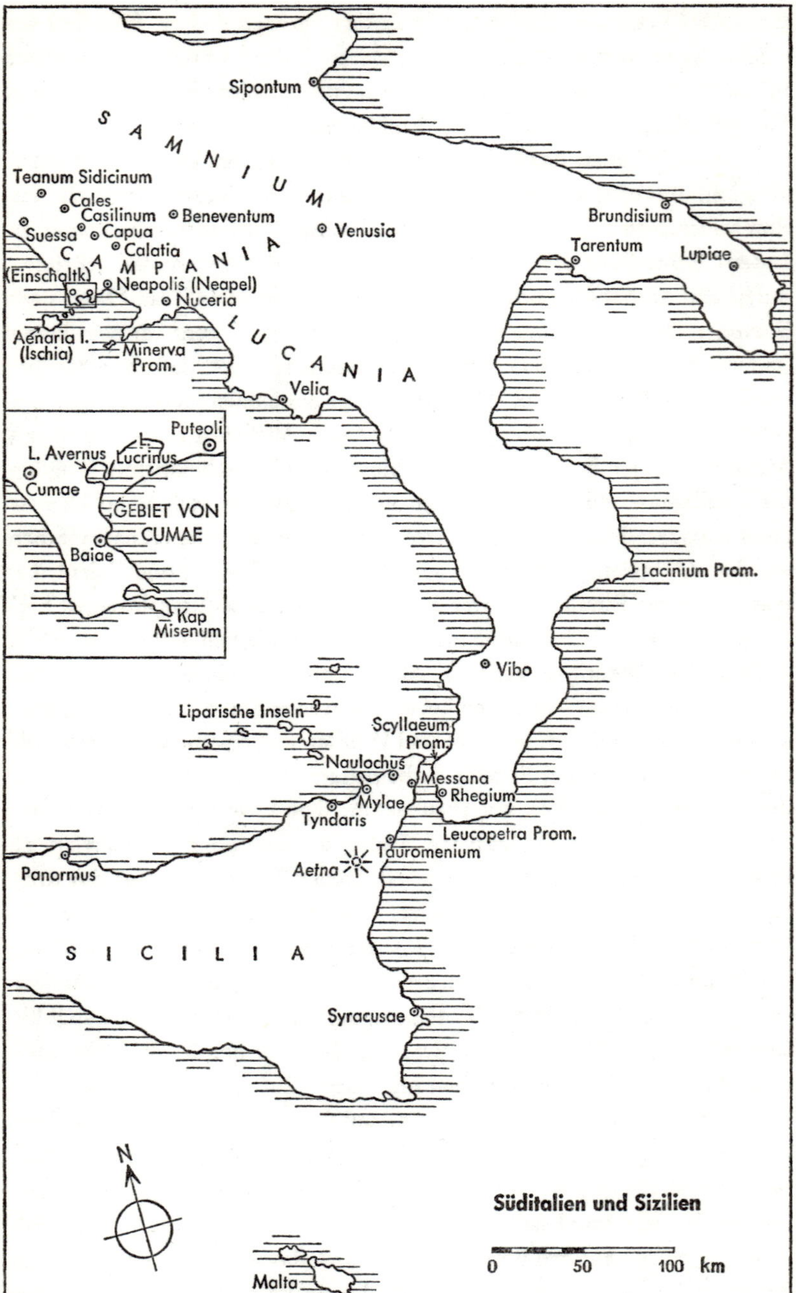

Süditalien und Sizilien

wurde ein gewisser Lucius Marcius Philippus, ein reicher und politisch vorsichtig taktierender Aristokrat, der seines Konsulats sicher war, das ihm im Jahre 56 auch zufiel. Von seinem Charakter weiß man wenig; aber er verschaffte seinem Stiefsohn öffentliche Beachtung, indem er ihn mit elf Jahren die Grabrede auf seine Großmutter Julia halten ließ. Seine Verbindung zu Caesar war gut. Octavius war gerade dreizehn geworden, als der Bürgerkrieg ausbrach. Er konnte natürlich gar nicht anders, als den großen Caesar, seinen Blutsverwandten, zu bewundern. Um das Jahr 46 hatte Caesar den Sechzehnjährigen unter seine Fittiche genommen. Anläßlich des Afrikanischen Triumphzuges in Rom verlieh er ihm militärische Auszeichnungen, obgleich Octavius zu jung gewesen war, um an dem Feldzug teilzunehmen. Darauf folgten: der Militärdienst in Spanien, die Rückkehr nach Rom, der Winter in Apollonia – und jetzt der Mord und die Adoption.

Durch die Nachrichten ermutigt, nahm der posthum zum Sohn Ernannte gleich seinen neuen Namen an. Nach allgemeiner Übereinkunft war sein Name jetzt Gaius Julius Caesar Octavianus. Der Einfachheit halber und um Verwechslungen auszuschließen, nennen ihn Historiker heute Oktavian. Diesen Namen, der die Annahme an Kindes Statt aus einer anderen Familie heraus so deutlich machte, hat er selber nie benutzt; er legte keinen Wert darauf, die Adoption zu betonen. Für seine Zeitgenossen und für die antiken Historiker war er Gaius Julius Caesar oder einfach Caesar. Er wußte bereits: Seine politische Zukunft beruhte darauf, daß er Caesars Erbe war. Ohne Erfahrung, Macht, Einfluß und ohne bedeutende Freunde, war er ganz darauf angewiesen, alle diese Mängel durch den Namen Caesars wettzumachen. Damit besaß er eine Waffe, von deren Durchschlagskraft er damals noch nichts ahnen konnte.

Der neue Caesar begab sich nach Brundisium, vorsichtig vorfühlend, ob die Verschwörer ihm keine Falle gestellt hätten. Die Soldaten begrüßten ihn als Caesars Sohn; Freigelassene, Sklaven und Freunde Caesars scharten sich um ihn. Kleopatra, die davon erfuhr und merkte, woher der Wind wehte, verließ in aller Eile Rom mit ihrem eigenen kleinen Caesar. Aber immer noch vermied Oktavian jeden vorschnellen Schritt. Zunächst war es wichtig, die engsten Verwandten aufzusuchen, sich mit den zuverlässigsten und einflußreichsten Caesarianern in Verbindung zu setzen, und vor allem, die augenblickliche Stimmung derer zu erkunden, die sich, wie sein Stiefvater, im Mittelpunkt der Ereignisse befanden – auch wenn sie sich selbst in dieser ungewissen Zeit noch vor Handlungen und Entscheidungen scheuten. Deshalb begab er sich nach ein – zwei Tagen in die Kurorte der neapolitanischen Bucht, wo er die zu finden hoffte, die er am meisten brauchte.

Auf dieser Reise sah er deutlich, wie gespalten die öffentliche Meinung war. Manche Städte waren ihm feindlich gesonnen, aber die Veteranen der Siedlungen Caesars begrüßten ihn voller Begeisterung. Der junge Mann war höflich, aber unverbindlich, und reiste weiter. Am 18. April kam er in Neapel an. Am nächsten Tag empfing ihn kein Geringerer als Balbus, Caesars vertrauter Freund. Noch am gleichen Nachmittag teilte Balbus Cicero mit, Oktavian gedenke durchaus, Caesars Erbe anzutreten, obgleich ihm bewußt sei, daß Antonius ihm wahrscheinlich Schwierigkeiten machen würde. Am 21. April traf Oktavian in Puteoli ein, um seinen Stiefvater Philippus zu besuchen, der ein Nachbar Ciceros war. Cicero hatte zunächst einen guten Eindruck von ihm, der aber schnell verflog, als er merkte, daß die höfliche und ehrerbietige Haltung des jungen Mannes mit politischen Überzeugungen Hand in Hand ging, die er verabscheute. In einem Brief an Atticus schreibt Cicero am 22. April: »Seine Anhänger nennen ihn Caesar, aber Philippus tut das nicht, ich tue es auch nicht; ich kann nicht glauben, daß er aufrichtig ist.«

Es gab viele Besuche. Die designierten Konsuln Hirtius und Pansa und auch der allgegenwärtige Balbus waren bei Cicero, als er diesen Brief schrieb. Aber ihr Hauptinteresse galt wohl kaum der geistvollen Unterhaltung mit dem angesehenen Konsular, und sie wollten auch nicht – wie Cicero immer behauptete – Lektionen in Rhetorik bei ihm nehmen. Was sie im Grunde nach Puteoli und in das Haus des Philippus zog, war der Erbe Caesars, der dort weilte. Dieser Junge (und als solchen sahen sie ihn an) würde Entscheidungen treffen, die sie alle notwendigerweise irgendwie angingen. Wenn er auf seinem Erbe bestünde, wäre das schwankende Gleichgewicht der Kräfte, das sich gerade eingependelt zu haben schien, wieder völlig aus dem Lot gebracht. Was für ein Mensch war dieser Neuankömmling, wie konnte man ihm raten, wie auf ihn einwirken, vielleicht zu seinem eigenen Nutzen? Das waren lebenswichtige Fragen. Caesars Interessen spielten keine Rolle mehr – ihre eigenen Interessen verlangten ihre Anwesenheit.

Sicherlich fand ein offizieller Familienrat statt; ein weniger offizielles, aber um so wichtigeres Kommen und Gehen von Besuchern lief nebenher. Atia und Philippus taten ihr Bestes, um Oktavian davon abzubringen, sowohl das Eigentum als auch den Namen Caesars zu übernehmen. Das

Eigentum konnte er annehmen und immer noch Privatmann bleiben; der Name jedoch bedeutete öffentliche Verantwortung. Als Caesar müßte er, unausweichlich, die Taten und das Andenken des Diktators verteidigen, der ja offiziell sein Vater geworden war. Und wie hätte er sich der heiligen Pflicht entziehen können, Rache für einen schändlichen und heimtückischen Mord zu nehmen? Das Anrecht auf den Namen zu behaupten, war eine öffentliche Kampfansage an alle, die sich um Caesars Erbe bewarben. War das nicht etwas unbedacht für einen Achtzehnjährigen, angesichts eines feindseligen Senats und unschlüssiger Konsuln? Aber Caesars Wertschätzung hatte Oktavians Ehrgeiz beflügelt; wenn Caesar ihn seines Namens für würdig erachtet hatte, machte er geltend, wäre es ein Verbrechen, wenn er selbst geringer von sich dächte. »Sein göttlicher Geist«, so hat es Velleius nach Oktavians Tod formuliert, »verschmähte den Rat der Sterblichen und zog es vor, gefahrvolle Höhen zu erklimmen, statt in sicheren Niederungen zu bleiben.« Er hatte beschlossen, sich seinem Schicksal zu stellen.

Große Umstände zu machen, war nicht nötig. Die Kundgebungen in Apollonia, Brundisium und unterwegs hatten ihm gezeigt, auf welcher Seite die Sympathien der Soldaten waren. In einer Zeit aufgewachsen, da Bürgerkrieg und Terror regierten, muß ihm der Einsatz von Waffengewalt als mögliches, ja als wünschenswertes taktisches Mittel erschienen sein. Das war das letzte und zwingende Argument. War alles andere auch gegen ihn — über Waffen verfügte er. Im übrigen würde der Zauber, der von Caesars Namen ausging, seine Wirkung tun.

Er wollte in Rom erst eintreffen, wenn Antonius abwesend war, Ende April oder Anfang Mai. Nachdem der Konsul den Staat durch die Krisen im März und frühen April geführt und die Extremisten beider Parteien entweder unschädlich gemacht oder aus Rom vertrieben hatte, konnte er jetzt ungehindert daran gehen, seine Stellung bei den Veteranen zu stärken. Viele von ihnen waren noch in der Stadt; sie warteten darauf, angesiedelt zu werden, wie es Caesar geplant hatte. Antonius wollte sie gerne loswerden — in der jetzigen Situation waren sie alle potentielle Unruhestifter, besonders, wenn Caesars Erbe auftreten würde. Je weniger von ihnen sich in der Stadt befanden, um so besser. Außerdem konnte man auf ihre Dankbarkeit rechnen, wenn man sie unterbrachte. Sie waren insofern an Politik interessiert, als sie Landeigner werden wollten, und jeder, der dieses Verlangen erkannte, konnte politisches Kapital daraus schlagen. Deshalb beschloß Antonius, persönlich einen größeren Veteranen-Trupp zu den Siedlungen im fruchtbaren Kampanien zu führen. In Casilinum flatterte die stolze Fahne der neuen Kolonie * im Wind, als Antonius feierlich die Grenzfurchen zog. Ihr offizieller Name Colonia Iulia Antonia kennzeichnete ihn als Mitbegründer neben Caesar. In der alten Stadt Capua hatte der Diktator bereits eine Kolonie gegründet, aber Antonius, darauf bedacht, seinen Ruhm zu mehren, wollte noch eine zweite gründen. Er fragte bei Cicero an, ob das gesetzlich möglich sei. Als Cicero das verneinte, mußte er sich damit begnügen, der bereits bestehenden Kolonie neue Ansiedler zuzuführen.

Antonius blieb etwa einen Monat lang von Rom fort. Als er in der zweiten Maihälfte zurückkam, fand er in der Hauptstadt eine veränderte Situation vor. Seiner Politik des Ausgleichs und der Vermittlung erging es wie jeder Politik – gemäßigt, wie sie war – im Umfeld starker Leidenschaften, aus denen viele Kapital zu schlagen suchen. Fast unmittelbar nach Antonius' Abreise Ende April war Dolabella gegen den Caesar-Kult im Forum unbarmherzig vorgegangen. Antonius hatte zwar den Tod des Betrügers Amatius verfügt, den Kult als solchen aber bestehen lassen. Diese Toleranz war nicht im Sinne des eigensinnigen Dolabella, dessen angemaßtes Konsulat ihm bis jetzt nicht viel Ansehen eingebracht hatte. Er ließ die Säule niederreißen, den Platz neu pflastern und die Anführer der Sekte kreuzigen oder vom Tarpejischen Felsen stürzen. Anscheinend fand dieses Schauspiel teilweise Zustimmung, wenngleich Cicero seine Gefühle mit den Zeilen beschreibt: »Welch heroische Taten unseres Dolabella! ... Es kommt mir vor, als könnte Brutus sich sogar eine goldene Krone aufsetzen und durch das Forum schreiten. Wer würde noch wagen, ihm entgegenzutreten, vor lauter Angst, vielleicht gekreuzigt oder vom Felsen gestürzt zu werden, besonders wenn die unteren Klassen das so begeistert begrüßen?«

Dolabella war es aber gelungen, etwas von dem Prestige zurückzugewinnen, das er sich verscherzt hatte, weil ihm das Konsulat wichtiger gewesen war als die anfänglich begeisterte Parteinahme für die »Befreier«. Cicero schrieb seinem früheren Schwiegersohn und übermittelte ihm, dick aufgetragen, Gruß und Lob von Lucius Julius Caesar, dem kranken Onkel des Antonius. Aber die Wirkung dieser Schmeichelei, die den Republikanern helfen sollte, hielt nicht vor. Mit oder ohne Krone aus Gold – Brutus konnte es nicht wagen, nach Rom zurückzukehren, und Ciceros Briefe klangen immer pessimistischer.

* Kolonien = immer im Sinne einer Siedlung römischer Bürger innerhalb oder außerhalb Italiens.

Viel wichtiger war die Anwesenheit Oktavians in Rom. Er war unauffällig in die Stadt gekommen. Spätere Berichte behaupten, die Erscheinungen des Himmels hätten den Mangel an weltlichem Pomp wettgemacht: ein großer, vielfarbig strahlender Hof hätte die Sonne umgeben. Oktavian erklärte, er gedenke die Adoption anzunehmen, und leitete die nötigen Maßnahmen zur juristischen Anerkennung ein. Außerdem bewog er den Tribunen Lucius Antonius, einen Bruder des Konsuls, eine öffentliche Versammlung einzuberufen, zu der er sprechen wollte. Dadurch würde er die öffentliche Meinung der Stadtbevölkerung in allen ihren Schattierungen kennenlernen. Im Augenblick hütete er sich davor, sich irgend jemanden zum Feinde zu machen, und begnügte sich mit der Versicherung, er würde dem Volk das Geld auszahlen, das Caesar ihm hinterlassen hatte. Er trat korrekt und bescheiden auf, verhielt sich aber konsequent. Von der Unentschlossenheit des Konsuls war hier nichts zu spüren. Das Volk sah den Erben Caesars vor sich, der willens war, das Andenken Caesars hochzuhalten und seine Versprechen einzulösen — ein neues Ziel ihrer Verehrung, die Amatius schmählich ausgenutzt hatte. Er gehörte einer neuen Generation an und hatte mit der schmutzigen Politik der freien Republik im letzten Jahrzehnt nichts zu tun, war auch nicht von der Wünschbarkeit eines Systems überzeugt, in dem zynische und selbstsüchtige Machenschaften soviel Spielraum hatten.

Antonius hatte sich bis jetzt sehr republikanisch gegeben. Er war ein Produkt des Systems, das auch seine Gedanken und Taktiken bestimmte. Cicero mag ihm mißtraut haben, aber er verstand ihn, so wie er Oktavian nie verstehen würde. Andererseits hatte das römische Volk Caesar unter anderem gerade deshalb verehrt, weil er mit den Querelen und dem Unvermögen des oligarchischen Regimes aufgeräumt hatte, in das Rom jetzt wieder zurückzufallen drohte. Es war nicht verwunderlich, daß das Volk eher in Oktavian den geistigen Erben Caesars sah als in irgendeinem Mitglied der älteren Generation.

Sehr bald gab Oktavian zu erkennen, daß er ernst zu nehmen sei. Bei den *Ludi Martiales* am 12. Mai, den Spielen zu Ehren des Mars, verlangte er, unter Berufung auf das im vorigen Herbst erlassene Ehrendekret, den goldenen Stuhl, der Caesar anläßlich öffentlicher Spiele zustand. Die Volkstribunen verweigerten ihm die Erlaubnis. Aber nach dem Buchstaben des Gesetzes war Oktavian im Recht. Er bestand nicht weiter darauf; den Anspruch angemeldet und seine Sohnesliebe bewiesen zu haben, genügte ihm vorerst.

Gleich nach der Rückkehr des Antonius suchte er um eine Unterredung nach und bat den Konsul, ihm die Akten und das Geld Caesars auszuhändigen. Antonius zögerte unter dem Vorwand, daß die Adoption noch nicht amtlich bestätigt sei — normalerweise eine reine Formsache — und daß es schwierig wäre, persönliche und öffentliche Gelder in Caesars Konten auseinanderzuhalten. Der Senat werde noch eine genaue Untersuchung anordnen müssen.

Oktavian blieb höflich. Aber Antonius begriff sehr schnell, daß sich die Situation geändert hatte — wenn er das nicht schon in Kampanien gemerkt haben sollte. Jedenfalls war er mit einer stattlichen Leibwache zurückgekehrt, aus früheren Centurionen und Veteranen kampanischer Siedlungen rekrutiert, und er begann sogleich, seine politische Stellung abzusichern. Im öffentlichen Interesse hatte er unumgänglichen Kompromissen zugestimmt, aber das würde ihm gar nichts nützen, sollte der Erbe Caesars entschlossen sein, ihn als Anführer der caesarianischen Partei in Verruf zu bringen. Er mußte sich jetzt so oder so klar entscheiden. Politisch gesehen, hatte er gar keine Wahl. Nur als Caesarianer konnte er bestehen. Deshalb mußte er mit dem möglichen Zusammenstoß mit der Brutus-Cassius-Partei rechnen und sich jetzt, solange er noch Konsul war, eine uneinnehmbare Stellung schaffen. Vielleicht hat ihn Caesars Erbe dazu veranlaßt, seine Taktik zu überdenken, aber der junge Mann war selbst noch keine wirkliche Bedrohung. Bedrohlicher waren Caesars Feinde, die Provinzen und Armeen kontrollierten oder in den nächsten Jahren kontrollieren würden.

Decimus Brutus war zur Zeit Herr des cisalpinen Galliens und hatte damit den Schlüssel zu Italien in der Hand. Ließ man den Senat bei der Provinz-Neuverteilung gewähren, bekamen im nächsten Jahr Marcus Brutus und Cassius unter Umständen das cisalpine Gallien und Illyrien. Antonius erhielte dann Makedonien — und damit wäre er völlig mattgesetzt. Bei weiterer Vorausschau ergab sich: Brutus und Cassius waren von Caesar für das Jahr 41 zu Konsuln designiert worden, während er selbst dann kein Statthalter mehr, nur noch Privatmann sein würde — ohne Möglichkeit des Widerstands, falls seine Feinde vorhätten, ihn politisch zu erledigen. Die Entscheidung einmal getroffen — und während der Reise nach Kampanien hatte er Zeit gehabt, über alles nachzudenken — handelte er mit caesarischer Schlagfertigkeit.

Um den 23. Mai hatte er wissen lassen, er gedenke Decimus Brutus seiner Provinz zu berauben. Es war üblich, daß der Senat die Statthalterposten vergab; Antonius berief eine Versammlung für den 1. Juni ein.

Eine Vollversammlung hätte allerdings zu viele Gegenstimmen hervorgebracht, und es war von vorneherein klar, daß bewaffnete Kräfte zur Hand sein würden, um die Opposition abzuschrecken. Sogar der zum Konsul designierte Hirtius hielt es für zu gefährlich teilzunehmen. Tatsächlich war die Versammlung ungenügend besetzt, und Antonius verzichtete auf Anträge. Er zog es vor, seine Sache bei der gesetzgebenden Volksversammlung vorzubringen. Hier konnte er sicher sein, daß Einschüchterung, verbunden mit kräftiger Nachhilfe, das erwünschte Ergebnis erzwingen würde. Sein Bruder Lucius, der Tribun, bereitete den Boden vor, indem er Decimus Brutus, einen Tag nach der mißglückten Senatssitzung, in der Versammlung öffentlich angriff. Über die gesetzlich vorgeschriebene Ankündigungsfrist von 17 Tagen vor jeder gesetzgebenden Versammlung hatte man sich hinweggesetzt. Ein Gesetz wurde vorgeschlagen und angenommen, das Decimus Brutus die Herrschaft im cisalpinen Gallien entzog und sie Antonius auf sechs Jahre übertrug. Somit war er einigermaßen sicher vor seinen Feinden, wenigstens bis zum Ende des Jahres 39. Vorkehrungen über diesen Zeitpunkt hinaus waren sinnlos, da die politische Szene sich zu schnell änderte. Auf der gleichen Versammlung oder auf anderen, anschließenden Versammlungen wurden weitere Gesetze verabschiedet, die Caesars Erlasse bekräftigten, den Konsuln volle Entscheidungsgewalt in umstrittenen Fragen zubilligten und die Grundlage für die Ansiedlung der Veteranen schufen.

In einer Senatssitzung vom 5. Juni wurde die an sich illegale Abwesenheit von Brutus und Cassius legalisiert, indem man ihnen die Überwachung des Getreideankaufs und des Getreidetransports von Asia, beziehungsweise Sizilien, nach Rom übertrug. Damit hatten sie einen offiziellen, wenn auch nicht sehr ehrenhaften Grund, sich aus Italien zu entfernen. Das brachte sie aus der Fassung. Cicero nahm an einem Großfamilien-Rat in Antium teil, um zu erörtern, was sie machen sollten. Sein Bericht über die Vorgänge ist unterhaltsam und aufschlußreich, sowohl, was die nun erkennbare Unterschiedlichkeit der Zielrichtungen der »Befreier«, wie auch, was die selten bezeugten Einflüsse der großen Damen der römischen Politik wie Brutus' Mutter Servilia anlangt.

»Ich kam vor Mittag in Antium an. Brutus war erfreut, mich zu sehen. Vor einer großen Versammlung, an der Servilia, Tertulla und Porcia teilnahmen, fragte er mich um Rat. Favonius war auch dabei. Ich sagte ihm, was ich mir unterwegs überlegt hatte, nämlich, daß er den Getreide-Auftrag in Asia annehmen sollte. Ich sagte, seine Sicherheit sei jetzt unsere einzige Sorge, die Republik hinge davon ab. Ich war gerade im besten Zuge, als Cassius eintrat. Ich wiederholte, was ich gesagt hatte, worauf Cassius – jeder Zoll ein Krieger – grimmig blickte und sagte, er habe nicht die Absicht, nach Sizilien zu gehen. ›Soll ich eine Beleidigung für eine Gefälligkeit halten?‹ Ich fragte: ›Was willst du also tun?‹ Er antwortete, er gehe nach Griechenland. ›Und du, Brutus?‹ fragte ich. ›Nach Rom‹, antwortete er, ›wenn du einverstanden bist.‹ – ›Das bin ich nicht, du bist dort nicht sicher.‹ – ›Und wenn ich sicher sein könnte, wärst du dann einverstanden?‹ – ›Natürlich, und ich würde in diesem Fall nicht in eine der Provinzen reisen, weder jetzt noch nach Ablauf deines Amtes als Prätor. So aber rate ich dir, wage dich nicht in die Stadt.‹ Ich fuhr fort, die Gründe aufzuzählen, die Du sicherlich erraten kannst, warum er sich einfach nicht sicher fühlen dürfe.

»Eine lange Unterhaltung schloß sich an, in der sich alle – und vor allem Cassius – darüber beklagten, daß so viele Gelegenheiten versäumt worden wären. Ganz besonders tadelten sie Decimus. Darauf erwiderte ich, es lohne sich nicht, über verschüttete Milch zu weinen, aber ich gab ihnen recht. Ich begann nun aufzuzählen, was man hätte tun sollen, nichts Sensationelles, nur das, was alle fanden, und obwohl ich jede Andeutung vermied, mit wem man sich eigentlich hätte abgeben müssen, und nur sagte, sie hätten den Senat zusammenrufen, das Volk begeistern und die Herrschaft an sich reißen sollen – da rief doch Deine Freundin laut aus: ›So etwas Unglaubliches habe ich noch nie gehört‹, und da hielt ich natürlich meinen Mund. Wie dem auch sei, es schien so, als ob Cassius abreisen würde (denn Servilia versprach, den Getreide-Auftrag im Senatsdekret rückgängig zu machen), und Brutus wurde von der verrückten Idee, nach Rom zu gehen, bald abgebracht. Er beschloß also, die Spiele in seinem Namen, aber in seiner Abwesenheit halten zu lassen. Ich dachte, er würde von Antium aus direkt nach Asia aufbrechen.

»Alles in allem hat mir die Reise nichts weiter gebracht als die Genugtuung getaner Pflicht. Es wäre nicht richtig gewesen, wenn er Italien verlassen hätte, ohne mich noch einmal zu sehen. Aber abgesehen von dieser Freundespflicht, fragte ich mich: Was hatte ich eigentlich mit dieser Reise bezweckt? Ich fand das Schiff im Begriff unterzugehen, vielmehr, es war schon gesunken. Kein Konzept, keine Idee, kein System.«

Als politische Macht waren die »Befreier« erledigt. Sie hatten keinen Beistand – weder in der Armee, noch bei den Veteranen, noch im Volk. Cicero sagte sich, nach der Kraftprobe auf der Senatssitzung vom 1. Juni habe es wenig Sinn, vor Anfang des nächsten Jahres wieder in Rom aufzutauchen. Antonius schien fest entschlossen, dem Staat seinen Willen aufzuzwingen, und ließ sich dabei offensichtlich nicht durch konstitutionelle Spitzfindigkeiten oder die Achtung vor der Redefreiheit stören. Er hatte Dolabella in der Tasche, die Veteranen auf seiner Seite und einen eingeschüchterten Senat hinter sich und war ganz offenbar Herr der Lage.

Doch Oktavian, am Anfang kaum mehr als eine lästige Störung, trieb ihn allmählich in die Defensive. Er streute aus, Antonius blockiere die *lex curiata,* die Verordnung, die seine Adoption bestätigte; er deutete an, Antonius habe privat über Gelder verfügt, die entweder ihm, Oktavian, oder dem Schatzamt gehörten. Er begann, demonstrativ Land zu verkaufen, das ihm durch Caesars Testament zugefallen war. Nicht, daß er ernstlich knapp bei Kasse gewesen wäre; es ist sehr wahrscheinlich, daß er sich Gelder aus der Kriegskasse in Brundisium angeeignet hatte. Außerdem waren Caesars Freunde und frühere Verwalter in der Hauptstadt wohlhabende Leute, die Kredit genossen. Zwei von ihnen, Matius und Postumus, erklärten sich bereit, die öffentlichen Spiele zu Ehren von Venus und von Caesars Sieg im Namen Oktavians zu veranstalten. Zu seinem Glück schreckte das Priester-Kolleg, eigens gegründet, die Spiele zu arrangieren, vor dieser Aufgabe zurück. Infolgedessen konnte sich Oktavian bei der Stadtbevölkerung noch beliebter machen und sich gleichzeitig die Anerkennung dafür sichern, daß er die Anordnungen und das Andenken seines Adoptivvaters in Ehren hielt.

Diese Spiele, obgleich erstmals angesetzt, hatten wie alle großen Spiele zweifellos politische Bedeutung. Das einfache Volk in Rom hatte wenig Zerstreuung. Gladiatorenkämpfe, Hetzjagden auf wilde Tiere und Rennen waren willkommene Abwechslung in seinem ärmlichen Leben. Gute Spiele zu bieten, war lebenswichtig. Darum war Brutus auch so darauf bedacht, als städtischer Prätor pflichtgemäß die *Ludi Apollinares* erneut in Szene zu setzen. Er hoffte, damit die Gunst des Volkes wiederzugewinnen – ohne Erfolg, wie sich herausstellte. Was seine Spiele, vom 7. bis zum 13. Juli, ihm auch eingebracht haben mögen – es war schnell vergessen, als Oktavian die *Ludi Victoriae Caesaris,* vom 20. bis zum 30. Juli, aufführen ließ. Bei dieser Gelegenheit versuchte Oktavian abermals, den goldenen Thron Caesars mit dem Lorbeerkranz im Theater aufstellen zu lassen. Wieder wurde Einspruch erhoben, diesmal von Antonius selbst. Die Menge war über den Einspruch empört und bedachte Oktavian mit reichlichem Applaus. Damit bekräftigte sie ihre Sympathien, die schon bei den Spielen des Brutus ganz deutlich geworden waren und nun gewaltig verstärkt wurden, als der Erbe während der Spiele Caesars Hinterlassenschaft von 75 Denaren pro Kopf auszahlen ließ. Diese Summe war etwas mehr als der halbe Jahreslohn eines Legionärs. Die Erbschaft, irdisch wie sie war, verblaßte jedoch vor dem Kometen.

Der Komet erschien während der Spiele des Oktavian. Sieben Tage lang loderte er am Abendhimmel im Norden und erfüllte alle mit Ehrfurcht und Staunen. Man sagte, es sei der Stern und der Geist Caesars, der jetzt in den Himmel und in die Gesellschaft der Götter aufgenommen worden sei. In dieser abergläubischen Zeit war es unbestreitbar ein gnadenverheißendes Zeichen. Die Gunst des Himmels und des Verstorbenen leuchteten auf seinen Erben herab, auf den einzigen Mann in Rom, der bestrebt war, Caesars Andenken zu ehren und zu verhindern, daß das Volk um die von Caesar vorgesehenen Vergünstigungen kam. Konnte es noch ein deutlicheres Zeichen geben, daß Caesar wahrhaftig einer der Götter war — oder jedenfalls würdig, unter ihnen zu weilen?

Oktavian sorgte dafür, daß das Zeichen nicht in Vergessenheit geriet; er ließ an der Stirn der Statue seines neuen Vaters einen Stern anbringen, dessen oberster Strahl eine Flamme war. Es wurde allgemein vermerkt, daß das Wunder in Caesars Geburtsmonat erschienen war, dessen früherer Name »Quintilis« deshalb in »Julius« umgeändert wurde, und nun, nach dem Änderungsdekret, war man also zum erstenmal im »julischen« Monat.

Fortuna oder die Götter überhaupt begünstigten Oktavian; in welchem Ausmaß, zeigt uns die Reaktion des Antonius. Als Caesarianer übertrumpft, schwenkte er zur anderen Seite über. Gelang es ihm, die Zwietracht im Staate zu beseitigen, fand sein junger Rivale vielleicht keinen Grund mehr, ihn anzugreifen.

Was die Bedrohungen von außerhalb betraf, so hatten die Gallier, die Matius, und nicht nur er, in den Tagen nach Caesars Ermordung fürchtete, keine Anzeichen einer Revolte erkennen lassen. Die Schwierigkeiten in Syrien — damit mußte Dolabella fertigwerden; aber das war alles zu weit weg und spielte im Augenblick keine Rolle. Übrig blieb Sextus Pompeius, der in Spanien erfolgreich und beliebt war. Mit ihm hatte der Konsul das Gespräch aufgenommen; Mittelsmann war Lepidus, der jetzt die Provence und das diesseitige Spanien verwaltete. Verhandlungen waren im Gange. Sextus behauptete zwar, die gute Sache der Republik zu verteidigen, aber er hatte die Republik kaum gekannt und konnte auch, aufgrund seines Alters, nie an ihren Kämpfen teilgenommen haben. Er hätte gern das

Recht zur Heimkehr, das Caesar ihm gewährt hatte, in Anspruch genommen, aber er bestand auf einer Entschädigung für den Besitz seines Vaters, der öffentlich zwangsversteigert worden war. Als Sohn eines großen Mannes beanspruchte er ferner ein hohes Amt von öffentlichem Ansehen. Antonius war bereit, auf diese Bedingungen einzugehen, aber der Botschaften-Austausch zwischen Spanien und Rom brauchte seine Zeit, und es war schon Spätherbst, als schließlich ein Abkommen getroffen wurde. Das Exilsverdikt wurde aufgehoben. Sextus erhielt eine Entschädigung von 50 000 Denaren zugesprochen und das Flotten-Kommando im westlichen Mittelmeer.

Der Konsul ging noch weiter. Brutus und Cassius hatten Italien nicht verlassen, vermutlich, weil es Servilia gelungen war, den Getreide-Auftrag aus der Verordnung streichen zu lassen. Sehr wahrscheinlich hat Antonius in der zweiten Julihälfte den Senat dazu überredet, den zwei Prätoren wesentlich günstigere Exilsbedingungen zu gewähren — als Statthalter von Kreta und Kyrene. Das waren unbedeutende Provinzen ohne Legionen, aber der Auftrag bedeutete keine Demütigung. Zusätzlich erlaubte ihnen die neue Verordnung, höhere Beamte zu ernennen, und es wurden ihnen außerplanmäßige Quästoren zugeteilt. Im Sinne der neuen Versöhnungspolitik sprach Antonius in so gemäßigtem Ton zur Volksversammlung während der Oktavianischen Spiele, daß Cicero, kaum daß ihn die Nachricht davon erreichte, seine Reise nach Griechenland sofort unterbrach und zurückkam. Gerüchte gingen um, Antonius wolle seine gallischen Provinzen aufgeben, den »Befreiern« die Rückkehr nach Rom erlauben und die Autorität des Senats respektieren.

Der Senat war zum 1. August einberufen worden. Antonius wurde sehr schnell über die Unhaltbarkeit seiner Position belehrt. Lucius Piso machte sich die Stimmungsänderung des Konsuls zunutze und griff dessen Führungsstil an. Piso war ein geachteter Politiker der gemäßigten Richtung, außerdem Caesars Schwiegervater, das gab seinen Worten Gewicht. Seltsamerweise wagte niemand, ihn zu unterstützen. Einem Konsular, der so angesehen und vorsichtig war wie Piso, konnte man einen so dramatischen Auftritt aus einer privaten Marotte heraus eigentlich nicht zutrauen. Seine epikureische Lebensart, seine Neigung zum Philhellenismus und seine unabhängige politische Stellung deuten eher auf einen Pragmatiker, der sicherlich ganz genau wußte, worauf er hinauswollte. Ist es übertrieben, wenn man hier schon den Einfluß Oktavians ahnt? Der junge Mann hätte Piso kaum dazu überreden können, seine Partei zu ergreifen oder ihm bei einem politischen Schelmenstück zu helfen; Piso hatte sich seinerzeit als Vermittler zwischen Caesar und Pompeius angeboten. Aber vielleicht ist es Oktavian gelungen, Piso davon zu überzeugen, daß Antonius eine Gefahr bedeute, in Wahrheit den Staat zu beherrschen suche und seine Versöhnungsbestrebungen reine Augenwischerei seien. Wenn dem so war, so bedeutete das den Anfang einer neuen Taktik Oktavians: mit Hilfe nicht-caesarianischer Kräfte den caesarianischen Führer zu vernichten. Was Piso dem Antonius vorgeworfen hat, wissen wir nicht; vielleicht hat er nur die Regellosigkeit der Staatsführung des Antonius in den letzten zwei Monaten getadelt. Alle Mittel waren Oktavian recht, so lange sie nur Antonius davon abhielten, sich mit den Republikanern zu versöhnen.

Dieser Zweck wurde erreicht. Antonius veröffentlichte sofort ein konsularisches Edikt gegen Brutus und Cassius. Darin bedrohte er sie mit Strafe, weil sie ihre Pflichten als gewählte Beamte vernachlässigt und außerdem versucht hätten, sich in einem selbstverfaßten früheren Edikt reinzuwaschen. Im gleichen verletzenden und drohenden Ton schrieb er ihnen persönlich. Ihre Antwort vom 4. August ist uns erhalten. Sie gaben sich gekränkt und erstaunt. »Wir sind bestürzt«, schrieben sie, »wie Du Deinem Haß so sehr die Zügel schießen läßt, daß Du uns den Tod Caesars zum Vorwurf machst.« Sie aber schätzten ihre Freiheit mehr als die Freundschaft des Antonius, und sie beschlossen ihren Brief mit einer Warnung: Er solle sich seiner Grenzen bewußt sein und daran denken – nicht, wie lange Caesar gelebt habe, sondern wie kurz die Zeit war, da er den Monarchen spielte.

Damit war klar, daß jede mögliche Hoffnung auf Aussöhnung unwiderruflich geschwunden war. Brutus glaubte nicht, daß längeres Verweilen in Italien ihm nutzen könnte, und brach von Neapel aus mit einigen Schiffen nach Süden auf. Vor dem Ende des Monats hatte er die italischen Gewässer hinter sich gelassen. Cassius blieb noch, in der Hoffnung, die bevorstehende Intervention Ciceros könnte die Lage wieder zu ihren Gunsten verändern.

KAPITEL VIER

Der Kreuzzug gegen Antonius

Als Brutus nach Süden aufbrach, stieß er in Velia auf Cicero, der gerade in größter Eile nach Rom zurückreiste. Er konnte ihm von der Rede Pisos berichten und beglückwünschte ihn zu seinem Sinneswandel. Er erfuhr, ein Schirokko habe Ciceros Schiff nach Leukopetra an der Südspitze Italiens zurückgetrieben, so daß ihn noch dort die Nachricht vom politischen Tauwetter der letzten Julitage erreichte. Daraufhin hatte Cicero sofort beschlossen, nicht nach Griechenland weiterzureisen. Es war ihm ohnehin unerträglich, nicht mehr in der politischen Arena zu stehen; es hatte auch Stimmen gegeben, er habe aus Feigheit Rom verlassen. Nun hatte er die Chance, sich zu rechtfertigen und die Republik wieder auf die rechte Bahn zu führen. Von Pisos Rede war er begeistert. Endlich hatte jemand den Mut gehabt, das zu sagen, was er selbst nie gewagt hatte.

Seine Heimreise richtete Cicero so ein, daß er gerade zu der Senatssitzung zurechtkam, die Antonius für den 1. September einberufen hatte. Er hörte aber, nur Alltagsgeschäfte stünden auf der Tagesordnung, und von der Reise angegriffen, nahm er dann doch nicht teil. Antonius, wohl wissend, wie Cicero über ihn dachte, nahm seine Abwesenheit so übel, als handelte es sich um einen persönlichen Affront. Er erging sich in übellaunigen und unsinnigen Drohungen – er werde Arbeiter aussenden, um das Haus des Redners in Trümmer zu legen – und blieb der Sitzung am nächsten Tag fern. Cicero jedoch nahm teil. Er nahm Pisos Attacke wieder auf. Es war die erste in der Reihe seiner großen Reden gegen Antonius, die er Philippicae nannte, zum Gedenken an die Angriffe des Demosthenes gegen den Unterdrücker der griechischen Freiheit. Verglichen mit den späteren, ist die erste Rede noch sanft. Aber sie enthält beißende Kritik an Antonius – er habe mit Caesars Notizen und Memoranden Mißbrauch getrieben, die Gesetze des Diktators verfälscht, das Veto eines Tribunen mißachtet, das begehrte römische Bürgerrecht wahllos bewilligt und die Gelder des Tempels der Ops verschwendet. Nach republikanischer Art, ganz ungehemmt, greift Cicero sodann zwei Gesetze an, die Antonius verkündet, aber noch nicht durchgesetzt hatte. Beide sollten dazu dienen, die staatliche Gerichtsbarkeit, die eine sehr wichtige Rolle im Hin und Her der republikanischen Politik spielte, der Kontrolle des Senats teilweise zu entziehen. Das war echte Opposition – freimütig, belastend und verletzend. Cicero hatte sich seit seiner berühmten »Palinodie« im Jahre 56 nicht aktiv an der Politik beteiligt. Aber seine Zunge hatte nichts von ihrer Schärfe verloren, und er muß es genossen haben, in aller Öffentlichkeit seine wirkliche Meinung zu sagen – zum ersten Mal seit 12 Jahren.

Antonius raste. Pisos Attacke und die kühl abgefaßten, würdevollen Erklärungen von Brutus und Cassius waren schlimme Rückschläge für seine Versöhnungspolitik gewesen. Dennoch hatte er darauf beharrt; der Versuch, Oktavian auf seinem eigenen Terrain ausstechen zu wollen, hatte nichts eingebracht. Das einzige, was er tun konnte, war, sich mehr oder weniger an die republikanischen Spielregeln zu halten: dem Senat seine traditionellen Kompetenzen zu überlassen, sich demonstrativ mit führenden Männern zu beraten und jede Zurschaustellung militärischer Gewalt zu vermeiden. So konnte er Oktavian vielleicht daran hindern, paradoxerweise dort Verbündete zu finden, wo er sie am wenigsten hätte finden sollen – bei den Traditionalisten. Er würde sich als genauso verfassungstreu erweisen wie sie. Aber er konnte nicht so tun, als hätten die Ereignisse im Mai und Juni niemals stattgefunden. Ein Politiker muß mit seiner Vergangenheit leben. Auch konnte er nicht plötzlich die Interessen der caesarianischen Parteigänger außer acht lassen. So bot er Cicero zwei Angriffsflächen: sein verfassungsfeindliches Verhalten vor kurzem und seine senatsfeindlichen Maßnahmen jetzt.

Antonius zog sich in seine Villa in Tibur zurück, dem einstigen Besitz des Schwiegervaters von Pompeius, um seinen Gegenangriff zu planen. Seine Lage war ungünstig, denn Cicero stand – anders als Piso – mit seiner Meinung nicht allein. Er hatte Publius Servilius Isauricus auf seiner Seite, dessen Motive durchschaubar sind. Als Sohn eines angesehenen und betagten Vaters hatte er sich im Jahre 49 auf Caesars Seite geschlagen, trotz der Verbindungen seiner Familie mit der Partei des Pompeius und Cato. Im Jahre 48 wurde er mit dem Konsulat belohnt (oder bestochen) und war dann als Statthalter in Asia sehr erfolgreich gewesen. Erst vor kurzem war er aus dieser Provinz zurückgekehrt. Da er eine Tochter Servilias geheiratet hatte, war er nun mit Brutus, Cassius und Lepidus verwandt. Als caesarianischer Konsular war er dienstälter als Antonius und gehörte außerdem zu einer politisch einflußreicheren und weitverzweigten Familie. Servilius konnte Antonius vielleicht als Rivalen betrachten, als Vorgesetzten nie. Ganz offensichtlich erhoffte er sich die Führung einer Gruppe, in der sich caesarianische und andere Interessen unter einen Hut bringen ließen, oder mit der er zumindest die Vorteile einer »Zentrumspartei« ausnützen konnte. Das freie Spiel der politischen Kräfte, wie es vor 20 Jahren bekannt war, zeichnete sich von neuem ab.

Antonius beschloß deshalb, seine vorgebliche Verfassungstreue aufzugeben und seine Feinde im Senat mit allen verfügbaren Mitteln anzugreifen. Weder Piso noch Cicero noch Servilius wagten es, am 19. September im Senat zu erscheinen, wo Antonius (wie Cicero es Cassius beschrieb) »nicht sprach, sondern wie gewöhnlich seine Worte herausspie«. Der Senat tagte – nicht ganz passend – im Tempel der Eintracht, hinter verschlossenen Türen, und Antonius' Leibwache war nicht zu übersehen. Hier griff nun Antonius mit Verve Cicero an: Während seines eigenen Konsulats habe Cicero den Zugang zum Kapitol mit bewaffneten Sklaven besetzt, Bürger ohne Verhandlung töten lassen und dem Leichnam von Antonius' Stiefvater das Begräbnis versagt; später habe er die Ermordung des Clodius veranlaßt, den Bürgerkrieg herbeigeführt, indem er Caesar und Pompeius entzweite, und dann seine Taten damit gekrönt, daß er die »Befreier« zur Ermordung ihres Wohltäters, des großen Caesar, anstiftete.

Cicero fühlte sich körperlich bedroht. Er schrieb an Plancus im jenseitigen Gallien und beteuerte sein Interesse an dessen Angelegenheiten, entschuldigte aber seine Tatenlosigkeit: »... kein Mann von liberalen Überzeugungen kann sich im Senat noch sicher fühlen, wo die Einschüchterung durch das Schwert zulässig scheint. Auch läßt es mein Ruf nicht zu, daß ich dort Rat erteile, wo auf den besten Plätzen nicht Senatoren mir zuhören, sondern Männer mit Waffen in der Hand.« Er zog sich in sein Arbeitszimmer zurück, um philosophische Schriften zu verfassen und die »göttliche«, die berühmte zweite Philippica zu schreiben, seine Antwort auf Antonius' Rede vom 19. September. Diese Rede wurde, wie von vornherein beabsichtigt, nie gehalten, sondern als politisches Pamphlet in Form einer Rede unter der Hand verbreitet. Cicero wagte nicht, sie zu veröffentlichen, bevor er die freie Verfassung wiederhergestellt glaubte, mit anderen Worten: erst nach Antonius' Rücktritt oder Vertreibung aus der hauptstädtischen Politik. Das hieß also, die Rede konnte frühestens Ende November erscheinen. Praktisch hatte Cicero sich damit selbst außer Gefecht gesetzt.

Inzwischen hatte sich das Verhältnis zwischen Antonius und Oktavian zusehends verschlechtert. Um seinem caesarianischen Anspruch Nachdruck zu verleihen, hatte Antonius auf der Rednerbühne des Forums ein Standbild Caesars mit der Inschrift »Dem hochgeehrten Vater« aufstellen lassen. Die Inschrift bezog sich auf den Titel »Landesvater«, den der Senat Caesar im vorigen Jahr verliehen hatte. Das war offensichtlich ein Versuch, Oktavians Propaganda zu entkräften, die unaufhörlich die (Adoptiv)-Vaterschaft Caesars betonte. Am 2. Oktober berief einer der Tribunen, Cannutius – kein Freund des Antonius –, den Konsul vor eine Volksversammlung. Er stellte ihm scharfe und böse Fragen und provozierte ihn zu einer Tirade gegen die »Befreier« und schließlich zu einer Anklage gegen Cicero, der für ihre Handlungen und nun auch für die des Cannutius verantwortlich sei.

Kurz zuvor hatten einige Centurionen, Berufsoffiziere der Armee, bei Antonius gegen die wachsende Entfremdung zwischen ihm und Oktavian protestiert und darauf hingewiesen, wie unsinnig ein Bruch zwischen zwei Männern sei, die sich beide vorgeblich um Caesars Andenken und um die Fortsetzung seiner Politik bemühten. Antonius ließ sich überzeugen; eine Quasi-Versöhnung wurde vor dem kapitolinischen Tempel im Angesicht der Soldaten inszeniert. Keiner von beiden meinte es ernst, und ein oder zwei Tage nach der Versammlung des Cannutius gab es einen großen Skandal. Einige Angehörige der Leibwache des Antonius wurden in seinem Haus verhaftet. Im Verhör sagten sie aus, Oktavian hätte sie angestiftet, Antonius zu ermorden. Oktavian wies den Vorwurf entrüstet von sich und behauptete, man habe das alles konstruiert, um ihn ins Unrecht zu setzen; ein lebender Antonius könne ihn allemal besser vor den Mördern seines Vaters schützen als ein toter. Unbewaffnet eilte er zum Hause des Konsuls, spielte den Empörten und appellierte sogar an seine politischen Widersacher. Das Volk dachte, Antonius hätte die Sache angezettelt, aber intelligentere und höherstehende Bürger waren letztlich, laut Cicero, von der Schuld Oktavians überzeugt. Wie dem auch sei, das Ganze war ein böses Omen. Und als Antonius am 9. Oktober nach Brundisium reiste, um die kürzlich aus Makedonien herbeigerufenen Legionen zu treffen, bestand durchaus die Gefahr eines Bürgerkriegs oder zumindest einer militärischen Unterdrückung bürgerlicher Freiheiten.

Antonius brauchte Legionen, nicht so sehr, um die Opposition in Rom in Schach zu halten, als um sich vor den »Befreiern« zu schützen. Decimus Brutus hatte im April nur zwei Legionen im cisalpinen Gallien aufgetrieben. Inzwischen hatte er weitere ausgehoben und in einen blutigen Feldzug gegen die Alpenstämme getrieben. Im Osten war die Lage unsicher, obgleich da im Augenblick keine unmittelbare Gefahr drohte. Trebonius in Asia war zu weit entfernt, um Unruhe auszulösen, zumal er wenig Truppen hatte. Marcus Brutus lebte zurückgezogen in Athen. Cassius war unterwegs in die Cyrenaica – so nahm man wenigstens an. Der Westen beunruhigte Antonius am meisten. Lepidus in der Provence war nicht ganz zuverlässig und Plancus im jenseitigen Gallien noch weniger. Sogar Pollio in Spanien, von Haus aus Caesarianer, war in einer Weise objektiv und geistig unabhängig, daß er leicht in eine Richtung geraten konnte, die Antonius für die falsche hielt. Eine entschlossene Besetzung des cisalpinen Galliens, seiner ihm rechtmäßig zugesprochenen Provinz, durch vier der Elite-Legionen, die Caesar in Makedonien aufgestellt hatte, würde Lepidus und Plancus völlig auf seine Seite bringen; mit der sich daraus ergebenden Truppen-Konzentration in den gallischen Provinzen, die nirgends ihresgleichen fand, konnte man Italien vollständig beherrschen.

Möglicherweise hatte Antonius, als er sich nach Brundisium aufmachte, noch nicht die Absicht, vor dem neuen Jahr in seine Provinz einzuziehen, also nicht vor dem absehbaren Ende der Statthalterschaft des Decimus. In der Zwischenzeit würde es nichts schaden, die Legionen in der Nähe der Hauptstadt bereit zu haben. Aber was auch immer seine Absicht war – seine Taten sprachen für sich. Cicero schreibt ein oder zwei Tage später an seinen Freund Cornificius, Statthalter der Provinz Africa, und sagt einfach: »Am 9. Oktober brach er nach Brundisium auf, um die makedonischen Legionen zu empfangen, die er mit Geldgeschenken bestechen und nach Rom bringen wollte, um uns zu unterjochen.« Die Parallele zu dem Sulla des Jahres 88 war zu deutlich, um nicht zu erschrecken – ein Konsul, von seinen Feinden in Rom bedroht, ruft die Legionen zur Verteidigung auf, genau genommen zur Verteidigung seiner Privatinteressen.

Natürlich war auch Oktavian dieser Meinung. Im Gegenzug sandte er Agenten aus, die im Lager von Brundisium unter den Soldaten Geld verteilen und gegen ihren rechtmäßigen Kommandeur intrigieren sollten. Er konnte allerdings kaum damit rechnen, die ganze, sehr starke Armee des Konsuls zu korrumpieren. Selbst wenn nur eine Legion ihrem Schwur treu blieb, waren das immerhin 4000–5000 Mann. Er beschloß, Gewalt gegen

Gewalt zu setzen. Unter den entlassenen, jetzt angesiedelten Soldaten fand er schließlich so viele Freiwillige, daß Antonius ihn nicht wie eine Mücke an der Wand zerdrücken konnte. Er würde dem Volk von Rom und von Italien zeigen, daß er in Wahrheit der Verfechter ihrer und der Sache Caesars war. Er hatte Antonius in Rom so unbeliebt gemacht, daß er selbst mit einer kleinen, nicht einmal sehr kampfstarken Truppe auf die kräftige Unterstützung der Volksmassen rechnen und den Konsul davon überzeugen konnte, wie unsinnig es sei, ihn mit Gewalt unterdrücken zu wollen.

Oktavian hatte in den letzten sechs Monaten große Summen erlangt oder erborgt. Ihre Herkunft ist ungewiß. Die Feinde des Antonius haben — damals und später — in allen Farben ausgemalt, wie der lasterhafte und skrupellose Konsul 700 Millionen Sesterzen, die sich beim Tode des Diktators im Tempel der Ops befanden, für seine egoistischen und unmoralischen Zwecke verschwendet und somit Caesars Erben die rechtmäßige Erbschaft vorenthalten hätte. Der ganze Besitz Oktavians — so berichtet Appian — und das Vermögen seiner Mutter und seines Stiefvaters reichten gerade für die Auszahlung von Caesars Legat an das Volk.

Cicero ist da ein zuverlässigerer Zeuge. Er erzählt Cornificius von dem Anschlag auf Antonius und sagt, man glaube, Antonius hätte ihn erdichtet, um sich legalerweise an Oktavians Vermögen zu bereichern — wohlgemerkt, nachdem die Legate schon ausgezahlt worden waren. Es ist auch nicht ausgeschlossen, daß Antonius tatsächlich Oktavian aus den Staatsreserven etwas auszahlen ließ. Der Verkauf des Grundbesitzes brachte dem jungen Mann sicherlich auch eine stattliche Summe ein. Aber die Stärke seiner finanziellen Sicherung hing, wie die weiteren Ereignisse zeigen, von ganz anderen Quellen ab, die ihm dauernd zugänglich waren. Abgesehen von reichen Leuten wie Oppius, der dem Senat nicht angehörte, aber mitgeholfen hatte, die Spiele zu finanzieren, und dem Millionär Balbus, dem ersten einflußreichen Caesarianer, den Oktavian im April getroffen hatte, gab es auch unter den von Caesar Freigelassenen sicherlich viele, die wohlhabend genug geworden waren, um ihrem neuen Patron unter die Arme zu greifen. Oktavians Miterben, Quintus Pedius und Lucius Pinarius, Neffen oder Großneffen Caesars, sollen zugunsten ihres jungen Verwandten auf ihren Anteil verzichtet haben. Das ist durchaus möglich, zumindest im Falle Pedius; dieser unbekannte Mann wurde später Konsul.

Jedenfalls war Oktavian nicht in Geldnot, sonst hätte er seine nächsten

Unternehmungen nicht bezahlen können. Er reiste nach Kampanien und suchte eine Veteranenkolonie nach der andern auf, offensichtlich in der Absicht, sich ungesetzlicherweise eine Privatarmee anzuwerben. Begleitet wurde er von fünf guten Freunden – darunter Agrippa und einem gewissen Maecenas –, und ein Wagentroß mit Geld und Ausrüstungsgegenständen gehörte zum Gefolge. Er geizte nicht mit Versprechungen und – was wirkungsvoller war – auch nicht mit Geld. Gegen Ende des Monats hatte er 3000 Mann aus der Gegend um Capua zusammengezogen, wo die Veteranen der VII. und VIII. Legion Caesars in den neugegründeten Kolonien Calatia und Casilinum siedelten. Weiter landeinwärts, in Samnium, wollte er weitere Freiwillige finden. Sein Geldangebot war sehr verlockend. Er zahlte ein Handgeld von 500 Denaren – mehr als zwei normale Jahreslöhne – und versprach weitere 2000 im Falle eines Sieges im bevorstehenden Kampf.

Inzwischen hatte sich Antonius' Lage verschlechtert. Er ließ in Suessa Aurunca, auf dem Wege nach Brundisium, einige dort inhaftierte Soldaten exekutieren – wahrscheinlich die, die eines Attentats auf ihn verdächtig waren. Dieser Zwischenfall trug sicher nicht zur Verbesserung seines Rufes bei. Als er dann in Brundisium ankam und die Legionen auch noch störrisch fand, wurde er wütend. Oktavians Agenten hatten gute Arbeit geleistet. Die Soldaten wollten wissen, warum Antonius Caesars Mörder frei ausgehen ließ. Sie schrien ihn nieder, als er sie gewinnen wollte, und weigerten sich, eine Prämie von 100 Denaren pro Kopf anzunehmen. Zweifellos hatten die Werber Oktavians wissen lassen, wie hoch ihr Angebot war. Antonius ließ sich nicht auf einen Wettbewerb ein, aus Prinzip, wie er verkündete, und damit überdeckte er seine Mittellosigkeit. Lieber riskierte er es, die Disziplin mit einer gehörigen Dosis traditioneller Strenge wiederherzustellen. Er befahl den Offizieren, die Rädelsführer zu benennen, und ließ eine durch das Los ermittelte Anzahl hinrichten. Vor der Dezimierung, der rigorosen Tötung jedes Zehnten, schreckte er zurück, da das eine allgemeine Meuterei ausgelöst hätte. Trotz aller Strenge hatte er nicht viel Erfolg. Die Ordnung wurde erzwungen um den Preis großer Verärgerung und Verbitterung. Und dann hörte man von Oktavians Vorgehen in Kampanien und von seiner großzügigen Entlohnung. Antonius konterte, indem er sein Angebot wiederholte und einige Offiziere entließ. Unter diesen Umständen im Lager zu bleiben, hieß weiteres Unheil heraufbeschwören. Obgleich die letzte der vier Legionen aus Makedonien noch die Adria überquerte, beschloß Antonius, nicht länger zu warten. Seine Männer brauchten eine Beschäftigung mit sinnvollem Ziel. Also schickte er die drei eingetroffenen Legionen nach Norden, der Küste entlang, mit dem Befehl, ihn in Ariminum nahe der Grenze zur cisalpinen Provinz zu erwarten. Er selbst setzte sich an die Spitze der »Lerchen« *, einer Legion, die er aus ihren eigenen entlassenen Veteranen wiederaufgestellt hatte, und brach mit caesarischer Eile nach Rom auf – nur innehaltend, um aus den unglücklichen Städten auf seinem Weg neue Kontributionen zu erpressen.

Antonius verließ Brundisium vor Ende Oktober, denn Oktavian wußte bereits am 2. oder 3. November von seinem Abmarsch. Der junge Mann warb eigene Truppen an, außerdem bestürmte er Cicero, der sich in Puteoli aufhielt, ihm zu helfen. Am 1. November schrieb er ihm aus Capua und bat um eine geheime Unterredung irgendwo in der Nähe. Zu glauben, so etwas könnte geheim bleiben, hielt Cicero für kindisch; er sagte ab. Doch Oktavian gab nicht auf. Er schickte seinen Freund Caecina von Volaterrae zu Cicero mit der Nachricht, daß Antonius mit seiner Legion, unter vorangetragenen Feldzeichen, im Anmarsch sei. Er bat Cicero um Rat: Sollte er versuchen, Antonius in Capua den Weg zu verlegen oder seine 3000 Veteranen nach Rom führen, oder sollte er sich zu den drei Legionen begeben, die der Adria-Küste entlang nach Norden zogen, in der Hoffnung, sie zum Überlaufen zu bewegen?

Es war eine qualvolle Entscheidung. Je mehr sich die Auseinandersetzung militärisch nach dem herkömmlichen Schema entwickelte, um so mehr geriet der erfahrene Antonius in Vorteil. Cicero riet Oktavian, nach Rom zu eilen, wo seine Anhänger waren. Oktavian stimmte zu. Wenn er aber Rom besetzen wollte, mußte wenigstens der Anschein von Verfassungstreue gewahrt bleiben. Seine militärische Schwäche konnte er nur durch politische Überlegenheit wettmachen. Er bombardierte Cicero mit Briefen – manchmal zwei am Tag – und bat ihn dringend, seinen Teil dazu beizutragen, um die Republik ein zweites Mal zu retten (eine Anspielung auf Ciceros große Stunde, als er die Verschwörung des Catilina zerschlagen hatte) und auf jeden Fall sofort nach Rom zurückzukehren. Er sandte keinen Geringeren als Oppius ab, um seine Anteilnahme am Wohlergehen der Tyrannenmörder zu bekunden.

Cicero mißtraute dem jungen Mann und seinen Absichten. Er versuchte, Zeit zu gewinnen, obgleich er Oktavian bessere Gewinnchancen einräumte als viele seiner Zeitgenossen. Er bezweifelte, daß es Oktavian gelingen würde, den Senat einzuberufen. Und wenn es gelänge – wer

* Die V., von Caesar in Gallien ausgehobene, ihm besonders treu ergebene Legion. (A.d.Ü.)

würde erscheinen? Aber Oktavians Beliebtheit in den italischen Städten stand außer Zweifel. Als er durch Cales und Teanum kam, waren die Beifallskundgebungen so überwältigend, daß Cicero sich anders besann und nach Rom aufbrach, anstatt in der Ferne vorsichtig abzuwarten. Das Verlangen, bei der bevorstehenden Konfrontation dabeizusein, war stärker als seine Ängstlichkeit, und er sagte sich, aus Oktavian sei vielleicht doch noch etwas zu machen.

Daß Oktavian Cicero zum Bundesgenossen gewinnen wollte, ist nicht erstaunlich. Sein Ehrgeiz war maßlos. Nur eine Machtstellung, wie sie sein Adoptivvater innehatte, konnte ihm genügen, und um sie zu erringen, suchte er Hilfe, wo er sie finden konnte – ohne Skrupel. Cicero gedachte der Iden des März ganz offen mit großer Genugtuung – obgleich er beklagte, daß nicht ganze Arbeit geleistet worden sei. Aber das war nicht unbedingt ein Hindernis. Die wechselnden Koalitionen in der römischen Politik, von Zweckmäßigkeiten und persönlichen Verpflichtungen bestimmt, bezogen sich auf die Zukunft, nicht auf die Vergangenheit. Da gab es keine langfristigen Ziele. Koalitionen entstanden, um den Mitgliedern augenblickliche Vorteile zu verschaffen, nicht um die Staats- und Regierungsform zu ändern oder große soziale und wirtschaftliche Reformprogramme durchzusetzen. Was Caesar dazu gesagt hätte, interessierte niemanden mehr. Tatsächlich brauchte jeder den andern. Cicero hatte sich gegen Antonius aufgelehnt, aber bei all seiner Beredsamkeit, bei allem Ansehen war er doch nur ein Kopf ohne Körper; Oktavian dagegen hatte Tausende von Veteranen und Zehntausende von einfachen Bürgern hinter sich, doch dieses phantastische Potential politischer Macht nützte ihm nichts ohne die Hilfe einer überragenden Persönlichkeit in den Führungsgremien der Regierung – zumindest unter den Spielregeln der jetzigen Republik. Sicher konnte sich Oktavian auf eine ganze Reihe der noch von Caesar ernannten Senatoren verlassen; unbedeutend und niederen Ranges, hatten sie weder Einfluß noch Macht. Das war zuwenig. Was er brauchte, konnte ihm Cicero vermitteln: vernichtende Eloquenz, unermüdliche Ausdauer, lauterste republikanische Gesinnung – und das alles aus dem Munde eines der rangältesten Konsulare, der die Interessen des Staates schon immer über die eigenen gestellt hatte. Ciceros erklärte Überzeugungen waren gewiß unvereinbar mit den Zielen Oktavians, aber im Augenblick hatten beide Männer einen gemeinsamen Feind, und das war ausschlaggebend in einer Welt, in der die Persönlichkeit mehr galt als das Programm.

Viel erstaunlicher ist es, daß Cicero sich mit Oktavian zu verbinden trachtete. Doch hatte er sich schon immer gern als Mentor der Mächtigen gesehen. In früheren Zeiten hatte er sich geschmeichelt, der Ratgeber des Pompeius zu sein. Es war ihm ein Bedürfnis, jedermann freundlich und zuvorkommend entgegenzutreten, auch Caesar. Vielleicht war jetzt seine Chance endlich gekommen. Oktavian war fast noch ein Knabe, zwar klug und durch einen großen Namen begünstigt, doch ohne mächtige Verbündete und bar jeder politischen Erfahrung. Es war keineswegs ausgeschlossen, daß er sich, unter der richtigen Anleitung, zu einem guten Bürger entwickeln würde. Was er brauchte, war: guter Rat, republikanische Verbindungen und ein Mindestmaß öffentlicher Anerkennung. Trotz allem war sein Erbe gefährlich, und Cicero wartete auf eine entscheidende Wendung, bevor er sich entschloß, ihn zu unterstützen. Am 12. November schrieb er aus dem heimatlichen Arpinum an Atticus in Rom: »... Ich stimme mit Dir überein, man muß schrittweise vorgehen – obgleich ich vorher anderer Meinung war. Es beeinflußt mich auch nicht, was Philippus und Marcellus tun. Ihre Lage ist anders als meine oder erscheint jedenfalls anders. Doch obwohl der junge Mann sehr beherzt ist, hat er doch noch zu wenig Format ...« Dieser Marcellus war Gaius Claudius Marcellus, der Gatte Octavias, der Schwester Oktavians, und ihm deshalb so nah verbunden wie Philippus. In der Krise des Jahres 50 hatte er, als Konsul, Pompeius ein gezücktes Schwert in die Hand gedrückt, war jedoch alsbald zur erfolgreicheren Sache übergeschwenkt und wie Philippus im Krieg neutral geblieben. Cicero hatte sie beide vor etwa einem Monat sehr kurz abgefertigt. Als er Cassius vom schlimmen Zustand der Republik berichtete, nannte er – abgesehen von Servilius, Piso und sich selbst – nur drei Konsulare, die der Erwägung wert waren: Lucius Aurelius Cotta, den völlig Verzagten, Lucius Julius Caesar, den Kranken, und Servius Sulpicius, den von Rom Abwesenden –, Cassius möge ihm vergeben, wenn er die anderen nicht als Konsulare ansähe. Es war zu erwarten, daß Marcellus und Philippus sich zu Oktavian schlagen würden; viel Ehre würde es diesem nicht bringen. Jedenfalls war ihr Beispiel für Cicero kein Anlaß, es ihnen gleichzutun.

Neue Nachrichten aus Rom konnten Ciceros Zweifel über die wahren Absichten Oktavians nicht eindämmen. Oktavian war an der Spitze seiner Veteranen um den 10. November angekommen und hatte sein Lager am Marstempel, etwa 3 km außerhalb der Stadt, aufgeschlagen. Der Tribun Camutius fand sich abermals bereit, eine öffentliche Versammlung einzuberufen – was ihm rechtlich zustand – und Oktavian als Redner einzuführen. Die Rede des neuen Caesars war zündend. Er schwor bei der Hoffnung, zu seines Vaters Ehren aufzusteigen, und seine ausgestreckte rechte Hand wies auf das Standbild seines Vaters – es gab zwei davon auf der Rednerbühne, die beide Caesar als den Retter Roms darstellten. Er verteidigte sich, klagte Antonius an und pries die Männer, die sich freiwillig erboten hatten, ihm zu helfen, die Stadt zu verteidigen. Seine einzige Hoffnung lag darin, Antonius in Rom so unbeliebt zu machen, daß es ihm unmöglich war, die Stadt gegen eine feindselige Bevölkerung zu halten. Wenn das nicht verfing, baute er auf Desertion und Verrat unter den Truppen des Antonius.

Aber der Plan mißlang. Oktavian war nicht ganz ehrlich zu den Veteranen gewesen. Sie hatten ihn so verstanden, daß er sie zur Verteidigung der Einrichtungen Caesars gegen die Tyrannenmörder aufrief. Antonius kannten sie als treuen Caesarianer und vortrefflichen Offizier, der den Besten unter ihnen im Kampf und beim Gelage in nichts nachstand und sich unter ihnen wohlfühlte. Sie hatten angenommen, daß er und Oktavian grundsätzlich dieselben Ziele verfolgten. Die Erkenntnis, daß Antonius, der Konsul, der Feind sein sollte, war unerfreulich. Die Dinge lagen doch anders, als man geglaubt hatte. Selbst der Dümmste muß erkannt haben, daß Oktavian auch nicht die geringste Berechtigung hatte, sich dem Konsul entgegenzustellen; er war ein Revolutionär ohne Amt und Vollmacht. Andererseits war die Achtung vor dem Erben Caesars so groß, daß sie ihm nicht radikal und mit Eklat die Treue aufkündigen konnten. »Manche von ihnen«, sagt Appian, »baten, nach Hause zurückkehren zu dürfen, um ihre Waffen und Ausrüstung zu holen, da sie mit den geliehenen Sachen nicht zurechtkämen. Andere deuteten die Wahrheit an. Caesar war in Bedrängnis, weil die Dinge nicht so verliefen, wie er erwartet hatte. Da er sie aber lieber überzeugen als zwingen wollte, nahm er ihre Entschuldigungen an und schickte sie zurück, ihre Waffen zu holen – oder einfach nach Hause. Er verbarg seine Enttäuschung, bedachte die Versammelten mit Lob und weiteren Prämien und versprach, sie noch großzügiger zu belohnen. Dabei behandelte er sie nicht als Soldaten, sondern als Freunde seines Vaters in der Zeit der Not. Dadurch konnte er aber von den 10 000 nur 1000 oder, wie andere sagen, 3000 zum Bleiben bewegen.«

Da nun im Augenblick alle Hoffnung dahin war, Antonius widerstehen zu können, zog sich Oktavian mit seinen Anhängern und dem Rest seiner Privatarmee nach Arretium zurück. Etrurien hatte schon vor 20 Jahren, als Catilina gegen die bestehende Ordnung zu Felde gezogen war, Horden unzufriedener Siedler, Räuber, Schuldner und entlaufener Sklaven geliefert. Warum nicht auch jetzt? Die Chancen waren gut. Das Los der Bauern hatte sich seit 63 kaum verbessert; die wirtschaftliche Struktur der Landgebiete war völlig ruiniert durch die unsinnigen politischen Kämpfe, die schließlich in den Bürgerkrieg mündeten, und durch die darauffolgenden Beschlagnahmungen, Verkäufe und Gründungen neuer Veteranen-Kolonien.

Einige Tage später kam Antonius mit seinen »Lerchen« in Rom an, voller Genugtuung, sich einer völlig eindeutigen Situation gegenüber zu sehen. Keine Spitzfindigkeit konnte bemänteln, daß Oktavian dreist und vermessen die Staatsgesetze mißachtet hatte. Das war offener Aufruhr, und er hatte offenbar nichts anderes im Sinn, als seine eigene Stellung zu verbessern. Antonius berief eine Senatssitzung auf den 24. November ein, ganz überzeugt davon, daß sogar seine Feinde kaum umhin könnten, Oktavian zu verdammen und ihm, Antonius, die Vollmacht zu erteilen, diesen zweiten Catilina auszuschalten. Seine konsularischen Edikte stempelten jeden Senator, der nicht zur Versammlung kam, zum Verräter an ihm und an Rom; seinen jugendlichen Gegner überschüttete er mit den üblichen politischen Invektiven: widernatürliche Unzucht, niedrige Herkunft aus einem Landstädtchen, Ahnen, die einfache Arbeiter waren.

Doch wieder einmal änderte sich alles durch das Verhalten der Soldaten. Acht Monate nach dem Mord an Caesar war sein Erbe offenbar am Ende; er hatte hoch gespielt und verloren. Aber die Überläufer verschafften ihm eine Atempause. Am 24. November erreichte Antonius die Nachricht, die Mars-Legion hätte sich für Oktavian erklärt und sich westwärts gewandt, um ihn zu treffen. Antonius vertagte die Senatssitzung sofort und eilte nach Alba Fucens, um den Fahnenflüchtigen gegenüberzutreten. Sie empfingen ihn mit einem Hagel von Wurfgeschossen von den Mauern herab und weigerten sich zu verhandeln. Eilends traf er Maßnahmen, um Schlimmeres zu verhüten. Den verbleibenden Legionären schickte er eine weitere Prämie von 500 Denaren pro Kopf und legte schnellstens die 85 km nach Rom wieder zurück. Er kam am 28. dort an und berief den Senat auf denselben Abend ein. Der ungewöhnliche Zeitpunkt verrät, wie dringlich es ihm war. Er wagte nicht einmal, bis zum nächsten Morgen zu warten. Vielleicht waren ihm die ersten Gerüchte über bevorstehende Katastrophen schon zu Ohren gekommen. Er wollte offensichtlich Oktavian zum Staatsfeind erklären und schloß drei Tribunen von der Versammlung aus, die möglicherweise ein Veto riskiert hätten: Cannutius, Decimus Carfulenus und Lucius Cassius, den Bruder des »Befreiers« — ein Hinweis auf die Familien-Loyalität in dieser verwickelten politischen Situation. Die Sitzung war gut besucht. Cicero erschien nicht, vielleicht, weil er sich zu exponiert fühlte. Ein Konsular stand mit einem bereits formulierten Antrag zur Verurteilung Oktavians bereit — doch das kam gar nicht mehr zur Debatte. Bei Eröffnung der Sitzung hörte Antonius, daß eine weitere Legion, die IV., zu Oktavian übergegangen sei.

Er beschloß, nicht länger in Rom zu verweilen. Unter den gegebenen Umständen wäre es Wahnwitz, bis zum Ende seines Konsulatsjahrs in der Hauptstadt zu bleiben. Da Dolabella vor einem Monat nach Syrien aufgebrochen war, mußte Antonius jetzt persönlich gegen Oktavian ins Feld rücken. Dank den Desertionen waren beide Armeen etwa gleich stark. Er war auf jeden Soldaten angewiesen, den er auftreiben konnte. In seiner Abwesenheit konnten Agenten Oktavians die Stadt wieder gegen ihn aufbringen und den uneinigen und ratlosen Senat dazu bestimmen, ihm jede Unterstützung zu versagen. Weitaus besser war es, den Waffengang mit Oktavian und die dann unausweichliche Empörung des einfachen Volkes zu vermeiden. Durch die Gesetze vom Juni hatte er sich das cisalpine Gallien als Festung gesichert. Er würde sofort dorthin aufbrechen, von Decimus Brutus die Übergabe der Provinz fordern und die weiteren Ereignisse abwarten. Mit fünf Veteranen-Legionen — drei eigenen und zweien des Decimus — und den Rekruten des Decimus dazu, stünde ihm eine Kampfmacht zur Verfügung, die jeden Angriff abschlagen konnte. Die Rechtmäßigkeit seines Handelns war unbestreitbar, und von dieser Machtposition aus ließe sich die Stellung seines Opponenten, der sich so deutlich ins Unrecht gesetzt hatte, gewiß untergraben. Von Decimus durfte erwartet werden, daß er seinem rechtmäßigen Vorgesetzten die Provinz bereitwillig übergab und ihm helfen würde, den vermessenen Erben des verhaßten Diktators auszulöschen.

Antonius brachte eiligst einen sehr wichtigen Antrag durch: die Verteilung der Provinzen für das nächste Jahr an die jetzigen Prätoren. Sonderbarerweise begünstigte das Los die zuverlässigsten Stützen des Antonius. Sein Bruder Gaius (von dem Cicero sagte, er stünde altersmäßig zwischen seinen Brüdern, suchte sie aber beide an Verruchtheit zu übertreffen) bekam Makedonien, und Gaius Calvisius Sabrinus, einer der beiden Männer, die versucht hatten, Caesar an den Iden zu verteidigen, zog zufällig Africa, eine Provinz, die er schon unter Caesar verwaltet hatte und in der er ausgezeichnete Verbindungen besaß. Der Konsul ließ auch über eine Danksagung für Lepidus abstimmen; diese Art der Ehrung war normalerweise eine reine Routine-Angelegenheit, doch Antonius fand sie wichtig genug, um sie in diesem kritischen Moment zur Sprache zu bringen. Unbedingt mußte er dafür sorgen, daß Lepidus auf seiner Seite blieb; wenn der Statthalter der Provence und des diesseitigen Spaniens ihn mit seinen starken Kampfverbänden verließ, war sein Plan, vom cisalpinen Gallien aus zu operieren, ernstlich bedroht. Lepidus sollte sehen, daß sein Freund selbst in der Stunde der Not auf seinen Ruhm und seine öffentliche Anerkennung bedacht war. Lepidus liebte die öffentliche Zurschaustellung der Macht.

Als alles erledigt war, zog Antonius, feldmarschmäßig gekleidet, nach Tibur. Dort stieß er auf den Hauptteil seiner Streitkräfte und traf letzte Vorbereitungen zum Aufbruch nach Norden. Er nahm eine Reihe von Veteranen auf, die zu ihm gestoßen waren, und ließ sie – ebenso wie die »Lerchen« – den Treueid auf sich als ihren Feldherrn schwören. Während er derart beschäftigt war, reisten viele Senatoren, begüterte Bürger und nicht so prominente, aber zuverlässige Männer, von Rom an, um ihn ihres Beistandes zu versichern. Appian berichtet, daß sie so weit gingen, den gleichen Treueid zu leisten wie die Soldaten. Die begüterten Klassen scharten sich zum Schutze der bestehenden Ordnung zusammen. Sie fürchteten den Revolutionär und Abenteurer, der sich auf den Zauber eines Namens berief und an das in Elend und Hoffnungslosigkeit lebende städtische Proletariat appellierte. Das letzte, was sie wollten, war ein Bürgerkrieg. Der Ausweg, den Antonius gefunden hatte, sich, um den unmittelbaren Konflikt zu vermeiden, auf eine gesicherte Schlüsselposition zurückzuziehen, von der aus er Italien so lange kontrollieren konnte, bis Oktavians Torheit und Anmaßung ihn, Oktavian, zugrunde gerichtet hatten, schien ihnen eine zufriedenstellende Lösung des Problems. Sie wollten Antonius ganz klar machen, daß er sich in den nächsten Monaten auf Männer mit Vermögen und Einfluß verlassen konnte. »Und so«, sagt Appian, »erlebte er bei seinem Aufbruch nach Ariminum eine glänzende Abschiedsfeier.«

KAPITEL FÜNF

Der Krieg im Norden

Verhängnisvoll für Antonius war es, daß Decimus Brutus die Lage ganz anders beurteilte. Briefe sind nicht überliefert, aber sicherlich stand er dauernd in Verbindung mit Marcus Brutus und Cassius, zumindest bis etwa Ende September, als Cassius Italien verließ. Den ganzen Sommer über bis in den Frühherbst wußten sie genau, wen sie zu fürchten hatten. Selbst nach dem angeblichen Anschlag auf Antonius, nach seiner überhasteten Abfahrt nach Brundisium Anfang Oktober, fiel die gegenseitige Abneigung der beiden caesarianischen Rivalen sicherlich nicht allzusehr ins Gewicht. Kam es zu einer Auseinandersetzung, würde der Konsul sowohl Senat wie Armee hinter sich haben, und die Ansichten der römischen Plebs waren bedeutungslos. Was die Mörder allerdings fürchten mußten, war die allmähliche Zersetzung ihrer eigenen Machtpositionen – deren wichtigste die Statthalterschaft des Decimus war – dann die politische Ausschaltung und schließlich die Aufhebung der Amnestie vom 17. März, Aburteilung vor Gericht und Exil oder Tod. Dafür hatten sie Caesar wirklich nicht aus dem Wege geräumt. Infolgedessen widmete sich Decimus alsbald und völlig legal einer Aufgabe, die seinen Interessen nicht gerade widerstrebte. Er hob mehrere neue Legionen aus, gebildet aus wehrhaften Rekruten der Gebiete jenseits des Pos, die erst kürzlich das Bürgerrecht bekommen hatten. Nach der Ausbildung ließ er sie gegen Ende des Sommers in Kämpfen gegen Alpenstämme bluten, »nicht so sehr«, wie er Cicero sagte, »um als siegreicher Heerführer mit ›Imperator‹ begrüßt zu werden, als in dem Wunsche, die Soldaten zufriedenzustellen und uns ihrer Treue zu versichern. Ich glaube, das ist mir gelungen, sie haben meine Großzügigkeit und auch meine Entschlossenheit kennengelernt.«

Das war natürlich lange nach der gesetzlichen Regelung vom 2. Juni, wonach das cisalpine Gallien zur Provinz des Antonius erklärt wurde. Ob Decimus gleich von Anfang an entschlossen war, die Truppenübergabe an Antonius zu verweigern, oder ob er frische Streitkräfte aufstellte, um im Falle neuer Kämpfe, die vielleicht aus ganz anderen Gründen an ganz anderen Orten aufflammten, eine Hausmacht zur Hand zu haben – wir wissen es nicht. Gesicherte Tatsache ist nur das: Vor Antonius' Rückkehr nach Rom im November stand Decimus in Verbindung mit Gleichgesinnten in der Hauptstadt, darunter mit dem designierten Konsul Pansa und mit Cicero. Dieser lobte die Gesinnung des Decimus, aber die verklausulierten Wendungen in Briefen, die abgefangen werden konnten, ließen seine entschiedene Haltung nicht ganz erkennen. Immerhin fand es Cicero geboten, ihm am 9. Dezember zu schreiben, als ob er fürchtete, Decimus könnte nachgeben: »Wenn diese Kreatur die Herrschaft über Deine Provinz erlangt ... dann sehe ich keine Rettung mehr. Deswegen bitte ich und flehe Dich an, zusammen mit dem Senat und dem Volk von Rom, daß Du den Staat für immer vom Joch eines Monarchen befreist. Mögen Deine Unternehmungen enden, wie sie begonnen haben.«

Decimus bedurfte solcher Ermahnungen nicht. Bevor dieser Brief ankam, hatte ihn Antonius schon zur Übergabe der Provinz aufgefordert, und er hatte sich geweigert. Eine Abschrift des entsprechenden Erlasses, in dem er seine Weigerung bestätigte, kam in Rom gerade vor einer Senatssitzung an, die die neuen Volkstribunen zum 20. Dezember einberufen hatten. Diese Beamten hatten am 10. Dezember ihren Dienst begonnen, so wie es die noch vor Caesars Tod abgehaltenen Wahlen bestimmten. Für Cicero und andere, die Oktavian, wenn sie auch seiner Redlichkeit noch nicht trauten, als nützlichen Verbündeten betrachteten, war das eine gute Gelegenheit, ihn, der den Mördern seines Vaters angeblich wohlwollte oder zumindest nicht grollte, auf die Probe zu stellen.

Einer der designierten Tribunen war Casca. Für Oktavian wäre es ein leichtes gewesen, die Emotionen derart hochzupeitschen, daß Casca seines Amtes verlustig gegangen wäre. Er verzichtete darauf. Er spielte um größeren Einsatz; Casca war nur ein kleiner Fisch. Im Augenblick gefiel Oktavian sich in der Pose des Staatsmanns, der niemals persönliche Rachsucht über die wahren Interessen des Staates stellen würde. Und was er unter Staatsinteresse verstand, das würde sich schon zur rechten Zeit erweisen. Inzwischen ließ er wohlgemut Cicero in die Bresche springen, der ihn auf dieser Senatssitzung mit der dritten Philippica* verteidigen sollte. Die Punkte der Tagesordnung waren an sich harmlos: Maßnahmen zum persönlichen Schutze der Teilnehmer an der Debatte, die die neuen Konsuln Hirtius und Pansa nach ihrem Amtsantritt am 1. Januar eröffnen würden. Aber nach dem Senatsprotokoll war es den Rednern erlaubt, jedes beliebige Thema zur Sprache zu bringen, bevor er zum Thema der Tagesordnung Stellung nahm. Cicero hatte nicht vorgehabt zu kommen. Aber als er von Decimus' Erlaß hörte, kam er doch und benutzte verständlicherweise die Gelegenheit, eine große Rede zu halten. Mit seiner ungeheuren Sprachgewalt unterstützte er die unrechtmäßige Sache, pries Decimus, der die Übergabe seiner Provinz und seiner Truppen verweigert hatte, Oktavian, der den Staat vor den ärgsten Gefahren schützte, und die Legionen, die die Amtshoheit des Senats und die Freiheit des römischen Volks verteidigten — obwohl man weder vom einen noch vom andern viel gemerkt hatte, als die Legionen meuterten. Er versagte sich den Antrag, Antonius zum Volksfeind zu erklären, und begnügte sich mit der Feststellung, seine Handlungen wiesen ihn als solchen aus. Plancus im jenseitigen Gallien und alle anderen Statthalter forderte er auf, dem Beispiel des Decimus zu folgen und ihre Befehlsgewalt nicht abzugeben, bis der Senat die Provinzen, die Antonius in der Nachtsitzung vom 28. November so übereilt verteilt hätte, neuerlich vergeben würde.

Offenbar war in Rom die wahre Lage im Norden ziemlich unbekannt, als Cicero sprach. Er behauptete, Antonius führe »einen in Auflösung begriffenen Haufen an — eine Legion, und die von zweifelhafter Zuverlässigkeit«, und vertraue auf Verstärkungen, die sein Bruder Lucius heranbringen sollte. Die Wirklichkeit sah ganz anders aus. Die Desertionen hatten aufgehört, und damit entfiel jeder Zweifel, daß Antonius die »Lerchen« und die wieder angeworbenen Veteranen mit den zwei andern Legionen, der II. und der XXXV., in Ariminum erfolgreich vereinigen würde. Es ist gut möglich, daß Lucius sein Tribunat vor dem 10. Dezember niedergelegt hat, um noch ein paar Veteranen für seinen Bruder anzuwerben. Für diese Aufgabe war er um so besser geeignet, als gerade er der Vorsitzende eines anfangs des Jahres ernannten Ausschusses gewesen war, der Land an Veteranen und bedürftige Bürger verteilte. Wenn Cicero glaubte, Antonius hätte dieser Reservetruppe dringend bedurft, so war das eine Fehleinschätzung. Die ganze Provinz sympathi-

* Insgesamt waren es 14 Philippicae (Strafreden) Ciceros gegen Antonius. (A.d.Ü.)

sierte mit dem Konsul oder wußte zumindest, wie man sich gegenüber »höherer Gewalt« verhält. Eine Stadt nach der anderen öffnete ihre Tore dem Antonius, der listigerweise nicht geradlinig gegen Decimus vorging. Dieser zog mit seiner Armee in südlicher Richtung bis nach Mutina (dem heutigen Modena). Hier machte er halt; er wollte Antonius zur Belagerung seiner Stellung zwingen. Dabei richtete er sich mit Vorbedacht auf eine lange Belagerung ein, um seinen Freunden in Rom Zeit zu geben, den Senat gegen seinen Widersacher aufzubringen und die Kräfte des Staates zu seiner eigenen Entlastung aufzurufen. Im offenen Feld zu kämpfen, war riskant, an Veteranen war der Gegner ihm überlegen, und nur diese zählten in der Schlacht. Flucht war die dritte Möglichkeit, die ihm noch blieb — völlig ausgeschlossen im Augenblick. Jetzt galt es nur, Zeit zu gewinnen und Kräfte zu sparen, bis der Senat entschieden hatte, wer von beiden zu ächten sei — und einen würde er ächten müssen, wenn Antonius die Feindseligkeiten erst einmal eröffnet hatte.

Inzwischen traten die neuen Konsuln in Rom ihr Amt an: Aulus Hirtius und Gaius Vibius Pansa, beides Caesarianer. Cicero hatte sie in den letzten Monaten abwechselnd mit Hoffnung und Mißtrauen betrachtet. Wie er, kamen sie aus kleinen italischen Städten und hatten ohne den Rückhalt hochgestellter Familien und persönlicher Verbindungen zur Aristokratie das höchste Amt einfach aufgrund eigener Verdienste errungen. Pansa, einer der Tribunen im Jahr 51, war schon vor dem Bürgerkrieg in die Politik eingetreten, Hirtius erst unter der Diktatur. Wie sie sich in dieser Krise verhalten würden, war nicht vorauszusehen. Pansa war der Schwiegersohn eines Unterfeldherrn Caesars, Quintus Fufius Calenus, eines Konsulars, der auf Antonius' Seite stand und nicht um Worte verlegen war, seine Sympathien zu begründen. Aber das bedeutete nicht, daß Pansa auch seiner Ansicht war. Hirtius war ohnehin frei von solchen Bindungen.

Unverzüglich beriefen sie den Senat ein. Pansa präsidierte. Zur Überraschung des Hauses forderte er Calenus, einen der jüngsten Konsulare, auf, als erster zu sprechen. Calenus riet zur Besonnenheit und schlug vor, Bevollmächtigte zu Antonius zu senden, die mit ihm verhandeln sollten. Das ist bemerkenswert. Denn Antonius, fest auf dem Boden der Verfassung stehend, war unangreifbar. Das Volk, der unumschränkte Souverän, hatte ihm das Kommando übertragen, und die Wahl war weder aufgehoben noch aus Verfahrensgründen für ungültig erklärt worden. Andererseits hatten weder Decimus noch Oktavian, juristisch

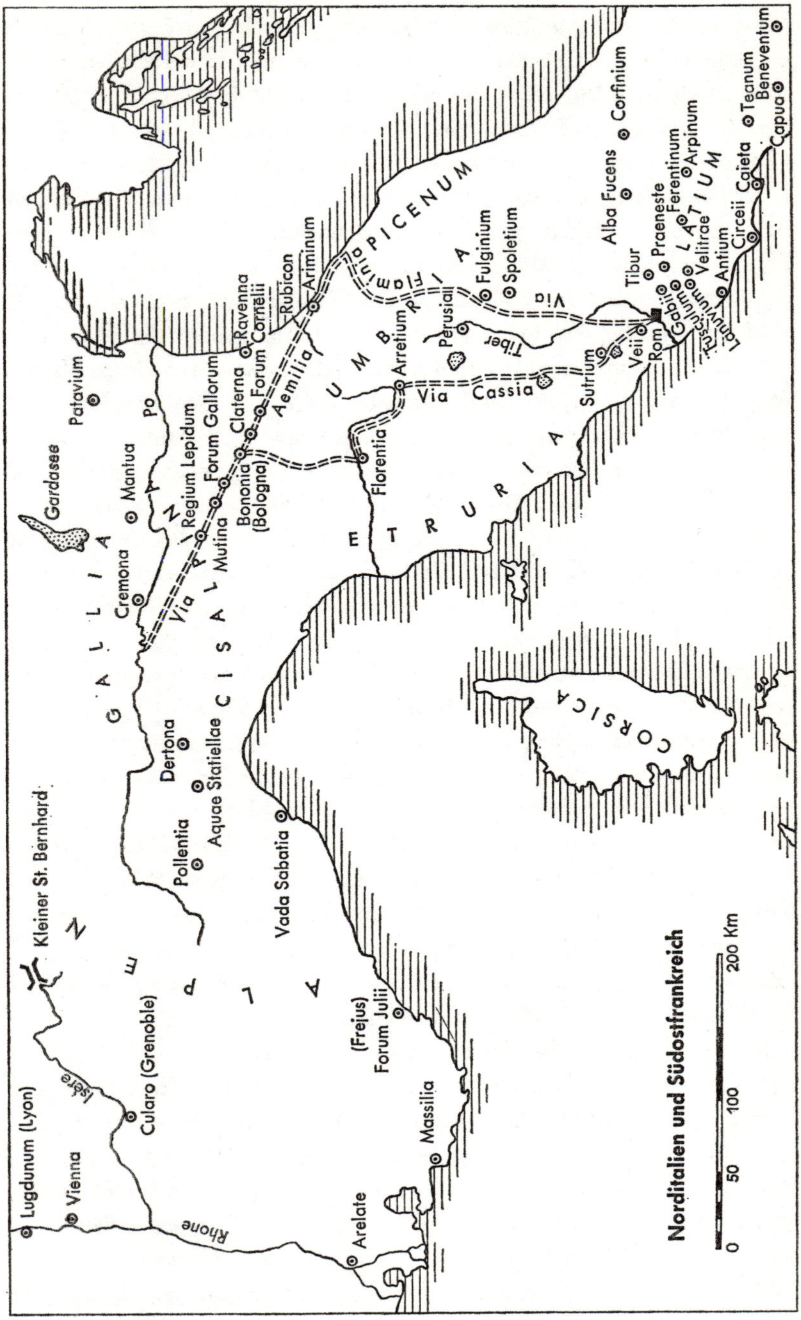

Norditalien und Südostfrankreich

gesehen, die geringste Berechtigung, sich der Autorität des Konsuls zu widersetzen. Was Calenus wirklich davon abhielt, die Rebellen ungehemmt anzugreifen, ist leicht erkennbar: Oktavians Armee und die Sympathien der städtischen Plebs. Nach Antonius' »Flucht aus Rom« — wie seine Gegner es nannten — hatte Oktavian seine Veteranen nach Alba marschieren lassen, um sie dort mit den desertierten Legionen zu vereinigen. Während er dem Senat Erklärungen sandte, in denen er seine Ergebenheit betonte, fuhr er fort, seine Streitmacht durch weitere Rekrutierungen zu verstärken. Gegen Anfang Januar hatte er alles in allem fünf Legionen und einige Bogenschützen; hinzu kamen die Reiter und die Elefanten-Einheit aus Antonius' Heerschar, die er auf ihrem Marsch nach Norden abgefangen und überredet hatte, sich ihm anzuschließen. Mit dieser beachtlichen Armee war Oktavian in Richtung cisalpines Gallien aufgebrochen, darauf vertrauend, daß der Senat hinterher die Logik des Gebots der Stunde anerkennen würde.

Das war also der Grund für die maßvolle Haltung des Calenus und zugleich für die Zuversicht und die vernichtenden Frontalangriffe Ciceros. Bei einem Treffen vom 20. Dezember hatte sich Cicero öffentlich auf eine Politik festgelegt, die er ohnehin privat die ganze Zeit vertreten hatte — nicht nur gegenüber Oktavian. In seinen Briefen an Plancus im jenseitigen Gallien, Cornificius in Afrika, Asinius Pollio in Spanien und an Decimus versicherte er ihnen seine freundliche Gesinnung und erbot sich, sie insgeheim zu unterstützen; dabei vermied er jede unverhüllte und unbedachte Aufforderung, sich dem Konsul zu widersetzen. Der Erfolg dieses Vorgehens hing von der Loyalität der Statthalter und ihrer Truppen ab. Er mußte sie davon überzeugen, daß sie den Wünschen des Senats zu gehorchen hätten, selbst wenn diese Wünsche strenggenommen der Rechtmäßigkeit ermangelten. So wie er es Decimus erklärte: »Schon die Gefühle des Senats müssen als richtungweisend angesehen werden, solange Furcht die ordentliche Bevollmächtigung verhindert.«

In diesem neuen Jahr, mit neuen Konsuln, war der Senat als verfassungsmäßiges Organ wieder funktionsfähig. Cicero mußte einfach auf kompromißloses Vorgehen drängen und das Einverständnis seiner Senatskollegen für den von ihm eingeschlagenen Kurs erlangen. Die fünfte Philippica ist eine gewaltige Rede. Cicero lobt Decimus Brutus, Oktavian und die Legionen wegen ihrer ungesetzlichen Handlungen, greift Antonius leidenschaftlich an und verlangt, ihn zum Staatsfeind zu erklären; er schlägt vor, Lepidus zu unterstützen, ihm ein vergoldetes Reiterstandbild zu errichten und ihm einen Triumphzug zu gewähren. Er beantragt fernerhin, Oktavian als den Feldherrn, der er faktisch schon ist, nachträglich zu legitimieren, und ihm als Senatsmitglied das Recht zuzubilligen, von der Prätorenbank aus zu sprechen und sich um höchste Magistratsämter bewerben zu dürfen — 12 Jahre vor dem gesetzlich vorgeschriebenen Mindestalter. Cicero zögert nicht, den jungen Mann mit Alexander dem Großen, mit Scipius Africanus, dem Überwinder Hannibals, auf eine Stufe zu stellen; die Vorsehung hätte ihn geschickt, um den Staat vor den tyrannischen Ränken des Antonius zu retten. Ferner, so sein letzter Antrag, sollten Oktavians Truppen, sowohl die wieder eingestellten Veteranen wie auch die Deserteure aus Antonius' Reihen, angemessene Belohnung erhalten, in Form von Geld, Befreiung vom Heeresdienst und Landzuweisung. Damit hätte der Staat selbst die Verpflichtung Oktavians übernommen, die Soldaten für ihre Meuterei zu belohnen. Ob ihre Loyalität so einfach übertragbar war, wird man noch sehen.

Es schien, als würden sich die meisten Ciceros Ansicht zu eigen machen, aber Pansa, noch nicht mit Abstimmungen einverstanden, ließ die Debatte am dritten Tage weitergehen. Piso wies darauf hin, es sei weder Sitte, einen Mann ohne Anhörung zu verurteilen, noch erlaube der Anstand, einen, der gestern Konsul war, heute zum Verbrecher zu stempeln. Schließlich legte der Tribun Salvius sein Veto gegen das Verfahren ein. Vor dem Hause tobte eine Claque von Anhängern Ciceros, die die öffentliche Stimmung gegen Salvius anzuheizen suchte und ihn aufforderte, aufs Forum zu kommen, um sich zu rechtfertigen. Er war sofort und ohne Einschränkung dazu bereit, in der Hoffnung, dann dem Volk den »Fall Antonius« überzeugend präsentieren zu können und damit den Verlauf weiterer Senatsdebatten zu beeinflussen. Davor schreckten seine Gegner zurück, man einigte sich auf einen Kompromiß. Die Debatte über die Delegation, die auf Wunsch einer Senatspartei mit Antonius verhandeln sollte, wurde auf den nächsten Tag verschoben. Man stimmte nur noch über einige Ehrungen ab. Ciceros Anträge wurden leicht abgeändert und erhielten gewisse Zusätze. Philippus plädierte für ein vergoldetes Standbild Oktavians, Servilius für das Privileg, daß Oktavian zehn Jahre vor der Zeit für das Konsulat kandidieren dürfe. Einer trat dafür ein, daß Oktavian sich schon mit dem Range eines Konsulars im Senat äußern dürfe — wer, ist nicht bekannt. Alle Anträge wurden durchgebracht. In der Nacht waren die Anhänger des Antonius — vor allem seine Frau Fulvia – unterwegs und besuchten die einflußreichen Familien. Diese Stimmungsmache blieb, wie es schien, nicht ohne Wirkung. Jedenfalls setzte der Senat tags darauf die Debatte in einer neuen Atmosphäre fort, und die Senatoren waren den Argumenten, die wiederum Piso im Sinne verfassungsmäßiger Rechtschaffenheit vorbrachte, durchaus zugänglich.

Das Ergebnis war: der Senat anerkannte die Befehlsgewalt von Decimus wie auch von Oktavian, erklärte sich verantwortlich für die Zuteilung der versprochenen Belohnungen an Oktavians Truppen, hob die Provinzenverteilung des Antonius vom 28. November auf und beschloß, eine Delegation zu entsenden, die Antonius die Forderungen des Senats erläutern sollte. Er müsse sich hinter die Grenze zum cisalpinen Gallien, südlich vom Rubikon, zurückziehen, mehr als 340 km von Rom verweilen, dürfe die Provinz nicht belästigen und keine neuen Aushebungen dort veranstalten und solle sich der Hoheit des Senats und des Volks unterwerfen. Zu Gesandten waren Philippus, Piso und Sulpicius Rufus bestimmt worden – eine gemäßigtere und einsichtigere Abordnung hätte man nicht finden können. Sulpicius, kränklich und fast 60 Jahre alt, weigerte sich zunächst, fünf oder sechs Tage lang durch den Schlamm und Schnee des norditalienischen Winters bis zu Antonius' Lager zu reisen. Doch Pansa drängte ihn, und als Antragsteller fühlte er sich schließlich zur Reise verpflichtet.

Gleich am nächsten Tag machten sich die drei Konsulare auf die Reise, von der Sulpicius nicht mehr zurückkehren sollte. Die Gesandten bewältigten in mühsamem Marsch die Berge zwischen Rom und der Adria, erreichten Ariminum und dort die Via Aemilia, die wie mit dem Lineal gezogen über die Po-Ebene führte, und als sie auf dieser flachen Strecke Meile nach Meile hinter sich brachten, erkrankte Sulpicius auf den Tod. Die rauhen Januar-Winde töteten ihn – er starb in Sichtweite von Antonius' Lager. Er starb für eine edle, wenngleich hoffnungslose Sache, für den Frieden in einem Staat, der schon unterhöhlt war durch die ehrgeizigen Kämpfe der Großen und die erschreckende Armut des Volks.

Piso und Philippus sahen, daß die Belagerung in vollem Gange war. Oktavian stand untätig bei Forum Cornelii, südostwärts von Bononia (heute Bologna), und wartete darauf, daß Hirtius mit neuen Streitkräften ankam, die er bis jetzt auszuheben kaum Zeit gefunden haben dürfte. Antonius hatte Mutina eingeschlossen, beschoß es mit seinen Katapulten und schickte Späher und Agenten in die Stadt, um Unzufriedenheit und das Gefühl der Hoffnungslosigkeit zu verbreiten. Die vorgebrachten Forderungen der beiden Konsularen hörte er sich überrascht und verärgert an, wie vorauszusehen war. Sie waren offenbar in einiger Verlegenheit. Zu seinen Ausfällen schwiegen sie. Immerhin hatte Piso in Rom Antonius verteidigt, und Philippus war der letzte, der Unfrieden hätte stiften wollen. Schließlich ergab sich eine Gemeinsamkeit ohne viele Worte, die zu ruhigeren und ergiebigeren Diskussionen der drei Männer darüber führte, wie denn Antonius sein Kommando niederlegen könnte. Im Augenblick gab Antonius natürlich nichts aus der Hand. Die Übermittlung von Nachrichten der Gesandten an Decimus ließ er nicht zu; auch die Belagerung wurde keine Sekunde unterbrochen. Hirtius würde bald eintreffen und die Attacke gegen ihn einleiten, wenn das Wetter und die Senatsentscheidungen es ihm erlaubten. Bevor Antonius sich an einer zweiten Front auf Kämpfe einließ, mußte er Decimus geschlagen haben.

Piso und Philippus, nach Rom zurückgekehrt, berichteten dem Senat in der Sitzung vom 2. Februar über den Tod ihres Kollegen und die Forderungen von Antonius. Er sei bereit, sagten sie, seine Provinz aufzugeben, vorausgesetzt, er erhielte das jenseitige Gallien mit sechs Legionen auf fünf Jahre. In diesem Zeitraum, meinte er, könnten Brutus und Cassius ihre Konsulate und Prokonsulate angetreten und abgeleistet haben, bevor er dann ohne den Schutz einer eigenen Armee und ohne rechtmäßiges Kommando dastünde. Von Oktavian kein Wort. Doch Antonius war nicht länger Oktavians Feind, wenn der Senat seinem Verlangen zustimmte. Nur als Konsul, nicht als Bürger, hatte er sich dem Ehrgeiz des aufsässigen jungen Mannes widersetzt. Sollte er doch ruhig gegen die neuen Repräsentanten der Verfassungshoheit, gegen die Mörder seines Vaters vorgehen, wenn er wollte. Bedeutsamer war Antonius' Einverständnis mit den Ansprüchen von Cassius und Brutus auf das Konsulat im Jahr 41. Anscheinend war Antonius immer noch willens, im Sinne der Amnestie vom 17. März zu handeln. Die Nachricht, die beiden hätten selbst das Gesetz in die Hand genommen und bereiteten sich auf einen Waffengang im Osten vor, konnte noch nicht zu ihm gedrungen sein. Oder aber er hatte zwar von Gerüchten dieser Art gehört, wollte jedoch seine Verständigungsbereitschaft herauskehren, um den Krieg zu vermeiden. Als zweites forderte Antonius, ehe er die Provinz aufgäbe, müßten alle in seinem Konsulat verabschiedeten Gesetze bestätigt werden. Das war sehr wichtig, wenn er sich die Dankbarkeit der

Veteranen bewahren wollte, denn deren Landbesitz beruhte ja auf seinen Verfügungen.

Cicero war außer sich vor Zorn, als er von diesen Bedingungen hörte. Die Delegation hätte keinerlei Auftrag gehabt, zu verhandeln oder gar solche ungeheuerlichen Forderungen hier vorzubringen. Er verlangte eine Kriegserklärung und Antonius' Verdammung als Volksfeind, doch abermals überwogen die Stimmen der Gemäßigten. Auf Antrag von Lucius Julius Caesar, eines gut republikanischen Onkels des Antonius, entschied der Senat, hier sei der »Notstand« zu proklamieren, nicht der »Krieg«. Es war also nicht nötig, Antonius zum Feind zu erklären. Sodann verabschiedete der Senat das sogenannte »Abschluß-Dekret«, das die Konsuln ermahnte, »Sorge zu tragen, daß der Staat keinen Schaden nähme« — harmlose Worte, die niemandem neue Macht verliehen, aber nur in extremen Notfällen ausgesprochen wurden; ihr ethischer Gehalt wog schwer. Damit verwarf der Senat nämlich Antonius' Bedingungen, ohne weitere Verhandlungen auszuschließen. Als Philippus und Piso zurückreisten, hatte Antonius seinerseits den Senator Varius Cotyla nach Rom entsandt, der sich während der Debatte Notizen machte. Cicero verlangte, man sollte seine Rückkehr nach Mutina verhindern, wurde aber überstimmt. Es war gar nicht so einfach, den Staat in den Krieg hineinzuziehen, nach dem Cicero sich so sehnte.

Doch dann kamen Nachrichten, die die Herzen der Extremisten höher schlagen ließen. Zunächst eine Botschaft von Hirtius. Er hatte den vorgeschobenen Truppen des Antonius den Ort Claterna auf der Via Aemilia entrissen. Allerdings erlaubte das Wetter im Augenblick keinen weiteren Geländegewinn, er und Oktavian zogen es vor, sich ruhig zu verhalten. Aber nicht nur aus taktischen Gründen — von einem Kompromiß durften beide mehr erwarten als von einer Auseinandersetzung mit Antonius. Die zweite Nachricht war ein offizieller Brief von Brutus an den Senat. Der Inhalt war sensationell. Brutus, den Frühwinter gemächlich in Athen verbringend, hatte die Unterstützung vieler junger Römer gefunden, die dort ihren Studien nachgingen, aber auch die bedeutenderer Männer wie seines Verwandten Quintus Hortensius Hortalus, des Gouverneurs von Makedonien. Dank dem Verrat jüngerer Staatsbeamter und Offiziere standen ihm auf einmal Geldbeträge und Reiter zur Verfügung. Anfang Januar war der Bruder des Konsuls, Gaius Antonius, aus Brundisium angekommen, um Makedonien zu übernehmen, wie im Abkommen vom 28. November vorgesehen. Hortensius glaubte zu wissen, was der Senat eigentlich wollte, und verweigerte die Übergabe; er unterstellte die ganze Provinz einfach Brutus. Gaius Antonius übernahm den Befehl über die Legion, die von den sechs, ursprünglich von Caesar an der Westküste Makedoniens versammelten Legionen übriggeblieben war. Aber Brutus schloß ihn alsbald mit überlegenen Kräften in Apollonia ein. Schließlich traten auch die drei Legionen in Nord-Illyrien zu Brutus über. Warum? Das wäre interessant zu wissen. Vielleicht hatten sie für Pompeius in Pharsalos gekämpft? Ihr Kommandeur war Publius Vatinius, ein aufrechter Caesarianer, der bei seinem Aufstieg Ciceros Schmähungen und Catulls Spott hatte in Kauf nehmen müssen. Er wird wohl kaum den Übertritt seiner Männer auf die republikanische Seite in die Wege geleitet haben. Brutus verfügte also jetzt, ohne einen Finger gerührt zu haben, über die Streitkräfte dreier Provinzen — des griechischen Achaeas, Makedoniens und Illyriens. Antonius' Bruder war hoffnungslos eingekesselt.

Die dritte Nachricht war gleicherweise sensationell, allerdings noch unbestätigt. Cassius, so hieß es, war ebenso erfolgreich im Osten wie Brutus in Griechenland. Hartnäckig hielten sich die Gerüchte, und einige Wochen später stellte sich heraus, es waren Tatsachen. Cassius hatte Syrien in Besitz genommen. Cassius und Dolabella hatten beide im vergangenen Herbst fast gleichzeitig Italien verlassen. Cassius hatte natürlich zu verstehen gegeben, er führe nach Kyrene, der ihm zugesprochenen Provinz. Dolabella machte sich nun nichtsahnend in aller Gemächlichkeit über Griechenland und Kleinasien nach Syrien auf; hatte er denn nicht an jenem schicksalhaften Tage auf die Verschwörer gesetzt und sich ihnen auf dem Kapitol zugesellt? Inzwischen kam ihm der zielbewußte Cassius zuvor, indem er vor dem unwichtigen Kyrene abdrehen ließ, um sich der Treue der syrischen Armeen zu versichern. Er hatte im Jahre 53 als Quästor in Syrien gedient und später, als Proquästor, marodierende Parther ein paarmal vertrieben. Er hatte auch einmal die syrischen Seestreitkräfte der pompeianischen Flotte zur Zeit von Pharsalos befehligt. Sein Ruf in Syrien war ausgezeichnet. Er spielte hoch und hatte Erfolg, mehr, als er hoffen durfte. Bei seiner Ankunft stellte er fest: Die verfassungsmäßig vorgesehenen Streitkräfte Syriens und Bithyniens unter dem Kommando der Caesarianer Lucius Staius Murcus und Quintus Marcius Crispus belagerten in der Gegend von Apamea die Reste der pompeianischen Streitmacht im Osten. Alle sieben Legionen, Belagernde wie Belagerte, gingen zu ihm über. Wenig später führte auch der Statthalter von Ägypten, Allienus, seine vier Legionen nach Norden zu Cassius.

Nichts von alledem war in Rom bestätigt, als Brutus' Bericht über die Unternehmen in Makedonien bei Pansa eintraf. Der Konsul berief sofort den Senat ein und las die Nachricht vor. Calenus erhob Protest gegen Brutus' illegales Vorgehen. Doch Ciceros Politik schien endlich erfolggekrönt und also gerechtfertigt, und der Senat votierte dafür, Brutus in seinem Kommando amtlich zu bestätigen.

Weitere Nachrichten zwangen sogar Calenus dazu, für Brutus und Cassius einzutreten. Dolabella, mit seiner einen Legion auf dem Wege nach Syrien, war in der Provinz Asia eingetroffen und erfuhr, daß sich in Smyrna der Statthalter und Tyrannenmörder Gaius Trebonius aufhielt. Er sandte einen seiner Offiziere zur Begrüßung voraus und folgte mit seinen Truppen. Bei der Begegnung waren beide gleich unsicher. Trebonius wollte unter keinen Umständen die Truppen in der Stadt, war aber bereit, Dolabella in Audienz höflich zu empfangen. Wir können nur ahnen, was da an gegenseitigen Treubruch-Bezichtigungen zu dem blutigen Ergebnis geführt hat. Dolabella täuschte vor, seine Truppen in Richtung Ephesos abzuziehen, ließ die Späher des Trebonius, die ihn überwachen sollten, in eine Falle rennen, und kehrte zu einem nächtlichen Überraschungsangriff auf Smyrna zurück. Trebonius wurde gefangengenommen und unter der Anklage der Veruntreuung öffentlicher Gelder eingekerkert. Sein Quästor Appuleius hatte auf der Reise nach Rom die ganzen Steuereinnahmen der Provinz dem Brutus in Griechenland ausgehändigt. Wäre es Dolabella um Gerechtigkeit gegangen, hätte er Trebonius unter Bewachung nach Rom schaffen lassen, wo man ihm den Prozeß gemacht – und ihn natürlich freigesprochen hätte. Aber was Cicero konnte – nämlich an den Patriotismus appellieren und völlig illegales Vorgehen mit dem Hinweis auf »höheres Recht« verteidigen –, konnten andere auch. Dolabella schritt zur Selbstjustiz, genau wie Decimus Brutus, Marcus Brutus, Cassius und Oktavian, und ließ Trebonius töten. Cicero erklärte, man hätte ihn zwei Tage lang gefoltert. Appian zufolge wurde der Körper des Prokonsuls verstümmelt und sein Kopf von den Soldaten über das Pflaster von Smyrna gekugelt wie ein Ball.

Was auch immer an dieser schaurigen Geschichte der Wahrheit entsprach – Dolabella war von brutalem und blutrünstigem Verhalten nicht freizusprechen. Die Hinrichtung Gleichrangiger war unter römischen

Senatoren gemeinhin nicht der Brauch, ausgenommen in Fällen unerträglicher Aufreizung. Der gleiche unvermittelte Überschwang und die Unausgeglichenheit seines Charakters, die sein merkwürdiges Verhalten nach Caesars Ermordung begründeten, machten Dolabella jetzt zum Außenseiter der Gesellschaft. Der Antrag des Calenus, Dolabella zum Volksfeind zu erklären und seine Güter zu konfiszieren, wurde vom Senat einstimmig angenommen. Die Frage blieb: Wer würde Krieg gegen ihn führen? Die Konsuln hatten in Italien alle Hände voll zu tun; Marcus Brutus war in Apollonia gebunden; dem Gouverneur von Bithynien, Tillius Cimber, mangelte es sowohl an Legionen — die gerade Apamea belagerten — als auch an wünschenswertem persönlichem Prestige, das seine Teilnahme an der Ermordung Caesars hätte vergessen lassen. Es gab noch zwei andere Möglichkeiten: ein eigens aufgestelltes Sonderkommando unter der Führung eines Konsulars, der im Augenblick kein festes Amt hatte, oder die Anerkennung des Cassius, dessen Besetzung Syriens bisher allerdings nur gerüchtweise bekannt war. Für die erste Möglichkeit wäre ohne Frage Publius Servilius Isauricus genau der Richtige gewesen. Er wurde nominiert und war auch nicht abgeneigt, wagte aber dann doch nicht anzunehmen, weil er die Eifersucht der anderen und die Feindschaft extremistischer Republikaner fürchtete. Cicero war es, der die zweite Möglichkeit, die Anerkennung des Cassius, vorschlug; er ahnte die Tatsachen hinter den Gerüchten, kannte die Lage und die Männer, die davon betroffen waren. In seiner elften Philippica erkennt er in fast unheimlicher Weise, was wirklich geschehen war, und schlägt vor, Cassius den Oberbefehl über die Streitkräfte Syriens, Ägyptens und Bithyniens zu übertragen und außerdem das Mandat, gegen Dolabella vorzugehen. Aber diesmal war er zu weit gegangen. Dergleichen Wendungen hatte der Senat schon allzuoft gehört: »Diesem (göttlichen) Recht also gehorchte Cassius, als er nach Syrien aufbrach — es war nicht seine Provinz nach dem Buchstaben des Gesetzes, aber da dieses Gesetz entwertet war, folgte er seinem eigenen im Einklang mit dem Naturgesetz.« Pansa griff Cicero heftig an. Schließlich wurde das »Unternehmen Dolabella« den beiden Konsuln anvertraut, mit der Auflage, sie müßten Stellvertreter ernennen, bevor sie sich der Sache persönlich annähmen.

In der Zwischenzeit, von Februar bis März, hatten sich Hirtius und Oktavian in Claterna und in Forum Cornelii nicht gerührt, während Antonius Mutina aushungerte. Antonius stand in dauernder Verbindung mit Piso und Calenus, in dessen Haus seine Frau Fulvia und sein Sohn sich aufhielten. Auch gingen Briefe zwischen ihm und Hirtius und Oktavian hin und her. Ein letzter Verhandlungsversuch wurde gemacht, als Ciceros radikaler Antrag zugunsten Cassius' abgelehnt worden war. Piso und Calenus deuteten an, Antonius könnte zugänglicher sein, als der Senat glaubte; vielleicht wäre er sogar bereit, sich von Mutina zurückzuziehen, vielleicht hatte er Schwächen, von denen man nichts ahnte. Eine Delegation sollte ihn aufsuchen. Bestimmt wurden Piso, Calenus, Cicero, Publius Servilius und Lucius Julius Caesar – drei Gemäßigte verschiedener Richtung, ein verbürgter Freund und ein verbürgter Feind. Aber Cicero fand, er sei durch falsche Hinweise in eine kompromittierende Situation geraten, und trat zurück. Servilius tat desgleichen. Die derart geschwächte Delegation reiste nie ab. Vielleicht waren es diese Nachrichten, die Hirtius und Oktavian bewogen, sogleich auf der Via Aemilia weiterzumarschieren und Bononia einzunehmen. Einige Tage später, am 19. oder 20. März, brach Pansa mit vier Legionen junger Rekruten auf, um sich mit ihnen zu vereinigen. Damit fing der Krieg in Wirklichkeit an.

Dieser Krieg war ausschließlich das Werk des Senats, man kann fast sagen: ausschließlich das Werk Ciceros. Hätte er nicht sein persönliches Prestige, seine rhetorischen Fähigkeiten eingesetzt, dann hätte sich die Masse unbekannter Senatoren, die ja seine Ansichten unterstützt haben muß, von den gewichtigeren Argumenten der Gemäßigten unter den einflußreichen Konsularen leiten lassen. Beim niederen Volk war Cicero nicht durchwegs beliebt. Er gesteht, daß er vor einem Ausflug in Landbezirke um Rom anläßlich des Fests der Terminalien am 23. Februar Angst hatte, obwohl er am gleichen Tag noch zurückkehren wollte. Doch in der Stadt hielt ihn nichts davon zurück, vor öffentlichen Versammlungen zu sprechen und dort die gleichen Meinungen zu vertreten wie im Senat.

Das war nicht das erste Mal in der Geschichte Roms, daß sich die städtische Plebs mit den Grundbesitzern gegen die bäuerliche Landbevölkerung verbündete. Die Grundbesitzer wurden durch den Senat vertreten, die Bauern durch die Veteranen, die in sich schon ein Symptom für die Unzufriedenheit in Italien darstellten. Die Armen auf dem Land sahen den Reichtum der Grundbesitzer am Ort und der großen begüterten Patrizierfamilien Roms und verglichen ihn mit ihren Elendshütten und der täglichen Mühsal, vom Lande zu leben. Der Unterschied in der

Lebensweise war ungeheuer. Viele Bauern meldeten sich zu den Armeen der Republik; die Chance eines Gewinns war ihnen mehr wert als die Sicherheit bäuerlicher Plackerei. Der Sold war gering, weniger als ein Zehntel der Miete, die ein aufstrebender junger Mann für seine Wohnung in Rom zu zahlen hatte. Caesar verdoppelte den Sold — das zeigt, was für ein Hungerlohn es war. Sie hofften einfach auf Beute, eine schwache Hoffnung jetzt, da der Staat meist gegen unkultivierte Gebirgsvölker und hosentragende Nordländer vorging. Aber wenn schon nicht Beute, dann erhofften sie sich wenigstens eine anständige Belohnung für jahrelangen Dienst, und da sie Bauern waren, wollten sie Land. Ohne Ausbildung konnten sie sich nicht als Handwerker in größeren Städten niederlassen. Aber woher sollte man Land nehmen? Wenn der Staat auch die letzten Reserven an Bodenbesitz, der in vergangenen Jahrhunderten zusammengekommen war, verteilt hatte, gab es letztlich nur noch Land von den Grundstücken der Begüterten. Aber selbst dieses Land wurde, wenn es etwas taugte, von Leuten bewirtschaftet, die es verpachteten oder darauf siedelten. Wer die Mittel dazu hatte, den Boden zu verbessern oder Pflanzungen anzulegen, konnte schnell reich werden. Folglich war jede Landverteilung, selbst die von Land in Staatsbesitz, den oberen Klassen ein Dorn im Auge. Umgekehrt waren es gerade die erfolgreichsten Mitglieder dieser Klassen, die Feldherren in der Endphase der Republik, die sich verpflichtet fühlten, ihren getreuen Soldaten Landzuteilungen zu sichern — da der Staat keinerlei Verantwortung für die Alterssicherung einer stehenden Armee übernahm, deren Existenz in der Verfassung überhaupt nicht vorgesehen war. Infolgedessen gerieten die großen Heerführer in Konflikt mit vielen Angehörigen ihrer eigenen Klasse. All das führte schließlich zum Bürgerkrieg, da Armeen entstanden, die ihren Befehlshabern die Treue gelobten, aber nicht dem Staat, der wegen seiner Größe, Zersplitterung und widerstrebenden Interessen auch gar nicht zu regieren war. Die machthungrige, ehrgeizige und auf Ansehen bedachte römische Oligarchie bereitete sich selbst den Untergang, indem sie eine soziale Ungerechtigkeit begünstigte, die am Ende in der politischen Auseinandersetzung die Akzente setzte.

Die Veteranen, von Ausnahmen abgesehen, wollten sich gegenseitig nicht bekriegen und gingen sich in den nächsten Jahren oft aus dem Wege. Aber der Bürgerkrieg und die rivalisierenden Führer verhießen Reichtum und Beförderung, Versprechen, denen man schwer widerstehen konnte. Die Veteranen konnten nur gewinnen, wenn sie ihre Dienste so teuer wie möglich verkauften. Aber wie hoch die Beute auch immer – zum Schluß würden sie entlassen werden, und zum Schluß wollten sie ihre kleine Bauernstelle. Daher auch Ciceros Unbeliebtheit auf dem Land; er wagte es, die Veteranen wegen ihrer Wünsche und Interessen anzugreifen. Nicht, weil sie die Rechte der Begüterten bedrohten, sondern weil sie Marcus Brutus haßten und seinen Oberbefehl in Makedonien ablehnten. Das waren letztlich zwei Aspekte desselben Grundes. Caesar hatte wie ein Tyrann gehandelt, weil ihm ein Regierungssystem zuwider war, das auf die wirtschaftlichen Bedürfnisse der Masse des regierten Volks überhaupt keine Rücksicht nahm. Der Senat und die Partei Ciceros waren bereit, die Veteranen nach den üblichen Sätzen zu entlohnen – wenn sie gebraucht wurden. Oktavians Männer konnten sich nicht beklagen, ebensowenig wie die Soldaten des Antonius, die sich ihre Nicht-Desertion bezahlen ließen. Aber das war natürlich nur eine befristete Lösung, unvereinbar mit den Grundsätzen derer, die die Versprechungen gemacht hatten. Wie der Senat in dieser Frage wirklich dachte, hatte er in der Januar-Debatte gezeigt: Der Antrag von Lucius Caesar, die unter Antonius' Konsulat verfügten Landverteilungsgesetze aufzuheben, wurde angenommen. Antonius hatte andererseits in seinen Bedingungen – dem Senat dank der Vermittlung von Piso und Philippus bekannt – den Punkt eingefügt, daß das aufgrund seiner Gesetze schon zugeteilte Land nicht mehr zurückgenommen werden dürfe. Er hatte gleichfalls die Unwiederrufbarkeit eines Rechtsspruchs verlangt, der den Abbau der richterlichen Voreingenommenheit für die Oberklasse fördern sollte.

Die städtische Plebs hatte freilich ganz andere Interessen. Die Lebensbedingungen waren schlimm. Man wohnte dicht gedrängt in vielstöckigen Wohnblöcken, die oft zusammenbrachen oder in Flammen aufgingen, ohne Wasserleitung, ohne Kanalisation. Die Versorgung mit Getreide, dem Hauptnahrungsmittel, und was es kostete, beschäftigte die Leute dauernd. Aus diesem Grund hatte es während der letzten 90 Jahre eine Reihe von Maßnahmen gegeben, die die Stadtbevölkerung beschwichtigen oder bestechen sollten. Zuletzt hatte Publius Clodius als Tribun im Jahre 58 die kostenlose Getreideausgabe an alle Stadtbewohner eingeführt.

Die Mieten in der Stadt waren hoch, viermal höher als in anderen Landesteilen. Blutige Krawalle im Jahr 48 hatten Caesar gezwungen, einer einjährigen Aufhebung aller Mieten jenseits einer vertretbaren Grenze zuzustimmen. Was den Einwohnern das Leben erträglich machte, waren Wetter und Klima, die fast das ganze Jahr lang Handel und Wandel im Freien erlaubten, sowie die Schauspiele und die Freigebigkeit der Senatoren. Dazu gehörten öffentliche Spiele, die die Magistrate im Rahmen ihrer Amtspflichten organisierten und aus eigener Tasche bezahlten, ferner private Zuweisungen von Lebensmitteln und Geld an Hörige und Abhängige und Nachbarn im gleichen Stimmbezirk – an alle, deren politische Unterstützung einem Interessenten wichtig sein konnte. Ein ungewöhnliches Beispiel dafür war das Festmahl, das Julius Caesar nach dem »Spanischen Triumph« für die Bevölkerung Roms stiftete. Im Glauben, die damit Beauftragten wären zu knauserig gewesen, wiederholte er vier Tage später das Ganze noch viel großzügiger. Kein Wunder, daß das Volk von Rom ihn als Patron ansah. Und als sein junger Erbe sich als würdiger Nachfolger erwies, allen das Legat Caesars ausbezahlte – rund drei Monatslöhne eines Arbeiters – und zehntägige Spiele veranstalten ließ, nun, da war kein Zweifel mehr, wem das Volk anhing.

Die Stadtbewohner hatten kein Interesse an einem Krieg, es sei denn, ihr Leben oder ihre Unterkünfte wären in Gefahr. Zum großen Teil waren es auch keine Italiker mehr, sondern Freigelassene, ursprünglich Sklaven griechischer oder orientalischer Abstammung, mit schneller Auffassung, oft handwerklich geschult, und im allgemeinen besser ausgebildet als einheimische Arbeiter. Der Handel und die Handwerksbetriebe in Rom waren alsbald in ihren Händen. Sie konnten nur gedeihen, wenn Frieden herrschte und die Oberklasse, aus der ihre Hauptkunden kamen, wohlhabend blieb. Die herrschaftlichen Haushaltungen und die Luxus-Ansprüche der Senatoren und reichen Kaufleute erzeugten fortwährend neuen Bedarf an Gütern und Dienstleistungen; die bescheidenen Bedürfnisse des einfachen Volks waren damit gar nicht zu vergleichen. Aber nicht nur die wirtschaftlichen Gegebenheiten verbanden die Freigelassenen mit der Oberklasse. Gerade zwischen dem Freigelassenen und seinem früheren Herrn bestand eine außerordentlich enge Beziehung. Der Patron, der seinem Freigelassenen half sich niederzulassen, durfte umgekehrt auf dessen Stimme, Dienste und sogar Geld rechnen.

All das begründete das Bündnis zwischen dem Erben Caesars und dem Senat viel nachhaltiger als die gemeinsame Abneigung gegen Antonius. Dennoch hätte Cicero ohne Mithilfe von Oktavian den Krieg nicht zuwege bringen können. Einer der Gründe, weswegen Cicero aus der Delegation austrat, die mit Antonius verhandeln sollte, war ironischerweise, daß Hirtius und Oktavian von dem Unternehmen nichts wüßten. Tatsächlich aber hatten sich beide Feldherrn mit Antonius in Verbindung gesetzt, gleich als sie von dem Vorhaben hörten. Im Vertrauen auf die Stärke seiner Position war Oktavian zur Zeit bereit, dem Senat zu gehorchen. Würde Antonius verhandeln, um so besser; besonders günstig für ihn konnten die Absprachen mit einem Senat, dem Cicero angehörte, nicht sein. Würde er nicht verhandeln, hatte er kaum eine Chance gegen die vereinten Streitkräfte der Republikaner. Was immer geschah – Oktavians Hauptrivale im Kampf um die Führung der Caesarianer würde aller Voraussicht nach eine Schlappe erleiden. Als Cicero und Servilius zurücktraten und damit das Ende der Delegation besiegelten, war Oktavian bereit, sich an der Seite der Konsuln gegen Antonius zu stellen.

Antonius' Truppen verhielten vor Bononia und machten keinen Versuch, die Stadt zu besetzen. Sie bezogen Stellung südostwärts von Mutina, zwischen Mutina und dem Dorf Forum Gallorum auf der Via Aemilia. Damit war der Anschluß hergestellt zwischen den Belagerungs-Truppen und denen, die den republikanischen Kräften gegenüberstanden; die Belagerer waren jetzt gegen jedes überraschende Umgehungsmanöver geschützt.

Die Lage von Decimus Brutus wurde allmählich verzweifelt. Nach dreimonatiger Belagerung konnte er kaum länger ausharren. Aber Hirtius wollte durchaus nicht ohne Pansa und seine vier Legionen angreifen. Die Kräfte beider Seiten waren ungefähr gleich. Antonius verfügte über sechs Legionen, darunter mindestens drei aus Veteranen, und die bemerkenswerte Verstärkung einer Prätorianer-Kohorte von 1000 ausgesuchten Männern unter der Führung von Marcus Junius Silanus, die Lepidus aus der Provence herübergeschickt hatte, als er von der Belagerung hörte. Lepidus blieb seinem Wesen treu, er exponierte sich nicht und zog es vor, sich den Geschehnissen anzupassen, statt sie zu bestimmen. Wem man jetzt beistehen sollte – das zu beantworten, überließ er Silanus. Wenn die Entwicklung Silanus widerlegte, würde man ihn als Abtrünnigen abstempeln können. Auf der anderen Seite standen vier Veteranen-Legionen von Hirtius und Oktavian, wenngleich mit vielen unbesetzten Planstellen, und drei oder mehr, vom Hunger zermürbte Legionen des Decimus.

Als Hirtius hörte, Pansa sei unterwegs, entsandte er einen Stabsoffizier, Servius Sulpicius Galba, um ihm die üble Lage zu schildern und Eile zu empfehlen. Aber Pansa mußte notgedrungen den Gebirgsweg zwischen Arretium (Arezzo) und Florentia (Florenz) entlang der Via Cassia einschlagen, da Ventidius in Picenum die Via Flaminia mit drei durch Veteranen verstärkten Legionen blockierte, die er im Auftrag des Antonius ausgehoben hatte. Auch Antonius erfuhr von Pansas bevorstehender Ankunft und hatte den kühnen Plan, dessen Rekruten zu vernichten, bevor erfahrene Krieger ihnen das Rückgrat steifen könnten. Galbas Brief an Cicero berichtet darüber:

Im Lager, 15. April

»Am 14. April war ich bei Pansa (der eigentlich am gleichen Tag im Lager des Hirtius erwartet wurde), denn ich war ihm über 100 Meilen entgegengesandt worden, um seine Ankunft zu beschleunigen. An diesem Tage führte Antonius zwei Legionen ins Feld, die II. und die XXXV., und die zwei Prätorianer-Kohorten, eine eigene und die von Silanus, sowie einige der wiederangeworbenen Legionäre. Er wollte die Begegnung, weil er glaubte, wir hätten nur vier Rekruten-Legionen. Aber in jener Nacht hatte uns Hirtius die Mars-Legion, die ich sonst kommandierte, und zwei Prätorianer-Kohorten geschickt, um uns auf unserem Marsch zum Lager größeren Schutz zu geben. Als Antonius' Reiter auftauchten, war es unmöglich, die Mars-Legion oder auch nur die Prätorianer-Kohorten zu zügeln. Wir hatten gar keine andere Wahl, als ihnen zu folgen, denn zurückhalten ließen sie sich nicht. Antonius hielt seine Streitkräfte bei Forum Gallorum in Reserve und wollte uns darüber hinwegtäuschen, daß er Legionen hatte. Er ließ nur seine Reiter und leichten Truppen sehen. Als Pansa erkannte, daß die Legion* gegen seinen Willen vorwärtsdrängte, beorderte er zwei Rekruten-Legionen, ihm zu folgen. Nach Überquerung schwierigen Geländes, durch Morast und Unterholz, bildeten wir eine Front von 12 Kohorten**. Die zwei Rekruten-Legionen waren noch nicht angekommen. Plötzlich führte Antonius seine Truppen aus dem Dorf, formierte sie und griff sofort an. So hitzig tobte die Schlacht am Anfang, daß keine der beiden Seiten hätte grimmiger kämpfen können. Doch der rechte Flügel, wo ich mit acht Kohorten der Mars-Legion stand, warf gleich beim ersten Ausfall die XXXV. Legion von Antonius mehr als eine halbe Meile aus ihrer Stellung zurück. Als dann seine Reiter zur Umklammerung ansetzten, begann ich zurückzuweichen, schickte meine leichten maurischen Verbände aus, die den

* gemeint ist die Mars-Legion (A.d.Ü.).
** 10 Kohorten = 1 Legion (A.d.Ü.).

Durchbruch in unserem Rücken verhindern sollten. Inzwischen sah ich mich zwischen Truppen des Antonius eingekeilt, Antonius selbst war nicht weit hinter mir. Sofort gab ich meinem Pferd die Sporen, ritt in Richtung der Rekruten-Legion, die gerade aus unserem Lager kam, und warf meinen Schild weg. Die Antonianer verfolgten mich. Unsere Leute ließen ganze Salven von Speeren fliegen. Der Zufall rettete mich, man hatte mich auf unserer Seite bald erkannt. Auf der Via Aemilia, wo die Prätorianer-Kohorte des Oktavian stand, dauerte der Kampf lange. Der linke Flügel, der schwächer war, weil er nur aus den zwei Kohorten der Mars-Legion und ihrer Prätorianer-Kohorte bestand, wich allmählich zurück, da er von der Kavallerie, in der Antonius sehr stark ist, umzingelt zu werden drohte. Als alle unsere Verbände sich abgesetzt hatten, zog ich mich dann auch, als letzter, in Richtung auf das Lager (Pansas) zurück. Antonius, der sich als Sieger betrachtete, glaubte, er könnte das Lager einnehmen, aber als er ankam, verlor er dort viele Männer, ohne Erfolg zu haben.

Als Hirtius vernahm, was geschehen war, rief er 20 Veteranen-Kohorten auf und begegnete Antonius, als dieser zu seinem Lager zurückmarschierte. Er vernichtete alle Streitkräfte des Antonius und schlug ihn eben dort in die Flucht, wo der Kampf stattgefunden hatte, bei Forum Gallorum. Antonius erreichte mit seinen Reitern Mutina gegen 10 Uhr nachts. Hirtius kehrte zu dem Lager zurück, von dem Pansa aufgebrochen war; er hatte dort zwei Legionen zurückgelassen, die von Antonius' Truppen angegriffen worden waren. So hatte Antonius den größeren Teil seiner Veteranen-Einheiten verloren. Unglücklicherweise war es nicht möglich, dies ohne einige Verluste in unseren Prätorianer-Kohorten und in der Mars-Legion zu erreichen. Zwei Adler und 60 Standarten des Antonius sind erbeutet worden: ein stolzes Ergebnis.«

Einen sehr wichtigen Punkt erwähnt Galba in seiner Beschreibung nicht: Pansa wurde schwerverwundet nach Bononia gebracht. Davon hat Galba, als er den Brief schrieb, vielleicht auch noch nichts gewußt, und die ganze Bedeutung dieses Ereignisses stellte sich ohnehin erst eine Woche später heraus. Auch geht Galba nicht weiter auf Dinge ein, die für jemanden, der in Gallien unter Caesar gedient oder den Krieg gegen Pompeius erlebt hatte, viel zu selbstverständlich waren: die grimmige Entschlossenheit, mit der die Veteranen kämpften – im vorliegenden

Falle noch weiter aufgestachelt durch wirklichen Haß. Gerade die Centurionen der Mars-Legion waren in Brundisium, im Oktober, grausam dezimiert worden. Da waren einige Rechnungen mit Antonius und mit den ihm weiter treu ergebenen Legionen zu begleichen.

Appian beschreibt das Ineinander-Verbeißen der Fronten, wobei sich niemand mehr losreißen konnte, die kräftesparende, zielgerechte Schwertarbeit, die Wunden, das Abschlachten und das Fehlen menschlicher Laute außer Stöhnen und Ächzen. »Der Gefallene wurde sofort weggetragen, und ein anderer trat an seine Stelle. Sie brauchten weder Ermahnung noch Anstachelung. Die Kampferfahrung machte jeden zu seinem eigenen Feldherrn. Wenn sie ermüdeten, wichen sie voneinander ein wenig zurück, um Atem zu schöpfen, als wäre es nur ein sportlicher Wettkampf, und dann rangen sie wieder miteinander. Die neu herangeführten Rekruten waren verblüfft über das Schweigen und die Ordnung, in der das alles geschah.« Es gibt keine anschaulichere Beschreibung über die erschreckende Tüchtigkeit und Leistungsfähigkeit einer ausgebildeten römischen Legion auf dem Höhepunkt einer Schlacht. Die Veteranen rieten den Rekruten, sich da herauszuhalten – obgleich sie ohne diese zahlenmäßig unterlegen waren.

Zunächst erreichte Rom die Nachricht von Pansas Niederlage. Rund 36 Stunden herrschte Panik. Die Anhänger des Antonius streuten Gerüchte aus, daß Cicero einen Staatsstreich plane. Der Tribun Appuleius berief tatsächlich eine öffentliche Versammlung ein, um das zu entkräften. Stunden später, als Hirtius' Sieg bekannt wurde, begleitete eine gewaltige Menge Cicero zum Kapitol – zur Danksagung für den Sieg. Für den großen Kämpen der Republik war es ein glorreicher Augenblick. Es blieb jetzt nur noch, Decimus Brutus zu entsetzen und Antonius durch die Armeen von Lepidus und Plancus in Gallien und von Hirtius und Oktavian in der Po-Ebene einschließen zu lassen. Plancus hatte zwar anfänglich für Verhandlungen mit Antonius plädiert, dann aber einen Brief geschickt, der vor zwei Wochen eingetroffen war, in dem er versprach, den Wünschen des Senats entsprechend zu handeln. Lepidus war eine zweifelhafte Größe; ging aber alles gut, würde sein gesunder Sinn für Erfolg bestimmt dafür sorgen, daß er auf der Seite des Gewinners stünde. Gleich am nächsten Tag, am 21. April, während der Senat noch den offiziellen Bericht der drei Feldherrn und die zu vergebenden Sieges-Ehrungen besprach, begann die zweite Schlacht des mutinischen Krieges.

Die Truppenverluste hatten Antonius ernstlich geschwächt, aber er war nicht ohne Hoffnung. Er plante jetzt, die Stadt einzunehmen. Wenn das gelang, konnte er vielleicht die Truppen des Decimus mit Takt und Großmut zum Übertritt bewegen. Und dann war da noch Publius Ventidius, eine der interessanteren Gestalten dieser aufgewühlten Zeit. In Picenum geboren, war er schon als Kind in dem Krieg, den die Italiker gegen Rom führen mußten, um das römische Bürgerrecht zu bekommen, in Gefangenschaft geraten und im Triumphzug von Pompeius' Vater mitgeführt worden – am 27. Dezember 89. Seine Familie – kleiner Landadel – wurde ein paar Jahre später dann von dem jüngeren Pompeius drangsaliert. Da überrascht es nicht, daß Ventidius im Dienste Caesars auftaucht. Irgendwann war er für den Nachschub verantwortlich und als Kriegs-Ingenieur tätig gewesen – was ihm von seiten seiner Feinde den Spottnamen »Maultiertreiber« eintrug. Er und Antonius müssen zusammen in Gallien gedient haben, und offenbar bestand die Freundschaft noch. Als Antonius Rom gegen Ende November verließ, zog Ventidius, jetzt designierter Prätor, nach Kampanien, um dort Oktavian mit seinen eigenen Waffen zu schlagen – und mit Erfolg. Die Veteranen anerkannten ihn als alten Kämpen, tüchtigen Offizier und echten Caesarianer, während Oktavian bis jetzt, trotz seines Namens, nur eben ein Name war. Ventidius vermochte es aber, so viele Männer aus den alten caesarianischen Legionen an sich zu ziehen, daß er sie wieder unter ihren alten Legionsnummern sammeln und in seiner Heimat Picenum – einer ergiebigen Rekrutierungsstätte für römische Armeen – auf Kampfstärke bringen konnte. Ventidius, seit Jahresanfang im Rang eines Prätors, begab sich endlich nach Norden. Warum er so lange zögerte, wissen wir nicht. Vielleicht widerstrebte es ihm, eine Armee anzugreifen, zu der die »fehlenden Hälften« seiner eigenen VII. und VIII. Legion gehörten – denn gerade unter den Veteranen dieser Legionen hatte auch Oktavian geworben.

Hirtius und Oktavian fürchteten Ventidius' Eintreffen und versuchten deshalb, Mutina zu befreien, indem sie Antonius' Lager im Südosten der Stadt umgingen und den Durchbruch im Norden wagten, wo der Gegner am schwächsten war. Antonius wollte sie mit seiner Reiterei aufhalten. Die überragende Stärke in dieser Waffengattung verdankte er den seinerzeit zu Oktavian übergegangenen Reitern, die nun von dort abermals desertiert waren. Dennoch hatte er keinen Erfolg. Er mußte notgedrungen seine Legionäre einsetzen, und die Schlacht tobte nun in seinen eigenen Linien. Hirtius wurde nahe beim Zelt des Antonius getötet, als dessen V. Legion die IV. des Hirtius erfolgreich zurückdrängte. Oktavian zeigte erstaunlichen Mut im Kampf um den Leichnam des Hirtius, und später wurde zu seinem Lobe gesagt, er habe den Legionsadler eine Weile vorangetragen, als der Adlerträger schwer verwundet worden war. Er holte den Toten zurück, aber Antonius' Lager konnte er nicht gewinnen. Die Garnison in Mutina versuchte einen Ausfall unter Führung von Pontius Aquila – dem Tribunen, der sich nicht erhoben hatte, als Caesar vorbeischritt –, aber Aquila wurde getötet, und die Belagerung dauerte an. Alles in allem war die zweite Schlacht ein Sieg für Antonius; der Feind hatte einen Konsul, einen Stabsoffizier und einen Großteil der IV. Legion eingebüßt.

Jetzt allerdings beschloß Antonius sich zurückzuziehen – ein Schachzug, den seine Feinde als »Flucht« mißdeuteten. Es war eine listige und unerwartete Taktik, die seine Gegner verwirrte. Er sah wohl, daß er mit den geschwächten Truppen nicht Mutina einnehmen und gleichzeitig Oktavian abwehren konnte. Viel wichtiger war es, die Kräfte nicht zu vergeuden und sowohl auf die politische Entwicklung wie auch auf die Armeen und deren Feldherrn im Westen zu setzen. Sein Nachrichtendienst wird ihm sicher gesagt haben, daß Pansa zu schwer verletzt war, um das Kommando wieder zu übernehmen. Damit blieben nur Decimus und Oktavian als rangälteste Kommandeure übrig, Caesars Mörder und Caesars Erbe – eine Allianz von phantastischer Absurdität. Antonius sorgte sich auch nicht um die westlichen Provinzen. Deren Gouverneure, Lepidus, Pollio und Plancus, korrespondierten mit ihm. Es war jetzt besser, sich zu entfernen, Waffengänge und die dadurch entstehende Verbitterung zu vermeiden und den Dingen einfach ihren Lauf zu lassen.

KAPITEL SECHS

Die Feldherrn gegen den Staat

Die Nachricht von der zweiten Schlacht bei Mutina erreichte Rom am 26. April. Der Senat wurde sofort einberufen, und nun endlich erklärte man Antonius und seine Anhänger zu Staatsfeinden und beschloß eine 50tägige Danksagung, die sonst noch nicht einmal bei Siegen gegen fremde Völker üblich war. Ehrungen wurden verschwenderisch, wenn auch an die falschen Empfänger, verteilt. Während man Decimus Brutus einen Triumphzug und seinen Soldaten Belohnungen zugestand, wie man sie Oktavians Kriegern bereits versprochen hatte, wurde Oktavian selbst übergangen. Die Krise war vorbei, und jetzt konnte man dem jungen Mann den Brotkorb wieder ein wenig höher hängen. Cicero schlug allerdings vor, man möge ihm eine Ovation gewähren (eine Art von Triumphzug zweiter Klasse). Gleichzeitig beantragte er aber, den 26. April in Zukunft nach Decimus zu benennen, weil der Tag der Siegesnachricht zufällig auch Decimus' Geburtstag war – und dagegen wirkte die Ovation ziemlich belanglos. Vermutlich wurde gar nicht darüber abgestimmt.

Am selben Tag wurde bekannt, daß Pansa am Tag nach der zweiten Schlacht seiner Wunde erlegen war. Sofort erhob sich die Frage, wer Antonius verfolgen und wer sich mit Dolabella auseinandersetzen sollte. Bis jetzt hatten die beiden caesarianischen Konsuln den Senat davon abgehalten, allzu verblendet und begeistert Ciceros Drängen nach radikalen Maßnahmen nachzugeben, wie sie jetzt durch die Erfolge von Marcus Brutus und Cassius erst möglich gemacht worden waren. Sie hatten die Anhänger des Antonius immer gerechterweise zu Wort kommen lassen und nach bestem Vermögen verhindert, daß ungesetzliche Amtsanmaßung als Selbstverständlichkeit betrachtet wurde. Aber jetzt war für die alten Pompejaner kein Halten mehr. Schon vor den Schlachten bei Mutina hatte

Marcus Brutus Apollonia besetzt. Gaius Antonius war sein Gefangener, aber er durfte sich im Lager frei bewegen. Brutus behandelte ihn ohne Härte und beließ ihm seine Rangabzeichen. Cicero tadelte ihn deswegen; doch war es gerade dieses noble und großzügige Wesen, das Brutus zum geachteten Führer machte.

Nach Antonius' Rückzug von Mutina und dem Tod von Hirtius und Pansa beherrschten die Pompejaner das Feld – so schien es jedenfalls im Augenblick. Die Truppen der Konsuln und Oktavians wurden Decimus unterstellt, dem die Aufgabe zufiel, Antonius zu verfolgen. Endlich bestätigten auch aus dem Osten eingegangene offizielle Botschaften die Gerüchte über Cassius; er hatte sich tatsächlich der syrischen, ägyptischen und bithynischen Armeen bemächtigt. Auf Antrag des Servilius wurde er offiziell mit der Kriegsführung gegen Dolabella beauftragt. Zu diesem Zweck erhielt er das Oberkommando in den östlichen Provinzen. Aus nicht ganz erfindlichen Gründen ernannte man obendrein Sextus Pompeius, der gerade in Massilia war, zum Führer der römischen Flotte. Schließlich ordnete der Senat ein Staatsbegräbnis für die beiden Konsuln an und befahl, ein Standbild für Pontius Aquila zu errichten.

Im Norden hatte sich inzwischen nicht alles im Sinne des optimistischen Cicero entwickelt. Decimus Brutus konnte sich keineswegs sofort Antonius auf die Fersen setzen. Er hatte weder Reiter noch Lasttiere – diese waren zweifellos während der Belagerung verspeist worden. Er wußte noch nicht, daß Hirtius und Pontius Aquila gefallen waren. Oktavian hatte zusätzlich zu seinen eigenen jetzt auch die Legionen von Hirtius und Pansa unter seinen Befehl genommen, aber Decimus wollte ihn erst treffen und feststellen, ob er ihm Vertrauen schenken konnte. So verging ein Tag. Am nächsten Tag erreichte ihn eine Eilnachricht, Pansa in Bononia zu besuchen. Decimus machte sich auf und erfuhr unterwegs von Pansas Tod; er kehrte sofort zu seiner »armseligen Truppe«, wie er sie nannte, zurück. Antonius hatte jetzt einen Vorsprung von zwei Tagen, der sich täglich vergrößerte. Am 29. April war Decimus noch in Regium Lepidum, nicht einmal 30 km von Mutina entfernt.

Oktavian weigerte sich rundheraus, mit ihm zusammenzuwirken, mit der Begründung, seine Soldaten würden dem Befehl, sich den Truppen von Caesars Mörder anzuschließen, nicht gehorchen. Auch machte er keine Anstalten, Ventidius und seine drei Legionen daran zu hindern, in aller Ruhe die Apenninen südlich von ihm zu überschreiten und dann an der italienischen Riviera entlang nach Norden zu marschieren, um sich im

Raum von Genua Antonius anzuschließen. Diesen Entschluß faßte Oktavian, bevor er die Senatsdekrete kannte, die nach Antonius' Flucht erlassen wurden. Seine Gründe sind nicht überliefert, liegen aber auf der Hand. Zunächst einmal waren seine Veteranen in zwei Schlachten schwer mitgenommen worden. Selbst mit der zweifelhaften Verstärkung durch Pansas Rekruten hätte er noch von Glück sagen können, wenn er den erfahrenen Ventidius mit drei bewährten Legionen aufzuhalten in der Lage gewesen wäre. Auch die politische Rechnung ging nicht auf. Daß Lepidus mit Antonius sympathisierte, war allgemein bekannt, auch wenn Cicero sich einredete, Lepidus könnte durch Auszeichnungen oder gute Worte dazu gebracht werden, Antonius zu bekämpfen. Es war also zu erwarten, daß Lepidus, Ventidius und Antonius sich zusammenschlossen. Die drei spanischen Legionen, geographisch isoliert und von einem aufrechten Mann befehligt, der die Schrecken des Bürgerkriegs haßte und mit Antonius befreundet war, würden sicherlich nicht entscheidend eingreifen. Mit Plancus konnte niemand rechnen, er stand dem Senat und Decimus näher, galt aber als Opportunist.

Andererseits standen Marcus Brutus und Cassius, die den Tod seines Vaters bewirkt hatten, mit 17 Legionen im Osten. Auf ihnen ruhten die Hoffnungen und Sympathien des Senats. Ein Zusammenstoß zwischen ihnen und den caesarianischen Armeen im Westen war sehr wahrscheinlich, und in einem solchen Konflikt konnte Oktavian nicht leidenschaftslos beiseite stehen. Mit seiner Ehrfurcht vor dem toten Caesar, seiner erklärten Absicht, an den Mördern Rache zu nehmen und sich der Adoption würdig zu erweisen, hatte er ja gerade die Veteranen für sich gewonnen. Jetzt oder in einem künftigen Bürgerkrieg die republikanische, neo-pompejanische Partei zu ergreifen, sprach jeder Logik, jedem Gefühl hohn. Sein Platz war letztlich immer bei Caesars Männern und Caesars Unterfeldherrn. Wie recht er hatte, erfuhr er, als ihm die Senatsdekrete bekannt wurden. Nun, da er seine Schuldigkeit getan hatte, sollte er offenbar mit einer offiziellen Belobigung abgeschoben werden. Cicero bekannte sich nie zu dem berühmten und unübersetzbaren Wortspiel, das dieses Vorgehen so treffend formulierte: »laudandum, ornandum, tollendum« *. Auf jeden Fall war es gut erfunden.

Inzwischen hatte Ventidius mit 5000 Reitern und den Kerntruppen der drei Legionen das Gebirge überquert und Antonius in Vada Sabatio an der

* »Man preise, ehre und rühme ihn«. Das letzte Wort wird genauso häufig in der Bedeutung von »entferne ihn« gebraucht.

Küste getroffen, etwa 51 km westlich von Genua. Von Mutina kommend, hatte Antonius unterwegs Sklaven auf den Gütern befreit. Aus ihnen und anderen ortsansässigen Rekruten stellte er eine weitere Legion zusammen, die er dem Befehl eines örtlichen Notabeln, eines gewissen Publius Bagiennus, unterstellte. Decimus folgte ihm über Dertona und Aquae Statiellae nach. Als er sich etwa 50 km nördlich von Vada befand, hörte er, Antonius' Truppen hätten sich geweigert, ihm über die Seealpen in die Provence zu folgen und bestünden darauf, über Pollentia am Rande der Po-Ebene zu marschieren. Decimus kreuzte also beinahe die neue Marschroute; er schickte sofort fünf Kohorten im Eilmarsch nach Pollentia. Sie kamen dort gerade eine Stunde früher an als Lucius Trebellius mit einigen Reitern des Antonius. Aber das war alles nur eine hübsche Finte gewesen. Als Decimus mit dem Hauptteil seiner Truppe in Pollentia eintraf, war Antonius schon außer Reichweite und in Sicherheit und führte seine erschöpften Truppen an der Steilküste entlang, dort, wo heute die Autostrada von Italien nach Frankreich verläuft. Lepidus' Stellvertreter Quintus Terentius Culleo dachte nicht daran, Antonius aufzuhalten, sondern schloß sich ihm sogar an.

Antonius erreichte am 15. Mai Forum Julii (das heutige Fréjus) in Lepidus' Provinz und biwakierte am Ostufer des kleinen Flusses Argenteum, der dort ins Meer mündet. Ventidius folgte ihm zwei Tage später. Lepidus hielt seine Truppen den Eindringlingen gegenüber in Bereitschaft, hatte aber vorsichtshalber seine Männer zuvor ihren Friedenswillen bekunden lassen. Es war genug, daß zwei Konsuln und viele ehrsame Bürger hatten sterben müssen. In beiden Armeen dachte und fühlte man dasselbe; Lepidus unternahm nichts, um Verbrüderungen zu verhindern. Es war auch von großer Bedeutung, daß Caesars berühmte X. Legion zu Lepidus' Armee gehörte; sie hatte an der Seite der V., VII., VIII. und IX. gekämpft, die nun im andern Lager standen. Es dauerte genau 14 Tage, bis geschah, was geschehen mußte.

Lepidus' Truppen waren auf die caesarianische Sache, nicht auf Lepidus eingeschworen – der Gedanke an einen Kampf zwischen zwei caesarianischen Feldherrn war absurd; es gab genug andere Feinde. Die Befehlshaber waren übrigens in ständiger Verbindung. Die Männer der X. Legion, die einst Antonius selbst befehligt hatte und die im vergangenen Monat keinen Hehl aus ihren Sympathien für ihn gemacht hatten, ließen am 29. Mai die Tore für ihren ehemaligen Kommandeur öffnen; eine große Schar begleitete ihn in der Dunkelheit kurz vor Morgengrauen zu Lepidus'

Zelt. Lepidus machte das Spiel bis zum Ende mit, sprang im Nachtgewand aus dem Bett und umarmte Antonius zum Zeichen des Friedens. Doch ein Offizier aus Lepidus' Lager protestierte gegen den verräterischen Sinneswandel des aalglatten Vorgesetzten, der so deutlich in wohlklingenden Briefen an Cicero und den Senat seine Vaterlandsliebe beteuert hatte: Juventius Laterensis stürzte sich, seinen Grundsätzen getreu, ins Schwert, da er den Tod dem Ungehorsam gegen die Regierung in Rom vorzog. Lepidus wurde folgerichtig zum Staatsfeind erklärt.

Es blieben immer noch Plancus und Pollio. Plancus hatte sich, solange es irgend ging, aus dem Krieg von Mutina herausgehalten und es vermieden, sich für die eine oder andere Seite zu entscheiden. Er konnte schwerwiegende Gründe anführen: den langsamen Nachrichtenaustausch mit Rom, die Unzuverlässigkeit seiner Armee, die Notwendigkeit, sich der örtlichen, gallischen Stämme zu versichern. In seinen Briefen entfaltet er in elegantestem Latein eine bewunderungswürdige Gesinnung, aber eine höchst zweideutige Haltung in bezug auf den Bürgerkrieg. Wie Pollio war er ganz und gar ein Mann Caesars, ein Außenseiter, der nicht aus dem Kreis der adligen Senatoren kam. Anders als Pollio, hatte er keine festen Grundsätze. Seine Handlungsweise konnte man nie voraussehen, nur, daß er schwierige Entscheidungen vermeiden würde. Ihm mißfiel das unbeständige Wesen des Lepidus, dem er mißtraute. Decimus Brutus würde im nächsten Jahr sein Mit-Konsul sein. Deshalb machte er sich, als es Frühling geworden war und die Alpenübergänge passierbar waren, mit den besten Absichten auf den Weg. Es mag wirklich nur ein Zufall gewesen sein, daß die Belagerung Mutinas bereits so weit vorgeschritten war und die Entscheidung eigentlich noch vor seiner Ankunft fallen mußte.

Mit seinen vier Legionen und etwa 5000 Reitern überquerte er am 26. April irgendwo südlich von Vienna (dem heutigen Vienne) die Rhône. Er war nicht sicher, ob Lepidus ihn passieren lassen würde; sollte ihm aber der Weg verstellt sein, so hatte er nicht vor, ihn mit Gewalt freizumachen. Ein oder zwei Tage später hörte er, daß die Belagerung aufgehoben und Antonius geflohen sei. Darauf folgte ein schneller Notenwechsel mit Lepidus. Die beiden Männer versöhnten sich. Laterensis brachte die Versicherung, Lepidus habe sein Ehrenwort gegeben, er würde gegen Antonius kämpfen, falls dieser in seine Provinz eindränge; er bäte Plancus um Unterstützung. Plancus, noch immer mißtrauisch, forderte eine Geisel zum Beweis von Lepidus' gutem Willen. Man schickte ihm einen griechischen Freigelassenen namens Apella. Inzwischen hatte er am 12. Mai die Isère überschritten. Er wußte bereits, daß Decimus Brutus plante, auf einem der St.-Bernhard-Pässe die Alpen zu überqueren, und beabsichtigte zunächst, auf ihn zu warten. Lepidus mahnte aber immer dringlicher, und so brach er am 18. Mai auf und marschierte am linken Rhôneufer entlang, um in Forum Voconi zu Lepidus zu stoßen. Er ließ eine Ponton-Brücke für Decimus stehen, damit dieser nicht durch den Bau einer neuen aufgehalten würde. Fast unmittelbar nach dem Aufbruch kam ein Bote: Lepidus könne sich allein behelfen, Plancus solle nun doch an der Isère abwarten. Plancus war bereit, diesen plötzlichen Sinneswandel so verständnisvoll wie möglich auszulegen. Lepidus, so dachte er, wollte den Ruhm, Antonius besiegt zu haben, mit niemandem teilen. Trotzdem marschierte er weiter, um sich in der Nähe bereitzuhalten, falls Lepidus in Bedrängnis käme; das würde den Ruhm dieses »unbedeutenden Mannes« im Erfolgsfalle nicht schmälern. Doch dann kam ein Brief von Laterensis, der den Verrat und den Zweck von Lepidus' sonderbarem Ansinnen enthüllte und Plancus anflehte, die Sache der Republik nicht im Stich zu lassen. Daher marschierte Plancus weiter. Er stand rund 70 km vor Fréjus, als ihm berichtet wurde, Antonius und Lepidus machten sich auf, ihm mit vereinten Kräften entgegenzuziehen. Nur etwas über 35 km trennten die beiden Armeen, als Plancus so schnell, wie es der Anstand erlaubte, zurückwich. Lepidus hatte sieben Legionen, Ventidius drei, Antonius eine und Soldaten und Material für weitere Legionen. Dagegen konnte Plancus nichts ausrichten, selbst wenn er gewollt hätte.

Er ging am 4. Juni wieder über die Isère zurück, brach seine Brücke ab und beschloß, flußaufwärts nach Cularo (dem heutigen Grenoble) zu marschieren und dort auf Decimus zu warten. Dieser hatte jedoch keinen besonderen Grund zur Eile, da ihm Antonius nun entwischt war. Insbesondere brauchte er Truppen, falls Lepidus sich als Verräter erweisen würde, wie zu fürchten war. Er hob deshalb drei neue Legionen aus, was seinen Bestand auf zehn erhöhte: eine stolze Zahl, hinter der nicht viel steckte. Er versuchte vergeblich, die Mars-Legion und die IV., oder jedenfalls deren Reste, von Oktavian abzuwerben. Er korrespondierte ständig mit Cicero, denn als designierter Konsul – von seiner Hauptrolle im gegenwärtigen Drama einmal abgesehen – mußte er sich eingehend mit den politischen Manövern in Rom befassen. Knapp bei Kasse und gezwungen, die Legionen aus eigener Tasche zu unterhalten, überschritt er die Alpen; er hatte gar keine Wahl. In der zweiten Junihälfte stieß er schließlich in Cularo zu Plancus. Da lagerten nun die beiden Armeen, zu schwach, um Antonius und Lepidus zu bedrohen – bis Plancus endlich Zeit gefunden hatte, die Situation abzuschätzen und sich ihr entsprechend neu einzurichten.

Oktavian hatte vom Senat den Befehl bekommen, seine besten Truppen Decimus zu überlassen und mit ihm gegen Antonius zusammenzuarbeiten. Nur mit seinen zusätzlichen Kräften ließ sich das militärische Gleichgewicht jenseits der Alpen ändern. Trotzdem weigerte er sich mitzumachen. Plancus setzte sich mit ihm in Verbindung; er merkte, daß Oktavian etwas versprach und dann ganz anders handelte. Es entging ihm jedoch nicht, daß es Oktavian war, dem Antonius sein Leben, seine Armee und seine Allianz mit Lepidus verdankte. Also: keinerlei Vorwurf in Plancus' Korrespondenz – nur Lob für das charaktervolle Verhalten des jungen Mannes und Erinnerungen an seine eigene Freundschaft mit Caesar.

Inzwischen traf der letzte Statthalter des Westens, Pollio, mit zwei Legionen in der Provence ein. Er hatte die Nachrichten aus Mutina erst Ende Mai erhalten; bei ihrem Eintreffen beklagte er die Verwüstung Italiens. Er hatte jedoch, im Gegensatz zu Plancus und Lepidus, keine Anweisung vom Senat, Decimus zu Hilfe zu eilen – und er hätte sowieso auf keinen Fall gegen Lepidus' Willen durch die Provence marschieren können. Als Freund des Antonius und Anhänger der Freiheit hätte er sich gut zum Vermittler geeignet. Jetzt spielte das keine Rolle mehr. Im Juli konnte man nicht mehr zwischen Antonius und dem Senat wählen. Vor sechs Jahren hatte er sich in einer ähnlichen Situation für Caesar entschieden. Diesmal war es eine militärische Zwangslage, die ihn in seinem ehrlichen Wunsche bestärkte, sich mit Antonius zu verbünden. Pollio verstand sich auch gut mit Plancus, und lange ehe der Sommer zu Ende war, hatten sich Antonius, Lepidus, Pollio und Plancus zusammengeschlossen.

Plancus brachte seine Legionen mit, und nun war Decimus in einer mißlichen Lage – zwar mit einigen Truppen, doch völlig außerstande, die vereinigten Antonianer herauszufordern. Decimus' einzige Hoffnung war sein Namensvetter Marcus in Makedonien, aber die direkte Route zurück über die Alpen und durch die norditalienische Tiefebene war von seinem Feind Oktavian versperrt. Er beschloß, die Alpen nördlich zu umgehen, doch seine Armee ließ ihn bald im Stich. Sich mühsam vorkämpfend als Flüchtling in einem fremden Land, wo das mächtige Rom nur ein bloßer Schatten im Süden war, wurde er, so sagen manche, von einem örtlichen Stammesführer gefangengenommen und getötet. Andere glaubten, Abgesandte des Antonius hätten ihn im Haus dieses Mannes, der ihm Unterschlupf gewährt hatte, aufgespürt und ermordet.

So starb der zweite Mörder Caesars. Oktavian war, zumindest indirekt, schuld an Decimus' Tod, weil er, meisterlich taktierend, im späten Frühling und im Sommer untätig geblieben war. Hirtius und Pansa waren ihm so gelegen gestorben, daß gemunkelt wurde, er hätte den Tod des einen stillschweigend zugelassen und die Vergiftung des andern arrangiert. Die Republik war zeitweilig führerlos, und die altertümlich-komplizierte Verfassung schloß eine schnelle Änderung der Lage aus. Keine Macht in Italien hätte den jungen Mann zur Räson bringen, kein Feldherr ihn bekämpfen können, ohne für die Loyalität der Truppen fürchten zu müssen. Neue Aushebungen wären zwecklos gewesen, die Wiederangeworbenen unzuverlässig und geneigt, sich Oktavian oder gar Antonius anzuschließen. So wurden in Rom Entschlüsse gefaßt, die keinerlei Beziehung zur Realität hatten. Da man Oktavian nicht unterwerfen konnte, mußte man ihn wie einen Verbündeten des Senats behandeln, dazu noch als gutwilligen Verbündeten, der sich in seiner Junioren-Stellung den republikanischen Vorschriften und Bräuchen zu beugen versprach.

Zunächst befahl ihm der Senat, seine besten Legionen, die Mars-Legion und die IV., Decimus Brutus zu übergeben. Da er schon Decimus dieses Ansinnen abgeschlagen hatte, sah Oktavian nicht ein, warum er seine Meinung ändern oder gar annehmen sollte, die Legionäre würden ihn jetzt lieber verlassen als damals. Darauf versuchte der Senat, die Versprechungen zu erfüllen, die Oktavian den Veteranen ursprünglich gemacht hatte – und die dann im Namen des Staates bestätigt worden waren, um sie im Dienst zu halten. Man wollte ihre gefährliche Anhänglichkeit an den Erben Caesars schwächen und ernannte eine zehnköpfige Kommission, die den Veteranen ihre Belohnungen auszahlen sollte. Oktavian gehörte nicht dazu. Das war ein plumpes Manöver, um ihn als Patron auszuschalten, das auch dadurch weder vertuscht noch gerechtfertigt wurde, daß man Decimus – der bereits Antonius verfolgte – ebensowenig aufgenommen hatte. Die Kommission hatte Befehl, sich direkt an die Soldaten zu wenden, doch die Legionäre weigerten sich zu verhandeln; sie wollten das alles nur von ihrem Kommandeur hören. Sie regten sich auch darüber auf, daß der Senat überall etwas abknapsen wollte. Die eine Hälfte des Geldes sollte gleich ausgezahlt werden, die andere erst nach vollendetem Feldzug gegen Antonius unter Decimus' Führung. Auch bei der Landvergabe versuchte der Senat zu sparen – Veteranen, die unter Antonius gedient hatten, sollten davon ausgeschlossen sein.

Es war sehr töricht, so taktlos mit den Soldaten umzugehen. Sicherlich war das Staatssäckel in kümmerlichem Zustand. Aus den reichen Provinzen Asia und Syrien waren keine Steuern eingegangen, da die Quästoren, die sie bringen sollten, zu Brutus übergelaufen waren. Pansa hatte für den Krieg in Mutina fünf neue Legionen aufgestellt, die alle bewaffnet und bezahlt werden mußten — wie die Privatarmee Oktavians. Die große Reserve von 700 Millionen Sesterzen, bei Caesars Tod im Tempel der Ops, war verschwunden, ob rechtmäßig ausgegeben oder unterschlagen, werden wir nie erfahren. Während der Belagerung von Mutina sah sich der Senat gezwungen, vier Prozent auf alle Vermögen als Kriegssteuer zu erheben und den Besitz aller Senatsangehörigen mit einer speziellen Dachziegel-Steuer zu belegen. Unter diesen Umständen war das Angebot von 2500 Denaren pro Kopf, statt der versprochenen 5000, wahrscheinlich das Äußerste, was die verarmte Staatskasse aufbringen konnte. Doch wäre es nicht nötig gewesen, die Soldaten durch die beabsichtigte Ausschaltung Oktavians zu verärgern; damit wurde nur erreicht, daß sie annahmen, die Beträge wären aus rein politischen Gründen vermindert worden. Mehr als je zuvor sahen sie in Oktavian ihren Gönner und Beschützer und betrachteten den Krieg gegen Antonius als ein Komplott zu ihrer eigenen Vernichtung. Sie schworen, niemals gegen eine Legion zu kämpfen, die unter Caesars Befehl gestanden hatte.

Dieser unsinnige Versuch, die Treue der Veteranen zu Oktavian zu untergraben, verstärkte nur seine Machtstellung. Die Veteranen hingen ihm an, weil er Caesars Namen trug, weil er Caesar rächen wollte und weil er versprochen hatte, Caesars Prinzipien der Soldatenführung beizubehalten oder gar zu verbessern. Er brauchte in Italien keinen Rivalen zu fürchten. Inzwischen waren die Sitze der Konsuln verwaist, der Staat brauchte eine Armee — und Oktavian konnte warten. Der Preis für seine Mitarbeit war in der Hauptstadt bald bekannt und entfachte viele politische Intrigen.

Wenn man Oktavian gestattete, sich um ein Konsulat zu bewerben (das er vermutlich bekäme), so brauchte er einen vorsichtigen, würdigen und erfahrenen Kollegen, der ihn leiten — und zügeln konnte. Da wäre sicherlich Cicero der geeignete Kandidat gewesen; er war der Anwalt der politischen Forderung, man sollte Caesars Erben für die Republik gewinnen. Aber es gab andere, ebenso bedeutend, die nicht so fanatisch gegen Verhandlungen mit Staatsfeinden eintraten, vor allem Ciceros Hauptrivalen, den tüchtigen und vernünftigen Publius Servilius. Es ist vielleicht bedeutsam, daß Servilius' Tochter im Sommer, oder schon früher, mit Oktavian verlobt worden war. Als Cicero davon Wind bekam, brandmarkte er im

Senat temperamentvoll, was er »eine kriminelle Verschwörung« und »die Verbreitung irreführender Nachrichten« nannte, für die Oktavians Verwandte verantwortlich wären. Worin die Ruchlosigkeit dieser Pläne bestanden haben soll, geht aus Ciceros Klagebrief an Marcus Brutus nicht hervor; wir können nur annehmen, daß er seine eigenen ehrgeizigen Pläne bedroht sah. Der Gedanke, daß ein Konsular zum zweiten Mal Konsul werden könnte, empörte die Körperschaft, die sich berufen fühlte, die Schicksale Roms zu lenken. Seit dem zweiten Jahrhundert war niemandem eine solche Ehrung zuteil geworden, jedenfalls nicht ohne die Drohung mit Waffengewalt oder im Namen Caesars. In traditioneller republikanischer Denkweise befangen, konnte der Senat Ursache und Ausmaß der jetzigen Krise gar nicht erkennen. Er war unfähig, sich auf Kandidaten zu einigen, unfähig, die Maschinerie der Verfassung zwecks Ersetzung der Konsuln in Gang zu bringen, unfähig zu erkennen, daß es notwendig war, jetzt mit Antonius und Lepidus zu verhandeln, und unfähig, die Veteranen zu beschwichtigen – mit einem Wort: Er war unfähig zu regieren. Persönliche Prestigekämpfe waren nicht dazu angetan, die Probleme Italiens zu lösen.

Die einzige entschiedene Maßnahme des Senats war die Rückrufung von Marcus Brutus aus Makedonien. Er hatte um diese Zeit etwa sechs Legionen, vielleicht sogar mehr – das war ein Gegengewicht gegen Oktavians acht Legionen, von denen vier von Pansa neu ausgehoben worden waren. Aber Brutus lehnte ab. Es gab zwei Möglichkeiten für Oktavian, und Brutus fürchtete beide. Falls das unmäßige Lob und die plumpen Anbiederungen, mit denen Cicero den jungen Mann überschüttete, diesen tatsächlich der republikanischen Seite verpflichtet hatten, konnte sich Brutus dabei kaum wohlfühlen. Cicero war unvorsichtig genug, Oktavian in einem Brief um Nachsicht gegen die »Befreier« zu bitten. Brutus erfuhr durch Atticus davon und warf Cicero wütend vor, er hätte den Staat in einen Krieg gegen einen potentiellen Usurpator gehetzt, nur um diesen gegen einen andern einzutauschen. Da sei ja gar kein Unterschied zwischen Cicero und Salvidienus, erklärte Brutus – eine schwere Beleidigung, denn Salvidienus, obwohl einer der tüchtigsten und geachtetsten Anhänger Oktavians, war nicht einmal Senator. Cicero spreche gegenüber Oktavian, sagte Brutus, wie ein Sklave vor seinem König. Brutus gab sich hinsichtlich Oktavians Charakter und seiner Motive keiner Täuschung hin. Auch wenn man ihn mit dem Konsulat oder außergewöhnlichen Ehrungen kaufen könnte, wäre es naiv zu glauben, er gäbe deshalb das Kommando über seine Legionen ab. Nein, Italien war kein Ort für Brutus. Die makedonischen Armeen zogen ihn vielleicht einem Gaius Antonius oder einem Vatinius vor — was aber, wenn ein Caesar im gegnerischen Lager stand?

Andererseits — wenn sich der Senat Oktavians Erpressungsversuchen widersetzte, mit denen er Macht und Einfluß gewinnen wollte, so triebe das Oktavian auf die Seite von Antonius und Lepidus. Wenn die beiden auch im Augenblick noch keine Freunde waren — bei Interessengemeinschaften ist das kein Hindernis. Für jenes Bündnis sprachen noch zwingender die Gefühle der Soldaten und der caesarianischen Veteranen, die in beiden Armeen vertreten waren. Wenn dieses Bündnis zustande kam — welche Hoffnung hatte dann Brutus mit seinen sechs armseligen Legionen? Cicero flehte ihn an zu kommen — ganz Italien würde sich ihm begeistert anschließen, sobald er den Fuß auf italischen Boden setzte. Brutus teilte Ciceros Illusionen hinsichtlich seiner Beliebtheit in Italien nicht. Er war es — nicht Cicero — den die öffentliche Meinung gezwungen hatte, sich im vergangenen Jahr in den Städten Latiums zu verstecken; er durfte sich nicht einmal in der Stadt zeigen, deren Magistrat er war. Auch teilte Brutus nicht den fast krankhaften Haß Ciceros gegen Antonius und seine Brüder. Die milde Behandlung von Gaius Antonius — obgleich er ihn wegen seiner Bestechungsversuche bei den Soldaten schließlich unter Arrest stellen ließ — zeugt für seine Kompromißbereitschaft. Auch protestierte er bei Cicero gegen die unnötige Strenge des Senats, der Lepidus zum Volksfeind erklärt hatte. Lepidus war sein Schwager, Lepidus' Kinder, durch dieses Dekret enterbt und verbannt, waren seine Neffen und Nichten. Demgegenüber hatte Marcus Antonius in den Verhandlungen im Januar Brutus und Cassius das Recht auf ein Konsulat im Jahre 41 zugestanden, und im vorhergehenden Jahr hatte er es ihnen ermöglicht, Italien ohne Gesichtsverlust zu verlassen, als sie gegen den ursprünglichen, unbedeutenden Getreide-Auftrag protestiert hatten. Die Kluft war groß, aber es bestand noch Hoffnung, sie zu überbrücken.

Was Brutus wollte, war eine freie Republik, in der kein einzelner unverhältnismäßig viel Macht ausübte. Dafür hatte er Caesar ermordet. Antonius war in seinen Augen eine viel geringere Gefahr als der junge Usurpator, der den Namen und den Ehrgeiz Caesars übernommen hatte. Doch die Politik des Senats, auf die er keinen Einfluß hatte, rückte die Möglichkeit eines Kompromisses mit Antonius in immer weitere Ferne. Jede von der Verfassung gedeckte Maßnahme verschlimmerte die Situation: die endgültige Bestätigung seiner eigenen Stellung als rechtmäßiger

Gouverneur Makedoniens und Griechenlands, die Ächtung von Antonius und später Lepidus, die Bestätigung der Oberherrschaft von Cassius im Osten. Und je feindseliger sich der Senat gegen Antonius wandte, desto dringender bedurfte er der Unterstützung seines im Grunde unnatürlichen Verbündeten Oktavian. Doch Brutus selbst wußte auch nicht, wie man das alles hätte verbessern können — und das ist sicherlich nicht verwunderlich für einen Mann, der einmal gedacht hatte, die Niederwerfung Caesars genügte, um die ideale Republik wiederherzustellen. Er erkannte, wie gefährlich Oktavian war, doch konnte er nur Cicero immer wieder dazu ermuntern, endlich etwas zu tun; das Volk, sagte er, brauche Führer, die sich den Machenschaften der Bösen widersetzen. Brutus bediente sich wie Cicero, vielleicht sogar wie Antonius, der politischen Begriffe und Grundsätze eines Systems, das schon versagt hatte, weil es zur Realität keinen Bezug mehr hatte. Das Volk von Rom und von ganz Italien war so weit, daß es Führer brauchte — aber nicht die Führer, die Brutus meinte, nicht die Stützen der Senatsoligarchie.

Brutus blieb also in Makedonien, unbotmäßig eigenen Zielen nachgehend, während der andere Brutus sich über die Alpenpässe zu einem Treffen mit Plancus schleppte, das nie erfolgte, und die caesarianischen Feldherrn im Westen sich gegen die erneut aufmuckenden Pompejaner zusammenschlossen. Unterdessen ließ Oktavian Langeweile und das Gefühl des Unbefriedigtseins in seiner Truppe anwachsen, die in der glühenden Sommerhitze der Po-Ebene schmachtete. Er brauchte nicht zu befürchten, sie könnte sich gegen ihn wenden; sie hatten einen gemeinsamen Feind. Es war der Senat, der versucht hatte, die feierlich versprochenen Belohnungen zu reduzieren. Es war der Senat, der ihrem Feldherrn Ehrungen vorenthielt, auf die er wegen seiner bemerkenswerten Dienste für den Staat eigentlich Anpruch gehabt hätte. So war es der Senat, gegen den sich der aufgestaute Haß der Männer endlich entlud.

Im Juli sprach eine Delegation von 400 Centurionen im Senat vor und verlangte das Konsulat für Oktavian sowie die versprochenen Belohnungen für die Truppe. Als der Senat sich weigerte, gab einer der Delegierten eine kurze und drohende Antwort. Seinen Mantel zurückschlagend, deutete er auf sein Schwert und sagte: »Macht ihr ihn nicht zum Konsul, so macht es das hier.« Und so geschah es. Oktavian führte seine acht Legionen nach Süden, zum Rubikon. Dort teilte er seine Streitkräfte; mit ausgewählten Männern drang er in Eilmärschen vor, während der Rest langsam folgte. Unentschlossenheit lähmte die Regierung in Rom. Eine Delegation sollte

Oktavian in letzter Minute Konzessionen machen. Doch dann trafen zwei Legionen ein, nach der Belagerung von Mutina aus Afrika zurückgerufen, und stärkten die Hoffnung auf Widerstand in zwölfter Stunde. Auch war eine von Pansa neu aufgestellte Legion in der Nähe, und man hoffte, sie würde sich als regierungstreu erweisen. Eine Proklamation befahl, alle Männer im wehrfähigen Alter sollten zu den Waffen eilen. Doch diese Hoffnungen, kaum geweckt, wurden schnell zunichte gemacht. Oktavian, seiner Popularität in der Stadt sicher, rückte auf Rom vor, bis dicht an den Quirinal und ließ alles Volk wissen: Habt keine Furcht. Der Widerstand brach zusammen. Die drei Legionen liefen zu ihm über, nur ein Kommandeur nahm sich deswegen das Leben. Senatoren und Standespersonen eilten ehrerbietig dem Helden entgegen, der kein Blut vergossen hatte und sich der Stadt, nur von seiner Leibwache umgeben, näherte. Cicero hielt sich zurück, es wurmte ihn, »den Jüngling, den uns die göttliche Vorsehung zur Rettung des Staates gesandt hatte«, begrüßen zu müssen. Als er schließlich auftrat, bemerkte Oktavian bissig, Cicero scheine der letzte seiner Freunde zu sein, die ihn willkommen hießen.

Auf einmal waren all die verfassungsmäßigen und persönlichen Schwierigkeiten, die so lange die Wahl neuer Konsuln verhindert hatten, wie weggewischt. Oktavian hielt den Anschein einer legitimen Wahl aufrecht, indem er sich vor die Stadtmauern begab; ein militärischer Machthaber durfte die Stadt nicht betreten, ohne sein militärisches Amt niedergelegt zu haben. Als Kollegen wollte er keinen der in Mißkredit geratenen ruhmsüchtigen Konsulare, auch nicht seine Verwandten Philippus und Marcellus, und so ließ er seinen unbekannten Vetter Quintus Pedius zum Konsul wählen – zweifellos als Belohnung für geleistete Dienste. Es bestand keine Gefahr, daß Pedius versuchen würde, eine eigene Politik zu verfolgen. Am 19. August, fünf Wochen vor seinem 20. Geburtstag, zog Oktavian als Konsul in die Stadt ein. Man sagte, dabei seien zwölf Geier am Himmel erschienen – ein Zeichen, das auch dem Gründer Roms zuteil geworden war.

Oktavian bewog das Volk dazu, das lange aufgeschobene und von seinen Feinden so lange verschleppte Gesetz zu verabschieden, das seine Adoption endgültig bestätigte. Durch Pedius erließ er ein Gesetz zur Bildung eines Sondergerichts, das über die Mörder des Mannes urteilen sollte, den er nun mit Recht seinen Vater nennen konnte. Freunde und Schmeichler bezeigten ihm ihre Ergebenheit, indem sie über die abwesenden Verbrecher zu Gericht saßen. Die Umstände ließen keinen Zweifel am

Urteil zu; ein mutiger Mann stimmte allerdings für Freispruch. Oktavian bemächtigte sich auch des Staatsschatzes und zahlte seinen Männern die 2500 Denare aus, die ihnen auf Ciceros Antrag hin schon lange zustanden, von ihnen aber verärgert zurückgewiesen worden waren. Nun, von Oktavian kommend, war der Betrag ausreichend. Sie waren bereit, ihm wieder nach Norden zu folgen, um die Sache mit Antonius ins reine zu bringen.

Vielleicht hatte Oktavian bereits mit Antonius und Lepidus korrespondiert, obgleich es keiner Briefe bedurft hätte, um seine Absichten zu erläutern oder zu verdunkeln. Seine Weigerung, Antonius zu verfolgen und Decimus zu helfen, sprach für sich. In der Zwischenzeit hatte er auch nichts getan, was auf einen Meinungsumschwung hätte schließen lassen. So war das Volk von Rom auch gar nicht überrascht, daß es dem Konsul Pedius kurz nach der Abreise Oktavians gelang, dem Senat beizubringen, trotz und nach allem seien Antonius und Lepidus keine Staatsfeinde. Der Boden für eine Versöhnung zwischen den rivalisierenden caesarianischen Führern war vorbereitet — und diesmal auf soliderem Grund als bei der Scheinversöhnung im Oktober 44. Damals war Antonius Konsul gewesen und Oktavian ein rebellischer Bürger. Jetzt war Oktavian Konsul und Antonius Prokonsul an der Spitze einer mächtigen Armee. Damals besuchte Brutus philosophische Seminare in Athen, und Cassius wähnte man auf der Fahrt zu seiner ihm rechtmäßig zugesprochenen Provinz Kyrene. Jetzt waren sie die Beherrscher sämtlicher römischen Territorien östlich der Adria, und ihre vereinten Streitkräfte betrugen 17 Legionen — eine gewaltige Macht, aber nicht so gewaltig wie die vereinten Armeen Italiens und des Westens. Antonius und Brutus allein hätten sich vielleicht arrangiert, doch in Gegenwart von Caesars Erben war das undenkbar. Antonius hatte die Wahl, entweder die »Befreier« zu vernichten oder gegen Oktavian anzutreten. Das erste war von radikaler Gewalttätigkeit, das zweite riskant und ohne Gewinn — riskant, weil ihn wahrscheinlich viele seiner Männer verlassen würden, und ohne Gewinn, weil nach einem Waffengang der geschwächte Sieger den »Befreiern« zum Opfer fiele.

Lepidus scheint als Vermittler aufgetreten zu sein, und dieser Tätigkeit dürfte er seine Bedeutung verdanken, denn eine nennenswerte Hausmacht besaß er nicht. Es gab keinen persönlichen Groll zwischen Lepidus und Oktavian. Die Ereignisse im Oktober und November vorigen Jahres waren ihm nur vom Hörensagen bekannt. Bis Ende Mai, als er der Sache der Republik untreu wurde, hatte er offiziellen Anlaß gehabt, mit Oktavian in Verbindung zu bleiben. Die Verhandlungen wurden gemächlich vorbereitet. Erst spät im Oktober oder Anfang November fand das entscheidende Dreier-Treffen statt — auf einer kleinen Insel im Fluß Lavino in der Nähe von Bononia. Sorgfältig geplante Sicherheitsvorkehrungen wurden getroffen. Antonius und Oktavian stationierten je fünf Legionen an den gegenüberliegenden Ufern des Flusses und rückten mit Leibwachen von je 300 Mann auf den Brücken zu dem Inselchen vor. Lepidus ging voraus, erkundete die Insel und schwenkte dann seinen Mantel zum Zeichen, daß alles in Ordnung sei. Die anderen beiden folgten ihm und setzten sich im Angesicht aller Truppen nebeneinander, Oktavian als Konsul in der Mitte. Sie berieten zwei Tage lang und verkündeten dann den jubelnden Truppen ihre Einmütigkeit und ihre Entscheidungen.

Wie sie die künftige Ausübung despotischer Macht zu verschleiern beliebten, war neu — im Grunde eine gemeinsame Diktatur, dem Namen nach eine Kombination verschiedener republikanischer Herrschaftsformen. Sie wollten ein Triumvirat bilden, um den Staat in Ordnung zu bringen (*Tresviri Reipublicae Constituendae*), mit Konsulargewalt für fünf Jahre. Oktavian willigte ein, sein jüngst errungenes Konsulat niederzulegen — die Ehre, es bessesen zu haben, genügte ihm —, so daß Antonius damit seinen Gefolgsmann Ventidius für seine Treue belohnen konnte. Im Sinne der Machtausübung wurde das Konsulat wieder so bedeutungslos wie unter der Diktatur Caesars. Aber für diejenigen, die nicht die Herren der Welt sein wollten, war es immer noch ein begehrenswertes Amt — ein sichtbares Zeichen ihrer Verdienste und ein Maßstab, an dem gemessen sie als ebenso verdienstvoll wie ihre Ahnen oder noch verdienstvoller gelten durften. Die Triumvirn verteilten die Konsulate bis zum Jahre 40, wobei aus dem Kreis ihrer ältesten und wichtigsten Anhänger die Gefolgsleute des Antonius deutlich bevorzugt wurden. Sogar Lepidus, der unbedeutendste unter den dreien, erhielt ein zweites Konsulat, um seiner Eitelkeit zu schmeicheln. Von den andern konnte man Pollio, Lucius Antonius und vielleicht noch Plancus zu den Anhängern des Antonius zählen. Publius Servilius ging der Ehre, künftiger Schwiegervater Oktavians zu sein, wieder verlustig, weil man das Bündnis zwischen Antonius und Oktavian durch eine Ehe festigen zu müssen glaubte. Also wurde Oktavian mit Antonius' Stieftochter Clodia verlobt. Servilius wurde mit einem Konsulat im Jahre 41 entschädigt; bei seiner caesarianischen Vergangenheit und seinem jetzigen Ansehen konnte man ihn nicht übergehen. Aber ein eindeutiger Anhänger Oktavians war er sicherlich nicht. Der letzte der sechs war Gnaeus Domitius Calvinus, Konsul im Jahre 53, von Caesar damals zum »Reiteroberst«

vorgemerkt, wie Servilius ein Mitglied der republikanischen Aristokratie. Keine historische Quelle verrät uns, wo er seinerzeit stand. Das Schweigen Ciceros und dieses zweite Konsulat deuten vielleicht darauf hin, daß er für Oktavian gearbeitet hat; ganz sicher war er später auf dessen Seite.

Auch in den Vereinbarungen über die Kontrolle der Provinzen zeigte sich Oktavians verhältnismäßig schwache Stellung. Lepidus behielt die Provence und das diesseitige Spanien und erhielt außerdem Pollios Provinz, das jenseitige Spanien; Antonius beanspruchte beide Gallien; Oktavian mußte sich mit den unbedeutenden und immer noch unruhigen Provinzen Africa, Sizilien, Sardinien und Corsica begnügen. Quintus Cornificius, Gouverneur der alten Provinz Africa, hielt immer noch dem Senat die Treue und war mit Titus Sextus, dem caesarianischen Gouverneur der Neuen Provinz *, in einen Krieg verwickelt. Die Inseln wurden von Sextus Pompeius geplündert, der nach einem vorübergehenden Vergleich mit den Caesarianern wieder die Meere unsicher machte. Es war vorgesehen, daß die drei Männer ihre Provinzen durch Stellvertreter regieren ließen. Lepidus sollte als Konsul in Rom bleiben, während Antonius und Oktavian den nun erklärten Krieg gegen die Geächteten, Brutus und Cassius, zu führen hatten.

So anmaßend das alles war – es war vertretbar, im Gegensatz zu dem, was nun folgte. Die Triumvirn waren völlig von ihren Veteranen abhängig – man konnte fast sagen, die Veteranen hatten das Triumvirat geschaffen. Es war unumgänglich, sie großzügig zu versorgen, damit sie gute Arbeit leisteten und sich demnächst ohne Skrupel gegen ihre Mitbürger stellen konnten. Für Landzuweisungen war aber kein Staatsgrund mehr da – Antonius hatte ihn bis auf den letzten Zipfel verteilt. Also bestimmte man 18 der reichsten Städte Italiens zu Kolonien für die Veteranen im Falle ihres Sieges. – Übrigens war der Reichtum nicht das einzige Kriterium, manche Gebiete Italiens hatten sich im mutinischen Krieg wesentlich patriotischer verhalten als andere. – In einer philosophischen Abhandlung, die Cicero Anfang des Jahres geschrieben hatte, verteidigte er leidenschaftlich das Recht auf Privatbesitz. Das war prophetisch. Durch Edikt verfügten die Triumvirn die Enteignung des Grundbesitzes mit dem besten Boden des Landes und dessen Aufteilung an die groben Bauern, deren Vorfahren Rom seine Größe verdankte und die nun endlich ihre Belohnung witterten. Dieser Bürgerkrieg war in Wirklichkeit ein Krieg von arm gegen reich, was aber hinter dem Gewirr wechselnder persön-

* Africa Nova (Numidia).

licher Rivalitäten und den politischen Phrasen verborgen blieb; den Betroffenen selbst war das gar nicht klar. Rhegium und Vibo im tiefen Süden, Venusia im hügeligen Apulien, Beneventum, Nuceria und das alte Capua in Kampanien und Ariminum an der Adria waren einige der unglücklichen Städte, die wie Kriegsbeute behandelt werden sollten. Italien hatte sich gegen sich selbst gewandt.

Schließlich war da noch etwas, was man den Truppen nicht bekanntgegeben hatte: die Liste der Proskribierten. Hier ging es nur noch um Einzelpersonen, nicht um politische Prinzipien, sobald sich die Triumvirn im Grundsatz geeinigt hatten, ihre Feinde zu vertreiben. Ein Mann, der proskribiert worden war, konnte ins Exil fliehen, sonst war ihm, bei den ausgesetzten Kopfprämien, der Tod so gut wie sicher. Sein Besitz wurde beschlagnahmt und ging in das Eigentum des Staates über. Die Proskription hatte somit zwei Ziele: politische Gegner zu eliminieren und gleichzeitig die Staatskasse aufzufüllen. Das letzte war diesmal das Hauptmotiv. Oktavian hatte im August die Staatskasse geleert. Die Legionen mußten verpflegt und bezahlt werden; Italien und die Westprovinzen brachten aber nur ein Viertel des normalen Steueraufkommens des ganzen Reichs. Durch die Proskriptionen sollten die Beträge ersetzt werden, die im Augenblick in die Taschen von Brutus und Cassius flossen. 100 bis 300 Senatoren wurden proskribiert, die Zahl der reichen Kaufleute und Grundbesitzer in allen Gegenden Italiens war noch höher. Man merkt auch, daß dabei alte Rechnungen beglichen wurden – besonders deutlich ist das im Falle Ciceros, der Antonius geopfert wurde. Antonius seinerseits ließ seinen Onkel Lucius Caesar, Lepidus seinen Bruder Paullus auf die Liste setzen. Das sind berühmte Beispiele für die Grausamkeit der Triumvirn – aber Cicero hätte entrinnen können; den beiden andern gelang die Flucht.

Nachdem der Pakt geschlossen und Einigkeit über alle Maßnahmen erzielt worden war, reisten die Triumvirn nach Rom. Zuerst betrat Oktavian die Stadt, dann folgten jeweils einen Tag später Antonius und Lepidus, jeder mit seiner Prätorianer-Kohorte und einer Legion. Ein Tribun, Publius Titius, beantragte sofort ein Gesetz, das den dreien alle Macht zuerkannte, die sie sich bereits angeeignet hatten. Es wurde, ohne Rücksicht auf verfassungsmäßige Formalitäten, sofort in Kraft gesetzt. So entstand das Triumvirat, mit einem schwachen Schimmer von Legalität, am 27. November. Appian zufolge starb Pedius unter dem Druck innerer Qualen, als er die vorläufige Liste einiger Proskribierten bekanntgeben mußte und gleichzeitig bemüht war, eine allgemeine Panik zu verhindern.

Die Triumvirn ersetzten ihn durch einen von Caesars Beamten, einen gewissen Gaius Carrinas, der weder auf politische Fähigkeiten noch auf persönlichen Einfluß Anspruch erheben konnte. Er war umbrischer oder etruskischer Herkunft, sein Vater war einer der Unterfeldherrn von Marius gewesen, in jenem früheren Bürgerkrieg, in dem Sulla über eben die Interessen blutig triumphiert hatte, die Oktavian heute vertrat. Es paßte zum Bild, daß Carrinas jetzt über die Proskriptionen wachen sollte, die an jene des Sulla erinnerten.

KAPITEL SIEBEN

Das Ende der Republik

Die Bildung des Triumvirats bedeutete das Ende der Senatsherrschaft in Rom. Selbst ein Brutus konnte diese Tatsache nicht übersehen. Antonius und Oktavian hatten beide dem Senat getrotzt und blieben Sieger. Wie der bevorstehende Kampf gegen Brutus und Cassius auch ausgehen mochte – die althergebrachte Regierungsform konnte ohne einschneidende Änderungen nicht fortbestehen. Der Staat wand sich in den Krämpfen einer Revolution, deren Ursachen folgenschwerer waren als der rücksichtslose Ehrgeiz einiger weniger. Es gab keinen Weg zurück. Die Attentäter mit ihren Dolchen hatten nicht die Befreiung von der Tyrannei erreicht; sie hatten nur eine neue Art von Despotismus geschaffen, die von den Schrecken des Bürgerkriegs begleitet war. Wer auch am Ende Sieger blieb – die Städte Italiens waren jedenfalls die Verlierer; die Soldaten der »Befreier« würden sich kaum mit weniger abfinden als dem, was den Soldaten der Triumvirn versprochen worden war.

An der Oberfläche verliefen die Demarkationslinien der Revolution im Augenblick ganz eindeutig. Hier Caesars Erbe und Caesars Feldherrn, dort Caesars Mörder. Ihr Feldgeschrei »Rache« und »Freiheit« – gehaltlos beides und beides hinter dem überkommenen Wortschatz der Moral die wesentliche Frage verdeckend, um die es eigentlich ging: Sollten Italien und die Mittelmeer-Länder von einer kleinen, durch Inzucht verbundenen Clique altehrwürdiger und reicher Familien beherrscht bleiben, die den Ämterbesitz für wichtiger hielten als die Art der Amtsausübung – oder sollte die Regierung, zumindest teilweise, den Geschäftsleuten, Händlern, Handwerkern, Bankiers, kleinen Landadeligen und Landstelleneignern Italiens verantwortlich sein und von ihnen mit verantwortet werden?

Daß es um diese Frage ging, war damals nicht erkennbar, und so formuliert hätten sie die Gegenspieler auch gar nicht verstanden. Personen bestimmten die römische Politik, nicht Theorien oder Programme. Daher auch die klare Abgrenzung zwischen Caesarianern und Pompejanern, unabhängig davon, daß die Karriere des Pompeius mit verfassungswidriger Gewaltanwendung begann, während Caesar bis zu seinem Konsulat seine relativ weiße Weste behielt. Entscheidend war letztlich, daß Pompeius zum Schluß der Senats-Oligarchie huldigte, während Caesar sich ihr widersetzte.

Der jetzige Kampf schien wie eine Neuinszenierung des damaligen Gegensatzes. Oktavian und Antonius befanden sich in völliger Übereinstimmung. Oktavians Beitrag war der immer noch glanzvoll strahlende Name Caesars, der die Rechtsgültigkeit seines Verlangens, Rache für Caesars Ermordung zu nehmen, klar verbürgte; Antonius war als kriegserprobter Feldherr, erfahrener Organisator und Verwaltungsfachmann hohen Ranges bekannt. Solange sie das gleiche Ziel hatten und von ihren Gegnern gleicherweise bedroht waren, würde das Bündnis, zu beider Vorteil geschlossen, intakt bleiben. Die Proskriptionen wirkten ebenfalls als Klammer. Jeder der Triumvirn hatte sich durch das Dekret verhaßt gemacht, und dabei spielte es gar keine Rolle, wen man für welche Namen auf der Liste verantwortlich glaubte.

Die Proskriptionen, das erste Werk des Triumvirats, das auch den größten Abscheu erregte, waren im Ergebnis nicht so schrecklich, wie uns spätere Berichte vermuten lassen. Man hat ganz richtig bemerkt, die alten Darstellungen der Proskriptionen »ersetzten den Römern für lange Zeit die Romane«. Appian erzählt von Heldentaten, Verrat, glücklicher Rettung und Vergeltung: gerettete Männer, als Köhler verkleidet, in Kloaken untergetaucht, am hellichten Tage auf der Landstraße von ihren früheren Centurionen erkannt; Frauen, die ihre Männer in Wäschestücke wickelten, Schiffe für deren Flucht mieteten oder sie freikauften, indem sie sich Antonius anboten. Ganz offensichtlich konnte eine große Zahl der Proskribierten entkommen – was auch tatsächlich im Interesse der Triumvirn gewesen sein muß. Der abgelieferte Kopf eines Proskribierten brachte einem Freien 25 000, einem Sklaven 10 000 Denare.

Am bekanntesten ist der Mord an Cicero; seine eigene Unschlüssigkeit machte ihn erst möglich. Mit einem kleinen Boot stach er in See, wurde aber dann seekrank und ließ wieder bei Caieta anlegen, wo er eine Villa besaß. Dort legte er sich unbedacht zur Ruhe. Ein Trupp Soldaten auf der Suche nach ihm fand ihn natürlich. Er war schon wieder außerhalb des Hauses, in einer von Sklaven getragenen Sänfte; in einem Wäldchen wurde er alsbald gestellt. Tapfer empfing er den Tod, seinen philosophischen Idealen getreu. Pollio gab später ein treffendes Urteil ab, das Ciceros Handlungen während seiner letzten 15 Monate verzeihlich erscheinen läßt: »Da kein Sterblicher vollkommen ist, müssen wir den Menschen nach den Zielen beurteilen, denen er sein Leben und seine Geistesgaben vor allem widmete.«

Eines der beiden Ziele der Proskriptionen wurde erreicht, fast notwendigerweise angesichts des Jagdeifers der Soldateska, Menschen zur Strecke zu bringen, deren vielleicht nicht handgreifliche, aber doch geistige Mitschuld an Caesars Tod ihnen angedeutet worden war. Die Proskriptionen räumten in Italien unter denen auf, die erwiesenermaßen anderer Meinung waren als die Triumvirn, und sie haben sicherlich viele Nicht-Proskribierte, aber Verdächtige, gleichfalls zur Flucht bewogen. Caesars Politik der Schonung zu übernehmen, war für Männer geringeren Formats viel zu gefährlich — und unergiebig außerdem.

Das andere Ziel, nämlich die Beschaffung des dringend benötigten Geldes, wurde nur teilweise erreicht. Sicher, der befristete Terror brachte Loyalitätserklärungen hervor wie das Standbild, das die Einwohner von Saticula in Samnium errichteten — das ohne zusätzliche Geldspende allerdings nicht sehr überzeugend wirkte. Andererseits bestand der Reichtum der Proskribierten zumeist aus Grund und Boden oder sonst aus Werten, die leicht zu verstecken oder außer Landes zu bringen waren. Die Güter mußten erst einmal in Bargeld verwandelt werden, um den Triumvirn Nutzen zu bringen. Wieder einmal erlebte Rom das deprimierende Schauspiel, wie große Güter versteigert und zu Schleuderpreisen aufgekauft wurden: von erfolgreichen Parvenüs, fremdstämmigen Freigelassenen, unrühmlichen Mitläufern der siegreichen Partei. Das Vertrauen der Öffentlichkeit war geschwunden, das Geld war knapp. Land — das war eine riskante Geldanlage; bald wollten Veteranen angesiedelt sein, und nach einem Sieg von Brutus und Cassius würde Land mit Sicherheit erneut beschlagnahmt werden. Nur Anhänger der Triumvirn, die spekulieren wollten, traten als Kunden auf. Alles in allem, die Verkäufe blieben hinter den Erwartungen zurück. Appian rechnet mit einer Mindereinnahme von 200 Millionen Denaren.

Die unausweichliche Folge war höhere Besteuerung. Hausbesitzer hatten den Mietzins eines Jahres für vermietete Wohnungen abzuführen und die Halbjahresmiete für Wohnungen, die sie selbst benutzten. Landbesitzer zahlten die Hälfte ihres Jahreseinkommens. Wer mehr als 100 000 Denare besaß, mußte 2 % seines Kapitals, sicherlich zu niedrigen Zinsen, dem Staat leihen. Sklavenbesitzer bezahlten 25 Denare pro Sklaven. Sogar reiche Frauen, die normalerweise ausgenommen waren, mußten zahlen. Soldaten wurden im ganzen Lande einquartiert; die Quartiergeber gingen leer aus. Der Bürgerkrieg sorgte tatsächlich für einen Ausgleich in der ungerechten Vermögensverteilung in Italien.

Als ob man dieser Entwicklung nun auch noch göttlichen Segen hätte verschaffen wollen, wurde am Neujahrstag Julius Caesar zum Gott erklärt. Plancus und Lepidus feierten ihre Triumphe in den letzten Dezembertagen, in erster Linie über die gallischen Barbaren. Aber beide hatten zugelassen, daß ihre Brüder proskribiert wurden, und eben von diesem »Sieg« sangen die Soldaten *(De germanis, non de Gallis, duo triumphant consules*)*. Das Konsulat dieses groteskerweise zusammengespannten Paares begann mit der Verabschiedung der Ehren, die dem neuen Gott angemessen waren. Der Tribun Rufrenus, einer der Agitatoren des Antonius im Lager des Lepidus bei Forum Julii, beantragte, immer noch der großen Sache dienend, daß Caesars Büste in allen Stadtgemeinden Italiens aufzustellen sei. Der wirkliche Nutznießer davon war Oktavian. Sein offizielles Namensverzeichnis wurde ergänzt durch »Sohn des göttlichen Julius«. Seine zwei Kollegen wollten ihm in diesem übermenschlichen Bereich so wenig wie möglich nachstehen und veranlaßten die Prägung ihrer Porträts auf den Münzen des Staates – eine Ehre, die außer Caesar bisher kein Römer zu seinen Lebzeiten erstrebt hatte. Im griechischen Osten war es das Zeichen der Königswürde. Der alte etruskische Seher, der ein Jahr zuvor die Rückkehr der Monarchie in Rom vorausgesagt hatte, behielt recht.

Bevor sich die Triumvirn Brutus und Cassius zuwandten, versuchten sie noch schnell, Sextus Pompeius niederzuschlagen. Nach dem Zusammenbruch der republikanischen Armeen im Spätsommer des vorigen Jahres war Sextus mit seiner Flotte aufgebrochen und auf Sizilien gelandet. Natürlich war auch er proskribiert, aber das hinderte ihn nicht, zunächst im Westen der Insel einen Brückenkopf bei Lilybaeum und dann ganz Sizilien zu besetzen. Die opportunistische Einstellung des Insel-Gouverneurs, Pompeius Bithynicus, erlaubte es ihm, sich mit Sextus zu versöhnen; zwei Männer aus der Menge der inzwischen zu Sextus

* »Über Verwandte, nicht über Gallier, triumphieren zwei Konsuln.«

geflohenen Proskribierten setzten das ins Werk. Sextus war also in den ersten Monaten des Jahres 42 unbestrittener Herr Siziliens – eine Bedrohung der italischen Küsten und willkommene Zuflucht für die Feinde der Triumvirn. Seine Flotte war stark, sie stand unter dem Befehl griechischer Freigelassener – alles bewährte und erfahrene Seefahrer. Mit seinen Landstreitkräften konnte er die Insel ohne weiteres halten. Er sicherte seine Herrschaft, indem er in Syrakus und Panormus in neuerrichteten Siedlungen die Spanier unterbrachte, die ihn in Spanien schon so wacker unterstützt und nun nach Sizilien begleitet hatten. Aber er war auf diese Griechen und Spanier nicht ausschließlich angewiesen. Römische Stabsoffiziere waren ihm von Spanien hierher gefolgt – wie sein Quästor Lucius Appuleius Decianus –, und sein Anspruch, die Republik zu vertreten, wurde täglich überzeugender, da Proskriptionsverfolgte und Freiwillige aus den 18 vorgemerkten Städten den Weg zu ihm fanden. Außerdem war Oktavian lediglich der Adoptivsohn Caesars, und das auch erst nach Caesars Tod, Sextus aber leibhaftig der Sohn von Pompeius. Zwischen ihm und Oktavian konnte es nie Frieden geben.

Salvidienus wurde im Frühsommer des Jahres 42 entsandt, um Sextus unschädlich zu machen. Sextus segelte ihm mit einer ansehnlichen Flotte entgegen und begegnete ihm an der nördlichen Einfahrt zur Straße von Messina, vor Kap Scyllaeum. Die großen und schwerfälligen Schiffe des Salvidienus, für Enter-Ausfälle gebaut, waren in der kabbeligen See, die die wilden Strömungen aufrührten, den leichteren Fahrzeugen des Sextus mit seinen besser ausgebildeten Mannschaften hoffnungslos unterlegen. Da Sextus aber nicht in der Lage war, die schlingernden Kolosse des Feindes zu zerstören, zog sich Salvidienus in den Hafen Balarus zurück, wo er die angeschlagene Flotte reparieren ließ. Nun kam Oktavian an. Nach seiner Überlandreise hatte er es an der Küste für nützlich erachtet, den Einwohnern von Vibo und Rhegium zu versprechen, ihre Städte von der Liste der für die Veteranen vorgemerkten Orte zu streichen. Den Angriff gegen Sextus konnte er dann doch nicht führen. Antonius, jetzt in Brundisium, schickte ihm eine dringende Botschaft: Für das Treffen mit den »Befreiern« werde das ganze Heer über die Adria transportiert; da brauche er Hilfe.

Während Oktavians Staatsstreich und das Triumvirat die Politik Ciceros zunichte gemacht und die letzten Spuren der Senatshoheit weggefegt hatten, blieben Brutus und Cassius weiterhin vom Glück begünstigt. Der Hauptgegner des Cassius war Dolabella, der nach dem »glorreichen« Ausfall gegen Trebonius in Smyrna nicht länger in Asia verweilte, sondern eine zweite Legion aufstellte und quer durch Kilikien nach Syrien marschierte. Außer den zwei Legionen hatte er ein paar rhodische Schiffe und hoffte auf Transporter aus Lykien. Mit alledem stand er den elf Legionen und der Flotte des Cassius gegenüber. Realistische Berechnung war Dolabellas Stärke nie gewesen. Es war Wahnsinn zu glauben, damit könnte er gewinnen — aber vielleicht rechnete er mit den vier, schon desertierten Legionen des Allienus. Lentulus Spinther, Quästor des Trebonius, besiegte den »Gouverneur«, den Dolabella in Asia eingesetzt hatte und überfiel dessen Schiffe aus dem Hinterhalt. Die Städte Syriens empfingen Dolabella nicht mit überschäumender Begeisterung, und die Rhodier, wegen ihrer Marine berühmt, überließen ihm nur eine symbolische Seestreitmacht. Er suchte Zuflucht im Hafen von Laodikeia, aber den Einwohnern blieben die Schrecken einer lange dauernden Blockade erspart; Cassius bestach die Führer der Wachen, die ihm die Tore öffneten. Dolabella wählte den Freitod, er ließ sich von einem Sklaven den Kopf abschlagen. Das geschah Ende Juli. Cassius gab dem Osten einen Vorgeschmack auf seine späteren Vergeltungsmaßnahmen, als er die ungeheure Summe von 1500 Talenten von der Stadt Tarsos forderte, weil sie Dolabella aufgenommen hatte; er lenkte erst ein, als freigeborene Bürger deswegen in die Sklaverei verkauft werden mußten. Als nächstes beabsichtigte er, nach Ägypten überzusetzen; er hatte gehört, Kleopatra wolle Antonius und Oktavian Hilfe schicken. Aber Brutus teilte ihm mit, ihre Feinde seien schon dabei, die Adria zu überqueren, und gegen Jahresende trafen sich beide in Smyrna zu einer Besprechung.

Brutus war in den vorhergegangenen Monaten ebenso tatkräftig und erfolgreich gewesen wie Cassius. Den April hindurch hatte er in Dyrrhachion abgewartet, begierig auf Nachrichten aus Mutina. Im Mai marschierte er nach Apollonia im Süden und folgte dann der Via Egnatia, die hoch über die albanischen Berge und um den Ochrida-See führte, bevor sie ins untere Wardar-Tal einmündete — eine Route von Italien über Makedonien zum Hellespont, für die keine Macht vor oder nach Rom je Verwendung gehabt hat. Cicero beschwor ihn damals in vielen Briefen, zur Rettung der Republik zurückzueilen, aber Brutus zog es vor, seinem eigenen Urteil über Oktavian zu vertrauen, den er Octavius und, verächtlich, »Deinen Caesar« nannte. Nach seiner Ansicht lag die Rettung in dem an Hilfsquellen reichen Osten, aber nicht in der Anhäufung ehrender Anerkennungen dort, wo sie nichts nützten. Der junge Marcus Cicero, der Sohn des Redners, einer der ersten, die in Athen zu ihm gestoßen waren, brachte ihm eine Abteilung Reiter. Nach einer Truppenbesichtigung seiner jetzt sieben bis acht Legionen in Abdera setzte er nach Asia über, wo er von den Städten und Dynasten des Gebiets Loyalitätserklärungen erwartete und erhielt. Die Männer von Pergamon boten ihm die stattliche Summe von 200 Talenten an, in der Hoffnung, sich dadurch freizukaufen von weiteren Kontributionen für einen Krieg, der ihnen herzlich gleichgültig war. Anders dachte König Deiotarus von Galatia; er sandte Truppen. Einst war er gezwungen worden, Caesar um Gnade anzuflehen.

Asia war gesichert. Brutus wandte sich sofort der nächstwichtigen Aufgabe zu, sein voraussichtliches Etappengebiet mit dem Hauptnachschubweg zu schützen, für den Fall, daß es zum Kampfe mit einer von Italien übersetzenden Armee der Caesarianer käme. Thrakien war eine schwierige, gebirgsreiche Region unter der Herrschaft schwieriger und ränkereicher Fürsten. Es war wichtig, sie zur Einsicht zu bringen, daß eine Zusammenarbeit mit seinen Feinden keinerlei Gewinn brächte. Mit Hilfe einer Strafexpedition gegen einen widerspenstigen Stamm machte er das sehr deutlich. Dabei erzielte er einen so überzeugenden Sieg, daß die begeisterten Truppen ihn als »Imperator« grüßten. Brutus war über diesen Titel erfreut, so unverdient er auch oft verliehen wurde. Auf den Münzen, die er prägen ließ, wurde »Proconsul« sofort durch »Imperator« ersetzt. Oktavian, Antonius, Lepidus, Plancus, Decimus Brutus — alle hatten den Titel. Wenn man gezwungen war, Neutrale für sich zu gewinnen und Schwankenden Halt zu geben, genügte es nicht, an Patriotismus oder Ideale zu appellieren. Um als vertrauenswürdiger Führer zu erscheinen, mußte man seine militärischen Fähigkeiten auch bewiesen haben. Die Soldaten folgten nicht gern einem inkompetenten Feldherrn, wie lobenswert seine Beweggründe und wie edel sein Charakter auch waren.

Nach diesem Feldzug und der befriedigenden Kampfbewährung seiner neuen Truppen eilte Brutus Ende August zum Hellespont zurück. Dort erfuhr er von Oktavians Marsch auf Rom und wie er das Konsulat erzwungen und die gesetzliche Verurteilung der Mörder Caesars durchgesetzt hatte. Die Nachrichten bestätigten seine düstersten Prophezeiungen. Damit schwand die letzte Hoffnung auf einen Kompromiß. Er fuhr nach Asia zurück und besuchte alle Städte, die mit so erfreulichem Eifer vor ein paar Monaten Versprechungen gemacht hatten; diese in Bargeld umzumünzen, ließ er sich mit aller Energie jetzt angelegen sein. Drei Monate später erhielt er die Nachricht von der Bildung des Triumvirats.

Zu diesem Zeitpunkt traf er sich mit Cassius in Smyrna, um Kriegsrat zu halten. In dieser Jahreszeit und angesichts der gegnerischen Stärke war eine Invasion Italiens ausgeschlossen. Brutus befürwortete einen sofortigen Aufbruch nach Makedonien, aber Cassius wandte ein, es sei jetzt wichtiger, Truppen und Hilfsmittel dort auf- und auszubauen, wo sie ohnehin stark wären. Vor allem brauchten sie Geld, und um es zu bekommen, schreckten sie vor nichts zurück. Selbst loyale, an sich gutwillige Verbündete wurden grausam ausgenutzt. Die beklagenswerten Städte von Asia Minor hatten sich von dem Einfall des Mithridates eine Generation zuvor und den furchtbaren Kriegsentschädigungen, die Rom hinterher forderte, gerade erholt. Aber das schützte sie nicht vor neuen Auflagen der »Befreier«; sie mußten jetzt in zwei Jahren den Tribut entrichten, den sie normalerweise in zehn Jahren gezahlt hätten. Auch reichere Opfer waren zur Hand. Der Wohlstand von Lykien und Rhodos war noch unangetastet – und beide hatten Dolabella Schiffe überlassen. Was machte es da aus, daß es nur symbolische Verstärkungen waren, ausgesandt in Unkenntnis der sich vollziehenden Kräfteverschiebung? Brutus ließ die falsch beratenen Lykier die römische Peitsche spüren. Cassius nahm sich Rhodos vor.

Als die Rhodier unter dem Vorwand mangelnder Instruktionen des Senats den Beistand verweigerten, beschloß Cassius, sie mit Gewalt niederzuzwingen. Er besiegte sie zur See und belagerte dann die Stadt. Die Rhodier leisteten tapfer Widerstand, aber Verrat – oder ein kluger Ratgeber – gaben den Ausschlag. Cassius wurde mit einem ausgesuchten Trupp in die Stadt eingelassen; dort brach er den Widerstand, bestrafte die Anführer mit Tod oder Verbannung und widmete sich sodann dem eigentlichen Ziel: der Geldbeschaffung. Appians Bericht über Cassius' Attacke auf Rhodos könnte vermuten lassen, die Rhodier hätten Oktavian und Antonius zugeneigt. Aber sie hatten immer, solange es möglich war, die Unabhängigkeit erstrebt. Ihr Verbrechen in diesem Augenblick war nur ihr Wunsch nach Neutralität, nach Vermeidung jeder Stellungnahme, bis man klarer sehen würde. Zu schwach, das durchzustehen, mußten sie unglücklicherweise dafür zahlen, daß sie zu reich waren. Cassius brauchte Geld und Schiffe – sie hatten beides. Nahm er nicht beides, nahmen es vielleicht seine Feinde. So kam es, daß der Tyrannenmörder sich gezwungen fühlte, eine berühmte und unschuldige Stadt zu überfallen, die Heimat seines früheren Erziehers und einen der ältesten Bündnispartner Roms. Nach dem Sieg plünderte er die Tempel und behördlichen Schatzkammern, nötigte den Einwohnern alles Gold und Silber ab, das er bekommen konnte, und wie um den Zynismus auf die Spitze zu treiben, verwandelte er einen Teil des Silbers in Münzen mit dem Bildnis der Göttin der Freiheit.

Cassius ließ eine römische Kolonie zurück, die für die Loyalität der Insel zu sorgen hatte. Es waren wohl im wesentlichen ältere Soldaten, nützlicher im Etappendienst als an der Front. Aber warum machte sich Cassius die Mühe, eine regelrechte Kolonie im juristischen Sinne zu gründen? Die Antwort: Rhodos war kein Einzelfall. Brutus und Cassius und ihre Unterfeldherrn gründeten in der gleichen Zeit noch andere Kolonien im östlichen Mittelmeerraum. Sie dienten nicht einfach, nicht einmal hauptsächlich, militärischen Zwecken. Die kolonisierten Veteranen hatten im Grunde die gleichen Interessen wie ihre Kameraden, um deren Gefolgschaft sich sowohl Oktavian wie Antonius einzeln beworben hatten. Die »Befreier« mußten auf alle Fälle sicherstellen, daß ihren Soldaten durch die Wiederherstellung der Republik und die Beseitigung des Mannes, von dem sie Belohnungen erwartet hatten, kein Nachteil erwuchs. Caesar hatte in den Ost-Provinzen früher schon Veteranen-Kolonien gegründet. Für Brutus und Cassius war es lebenswichtig zu beweisen, daß sie als Patrone ebenso mächtig waren wie irgendeiner im gegnerischen Lager; nicht nur Caesars Erben konnten neue Städte zum Nutzen ihrer Gefolgsleute gründen. So entstanden Kolonien in Makedonien unter Aufsicht von Quintus Hortensius Hortalus und in der Cyrenaica unter Publius Cosconius im Auftrage von Brutus oder Cassius. Neugeprägte Münzen zu Ehren dieser Gründungen waren handgreifliche Zeichen der Macht, der Rechtmäßigkeit und Handlungsfähigkeit der beiden Oberbefehlshaber; ebenso erinnerten die im Umlauf befindlichen Silberstücke mit ihren Symbolen und Aufschriften an die Machtansprüche und vorgeblichen Ideale der selbsternannten Herrscher über die Ost-Provinzen.

Während die »Befreier« ihren Titel ostwärts der Ägäis Lügen straften, hatten die Triumvirn ihre Armee in Brundisium schon verladen. Den Hafen blockierte Lucius Staius Murcus. Ursprünglich hatte ihn Cassius in Tainaron an der Südspitze der Peloponnes stationiert, um Kleopatra und ihre Flotte daran zu hindern, sich mit Oktavian und Antonius in

Brundisium zu vereinigen. Aber die Königin geriet in einen Sturm, und ihre Schiffe zerschellten an der afrikanischen Küste, und somit fühlte sich Murcus frei, den Triumvirn entgegenzutreten. Antonius mußte notgedrungen auf starken Westwind warten, der seinen Transportschiffen die Umgehung von Murcus' Flotte möglich machen würde. Dann kam Oktavian an, dem es nicht gelungen war, Sextus zu besiegen, und so verstärkt gelang dem Hauptteil der Truppen einschließlich der beiden Armeeführer die Überfahrt.

Sextus glänzte durch Abwesenheit. Seine und Murcus' Flotte zusammen hätten den Caesarianern den Mut nehmen können, die Invasion überhaupt zu wagen. Aber das war nicht das erste Mal, daß Sextus unwillens war, andern zu helfen, solange er sich selber in Sicherheit befand. Nachdem die Invasoren die makedonische Küste erreicht hatten, wurden ihre rückwärtigen Verbindungen allerdings unterbrochen. Gnaeus Domitius Ahenobarbus eilte mit dem Hauptteil der Flotte des Brutus und Cassius herbei, um Murcus zu verstärken; die beiden kontrollierten die ganze Adria. Für das caesarianische Heer gab es keinen Rückweg mehr.

Oktavian blieb krank in Dyrrhachion zurück, während Antonius das Heer über die Berge in die fruchtbaren Ebenen Makedoniens führte. Hatte er mit seinen Einheiten die Spitze des Golfs von Saloniki erst einmal erreicht, konnten ihm seine Feinde Griechenland nicht mehr streitig machen, und eine Einkesselung von Süden her war ausgeschlossen. Er sandte Gaius Norbanus und den verläßlichen Lucius Decidius Saxa voraus, um die Küstenstraße zu sichern. Nicht weit von Philippi bezogen sie Posten und erwarteten die Streitkräfte der »Befreier«, die sich im Sommer in Sardes versammelt und im August oder September den Hellespont überquert hatten. Brutus und Cassius suchten keine übereilte Feindberührung. Andererseits mußten sie die caesarianische Armee daran hindern, in Asia einzufallen. Je länger sie die Blockade aufrechterhalten konnten, um so größer ihre Chance, den Feldzug in den Winter hinein zu verlängern, ohne sich einer Entscheidungsschlacht stellen zu müssen, während die Caesarianer, ohne die Möglichkeit weiteren Vormarsches und bei gesperrtem Seeweg, ihre Vorräte aufbrauchen würden und auf die karge Versorgung aus griechischen und makedonischen Hilfsquellen angewiesen wären.

Der Feldzug von Philippi fing für die »Befreier« recht gut an. Sie umgingen Norbanus und Saxa, schlugen eine vorgeschobene Garnison in die Flucht und bezogen, zurückkehrend, eine starke Stellung beiderseits der Via Egnatia. Brutus übernahm den rechten Flügel, von den Bergen gedeckt, Cassius den linken, am Rande von Sümpfen. Vorausgesetzt, die Soldaten blieben ihnen treu — denn es waren Männer dabei, die unter Caesar gedient hatten —, konnten sie einfach nicht besiegt werden, außer in offener Schlacht. Denn zum Kriegführen im Altertum gehörten zwei. Eine Seite mochte den Kampf anbieten — wenn die andere, in guter Position befindlich, ablehnte, geschah gar nichts. 1500 Denare pro Mann und die Verheißung auf mehr sorgten für den richtigen Geist in der Truppe. Im übrigen bauten Brutus und Cassius systematisch ihre gemeinsame Hauptkampflinie aus. Unterdessen führte Antonius seine Streitmacht nahe heran und biwakierte ihnen gegenüber. Gegenseitige Ausfälle fanden statt, aber für geraume Zeit konnte Antonius seine Gegner nicht dazu bringen, sich zu stellen. Daraufhin arbeitete er sich allmählich durch das Sumpfland vor, Cassius südlich umgehend, und erzwang damit am 23. Oktober die erste, unentschiedene Schlacht. Brutus hatte mit seinem rechten Flügel einen phantastischen Erfolg — er überrannte das Lager Oktavians. Trotz seiner Krankheit war Oktavian aufgestanden, um seinen anteiligen Pflichten als Oberbefehlshaber zu genügen; er muß sich auch gesagt haben, daß er es sich nicht erlauben könne, einen Sieg nicht wahrzunehmen. Aber im Lager war keine Spur von ihm zu finden. Man sagte, er hätte sich im Sumpf versteckt, als Brutus' Soldaten sein Hauptquartier plünderten. Auf dem anderen Flügel war es genau umgekehrt. Das Schlachtenglück begünstigte Antonius' Männer, die das Lager des Cassius stürmten. Im Glauben, auch Brutus wäre besiegt, stürzte sich Cassius in sein Schwert.

Für die »Befreier« war sein Tod eine Tragödie. Trotz seines verkrampften und grüblerischen Wesens, ohne die Zugänglichkeit und die spürbare Aura der Redlichkeit, die Brutus besaß — er war der Feldherr. Sein unnötiger Selbstmord ließ die Zuversicht im republikanischen Lager schwinden, obwohl die Schlacht die strategische Lage nicht verändert hatte und Brutus immer noch im Vorteil war. Offiziere und Mannschaften wurden allmählich ungeduldig. Ein Spiel, bei dem man dauernd abwarten muß, ist schwer zu spielen. Die unzuverlässigeren Hilfstruppen machten sich mit ihren »erlauchten« Anführern unauffällig davon, eine Rückversicherung schien jetzt nicht mehr nötig. Die Caesarianer verhöhnten die Gegner ob ihrer Feigheit, und daraufhin hatte Brutus Mühe, seine Männer zurückzuhalten. Schließlich gab er nach, als es überhaupt nicht notwendig war. Jeder Tag, der verging, vergrößerte die Nachschub-Schwierigkeiten der Caesarianer; Antonius hätte notgedrungen eine Legion nach Griechenland entsenden müssen, um die wichtigsten Vorräte dort zu holen. Außerdem: die Flotte des Domitius Calvinus mit zwei dringend benötigten Legionen zur Verstärkung der Caesarianer bei Philippi an Bord, wurde von Ahenobarbus und Murcus im Ionischen Meer abgefangen und vernichtet.

Die zweite Schlacht fand etwa drei Wochen nach der ersten statt. Es war ein harter, mörderischer Kampf, bis die Republikaner sich ergaben. Brutus gab sich den Tod – und besiegelte damit das Ende einer Republik, deren Anfang einst einer seiner Vorfahren feierlich verkündet hatte. Nicht wenige folgten seinem Beispiel. Unter den Gefallenen waren viele Repräsentanten großer Familien, deren Namen mit der Geschichte Roms verknüpft waren. So war es auch bei Pharsalos gewesen. Niemand konnte der römischen Oligarchie vorwerfen, sie sei nicht bereit gewesen, für ihre Interessen zu kämpfen und zu sterben, und der Blutzoll, den die Bürgerkriege von ihr forderten, beschleunigte ihren Verfall. Die Überlebenden, die nicht wieder ins Exil gehen wollten, weder zu Sextus, noch auf die Schiffe des Ahenobarbus oder Murcus, zogen es vor, sofern sie verschont blieben, lieber Antonius als Oktavian Treue zu schwören. Antonius war zumindest ein Mitglied ihrer Klasse. Einseitige Berichte stellten es später so dar, als ob die republikanischen Offiziere, nach der Schlacht den siegreichen Feldherrn vorgeführt, Antonius als »Imperator« gegrüßt, Oktavian jedoch geschmäht hätten. Eine Legende – aber mit dem kleinen Kern der Wahrheit, den jede Propaganda braucht.

Für die unteren Dienstgrade auf der Seite der Besiegten lagen die Dinge viel einfacher. In diesen Bürgerkriegen konnten die Soldaten eigentlich nicht verlieren – jedenfalls nicht auf lange Sicht. Die von den Siegern angebotene Amnestie nahm die überwiegende Mehrheit sofort an. Die Truppen von Deiotarus, im richtigen Augenblick von ihrem Anführer Amyntas, Kanzler des alten Königs, im Stich gelassen, kehrten heim. Die einzigen republikanischen Streitkräfte, die jetzt noch an anderer Stelle den Kampf fortsetzen konnten, waren die auf dem Wasser, und die republikanischen Schiffsführer in der Ägäis schlossen sich Ahenobarbus und Murcus an. Der Sieg der Triumvirn war vollständig. Nur noch Sextus und die republikanischen Flottenbefehlshaber blieben übrig, diese praktisch herabgestuft auf den Stand von Piraten, jener geringschätzig, wenn auch nicht ganz korrekt, zum Piraten ernannt.

KAPITEL ACHT

Perusia

Mit der Niederlage von Brutus und Cassius entfiel ein wesentlicher Grund für das Bündnis zwischen Oktavian und Antonius. Doch gab es im Augenblick noch keinen Anlaß, das Bündnis zerbrechen zu lassen. Große Aufgaben erwuchsen ihnen aus der gegenwärtigen Situation, aus den Folgen ihrer Handlungsweise, auf die sie sich im vorigen Herbst in einer Besprechung von großer Tragweite geeinigt hatten. Die zurückgeholten Veteranen und die Männer, die ihre Zeit abgedient hatten, Soldaten aus 28 Legionen, die kämpfend Caesar bei Philippi gerächt oder in Italien und im Westen unterdessen für die innere Sicherheit gesorgt hatten – sie sollten nun endlich den versprochenen Lohn für ihre Treue in Empfang nehmen. Man konnte sie nicht länger hinhalten. Das bedeutete zweierlei: Bereitstellung von Barmitteln, um ihnen die Entlassungsprämie zu zahlen, und Landzuweisungen innerhalb Italiens. Beide Maßnahmen waren bestimmt unpopulär. Lohnender würde es sein, die letzten Überreste des republikanischen Feuers auszutreten. Auch dieses Ziel war nur auf zwei Wegen zugleich zu erreichen: einerseits Verfolgung der wenigen republikanischen Notabeln, die irgendwo verstreut in den Ost-Provinzen Zuflucht gefunden hatten, verbunden mit der Schwächung oder Bekehrung jener Vasallenkönige, die unklugerweise Brutus und Cassius unterstützt hatten; andererseits Fortsetzung des Krieges gegen Sextus. Da gab es noch ein Drittes, noch nicht so dringend, aber letztlich unvermeidbar: die Sicherung der Ost-Grenzen des Reiches. Seit der Niederlage des Crassus im Jahre 53 gegen die Parther bei Karrhae war Rom fast ununterbrochen von inneren Krisen geschüttelt worden. Die römischen Statthalter in Syrien hatten, einer wie der andere, nichts weiter vermocht, als parthische Überfälle abzuschlagen; zum Glück zogen die parthischen Könige, ob aus Berechnung oder aus Schwäche, nie Vorteil aus den inneren Wirren Roms.

Von einer Meinungsverschiedenheit zwischen Antonius und Oktavian über die Aufgabenteilung ist nirgendwo die Rede. Wer über die Ost-Gebiete herrschte, mußte allerdings damit rechnen, in einen größeren Krieg gegen Parthien verwickelt zu werden. Daraus ergab sich schon, daß nur Antonius den Osten übernehmen konnte. Der Sieg von Philippi war sein Sieg, der sichtbare Beweis für sein anerkanntes Feldherrngenie. Außerdem hatte Antonius im Osten viele Verbindungen. In den Jahren 57—55 hatte er unter Gabinius in Syrien gedient und war anschließend mit dem Sonderauftrag betraut worden, Kleopatras Vater Ptolemaios Auletes wieder als König von Ägypten einzusetzen. In jenen Jahren hatte er auch Gelegenheit gehabt, auf der Seite von Antipater zu kämpfen, dem Befehlshaber der judaeischen Truppen, Vater jenes Herodes, der jetzt nach dem Königsthron von Judaea trachtete. Solche persönlichen Kontakte waren äußerst wertvoll, wenn man mit den winzigen Königreichen entlang der östlichen Grenzen Abmachungen zugunsten Roms aushandeln wollte. Verbindungen dieser Art hatte Oktavian überhaupt nicht. Sein frühzeitiger, meteorgleicher Aufstieg hatte allerdings auch seine Nachteile. Ihm fiel nun, wie es nicht anders sein konnte, die Aufgabe der Veteranen-Ansiedlung zu. Er hatte sich immer um ihre Interessen gekümmert, und das hatte ihm nacheinander ein Sonderkommando, das Konsulat und seine jetzige überragende Stellung eingetragen. Auch die Fortsetzung des Krieges gegen Sextus gehörte, aus geographischen Gründen, zu seinen Aufgaben.

Was Lepidus betraf, so war seine Loyalität zweifelhaft, seine Gefolgschaft entbehrlich und sein Einfluß gering. Mit wichtigeren Dingen wollten ihn Antonius und Oktavian nicht mehr betrauen. Eine Neuverteilung der West-Provinzen benachteiligte ihn: er verlor Spanien an Oktavian, dessen einstiger Anteil dort jetzt größtenteils in den Händen von Sextus war, und die Provence an Antonius, der entschädigt werden wollte für das endlich im italischen Staatsgebiet aufgegangene cisalpine Gallien. Zusätzlich nahm sich Oktavian Numidia (Africa Nova) und Antonius Africa, bis sich die Loyalität des Lepidus erwiesen haben würde. Diese Vereinbarungen wurden schriftlich niedergelegt und gesiegelt — eine unsinnige Formalität, da es ja keine höhere, appellationsfähige Instanz mehr gab. Das Bündnis beruhte auf gegenseitigem Vertrauen.

Antonius machte sich nach Griechenland auf, um den Winter dort zu verbringen. Oktavian, immer noch kränkelnd, fuhr nach Italien zurück.

Die Reise durch den Winter brachte ihn dem Tode nahe; einige Zeit lag er in Brundisium darnieder, so krank, daß in Rom das Gerücht umging, er sei schon tot. Inzwischen feierte Lucius Antonius, Bruder des Triumvirn, den Beginn seines Konsulats am 1. Januar mit einem Triumphzug aufgrund seines Sieges über einige Alpenstämme. Sein Konsulatskollege Publius Servilius, doppelzüngig wie eh und je, brachte es fertig, in diesem turbulenten Jahr neutral zu erscheinen. Wenn man von seinen früheren Bindungen ausgeht – was ziemlich irreführend ist –, muß er eher ein Anhänger des Antonius als Oktavians gewesen sein. Aber viel wichtiger als Servilius war Fulvia, Ehefrau des Antonius und Schwiegermutter des jungen Caesar. Die später von den Feinden des Antonius verbreitete Propaganda nannte als Konsuln des Jahres 41: Lucius Antonius und Fulvia.

Diese äußerlich reizvolle und politisch ehrgeizige Frau war schon zweimal verheiratet gewesen – mit den einflußreichsten und unabhängigsten der jungen Politiker der 50er Jahre. Der erste Mann, Clodius, wurde das Opfer eines Handgemenges auf offener Straße. Der zweite, der Tribun Gaius Scribonius Curio, angeblich im Jahre 50 von Caesar mit einer ungeheuren Summe gekauft, fiel im ersten Jahr des Bürgerkriegs in Afrika. Zum zweiten Mal verwitwet, heiratete sie Antonius zwei oder drei Jahre später. Nicht nur ihre Schönheit zeichnete sie aus; sie war eine Erbin, sehr wahrscheinlich dem berühmten Geschlecht der Fulvier in Tusculum entstammend, und sie war von bemerkenswerter Willenskraft. Velleius sagte: »... außer ihrem Körper hatte sie nichts Weibliches.« Die Auswahl ihrer Ehepartner bestätigt ihren Ehrgeiz und ihr Urteilsvermögen.

Als Oktavian in Rom ankam, fand er sich im Mittelpunkt heftiger Angriffe. Die Abordnungen der 18 Städte – 16, wenn Vibo und Rhegium ausgenommen blieben –, die als Veteranen-Kolonien vorgesehen waren, verlangten, daß die Zwangsmaßnahmen gerechterweise ganz Italien betreffen müßten, zumindest sollte das Los entscheiden, und wer Land abgab, sollte auch entschädigt werden. Die Veteranen drängten ungeduldig auf Land, aber es war kein Geld da, Land zu kaufen. Appian berichtet, die Italiker »strömten nach Rom, jung und alt, Frauen und Kinder, weinend und klagend auf dem Forum und vor den heiligen Stätten, daß sie nichts Böses getan hätten und trotz italischem Bürgerrecht von Land, Herd und Heim vertrieben würden wie ein besiegtes Volk. Die Römer nahmen teil an ihrem Geschick und weinten mit ihnen, besonders als sie erkannten, daß der Krieg nicht zur Verteidigung des Staates geführt worden war, sondern unter Römern selbst, nur um die Form ihrer Regierung zu ändern, und daß Siegesprämien ausgeteilt und Kolonien gegründet würden, damit die Demokratie nie mehr ihr Haupt erheben könne. Denn die Kolonien waren für Söldner bestimmt, die alles zu tun bereit waren, was von ihnen verlangt wurde«.

Es war völlig unmöglich, beide Parteien zufriedenzustellen. Oktavian versuchte eine Weile, einen mittleren Kurs beizubehalten, vielleicht in der Hoffnung, Antonius würde in Asia so viel Geld auftreiben, daß man wenigstens einen Teil der Grundstücke käuflich erwerben konnte. Er beschlagnahmte Tempelschätze unter dem Vorwand, er brauche sie für den Krieg gegen Sextus. Er ließ den Besitz der zuletzt Proskribierten und der bei Philippi Geflohenen oder Gefallenen versteigern. Der Ertrag war gering. Die Veteranen jedoch, ihrer Macht bewußt und dessen eingedenk, daß die Herren Roms ihnen alles zu verdanken hatten, wollten sich nicht mehr allzulange durch halbe Maßnahmen beschwichtigen lassen.

Bis jetzt hatten Lucius Antonius und Fulvia dem Oktavian beigestanden – wenngleich aus Gründen, die mit den seinen nicht identisch waren. Sie wollten die Anlage von Veteranen-Kolonien so lange verzögern, bis Antonius wieder in Italien wäre, damit nicht nur Oktavian in den Genuß des Ruhms und der Dankbarkeit der Soldaten käme. Als jedoch die Ungeduld der Veteranen deutlich wurde, forderten Lucius und Fulvia, daß Oktavian unter den Freunden des Antonius diejenigen benenne, die sich um die Ansiedlung der Legionäre des Antonius, wie amtlich vorgesehen, zu kümmern hätten. Sie setzten Oktavian unter Druck, als sie die Veteranen in Ansprachen baten, nicht zuzulassen, daß die Verdienste des ruhmreichen Siegers von Philippi je vergessen würden. Manius, ein privater Vertrauensmann des Antonius in Italien, und Lucius scheuten nicht einmal davor zurück, Fulvia vorzustellen und die Kinder des Antonius vor den Soldaten hochzuheben. Die Stellung des Antonius war so stark, daß Oktavian ihnen ihr Verlangen nicht abschlagen konnte – obgleich er es gern getan hätte, wie die späteren Ereignisse vermuten lassen.

Die Lage Oktavians war schlecht. Zum ersten Mal, seit er Anspruch auf politische Macht erhob, konnte er keine Truppen unter dem Vorwand aufrufen, Caesar zu rächen. Da war kein erkennbarer Feind – außer Sextus, der für diese soziale Krise nicht verantwortlich zu machen war. Antonius, der Sieger von Philippi, als Zielscheibe – das hätte man ihm nicht abgenommen. Der Hauptgegner – wenn man ihn in diesem Stadium so nennen konnte – war Lucius, und der war rechtmäßiger Konsul mit Vollmachten, die fast genausoweit reichten wie die eines Triumvirn mit konsularischen Befugnissen. Wenn es Unterschiede gab, beruhten sie weniger auf verfassungsmäßiger Satzung als auf persönlichem Ansehen. Lucius hatte keine Lust, sich von dem jungen Caesar einschüchtern zu lassen. Das Volk sah in ihm den Vertreter des mächtigeren Triumvirn, und aufgrund seiner Tätigkeit als Tribun im Jahr 44 hatte er einen beachtlichen Einfluß auf das Volk; er war kein geringer Gegenspieler.

Das war nicht alles. Offene Gegensätze zwischen Oktavian und den Kommandeuren des Antonius brachen auf. Quintus Fufius Calenus in der Provence weigerte sich, Oktavian zwei Legionen zu überlassen zum Ausgleich für die zwei Legionen Oktavians, die Antonius nach Philippi behalten hatte. Pollio im cisalpinen Gallien verlegte Salvidienus den Weg, als dieser auf der üblichen Straße durchmarschieren wollte, um Spanien für Oktavian in Besitz zu nehmen. Warum Pollio das tat, ist durchaus nicht klar. Vielleicht wurmte es ihn, daß einer, nicht einmal ein Senator, dessen Aufstieg *in nuce* zeigte, wohin die revolutionäre Partei Oktavians tendierte, jetzt zur Regierung einer großen, den Prokonsuln vorbehaltenen Provinz entsandt wurde, einer Provinz, die er kürzlich noch selbst regiert hatte.

Das schlimmste war, Oktavian wurde zum Sündenbock, dem alles anzulasten war: das Elend der Enteigneten, die Zerrüttung der Landwirtschaft und der völlige wirtschaftliche Verfall. Vergil und Horaz bezeugen das Leid jener Tage. Vergil wurde selbst enteignet, als Pollio den Veteranen Land um Cremona und Mantua zuteilte. Horaz, nach eigener Angabe keine Kämpfernatur, hatte Philippi erlebt*; er war überzeugt, daß der Zorn der Götter schwer auf einem Volke lasten müsse, das förmlich im Blute des Bürgerkriegs schwamm. Die Motive der Vertreibung, des Abscheus vor der Sinnlosigkeit und Brutalität im augenblicklichen Hader und der Sehnsucht, in andere Welten kindlichen Friedens und Zaubers entfliehen zu können, überwiegen in der Dichtung beider Männer in den Jahren 41 bis 38. »Selbst Wölfe und Löwen«, vermerkt Horaz mit Bitterkeit, »verschonen ihre eigene Art.«

Manche Veteranen handelten auf eigene Faust; sie besetzten einfach Land, auf das sie Anspruch zu haben glaubten. Andere bedrohten Oktavian selbst, umringten ihn wütend im Theater, und einmal töteten sie einen Centurio, der ihn wegen seiner Verspätung bei einer Versammlung verteidigte. Die Soldateska jener Zeit erreichte einen Grad von Disziplin-

* als Militärtribun des Brutus (A.d.Ü.).

losigkeit, der in der Geschichte Roms einzigartig war. Appians Analyse der Situation gehört zu den bekanntesten Abschnitten seines Werks:

»Der Grund, warum es so an Manneszucht fehlte, lag darin, daß die meisten Anführer, eben weil es Bürgerkriege waren, nicht durch gesetzliche Abstimmung gewählt und ihre Heere ebensowenig nach hergebrachter Sitte durch Aushebung zum Kriegsdienst berufen waren, und daß letztere nicht sowohl zu Nutz und Frommen des Vaterlandes Dienste taten oder überhaupt im Dienste des Staates standen, als vielmehr im persönlichen Dienste der einzelnen Männer, welche sie geworben hatten. Selbst diese Werbungen geschahen nicht unter der bindenden Kraft der Gesetze, sondern unter Privatversprechungen; es galt nicht gemeinschaftlichen Feinden, sondern persönlichen Gegnern; der Kampf ging nicht gegen Fremde, sondern gegen Mitbürger und Ebenbürtige. Alle diese Umstände trugen dazu bei, die Kriegszucht aufzulösen, weil sie sich nicht sowohl für solche ansahen, die im Dienste ständen, als für Leute, die nach eigener Neigung und freiem Gutdünken Hilfe leisteten und die den Heerführern ihres eigenen Vorteils wegen unentbehrlich wären. Fand doch sogar die Überläuferei, bei den älteren Römern ein unvertilgbarer Schimpf, in den damaligen Zeiten ihren ehrenvollen Lohn, und ganze Heere trieben sie in Masse, mit ihnen sogar einige erlauchtere Männer, in der Meinung, das Umschlagen auf eine andere, ganz gleiche Partei sei keine Überläuferei. Die Parteien waren sich in der Tat auch ganz gleich, und nie nahm eine von beiden eine abgesonderte, feindliche Stellung gegen das Gemeinwesen der Römer. Vielmehr gab sich der Anführer der einen wie der andern den gleichen Schein, als wäre es bei ihm nur auf das Beste des Vaterlandes abgesehen. Aber eben dies machte die Soldaten um so leichtsinniger im Wechsel der Partei. Diente man ja doch auf der einen wie auf der anderen – dem Vaterlande. Das sahen die Heerführer gar wohl ein, und darum waren sie auch um so nachsichtiger, denn sie fühlten, daß sie weniger durchs Gesetz als durch Geschenke über sie zu gebieten vermöchten *.«

Schließlich waren da noch die auswärtigen Feinde – nicht die Feinde Roms, sondern die der Triumvirn: Sextus, Murcus und Ahenobarbus blockierten Rom mit ihren Flotten. Die Schlacht von Philippi hatte Sextus genutzt, um seine Stellung auszubauen. Abenteurer, politische Flüchtlinge und enteignete Grundbesitzer strömten ihm zu. Er war stark genug, die südlichen und westlichen Küsten Italiens zu bedrohen, einschließlich Ostias,

* Übers. v. F. L. J. Dillenius (1830).

des Hafens von Rom. Als Herr von Sizilien und Herr der Meere konnte er die Getreideversorgung unterbinden; Rom war aber seit 100 Jahren so gut wie vollständig von Getreide-Importen abhängig, um die stetig wachsende Bevölkerung zu ernähren. Ahenobarbus und Murcus durchquerten noch unbehelligt die Adria und das Ionische Meer. Murcus beschloß sehr bald, sich mit seinen zwei Legionen und 80 Schiffen zu Sextus zu schlagen, und rief den Rest seiner Streitmacht von seinem Stützpunkt auf der Insel Kephallenia ab. Ahenobarbus hingegen verheerte weiter die östlichen Küsten und machte den Bewohnern der Häfen dort das Leben recht sauer. Doch schwerer wog die Unterbrechung des Getreidenachschubs durch Sextus. Das traf die Stadtbewohner hart, unter denen Oktavian immer beliebt gewesen war und auf die er sich normalerweise während der jetzigen Krise hätte stützen können.

Oktavians Feinde fanden es nun an der Zeit, den Machtkampf zwischen dem Konsul und dem Triumvirn endlich auf die Spitze zu treiben. Lucius durfte auf die Unterstützung der Zivilbevölkerung ganz Italiens rechnen. Außerdem waren da Pollio in der Po-Ebene und Plancus in Beneventum – beide mit der Ansiedlung der Veteranen des Antonius beschäftigt und beide fähig, Legionen schnellstens wiederaufzustellen. Calenus, Gouverneur der gallischen Provinzen, hatte den fähigen Ventidius als Gehilfen und die gewaltige Macht von elf Legionen zu seiner Verfügung. Er hatte dem Salvidienus den Weg nach Spanien schon versperrt, und er würde Antonius mit Sicherheit in einer Krise nicht im Stich lassen. Oktavian andererseits hatte lediglich den Rückhalt seiner Veteranen und der vier Legionen in einem Lager bei Capua – und vielleicht der sechs Legionen des Salvidienus, falls man ihnen die Rückkehr nach Italien erlaubte. Wenn überhaupt, dann war jetzt der Augenblick gekommen, den Parvenü und Pseudo-Caesar in seine Schranken zu verweisen, denn zum ersten Mal in seiner Laufbahn war er nun weder populär noch kampfkräftig. Die so oft gebrauchte Waffe der Verheißung unerhörter Belohnungen – in seinen Händen war sie stumpf geworden.

Es ist unwahrscheinlich, daß Lucius einen Krieg provozieren wollte. Doch mußte er stark genug sein, um damit drohen zu können, wenn seine Herausforderung Erfolg haben sollte – und, hatte sie keinen Erfolg, den Krieg zu beginnen. Mit der Unterstützung von Fulvia und Manius stellte er sich nun auf die Seite der Enteigneten, die mit ihren Bittschriften jeden halbwegs Einflußreichen bestürmten, und natürlich in erster Linie ihn, den Konsul selbst. Er beschuldigte Oktavian des Amtsmißbrauchs, und ihre

Auseinandersetzungen wurden immer schärfer. Gleichzeitig versuchte er, seine Anteilnahme am Geschick der Veteranen zu zeigen. Demonstrativ, die Kinder des Antonius an der Hand, folgte er Oktavian, als dieser die letzten Kolonisten unterbrachte. Als Oktavian einen Reitertrupp, angeblich gegen Sextus, nach Süden schickte, protestierte Lucius, das sei ein gegen ihn gerichteter Einschüchterungsversuch; aus den angesiedelten Veteranen seines Bruders holte er sich eine Leibwache. Er konnte schon deshalb auf diese Veteranen rechnen, weil sie alle davon überzeugt waren, Oktavian benachteilige sie bei der Verteilung der aus dem Verkauf des Eigentums der Proskribierten erlösten Gelder und versuche außerdem, seine Männer, die nicht in Philippi dabeigewesen waren, gemeinsam mit den wirklichen Philippi-Kämpfern unterzubringen.

Die Offiziere des Heeres – die Centurionen – beobachteten die Auseinandersetzung und die Gefahr neuerlichen Blutvergießens mit großer Unruhe. Sie veranstalteten ein Treffen in Teanum, wo Oktavian und Lucius übereinkamen, die beiderseitigen Beschwerden aus der Welt zu schaffen. Calenus sollte die beiden, dem Oktavian zugesprochenen Legionen übergeben und zusammen mit Pollio den Salvidienus unbehelligt ziehen lassen; Lucius würde seine Leibwache entlassen. Andererseits versprach Oktavian, er werde den Veteranen des Antonius ihren gerechten Anteil aus den Erträgen des konfiszierten Eigentums zukommen lassen, nur noch Philippi-Kämpfern Landstellen geben und die konsularischen Befugnisse des Lucius respektieren. Ferner sollten weder Oktavian noch Antonius in Zukunft Rekruten innerhalb Italiens ausheben dürfen. Das war eine äußerst bedeutsame Regelung. In Rom war man niemals – jedenfalls theoretisch – vom Grundsatz abgewichen, daß römische Armeen aus römischen Bürgern bestehen müßten. Faktisch wurde allerdings das Prinzip angesichts der Erfordernisse der Bürgerkriege oft durchbrochen; Caesar in Gallien, die Pompejaner in Afrika und Brutus in Makedonien – sie alle hatten für neuaufzustellende Legionen Männer geworben, die zur Zeit ihrer Registrierung noch nicht römische Bürger waren. Die augenblicklichen Schwierigkeiten Roms hatten sich hauptsächlich deswegen ergeben, weil die Einrichtungen eines Stadtstaates – und eine davon war die Bürgerwehr – sich nicht im Sinne der Bedürfnisse eines Weltreichs weiterentwickelt hatten. Mit der Absprache über die Rekrutierungsbeschränkung waren die beiden Verhandlungspartner dabei, eine der Grundursachen dieser Schwierigkeiten zu beseitigen – vermutlich ohne es zu ahnen. Aber ganz allmählich lösten sich diese Probleme von selbst.

Das Abkommen stellte sich als Fehlschlag heraus. Es wurde keine einzige Regelung beachtet, außer daß Pollio Salvidienus passieren ließ und Lucius seine Leibwache auflöste. Offensichtlich war keiner der beiden Führer wirklich an einer Versöhnung interessiert. Lucius weigerte sich nach wie vor, Oktavian zu vertrauen. Die Anweisungen des Antonius waren vage – kein Wunder, unter den gegebenen Umständen. Es muß ihm schwer gefallen sein, sich aus den Briefen des sich rechtfertigenden Bruders und denen von Lepidus, Oktavian und Fulvia – von Briefen minder Prominenter ganz zu schweigen – ein genaues Bild der Geschehnisse und der tatsächlichen Interessenlage zu machen. Die rund zweimonatige Laufzeit eines Briefes von Rom nach Asia Minor und umgekehrt war eine weitere Erschwerung.

Oktavian ließ sich von der Stieftochter des Antonius, Clodia, scheiden und schickte sie als Jungfrau zu Fulvia zurück. Das war eher ein Affront gegen ihre Mutter Fulvia als gegen Antonius. Dieser begnügte sich mit einer brieflichen Anweisung an seine Anhänger, zu den Waffen zu greifen, falls seine »Würde« (*dignitas*) bedroht sei. Er überließ denen an Ort und Stelle die Verantwortung dafür, wie dieser mehrdeutige Ausdruck – den Caesar verwendet hatte, um einen Bürgerkrieg anzufangen – auszulegen sei.

Lucius blieb in Praeneste, rund 35 km von Rom. Er zahlte den Rekruten den Sold aus und bekundete seine Loyalität gegenüber dem abwesenden Bruder und dessen Zielsetzung, indem er Münzen schlagen ließ, die auf der einen Seite Antonius' Porträt und Titel zeigten, auf der andern die Personifizierung der PIETAS, von Störchen, heute noch das Symbol der Treue, umringt.

Die Centurionen, die das Abkommen vermittelt hatten, machten mit Hilfe führender Senatoren einen vergeblichen Schlichtungsversuch. Die Anhänger des Antonius warfen Oktavian vor, er wolle Antonius übervorteilen und ins Verderben stürzen, und außerdem mißbrauche er sein Mandat. Doch erst, als auch eine Delegation zweier neuangesiedelter Legionen – alles Veteranen Caesars, die unter Antonius gedient hatten – auf Verhandlungen drängte, erklärten sich Lucius, Fulvia und Manius damit einverstanden, sich einem Schiedsspruch zu unterwerfen. Gabii, auf halbem Weg zwischen Rom und Praeneste, wurde zum Verhandlungsort bestimmt. Die Entscheidung sollte im Einklang mit den schriftlich protokollierten Abmachungen von Philippi gefällt werden. Doch abermals vereitelte das gegenseitige Mißtrauen jeden Vergleich. Die berittenen Vortrupps beider Parteien gerieten ins Handgemenge, und Lucius weigerte sich rundheraus, sich noch weiter an irgendwelchen Verhandlungen zu beteiligen. Beide Männer trafen Vorbereitungen für einen Krieg, und währenddessen gaben sie polemische Erklärungen heraus.

Vertreter der beiden Parteien reisten durch das Land und erkannten, die überwältigende Mehrheit der Bürgerschaft stand hinter Lucius. Oktavian machte einen letzten Versuch, die Sympathien der Oberschicht zu gewinnen; er sprach zum Senat und zu den Wohlhabenderen der Stadtgemeinde Roms. Eine letzte Abordnung suchte Lucius in Praeneste auf. Manius las die Anweisungen des Antonius vor. Als die Abgeordneten ihn fragten, ob denn tatsächlich jemand seine »Würde« bedroht hätte, gefiel sich Manius bis zu ihrer Abreise in Ausflüchten.

Appian deutet an, der Brief sei vielleicht gefälscht gewesen. Aber wenn Manius falsche Belege hätte fabrizieren wollen, um einen Krieg auszulösen, hätte er sie sicherlich überzeugender präsentiert. Der Brief war zweifellos echt, und Antonius konnte nicht wissen und sicherlich nicht verhindern, was seine Frau, sein Bruder und sein Vertrauensmann vorhatten. Lucius war der Meinung, es sei sowohl für seinen Bruder wie Italien nützlich, den Schuldigen zu beseitigen, der nach der gütlichen Übereinkunft im Anschluß an Caesars Ermordung die Lager wieder gespalten und das Gemeinwesen des Staates in die Kriege von Mutina und Philippi getrieben hatte. Er war sich völlig im klaren über den Ehrgeiz Oktavians, aber auch über die Gefahr der gegen den Senat gerichteten Einstellung der engsten Vertrauten Oktavians. Solch ein Mann würde sich nicht mit einer Vorrangstellung abfinden, die aufgrund altüberlieferter Sitte zeitlich begrenzt war.

Den Verlauf des Krieges kann man mit Hilfe der alten Berichte nicht genau rekonstruieren. Es gab sporadische Kampfhandlungen, hie und da aufflackernd im ganzen Land, und einen größeren Aufruhr in Kampanien. Die meisten Unterführer schlugen sich zu Lucius, aber Lepidus bewahrte seinem Triumvirats-Kollegen die Treue. Er wurde mit zwei Legionen und der Verteidigung Roms betraut. Lucius beschwichtigte zwei unzufriedene Legionen bei Alba Fucens mit bewährten Mitteln – mit einer Prämie und mit großen Versprechungen. Dann überlistete er Lepidus und rückte in Rom ein. Lepidus floh, seine Truppen gingen zu Lucius über. Der Konsul sprach zum Volk. Er versprach, Rache an Oktavian und Lepidus zu nehmen, und sagte, sein Bruder würde gern freiwillig von seinem ungesetzlichen und tyrannischen Amt zurücktreten, um stattdessen die traditionelle Würde und Vollmacht des Konsulats anzunehmen. Ob wahr oder nicht – dieses Versprechen riß die Bürger zu Begeisterungsstürmen hin. Hier war endlich ein Erlöser neuer Art.

Lucius brach dann auf, um Oktavian zu treffen. Dabei hob er in den Kolonien der Veteranen des Antonius neue Truppen aus. Sein strategischer Plan wird wohl gewesen sein, die von Oktavian zurückbeorderte Streitmacht des Salvidienus daran zu hindern, sich mit Oktavians Armee zu vereinigen. Salvidienus rückte nach Süden vor, von Pollio und Ventidius verfolgt und beobachtet, dauernd in Gefahr, in eine Falle zu geraten und von weit überlegenen Kräften vernichtet zu werden. Was ihn rettete, waren die Unschlüssigkeit der Unterführer des Lucius – und Agrippa, der hier zum ersten Mal seit der Anwerbungs-Rundreise durch Kampanien im Jahre 44 in das Licht der Geschichte tritt. Agrippa nahm Sutrium ein, eine stark bewehrte Stadt nördlich von Rom. In der Nähe, bei Veii, kam es zu Gefechten. Die Bedrohung an der Flanke und im Rücken konnte Lucius nicht verborgen bleiben. Er machte eine Wendung, um Agrippa anzugreifen. Aber jetzt hatte er Salvidienus hinter sich. Nun fand sich Lucius in seiner neuen Stellung von Truppen umringt, die, alle zusammen, seinen Kräften zahlenmäßig überlegen waren; er beschloß, nach Norden auszuweichen und dort Pollio und Ventidius zu treffen. Diese beiden hatten in der Zwischenzeit nicht gewagt, Salvidienus anzugreifen – nicht, weil sie den Ausgang gefürchtet hätten, sondern weil sie einfach nicht wußten, was Antonius von ihnen erwartete. In ihrer Unsicherheit in dieser entscheidenden Frage wurden sie von umlaufenden Berichten eines gewissen Barbatius noch bestärkt; der Mann hatte als Quästor unter Antonius gedient, war aber nach Meinungsverschiedenheiten von seinem Kommandeur nach Hause geschickt worden. Dieser Barbatius ließ allerseits wissen, daß Antonius über den neuen Verlauf der Geschehnisse zutiefst bekümmert sei und den Krieg gegen Oktavian als einen Krieg gegen ihrer beider gemeinsame Herrschaft betrachte.

Von Salvidienus und Agrippa heftig bedrängt, zog Lucius im frühen Winter über die Berge am oberen Tiber nach Norden. Er überquerte den Apennin nicht, sondern beschloß statt dessen, auf das Eintreffen der andern zu warten. Aus diesem Grund wandte er sich nach Perusia (heute Perugia), einer stark befestigten Stadt, vor der er sein Lager errichtete. Oktavian rückte mit einer dritten Armee nach, die die Streitkräfte seiner beiden Unterfeldherrn verstärkte, und zwang damit Lucius, innerhalb der Stadt Zuflucht zu suchen. Ferner ließ er einen Belagerungsring von sieben Meilen Durchmesser mit Gräben und Palisaden ziehen, die Stadt vom Fluß abschneiden, weitere Verstärkungen rufen und Truppen dort aufstellen, wo sie ankommende Feindkräfte abfangen konnten. Lucius sandte Manius als Kurier zu Pollio und Ventidius, mit der dringenden Bitte zu helfen, und ergriff seinerseits Maßnahmen zur Abwehr der Gegner. Er hatte nicht genug Vorräte, um eine lange Belagerung auszuhalten.

Als Pollio und Ventidius seine Botschaft erhielten, übrigens auch andere Mitteilungen von Fulvia, machten sie sich sofort auf, ihn zu entsetzen. Aber Oktavian und Agrippa zogen ihnen entgegen und verlegten ihnen mit Truppen in ausreichender Stärke den Weg. Eifersüchtig aufeinander, immer noch im ungewissen über die Pläne des Antonius, mit Streitkräften, die immer noch nicht vereinigt waren, hielten sie Vorsicht für den besseren Teil der Tapferkeit und zogen sich nach Ariminum und Ravenna zurück. Inzwischen war Plancus von Süden herangekommen, nachdem er eine von Oktavians Legionen auf ihrem Marsch nach Rom aufgerieben hatte, und bezog bei Spoletum Stellung, rund 50 km südostwärts. Oktavian besetzte den Abschnitt zwischen ihnen mit Einheiten, die eine weitere Annäherung verhindern würden, und eilte dann zurück, um die Belagerung zu Ende zu führen.

Die Lebensmittelvorräte in Perusia gingen allmählich aus. Lucius machte einen erfolglosen Ausbruchsversuch. Die Öffentlichkeit Roms war grundsätzlich gegen Krieg eingestellt. Der Nahrungsmittelmangel dort wurde durch die Lebensmittel-Requirierungen für das Militär noch verschlechtert. Die Belagerten in Perusia schrieben beschwörend den Namen Marcus Antonius als Zeichen ihrer Ergebenheit auf ihre bleiernen Katapult-Geschosse. Die Soldaten Oktavians antworteten mit unzweideutigen Aufforderungen an Fulvia, Oktavian selbst verfaßte ein genauso obszönes, doch seiner Stellung entsprechend geschliffeneres Epigramm.

Die Unterfeldherrn des Lucius berieten sich. Sie kamen überein, Lucius nicht vor ihren Augen umkommen zu lassen, und zogen, diesmal mit vereinter Streitmacht, nach Perusia. Jetzt wurde es kritisch für Oktavian, der nun in einer ähnlichen Lage war wie Antonius in Mutina. Mit allen Streitkräften, die er entbehren konnte, schickte er Salvidienus und Agrippa den Verbündeten des Lucius entgegen, die ihrerseits den Kampf vermieden und eine starke Stellung bei Fulginium zwischen Perusia und Spoletium bezogen. Pollio und Ventidius stimmten für weiteren Vormarsch und Kampf; Plancus – typisch für ihn – plädierte für Abwarten. Ihre zum Himmel flackernden Lagerfeuer sah man von Perusia, aber die Hoffnungen, die die Belagerten daran knüpften, waren trügerisch. Man hörte auf

Plancus, da man nichts von Antonius vernahm, und die Verbündeten zogen sich abermals zurück. Die in Perusia taten ihnen noch die Ehre an zu glauben, sie wären wohl aufgerieben worden.

Die einzige Chance, die Lucius und seine hungernden Soldaten noch hatten, war ein Ausbruch. In der Nacht stürmten sie gegen die Umwallung an. Der Kampf tobte bis zum Morgengrauen am ganzen Belagerungsring, und die Sonne ging über den unversehrten Stellungen Oktavians auf. Die Belagerung dauerte an. Die Nahrungsmittel waren so knapp, daß die Sklaven überhaupt nichts mehr bekamen; Lucius erlaubte ihnen aber auch nicht zu fliehen, damit der Feind nicht ihre verzweifelte Lage erkenne. Aus dem gleichen Grunde verbot er die Feuerbestattung der Toten, denn der schwarze Rauch hätte sie verraten; die Gefallenen wurden in langen Gräben beerdigt. Die Soldaten waren am Ende ihrer Kraft und bedrängten Lucius, einen letzten Ausbruchsversuch zu machen. Der Tod in der Schlacht war besser als ein Ende in Hunger und Kälte. Sie bereiteten also alles vor, Material und Gerät, um die breiten Gräben überwinden und die Schutzwehr stürmen zu können, und im ersten Morgenlicht machten sie einen Ausfall unter Führung des Lucius. Aber ihr Todesmut half ihnen nichts. Sie hatten zuwenig Holztürme, die Palisaden zu stürmen, sie waren völlig erschöpft, und die Belagerer waren zu sehr im Vorteil. In ihrer Verzweiflung hätten sie den Durchbruch beinahe erzwungen, mußten aber schließlich weichen, und die nackten Leichen ihrer Kameraden wurden ihnen zum Hohn nachgeschleudert.

Wenn jetzt nicht Hilfe von außen kam, war Kapitulation unvermeidlich. Lucius harrte noch ein paar Tage aus, aber die Truppenmoral wurde von Tag zu Tag schlechter, die Zahl der Deserteure, sogar im Offiziersrang, nahm zu, und die Zivilbevölkerung litt Not. Verhandlungen wurden eingeleitet. Oktavian war aus Gründen der Klugheit geneigt, Gnade walten zu lassen. Großmut machte sich in einem Bürgerkrieg immer bezahlt, die Dankbarkeit, wenngleich nicht mit Loyalität zu verwechseln, würde dennoch lange Zeit für loyales Verhalten bürgen. Oktavians Autobiographie zufolge war es eine spontane Kundgebung seiner Soldaten, die eine bedingungslose Begnadigung der Veteranen des Lucius durchsetzte. Er vergab also Lucius und den Männern von Rang, die bei ihm waren, aber den Stadtrat ließ er hinrichten, mit Ausnahme eines Mannes, der sich in Rom als Geschworener in der Verhandlung gegen die Mörder Caesars als ungemein eifriger Verfechter der caesarianischen Sache erwiesen hatte. Die andern waren ihm als künftige Parteigänger nicht wichtig genug. Auch war es gegenüber allen Städten Italiens bedeutsam, ein Exempel zu statuieren; der Republikanismus war eine gefährliche Krankheit. Perusia, diese alte und bedeutende Stadt der Etrusker, wurde zur Plünderung den Soldaten freigegeben. Die Stadt entging diesem traurigen Schicksal durch die Tat eines Notabeln, den man für geistesgestört hielt; er setzte sein Haus in Brand. Starke Winde fachten das Feuer an, und bald darauf hatte er einen Scheiterhaufen, der eines etruskischen Königs würdig gewesen wäre. Nur der Gott Vulcan konnte die Flammen lenken; sein Tempel blieb verschont, während die Stadt in Asche sank.

So endete Perusia — und mit ihr jede weitere Bedrohungsmöglichkeit gegenüber Caesars Erben. Die Antonianer wurden zerstreut. Pollio, der den Bürgerkrieg von Herzen haßte, aber Oktavian mißtraute, zog sich mit sieben Legionen nach Venetien zurück, wo er sich zur Verteidigung rüstete. Plancus begab sich mit Fulvia zu Schiff nach Griechenland. Julia, die Mutter der Antonius-Geschwister, suchte in Begleitung vieler Anhänger ihrer Söhne Zuflucht bei Sextus. Oktavian marschierte nach Kampanien und unterdrückte dort eine im Entstehen begriffene Widerstandsbewegung, die ein Aristokrat anführte, Tiberius Claudius Nero, ein mutiger und kultivierter Mann. Als dieser mit seiner jungen Frau Livia und seinem kleinen Sohn über kaum benutzte Nebenstraßen zum Meer und von dort zu Sextus flüchtete, ahnte er noch nicht, daß Livia einmal die Frau seines jetzigen Verfolgers sein würde und sein kleiner Tiberius, 54 Jahre später, Kaiser von Rom. Genausowenig hat damals, als er mit seiner mächtigen Flotte die Adria beherrschte, der letzte der Republikaner, Ahenobarbus, auch er ein Aristokrat, vermuten können, daß sein Urenkel, der seinen und Neros Namen trug, der letzte der Dynastie sein würde, die ihr Erzfeind einst begründen sollte.

KAPITEL NEUN

Friedliches Zwischenspiel

Perusia fiel im Januar oder Februar des Jahres 40, rund 15 Monate, nachdem die Sieger von Philippi, Antonius und Oktavian, aufgebrochen waren, sich ihren jeweiligen Zielen zu widmen. Antonius hatte die Unterwerfung einer Reihe prominenter Republikaner auf der Insel Thasos angenommen, und während Oktavian zur adriatischen Küste übersetzte, war er nach Süden, nach Athen gereist, um dort den Rest des Winters zu verbringen. Antonius war sehr energisch, aber nur, wenn es nötig war. In Athen genoß er die Annehmlichkeiten des Lebens, wie es eben einem Menschen von Kultur in dieser einstmals mächtigen, immer noch angesehenen Universitätsstadt angemessen war. Er machte der Stadt Geschenke, war Zuhörer bei literarischen Gesprächen, Zuschauer bei Spielen und religiösen Zeremonien, und es machte ihm Vergnügen, ehrende Ansprachen zu halten. Es ist nicht überliefert, wie die Athener mit den Büsten von Brutus und Cassius verfuhren, die sie zwei Winter zuvor aufgestellt hatten, aber der Sockel einer Büste des Brutus mit Bruchstücken einer Inschrift ist bis heute erhalten. Solche Dinge waren als Loyalitätserklärungen unumgänglich gegenüber dem jeweiligen Herrn, kluge politische Eröffnungen im hellenistischen Spiel bombastischer Ehrungen. Noch großartigere Ehrungen, die die Athener ihm zudachten, stimmten Antonius milde, wenngleich ihm die Anstrengungen ihrer Nachbarn in Megara keinerlei Eindruck machten. Dort besichtigte er, auf Einladung, das Rathaus. »Klein«, sagte er, »aber verkommen.«

Im Frühling überließ er Lucius Marcius Censorinus die Verantwortung für Makedonien und setzte nach Asia über. In Ephesos begrüßten ihn die versammelten Deputationen der Städte und Königreiche Kleinasiens und baten um eine milde Herrschaft. Zu seinen Ehren hatte man einen prunkvollen Empfang vorbereitet: Frauen, als Bacchantinnen, und Männer und Knaben als Satyrn verkleidet, geleiteten ihn in die Stadt. Dort jubelte man ihm, dem »Neuen Dionysos«, dem »Wohltäter«, dem »Freudenbringer« überschwenglich zu; überall erklang die Musik, überall sah man den Efeukranz und den mit Blumengewinden und Bändern geschmückten Stab – die Requisiten des Gottes und seiner Verehrer. Antonius war hocherfreut. In den seit langem an die Herrschaft von Gottkönigen gewöhnten Ost-Provinzen war es für römische Statthalter und Truppenführer nichts Neues, daß man ihnen prächtige Zusatztitel und Ehrungen zuerkannte, denen gegenüber die alten römischen Auszeichnungen wie Triumphzug, Danksagung oder Statuen-Aufstellung ziemlich kärglich wirkten. Aber als Dionysos umjubelt zu werden, das allerdings übertraf noch bei weitem die Klischees schwülstiger Lobpreisungen, das konnte man dem jugendlichen Kollegen entgegensetzen, der vorgab, der Sohn eines Gottes zu sein. Und da war noch ein Vorteil. Julius Caesar, als Gottheit vorgestellt, wirkte etwas farblos – aber über die Natur des Dionysos konnte es keine Zweifel geben. Er war der Gott ekstatischer Befreiung, mächtig und von nächtlichem Dunkel, vielleicht zerstörerisch dort, wo man ihm Trotz bot, aber imstande, die Not der Irdischen zu enden und ihnen ein Dasein der Fülle und des Glücks zu verheißen.

Im Augenblick hingegen überwog der strafende Aspekt der dionysischen Natur. Antonius erklärte, er wünsche Nachsicht zu üben und habe volles Verständnis für die Städte Asias, die ja Brutus und Cassius nur unter Zwang geholfen hätten, doch er und Oktavian seien leider verpflichtet, Entlassungsgelder für mehr als 170 000 Mann aufzutreiben. Aus diesem Grunde würde er Gnade walten lassen und Land und Einwohner schonen. Dankbar für diesen Großmut würden sie sicherlich ihren Beitrag leisten wollen – natürlich nicht mehr, als sie Brutus und Cassius hätten zahlen müssen, nämlich die Steuern für zehn Jahre. Nur: die ganze Summe war jetzt innerhalb eines Jahres fällig, da die Triumvirn unter Zeitdruck standen. Der Protest der schon von den Republikanern brutal zur Ader gelassenen Städte war so gewaltig, daß Antonius sich genötigt sah, ihnen die Abgaben eines Jahres zu erlassen und ein Zahlungsziel von zwei Jahren zu gewähren. Die Republikaner, die im Tempelbezirk der Diana Schutz gesucht hatten, begnadigte er klugerweise – die Mörder Caesars allerdings nie.

Von Ephesos aus reiste er nach Süden und Osten, setzte Vasallenkönige ab oder bestätigte sie, gewährte Lykien und Rhodos Sonderunterstützungen, weil sie unter Brutus und Cassius so hart herangenommen worden waren, und befreite jene Bürger von Tarsus, die man, um die Forderungen des Cassius erfüllen zu können, in die Sklaverei verkauft hatte. In Kappadokien schlichtete er einen Nachfolgestreit zugunsten eines Anwärters, dessen Mutter, der schönen und verführerischen Glaphyra, er erlag.

Berühmter war sein Treffen mit der Königin von Ägypten in Tarsus, obgleich er da gefühlsmäßig weniger engagiert war. Die Zusammenkunft war in jenem Augenblick nur politisch von Bedeutung. Ägypten war für Antonius lebenswichtig. Es war das bei weitem reichste, fruchtbarste und am leichtesten zu verteidigende Königreich im gesamten Herrschaftsbereich von Rom. Er hätte es natürlich gewaltsam besetzen können – aber schon Caesar hatte erfahren müssen, wie schwierig das war. Es blieb seine große Aufgabe, jetzt in diesen kommenden Jahren die Parther zu besiegen oder endgültig abzudrängen und den aufgesplitterten Reichen an den Ost-Grenzen ein Mindestmaß an Sicherheit zu verschaffen. Bei diesem Vorhaben wäre ein freundlich gesinntes, willfähriges Ägypten von unerhörtem Vorteil. Deswegen hatte er einen seiner vornehmsten Freunde, Quintus Dellius, als Sonderkurier zu Kleopatra geschickt, um sie nach Tarsus zu bitten. Sie sollte dort eine Erklärung abgeben, warum sie die kriegswilligen Republikaner aus freien Stücken unterstützt hatte. Die Königin, die Königin bleiben wollte, machte Einwände: Antonius möge bitte zu ihr kommen. Aber Dellius hatte seine Befehle. Es war wichtig, daß sie zu Antonius käme; das wäre der erste Schritt zu ihrer ins Werk zu setzenden Unterwerfung. Sie beugte sich der Gewalt und kam – aber als Frau, und zwar als Frau, die schon Caesar erobert hatte. Shakespeare hat Plutarchs Beschreibung unsterblich gemacht:

> Die Bark', in der sie saß, ein Feuerthron,
> Brannt' auf dem Strom. Getriebenes Gold der Spiegel,
> Die Purpursegel duftend, daß der Wind
> Entzückt nachzog; die Ruder waren Silber,
> Die nach der Flöten Ton Takt hielten, daß
> Das Wasser, wie sie's trafen, schneller strömte,
> Verliebt in ihren Schlag; doch sie nun selbst,
> Zum Bettler wird die Schildrung, sie lag da,
> In ihrem Zelt, das ganz aus Gold gewirkt,

Noch farbenstrahlender als jene Venus,
Wo die Natur der Malerei erliegt.
Zu beiden Seiten ihr holdsel'ge Knaben,
Mit Wangengrübchen, wie Kupido lächelnd,
Mit bunten Fächern, deren Wehn durchglühte,
So schien's, die zarten Wangen, die sie kühlten,
Anzündend, statt zu löschen.*

Das phantastisch inszenierte Schaugepränge hatte großen Erfolg. Kleopatra kannte ihren Antonius aus den Jahren zwischen 46 und 44, als Caesar sie in einer Villa auf dem Janiculum in Rom untergebracht hatte. Sie waren sich zum erstenmal begegnet – sie war 15 Jahre alt –, als Antonius ihrem Vater wieder zum Thron verhalf. Jetzt, mit 29 Jahren, war sie auf der Höhe ihrer geistigen Kraft, und noch gab es keine Zeichen des Alterns, die den Zauber ihrer Person vermindert hätten. Sie war jedenfalls keine Schönheit im üblichen Sinne, nicht ihr Aussehen faszinierte die Männer, sondern ihre Stimme, ihre Redeweise, ihre Art, sich zu geben. Das Bildnis auf ihren Münzen wird ihr sicherlich nicht gerecht; nichts läßt uns da das lebhafte, eindringliche, ausdrucksreiche Wesen des lebenden Vorbilds jener Porträts ahnen. Dem romantischen Plutarch zufolge strömte die Menge zum Ufer, bis Antonius schließlich allein in seinem Amtssessel auf dem Marktplatz saß. Sie hatte über ihn triumphiert; als sie seine Einladung, zusammen zu speisen, ablehnte, er ihre Gegen-Einladung aber annahm, da durfte sie sicher sein, daß sie ihrem Reiche ein großes Maß an Unabhängigkeit gesichert hatte. Einer Frau, die die Geliebte Caesars gewesen war, gereichte es nicht zur Unehre, wenn sie sich dem Nachfolger Caesars hingab. In den Augen ihrer Untertanen war die Verbindung zwischen der Göttin-Königin und Dionysos, dem Eroberer, durchaus schicklich.

Es ist sehr unwahrscheinlich, daß Antonius im Affekt blinder Verliebtheit so nachgiebig war. Er hatte sehr gute Gründe, Kleopatra zu hofieren. Erstens waren Herodes und Kleopatra naturgemäß Feinde – und Herodes war der einzige Fürst, auf dessen Treue Antonius sich wirklich verlassen konnte; um jede Mißhelligkeit zu vermeiden, mußte er sie einzeln an sich binden. Zweitens verhielten sich die einflußreichen graeco-ägyptischen Würdenträger im ptolemäischen Ägypten feindselig gegenüber Rom und unterstützten Kleopatras jüngere Schwester Arsinoë; sie hatten

* In der Übersetzung von Wolf Heinrich Graf Baudissin.

sie sogar kurz vor der Schlacht von Pharsalos auf den Thron gesetzt. Weil Kleopatra im eigenen Land diesen Rückhalt nicht hatte, brauchte sie die Hilfe Roms und war deshalb auch geneigter, den Forderungen Roms nachzugeben. Es war also nur vernünftig, die Anschuldigungen gegen sie fallenzulassen, was keine Mühe machte; sie waren ohnehin nur Vorwand gewesen, um sie herzuzitieren. Antonius ging noch weiter. Er gab Weisung, Arsinoë, inzwischen als Schutzsuchende nach Ephesos zum Tempel der Artemis geflüchtet, zu ermorden. Von den fünf Kindern Ptolemaios' XI. überlebte folglich nur Kleopatra. Sie war Zeuge gewesen, wie ihr Vater ihre ältere Schwester umbrachte; ihr älterer Bruder und Gefährte, Ptolemaios XII., starb im Krieg gegen Caesar nach der Schlacht von Pharsalos; ihren jüngeren Bruder, Ptolemaios XIII., mit dem sie nach Caesars Gebot den Thron hatte teilen müssen, vergiftete sie selbst, und jetzt starb, wie sie gefordert hatte, ihre jüngere Schwester. Sentimental veranlagt war Kleopatra jedenfalls nicht. Als sie ihr Ziel erreicht hatte, war damit für sie die Begegnung abgeschlossen. Sie lud Antonius ein, den Winter mit ihr in Alexandria zu verbringen, und fuhr zurück.

Für den Rest des Sommers war er damit beschäftigt, viele Vasallenfürsten aus Syrien zu vertreiben, die die Parther in den letzten Jahren dort eingesetzt hatten. Die Unterstützung der Parther oder des Cassius war für ihn ein hinreichender Grund, vielen Städten Geldstrafen aufzuerlegen, die in ihrer Größenordnung in etwa seinen Forderungen in Asia entsprachen. Das heißt, sie waren so hoch, daß Aradus in Phönikien sich gegen ihn empörte und die Bewohner von Palmyra sich von ihren Wüstenoasen trennten und zu den Parthern übergingen, denn vom Handel mit ihnen hing ihre Existenz ab.

Pompeius hatte 20 Jahre zuvor versucht, die Vasallenreiche systematisch zu reorganisieren. Das versuchte Antonius erst gar nicht. Es hatte wenig Sinn, dort mit verläßlichen Alliierten ein Bündnissystem aufzubauen, bevor die parthische Frage geregelt war. Deswegen bestätigte er die zwei größten Fürsten des Gebiets in ihrem königlichen Rang: Ptolemaios von Chalcis und Iamblichus von Emesa. In Judaea ernannte er die beiden Brüder Phasaël und Herodes zu Tetrarchen unter dem greisen Hyrkanos, trotz der Proteste jüdischer Abgesandter in Antiochia und danach in Tyrus. Er gab den Juden auch Territorien zurück, die ihnen Cassius abgenommen hatte. Dann, zu Anbruch des Winters, ließ er Syrien und die parthischen Grenzgebiete in der Obhut des verläßlichen Decidius Saxa und reiste nach Alexandria.

Er betrat ägyptischen Boden ohne Legionen, als Privatmann und Gast einer unabhängigen Königin. Jahre später waren immer bunter ausgeschmückte Erzählungen über diesen Winter im Schwange. Plutarchs Großvater kannte einen Arzt, seinerzeit Medizinstudent in Alexandria, der entsprechende Phantastereien über die königliche Lebensart zum besten gegeben hatte. Kleopatra hätte alle Geschicklichkeit und allen Charme aufgeboten, um Antonius Tag und Nacht bei Laune zu halten. Sie trank, würfelte, jagte und huldigte der Venus mit ihm. Wäre er fischen gegangen, hätte sie es so eingerichtet, daß er zumindest einen Salzhering fing. Wäre er als Bediensteter verkleidet ausgegangen, um ungehindert die Mannigfaltigkeit der großen Stadt zu ergründen, hätte sie ihn, als Dienerin verkleidet, begleitet.

In alledem ist ein wahrer Kern. Antonius liebte solche Streiche. Er war nicht der Mann, den die Würde oder das Ansehen seiner Person in der Öffentlichkeit sonderlich interessierte. Er hatte Caesar geachtet und ihm bedingungslos vertraut, und Caesar hatte seinerseits den hohlen Pomp in der Sprache und im Verhalten anderer stets durchschaut. Antonius hatte viele Jahre seines Lebens mit Soldaten verbracht, im Lager, in richtigen Kriegen — nicht einfach in zweiwöchigen Exkursionen gegen Räuber in den Bergen, für die ein Mann wie Cicero einen Triumphzug zu beantragen fähig war. Im Kriegslager bewährte sich der Mann als der, der er war, nicht als der, der er vorgab zu sein, und aus dieser Prüfung war Antonius als bester Krieger seiner Zeit hervorgegangen. Er war seiner selbst völlig sicher, jederzeit fähig, in jungenhafter Laune seiner unbezweifelbaren Lust nach Wein und Weibern ohne Zögern nachzugeben. Ohne Zweifel genoß er Kleopatras Gesellschaft. Freimütig und unbeschwerten Herzens akzeptierte er die Liaison ganz realistisch als eine vergnügliche Unterhaltung, aus politischen Gründen in Szene gesetzt. Ob er Kleopatra liebte, ist eine ganz andere Frage. Wenn es so war, ließ er jedenfalls nicht zu, daß derartige Gefühle seine Entscheidungen beeinflußten. Wäre nicht Oktavian gewesen und sie nicht Königin eines so reichen Landes, dann wäre Kleopatra heute nicht berühmter als Glaphyra.

In den vereinfachenden, romantischen Berichten der Antike erscheint die Königin als *femme fatale*, als Sirene, die Antonius verführte und ihn alle großen Staatsaufgaben vergessen ließ, die ihn, den Beherrscher des römischen Ostens, zu ihren Füßen sehen, die Gefährtin des Mannes sein wollte, der über mehr Reiche gebot als irgendein hellenistischer König seit Alexander. Doch wenn das wirklich ihr Ziel war — so hatte sie es nicht erreicht. Antonius reiste zum Frühlingsbeginn des Jahres 40 ab, ohne sich noch einmal umzuschauen nach der Frau, die da schon seine Zwillingskinder trug.

Kleopatras wirkliche Ziele waren viel begrenzter und leicht zu durchschauen. Sie wollte das Reich der Ptolemäer, das sie endlich nach langem und unbarmherzigen Kampf errungen hatte, behalten und, wenn möglich, vergrößern. Sie war überhaupt keine Ägypterin; in ihr floß das makedonische Blut, das die Ptolemäer fast rein erhalten hatten. Das einzige Königshaus, mit dem sich die Ptolemäer durch Heirat verbanden, war das des Seleukos in Syrien, der wie Ptolemaios selbst einer der makedonischen Unterführer Alexanders gewesen war. In der seleukidischen Linie war auch baktrisches und persisches Blut, daher der orientalische Schnitt in Kleopatras Gesicht. Seit der Verbindung ihres Ururgroßvaters mit der seleukidischen Kleopatra I. hatten sich die Ptolemäer der überlieferten Sitte dieses einzigartigen Landes angepaßt, die die Geschwisterheirat des gewissermaßen göttlichen Herrscherpaares forderte. Stolz und feuriges Temperament hatte Kleopatra aus dem Heimatland ihrer Rasse mitbekommen; der Hof in Alexandria, luxuriös und voller Intrigen, lehrte sie, Arglist und Liebreiz einzusetzen; ihre Intelligenz und ihr Ehrgeiz waren das Ergebnis generationenlanger Inzucht. Alle diese Eigenschaften hatten ihr jetzt zum Thron verholfen. Kein Bruder, keine Schwester waren übriggeblieben, ihr den Titel streitig zu machen. Sie sorgte sich um Ägypten und die Ägypter. Sie war die einzige aus dem makedonischen Herrscherhaus, die zu ihren Untertanen in der Landessprache redete. Um ihr Land zurückzugewinnen, war sie die Geliebte Caesars geworden, in einen Teppich eingerollt hatte man sie in den Palast geschmuggelt, als sie und ihr Bruder-Gatte einander bekämpften. Sicherlich, sie war nach Rom gekommen und hatte Caesars Kind zur Welt gebracht. Vielleicht hat sie dann davon geträumt, Caesars Gefährtin und Herrin der Welt zu werden. Aber die Ermordung zerschlug alle Hoffnungen. Antonius war nicht Caesar, das wußte sie sehr wohl. Würde er erfolgreich sein können, wo Caesar versagt hatte? Diesmal jedenfalls würde sie in Ägypten bleiben, ihres Thrones sicher und mit der Gewißheit, daß Antonius ihre Interessen wahrte. Sie hatte keinen Trumpf verspielt. Für den Augenblick war ihr Königreich vor römischen Prokonsuln sicher, aber auch vor römischen Truppen und römischen Steuereinnehmern.

Antonius hatte sich überraschend von den Genüssen Alexandrias lösen müssen, denn aus Syrien kamen schlimme Nachrichten. Im Sommer 42 hatte Cassius den jungen Quintus Labienus, den Sohn des Mannes, der zu Beginn des Bürgerkriegs aus Caesars Stab zu Pompeius übergelaufen war, mit Hilfsersuchen zum parthischen König Orodes entsandt. Der König zögerte mit der Antwort, und Labienus blieb dort am Hofe. Als die Nachrichten von Philippi und vom Zusammenbruch alles republikanischen Widerstandes im Osten die Winter-Hauptstadt Phraaspa erreichten, beschloß Labienus, im Dienste der Feinde Roms ein neues Leben zu beginnen. Er gewann das Vertrauen des greisen Königs. Im Winter 41–40 führte er gemeinsam mit dem Sohn des Königs, Pacorus, einen Zangenangriff auf römisches Gebiet.

Nach der Überquerung des Euphrats schwenkte Pacorus nach Süden ab, während Labienus, westwärts weiterstürmend, in das südliche Asia Minor einbrach. Antonius hatte es versäumt, dieses Gebiet völlig unter Kontrolle zu bringen. Dieser Fehler und die Empörung über seine maßlose Besteuerung bewirkten, daß die Bevölkerung keinerlei Widerstandswillen mehr zeigte. Auch die Legionäre – manche darunter hatten in fünf Jahren nicht weniger als vier Herren gedient: Caesar, Caecilius Bassus, Cassius und jetzt Antonius – waren nicht besonders kampfeswütig; sie waren zahlenmäßig weit unterlegen. Einige Abteilungen gingen aus freien Stücken zu Labienus über; unter Brutus und Cassius dienend, hatten sie Labienus persönlich kennengelernt, und selbst jetzt zogen sie den republikanischen Renegaten trotz seiner seltsamen neuen Genossen dem caesarianischen Eroberer vor. Die andern Truppen unter Saxa waren schnell besiegt; Saxa selbst wurde verfolgt und hingerichtet. So warf sich Labienus zum Herrn des ganzen Südens von Asia Minor auf. Er ließ sogar Münzen in römischen Abmessungen und Werten prägen, mit seinem Bildnis und der schändlichen Inschrift IMPERATOR DER PARTHER.

Pacorus war gleichermaßen erfolgreich gewesen. In Syrien war es nur Tyrus, das ihm im Namen Antonius' widerstand; in Judaea wurde Hyrkanos gefangen genommen und abgesetzt. Der treue Herodes floh zur abgelegenen Felsenfestung Masada, wo er seine Frauen in Sicherheit brachte, und reiste von dort weiter zu der merkwürdigen Wüstenstadt Petra, um den arabischen König Malchus um Hilfe zu bitten.

Antonius, sehr beunruhigt wegen dieser Invasion, kam im Februar in Tyrus an. Er brach nach Asia auf, um Kräfte für den Gegenstoß zu sammeln. Kaum hatte er in Rhodos angelegt, erhielt er die niederschmetternde Nachricht von Perusia. Er wußte natürlich von den Auseinandersetzungen zwischen seinem Bruder und Oktavian. Eine Veteranen-Abordnung hatte den ganzen Winter vergeblich in Alexandria auf seine eindeutige Stellungnahme gewartet, wie er über das Problem denke und wie es zu lösen sei. Aber die Jahreszeit hatte dann die Schiffahrt und jeden weiteren Nachrichtenaustausch unterbunden, und Antonius wußte viel zu wenig von dem Streit, um sich für die eine oder andere Partei stark zu machen. Und nun hörte er, sein Bruder sei besiegt und begnadigt worden, und seine Unterfeldherren seien einer Entscheidung aus dem Wege gegangen.

Der Osten war jetzt zweitrangig. Antonius mußte seine Stellung dort behaupten und stärken, wo sie am angreifbarsten war. Er hatte keine Wahl, er mußte schnellstens nach Italien zurück. In Athen traf er seine Mutter Julia und Sextus' Schwiegervater Lucius Scribonius Libo, der ein gegen Oktavian gerichtetes Freundschafts- und Bündnis-Angebot von Sextus mitbrachte. Auch Fulvia und Plancus waren anwesend. Es muß eine interessante Besprechung gewesen sein; die Historie vermeldet uns darüber nichts. Antonius, noch im unklaren über alle Geschehnisse und noch nicht willens, mit seinem Partner sofort zu brechen, fand eine diplomatische Antwort für Sextus. Er dankte ihm, daß er seine Mutter herübergebracht hatte, und wenn es zum Krieg gegen Oktavian käme, werde er sich mit ihm, Sextus, verbünden; sollte ihm aber Oktavian seinen guten Willen beweisen, so wolle er versuchen, Sextus und Oktavian miteinander zu versöhnen. Dann brach er nach Italien auf. In Sikyon, bei Korinth, wurde Fulvia krank, aber er wollte nicht warten und fuhr allein mit Plancus weiter; die Flotte zählte 200 Schiffe. Er hatte wenig Männer dabei, aber er wußte, Pollio und Ventidius erwarteten ihn in Italien mit Legionen, die ihm ergeben waren. Pollio hatte ihm auch sagen lassen, er habe Ahenobarbus für ihn, Antonius, gewinnen können. In der Adria trafen sich die beiden Flotten — die des Antonius und die des Ahenobarbus. Es war ein spannungsgeladener Moment. Plancus, der immer von sich auf andere schloß, versuchte Antonius davon abzuhalten, sich mit lächerlichen fünf Schiffen der vereinigten und bedrohlichen Seemacht des letzten der Republikaner zu nähern. Antonius antwortete, er wolle lieber durch einen Vertrauensbruch sterben als sich durch Feigheit retten; er ließ weiter rudern. Die Flaggschiffe kamen längsseits, und der caesarianische Triumvir und der verurteilte, proskribierte Republikaner begrüßten sich, und die Männer des Ahenobarbus begrüßten Antonius als Feldherrn. Vereint zogen die Flotten zu Ahenobarbus' Stützpunkt bei Paloeis und von dort, etwa Mitte Juli, nach Brundisium.

Die Einwohner von Brundisium erkannten die Flotte des Ahenobarbus sofort; sie hatten zu oft unter ihr leiden müssen. In aller Eile blockierten sie die Hafeneinfahrt und rüsteten sich, mit Hilfe der Garnison Oktavians die Stadt zu verteidigen. Antonius sah nun mit eigenen Augen einen unbezweifelbar feindlichen Widerstand und zögerte nicht länger. Mit einem quer über die Landenge gebauten Wall schnitt er die Stadt ab. Im Halbkreis um den Hafen ließ er Türme errichten. Er besetzte die Nachbarstadt Sipontum. Auch sandte er Nachricht an Sextus, er solle mit der Flotte gegen Italien vorrücken. Sextus landete in den Städten rings um den Golf von Tarent, und sein Flottenführer, der Grieche Menodoros, bemächtigte sich Sardiniens und der dortigen zwei Legionen.

Oktavian sandte umgehend Agrippa nach Süden, mit der Anweisung, angesiedelte Veteranen anzuwerben, während er selbst mit einer Armee nach Brundisium marschierte. Die Veteranen hatten nichts dagegen, Sextus zu bekämpfen, aber als es sich herumsprach, Antonius sei der Feind, machten sie kehrt. Auf der Landstraße trafen sie Oktavian, der die Männer seiner eigenen Kolonien zur Gefolgschaft bewog, indem er an ihr Treueverhältnis, ihre Achtung und Dankbarkeit ihm gegenüber appellierte. Und so stark war die Bindung zwischen dem Befehlshaber und seinen alten Soldaten, daß sie eine Weigerung scheuten, aber sie waren entschlossen, alles zu tun, um einen Krieg zwischen Oktavian und Antonius zu verhindern. Vor kaum 18 Monaten hatten die Truppen Seite an Seite bei Philippi gefochten, um den Tod Caesars zu rächen, und sie hatten viele Kameraden in der Armee des Antonius.

In Brundisium konnte Oktavian trotz zahlenmäßiger Überlegenheit nichts gegen Antonius ausrichten. Ihm fehlte sein Unterfeldherr Agrippa. Antonius konnte sich hingegen ohne weiteres auf der Landenge verteidigen, ohne deswegen den Druck auf die Stadt zu vermindern. Er rief seine Legionen in Makedonien ab. Zwischendurch wandte er folgende Kriegslist an: Des nachts ließ er Schiffsladungen von Zivilisten auf See hinausfahren – und am nächsten Morgen landeten sie im Angesicht des Feindes als Legionäre in voller Rüstung. Agrippa nahm Sipontum ein. In einem blitzartigen Handstreich kassierte Antonius anderthalb Regimenter der Reiterei des Oktavian. Aber keiner der beiden Oberkommandierenden hatte eine gute Ausgangsstellung. Oktavian konnte im Falle eines wirklichen Krieges kaum auf alle seine Truppen rechnen. Er verfügte über mehr als 40 Legionen. Zog man aber die einst unter Antonius dienenden Einheiten ab, so blieb erschreckend wenig übrig. Nicht weniger als elf solcher Legionen waren in den letzten Monaten zu ihm gestoßen, die gesamte Garnison Galliens und Spaniens, die der junge Fufius Calenus übergeben hatte. Sein Vater, ein bewährter Feldherr und unbedingter Anhänger des Antonius, war als Prokonsul von Gallien plötzlich gestorben, und sein verängstigter Sohn sah zu, als sich Oktavian der Provinzen und der Truppen bemächtigte. Aber unter den Soldaten waren viele, die für Lucius Antonius gefochten hatten, auch in Perusia, im Glauben, sie stritten für Marcus Antonius, und viele andere, die zu irgendeiner Zeit unter Antonius gedient hatten.

Antonius konnte seinerseits auch kaum vorankommen, jedenfalls nicht, solange der Gegner die Nerven behielt und auf die Treue eines wesentlichen Teils der Truppen vertrauen durfte. Antonius wußte aus bitterer Erfahrung, seit dem Herbst 44, wie wertvoll der Name »Caesar« für Oktavian war. Ein Wettringen um die Gunst der Soldaten mußte zu einem »Unentschieden« führen. Denn keiner von beiden konnte glaubwürdigerweise mehr Lohn versprechen als das, was jetzt ohnehin nur unter größten Schwierigkeiten aufzutreiben war. Eine Niederlage war kaum zu fürchten; da er und Sextus das Meer beherrschten, war ein Rückzug kein Problem. Andererseits war wenig gewonnen, selbst wenn er Brundisium einnahm. Die Invasion Italiens brachte nichts ein, solange er nicht genügend Truppen aufbieten konnte, um Oktavian zu vernichten, und dazu brauchte man den Rückhalt im ganzen Land. In dieser Situation gab es zu viele Unwägbarkeiten, um siegessicher sein zu können.

Infolgedessen griff Antonius auch nicht ein, als Männer seiner Prätorianer-Kohorten — deren Treue über jeden Zweifel erhaben war — auf vielen Wegen Kontakt zu Oktavians Soldaten suchten und ihre alten Kameraden fragten, weshalb sie eigentlich den Mann bekämpfen wollten, dem sie alle ihr Leben bei Philippi verdankten. Solche Verbrüderung war ihm schon einmal in Fréjus nützlich gewesen, und sie war es auch hier. Nachdem man sich gegenseitig des Treubruchs und unmoralischer Pakte beschuldigt hatte, kam schließlich heraus, daß Oktavians Soldaten keine Lust hatten, eine neue Runde im Bürgerkrieg zu eröffnen; sie wollten die Verständigung zwischen den Triumvirn. Darauf begannen Verhandlungen auf einer höheren Ebene, vermittelt durch Cocceius Nerva, einen Freund beider Männer; im letzten Sommer war er nach Phönikien,

1. Oktavian, Kopf einer Statue, die auf dem Marktplatz von Arles 40—39 v. Chr. errichtet wurde (siehe Revue Archéologique 1952, 31ff.). Marmor, nicht restauriert. Arles, Musée Lapidaire d'Art Paien.

2. Bild oben: Mark Anton. — 3. Bild rechts: Luftaufnahme der Einfahrt in den Golf von Ambrakia (heute Golf von Arta). Der Mauerring von Nikopolis ist südlich von A zu erkennen, unmittelbar westlich der Lagune und fast ebenso umfangreich wie diese. — A: Der Hügel von Mikhalitzi, wo das Lager Oktavians stand. — B: Lager des Antonius auf der Landzunge

von Aktium. — C: Hier hat vermutlich das vorgeschobene Lager des Antonius gestanden. — D: Einfahrt in den Golf; die Befestigungen liegen rechts und links des Buchstabens. — E: Oktavians Ankerplatz und Landestelle. — F: Hier ankerte die Flotte des Antonius. (Wiedergegeben mit Genehmigung des Britischen Verteidigungsministeriums)

5. Blick von der Nordküste der Einfahrt in den Golf von Ambrakia nach Südsüdwest; im Hintergrund Leukas und, ganz links, die akarnanischen Berge, vor diesen ein Teil der Landzunge von Aktium.

4. Blick vom Lager Oktavians nach Süden; rechts im Vordergrund die Ruinen des Theaters von Nikopolis, im Hintergrund Leukas.

6. Kleopatra (nach Ludwig Curtius).

7. Agrippa.

8. Relief eines römischen Kriegsschiffs mit Gefechtsturm und Legionären von einem ansonsten unbekannten Monument, das die Schlacht bei Aktium darstellt. Das Krokodil, das ein Symbol Ägyptens war, läßt darauf schließen, daß das Schiff zu denen des

zu Antonius, geschickt worden, in dessen Gefolge er sich noch befand. Beiden spielte er jeweils vor, er stünde auf der gegnerischen Seite, und so fand er sehr schnell heraus, was der eine dem andern wirklich vorwarf. Inzwischen wußte man, daß Fulvia in Sikyon gestorben war, und dem listigen Nerva gelang es, sie als die eigentlich Verantwortliche am Perusinischen Krieg hinzustellen und Oktavian davon zu überzeugen, der Zorn ihres Gatten hätte sie krank gemacht, und schließlich sei sie gestorben, weil Antonius sie nicht einmal auf dem Krankenbette mehr sehen wollte. Strategische Argumente ließ Nerva dabei nicht aus. Sollten die Triumvirn nicht zur Einigung kommen, wären die Küsten Italiens den Flotten des Sextus und Ahenobarbus ausgeliefert. Die Überredungskünste Nervas und die Meinungen der Veteranen waren ausschlaggebend. Ernsthaftere Verhandlungen folgten, in denen Maecenas für Oktavian und Pollio für Antonius sprachen. Die Veteranen ließen alle wissen, die beiderseitigen Beschwerden interessierten sie nicht, sie wollten nur den Frieden wiederhergestellt sehen.

Die Triumvirn versöhnten sich, proklamierten eine Amnestie, was Vergangenes, und Freundschaft, was die Zukunft anbetraf. Das einzige Opfer von Bedeutung war Salvidienus. Oktavians bester Truppenführer, der ihm von Anfang an beigestanden hatte, hielt verräterische Verbindung zu Antonius, wie man jetzt entdeckte. Salvidienus wollte mit seinen Armeen überlaufen und die Provinzen Spanien und Gallien als Morgengabe mitbringen. Die Verständigung der Triumvirn war sein Verderben. Im Kriegsfalle wäre sein Verrat entscheidend gewesen, er hätte neben Pollio, Plancus, Ventidius und Ahenobarbus zu den Überlebenden der mörderischen Kämpfe in den letzten vier Jahren gehört. Wie dem auch war – Antonius gab ihn jedenfalls preis, vielleicht um seinen guten Willen zu beweisen. Salvidienus, immerhin designierter Konsul, wurde vor den Senat gebracht, dem er nicht einmal angehörte, und von diesem verurteilt. Dem Historiker des Reichs, Velleius, war die Moral der Geschichte klar: »... obwohl von dunkelster Herkunft, dünkte es ihn gering, die höchsten Ehren erworben und erreicht zu haben, was vor ihm nur Pompeius und Caesar (Oktavian) erreicht hatten, das Konsulat, ohne Senator gewesen zu sein – das heißt, er hätte es erreicht, wäre er nicht so hoch aufgestiegen, daß er auf Caesar und den Staat glaubte herabblicken zu können.«

Die erneuerte Allianz wurde, wieder einmal, durch eine Heirat besiegelt. Oktavian hatte Clodia verstoßen und zu Fulvia zurückgeschickt und sich lange gescheut, eine neue Ehe einzugehen; aber dann, in den Nachwehen von Perusia, hatte er sehr schnell in Sextus' Familie eingeheiratet. Er nahm die sehr viel ältere Scribonia zur Frau, eine Schwester von Sextus' Schwiegervater Scribonius Libo, die schon mit zwei Konsularen verheiratet gewesen war. Antonius hatte zurückhaltend auf das gegen Oktavian gerichtete Hilfsangebot des Sextus geantwortet. Aber Oktavian spielte ohne weiteres einen politischen Trumpf aus, um einen seit vielen Jahren proskribierten und exilierten Feind auf seine Seite zu ziehen. Dieser Unterschied ist ganz typisch für das Verhalten beider: Der eine möchte Streit vermeiden, der andere will, daß der Streit zu seinen Gunsten ausgeht. Oktavian selbst war also nicht mehr zu haben, aber es kam sehr gelegen, daß seine Schwester Octavia kürzlich infolge des Todes ihres Gatten, des Konsularen Marcellus, Witwe geworden war. Wo hätte Antonius, gleicherweise vereinsamt, eine geeignetere Frau finden können? Die Ehe wurde alsbald vereinbart. Vergil schrieb die berühmte vierte Ekloge, selig und dankbar, daß endlich wieder Frieden auf Erden herrschen sollte. Der Sprößling aus der Verbindung zweier so bedeutender Menschen würde sicherlich zu Höherem bestimmt sein. Die Hoffnungen und Erwartungen in diesem Gedicht, das die Erlösung beschwor, sind ein Ausdruck für die Kriegsmüdigkeit und das Schuldgefühl, das kultivierte Römer angesichts des anscheinend unaufhörlichen gegenseitigen Abschlachtens befiel:

> Schon erfüllete sich die Zeit cumaeischer Sänge,
> Schon von neuem beginnt der Jahrhunderte mächtiger Kreislauf,
> Kehrt uns die heilige Magd und kehrt das Reich des Saturnus,
> Schon vom hohen Olymp erscheint ein neues Geschlecht uns.
> Sei der Geburt des Sohns, dem bald dies eiserne Alter
> Weicht und das goldene Jahr neu aufgeht über der Erde,
> Keusche Lucina geneigt: schon herrscht dein Bruder Apollo.
> Also beginnt die Zierde der Zeit und nehmen die großen
> Monde den Lauf, da du des Konsuls Würde verwaltest,
> Pollio, Führer des Jahrs; jetzt weicht von Frevel und Grauen
> Jede gebliebene Spur, erleichtert atmen die Länder.
> Göttlich Schicksal teilet das Kind und schaut die Heroen
> Wandelnd im seligen Schwarm; sie selber grüßen ihn freundlich,
> Wenn er die Lande regiert, durch Kraft seiner Väter befriedet.*

* Übers. v. R. A. Schröder.

Der verheißene Sohn war schließlich ein Mädchen: Antonia, die ältere, im folgenden Jahr zur Welt gebracht. Pollio blieb Konsul bis zum Ende des Jahres 40; kurz vorher verließ er noch einmal Italien, um einen Feldzug gegen die Parthiner, einen Stamm an der Grenze seiner Provinz Makedonien zu führen. Nach Pollio fand der aufsteigende Dichter Vergil seinen neuen Gönner, Maecenas, und hinterließ dieses Gedicht, das den Erklärern Rätsel aufgab und das Mittelalter davon überzeugte, er sei ein Vorläufer des Christentums gewesen.

Die von den Triumvirn neu beschlossene Aufteilung der römischen Welt bestätigte die ohnehin bestehende Situation. Oktavian sollte die westlichen Provinzen einschließlich Illyricums beherrschen, Antonius die östlichen einschließlich Makedoniens. Lepidus wurde Africa zugesprochen. Nach Perusia hatte ihn Oktavian dorthin geschickt, damit er diese Provinz endlich unter Kontrolle brächte, um die sich seit 44 die Gouverneure aller Parteien, caesarianische, republikanische und antonianische, stritten. Die Kriegsführung gegen Sextus, sofern keine Abmachung erzielt werden konnte, war Sache Oktavians. Antonius sollte dagegen die lange zurückgestellte Strafexpedition gegen die Parther in die Wege leiten, um die Niederlage des Crassus vom Jahre 53 zu rächen – vom jetzigen, viel bedrohlicheren parthischen Einfall in Syrien und Kilikien ganz zu schweigen. Italien, das Mutterland, gehörte ihnen theoretisch gemeinsam. Aber da praktisch Oktavian dort Herr und Meister war, kam man formell überein, daß Antonius in Italien das gleiche Rekrutierungsrecht hätte wie Oktavian. Und auch hier, wie bei den Vereinbarungen von Philippi, hatte Antonius keine Möglichkeit, das Vereinbarte durchzusetzen, sollte es Oktavian gefallen, es zu mißachten.

Im Interesse der neuen freundschaftlichen Übereinstimmung war es wünschenswert, daß die Unterfeldherrn des Antonius, im Perusinischen Krieg Oktavians direkte Gegner, nach anderen Standorten versetzt wurden. Der Bündnispartner, der Antonius jetzt am meisten in Verlegenheit brachte, war Ahenobarbus – man hatte ihn gleich zu Beginn der Verhandlungen als neuen Statthalter nach Bithynien delegiert. Bei der Ermordung Caesars hatte er nicht persönlich mitgewirkt, aber der Gesinnung nach gehörte er zu den »Befreiern«, und in seiner Entschlossenheit, bis zum letzten zu kämpfen, übertraf er alle.

Antonius bewog Oktavian mit Erfolg dazu, der Begnadigung des Ahenobarbus zuzustimmen. Pollio, dem das Konsulat versprochen worden war, hatte zu dieser Übereinkunft wesentlich beigetragen. Oktavian akzeptierte den wegen seiner Unabhängigkeit, Redlichkeit und vielleicht wegen seines literarischen Geschmacks geschätzten Pollio. Dennoch verweilte Pollio nicht. Plancus wurde als Statthalter nach Asia geschickt, wo sein Mangel an Mut bei der ihm übertragenen Aufgabe, neue Kräfte für Ventidius herbeizuschaffen, keinen Schaden anrichten konnte. Ventidius, der vierte unter den großen Gefolgsleuten des Antonius, war der eigentliche militärische Fachmann, und als solchem fiel ihm, gebührenderweise, der Auftrag zu, die Parther vom römischen Territorium zu vertreiben. Die Beseitigung der Gegner Oktavians vom Jahre 41 wurde damit abgeschlossen, daß Antonius die Hinrichtung von Manius befahl, weil er angeblich Fulvia dazu verleitet hatte, gegen seine Interessen zu handeln. Fulvias Tod kam Oktavian tatsächlich sehr gelegen. Wäre sie in Brundisium bei Antonius gewesen, hätte sich alles ganz anders entwickeln können. Ihr Ehrgeiz, ihre Schläue und politische Erfahrung hätten ihren Gatten vielleicht davor bewahrt, dem jungen, gut aussehenden, aber unaufrichtigen Partner so viel Vertrauen zu schenken.

Der Vertrag wurde im Oktober zum Abschluß gebracht. Danach heirateten Antonius und Octavia in Rom und verbrachten dort den Winter. Antonius' Versprechen, er würde versuchen, Sextus und Oktavian zu versöhnen, führte zu keinem Ergebnis. Sextus' Flottenführer Menodoros besetzte Sardinien. Oktavians dortiger Statthalter, auch ein freigelassener Grieche namens Helenos, eroberte die Insel im Handstreich zurück, worauf ihn Menodoros abermals vertrieb. Das brachte Oktavian derart auf, daß er von einer Verständigung mit Sextus nichts mehr wissen wollte. Vielleicht waren Verhandlungen auch schon im Gange gewesen, das könnte die zornige Reaktion Oktavians auf einen provozierenden Vertrauensbruch erklären. Die Abneigung gegen Sextus brachte Oktavian nichts ein, wie der kommende Winter zeigte. Menodoros und sein Kollege Menecrates unternahmen Raubzüge an den italischen Küsten, überfielen Etrurien und störten nachhaltig den Getreidetransport nach Rom. Die Flotte des Antonius hatte sich, samt seinen Hauptleuten, in die Ost-Provinzen abgesetzt; die Triumvirn konnten wenig tun. In der Öffentlichkeit wuchs die Empörung gegen sie. Bei einer Volksversammlung wurde Oktavian mit Steinen beworfen, und Antonius, populärer wegen seiner anerkannten Bereitschaft, mit Sextus Frieden zu schließen, konnte seinen Kollegen gerade noch retten, indem er starke Militäreinheiten zu Hilfe rief. Seine eigene Autorität nutzte ihm wenig. Sondersteuern schürten die Unzufriedenheit; die Triumvirn brauchten dringend

Geld, um den Krieg gegen Sextus vorzubereiten. Sklaven wurden besteuert, der Betrag entsprach der Hälfte der vor Philippi geforderten gleichen Abgabe. Es gab neue Erbschaftssteuern, die damals wie heute den üblichen Widerstand hervorriefen. Das Volk riß die Regierungsedikte ab, erbittert über den Eingriff in den Privatbesitz, der nur den Triumvirn helfen sollte, ihre persönlichen Fehden auszutragen und ihre persönliche Macht zu stärken.

Die Vorwürfe bestanden zu Recht. Die Ziele der Hauptakteure, wenn sie überhaupt welche hatten, unterschieden sich nicht. Im Kampf der feindlichen Lager bei Philippi wurde jedenfalls letztlich ein Konflikt zwischen gegensätzlichen Prinzipien ausgetragen, wenngleich die an persönlichen Interessen orientierte Politik diesen Hintergrund etwas verdeckte. Auf der einen Seite fochten dort Männer für die Bewahrung alter Staatsordnung, überlieferter Privilegien und den Einfluß der stadtrömischen Oligarchie, gegen andere, die gewillt waren, die Folgen jener sozialen Revolution auf sich zu nehmen, die in den letzten 100 Jahren Italien ganz allmählich verändert hatte. Sextus jedoch, der einzige in dieser verworrenen Situation, der noch vorgab, die alte Republik zu vertreten, hatte das Recht auf diesen Anspruch längst verloren. Ungeachtet all der Republikaner, die ihm nach Philippi, nach den Proskriptionen, zugelaufen waren, dachte er nur an seine eigene Machtstellung. Bithynicus, seinen nominellen Mit-Statthalter auf Sizilien während der ersten Okkupationsmonate, hatte er schon ermorden lassen. Murcus, der nach Philippi seine Flotte Sextus zugeführt hatte, ereilte das gleiche Schicksal aufgrund der Eifersucht der griechischen Flottenführer. Sextus und Oktavian waren gleicherweise auf den Heiratsvertrag erpicht, der sie mit Hilfe Scribonias verbünden würde — und damit verzichteten beide auf den Vorwand, für die gerechte Sache zu kämpfen.

Antonius war der ehrlichste und der am meisten geachtete der drei. Aber auch seine Differenzen mit Oktavian, die beinahe zum Krieg geführt hätten, waren nur aus Macht- und Stellungsanspruch entstanden. Die Wohlfahrt eines großen Teils der Bevölkerung war das Kampfziel gewesen, wofür seine Frau und sein Bruder ein Jahr zuvor den Krieg eröffnet hatten; er konnte es jedoch nicht zu dem seinen machen, denn es war die Unterstützung der Armee gewesen, der kolonisierten Veteranen, die ihm zur Mit-Führerschaft in der caesarianischen Partei und zum Siege bei Philippi verholfen hatte. Er war gezwungen, genau wie Oktavian, die Forderungen der Soldaten zu erfüllen. Hätte er dem kriegerischen

Vorgehen seines Bruders Lucius offen zugestimmt und Oktavian und seine Anhänger vernichtet, hätte er nun unter dem Zwang gestanden, eben all das wieder zu tun, was Lucius veranlaßt hatte, zu den Waffen zu greifen.

Diesmal machte das Volk von Rom seinen Willen geltend; es wollte nicht länger der Hackklotz der Ehrgeizigen und Machthungrigen sein. Die allgemeine Unruhe und die Insolvenz der Finanzverwaltung zwangen die Triumvirn zu Verhandlungen. Auch vor Sextus machte die öffentliche Meinung in Rom nicht halt. Seine Mutter Mucia wohnte noch in Rom. Vor ihrem Hause fanden feindselige Demonstrationen statt. Auf Veranlassung des Antonius kam Scribonius Libo, in diesem Falle der gegebene Vermittler, zur Sondierung. Als das Volk von seinem Kommen erfuhr und hörte, daß sein Schiff vor der Insel Ischia Anker geworfen hatte, gab es neue Demonstrationen in Rom, in denen diesmal Oktavian aufgefordert wurde, Libo freies Geleit zu gewähren und mit ihm zu sprechen. Am Ende stimmten die drei Parteiführer einer Konferenz in einer der Küstenstädte an der Bucht von Neapel zu. Antonius und Oktavian reisten nach Baiae; die Vorbereitungen für das Treffen wurden eingeleitet.

In einer Luxusvilla dieses vornehmen Kurorts trafen sich die Triumvirn. Die Orakelstätte der berühmten cumaeischen Sibylle lag hinter ihnen, landeinwärts. Vor sich hatten sie, über die Bucht von Puteoli hinweg, die Aussicht auf Neapel und den eindrucksvollen Kegel des Vesuvs; zur Linken die Felsen von Pausilypon (»Sans-Souci«) – wo die Häuser sich noch nicht so drängten wie heute; zur Rechten die Berge, die sich über die sorrentinische Landzunge bis nach Capri erstreckten. Kein Wunder, daß sich Oktavian und seine Familie später diesen Ort für ihren Kaiserpalast am Meer aussuchten. Doch im Augenblick genossen die Triumvirn die herrliche Aussicht nur dank ungewöhnlicher Vorgänge: Die Mannschaften eng aneinander dümpelnder Boote und Barken trieben Pfähle für zwei Plattformen in den Meeresboden. Sextus, mißtrauisch, wollte kein Land betreten, Antonius und Oktavian wollten keine Verhandlung auf dem Meer. Der erreichte Kompromiß schien lächerlich – wäre die Sache nicht so wichtig gewesen. Eine Plattform also für Antonius und Oktavian, die andere für Sextus, beide so nahe beieinander, daß die Teilnehmer der Mißlichkeit enthoben waren, das Schicksal der mittelmeerischen Welt lauthals schreiend entscheiden zu müssen.

Sextus versäumte nicht, seine Feinde zu beeindrucken; gegen Abend erschien er mit seinem Flaggschiff, einem großartigen Sechs-Ruderer*, von vielen seiner besten Schiffe begleitet. Dreist segelte er in die Bucht von Puteoli, bevor er im Hafen von Ischia Anker werfen ließ. Am nächsten Morgen bestiegen er und Libo die landfernere, die Triumvirn die landnähere Plattform. Aber all diese spitzfindigen Vorkehrungen nutzten nichts. Sextus war in dem Glauben gekommen, er werde eingeladen, im Triumvirat die Stelle von Lepidus einzunehmen. Aber Antonius und Oktavian hatten nie mehr im Sinn gehabt, als ihm die Rückkehr aus dem Exil zuzugestehen. Man trat auf der Stelle und trennte sich dann. Freunde bemühten sich um den Fortgang der Verhandlungen, denn beide Parteien waren am Zustandekommen irgendeiner Übereinkunft interessiert. Als größtes Hindernis erwies sich die Frage nach der Entschädigung der zu Sextus übergegangenen Proskribierten. Sextus verlangte die Rückerstattung ihres gesamten Besitzes, ferner ihre Wiedereinbürgerung mit allen Bürgerrechten. Das brachte die Triumvirn in Verlegenheit. Die Begnadigung der Proskribierten kostete nichts. Aber den inzwischen versteigerten Besitz zurückzukaufen, hätte Geld gekostet, und Geld war gerade das, was die Triumvirn jedenfalls nicht hatten. Das Äußerste, zu dem sie sich verstehen wollten, war die Rückerstattung eines Viertels ihres Bodens. Das hätten die Proskribierten sogar akzeptiert, aber Sextus verlangte mehr. Nun war Sextus nicht der Anführer, der Vertrauen eingeflößt hätte, besonders nicht nach der Ermordung seines hervorragendsten Gefolgsmannes Murcus. Auch Libo hielt sich zurück, nicht bereit, die möglichen Vorteile aus der kürzlich vollzogenen Familien-Verbindung mit Oktavian zu gefährden.

Sextus fühlte sich betrogen und war wütend. Auf einmal waren die Proskribierten die angesehensten und bedrohtesten seiner Anhänger. An niemanden sonst hätten sie sich wenden können, und schon die Tatsache ihres Proskribiertseins erhob sie zur Prominenz, sei es aufgrund ihres Reichtums oder wegen ihrer politischen Ansichten. Daneben gab es eine beträchtliche Zahl führender Männer, die aus Angst vor der Proskription geflohen waren, dann aber gar nicht proskribiert wurden. Hier fühlten sich die Triumvirn, finanziell gesehen, auf sichererem Boden; wer sich den Besitz dieser Männer angeeignet hatte, konnte ohne weiteres wieder ent-

* Die Bezeichnungen für die Schiffe des Altertums richteten sich nach der Zahl der Männer auf den Ruderbänken. Man sagt, es hätte nie mehr als drei Ruderdecks übereinander gegeben, aber das ist umstritten. Ein »Sechs-Ruderer« hatte also zwei Ruderdecks übereinander, mit jeweils drei Mann an einem Riemen, oder drei Ruderdecks mit jeweils zwei Mann an einem Riemen – oder entsprechend: ein Deck mit sechs Mann an einem Riemen.

eignet werden, denn er war ungesetzmäßig vorgegangen und hatte dem Staat für seine Neuerwerbungen nicht einmal etwas abgeführt. Da fiel es Antonius und Oktavian leicht, die volle Rückerstattung – mit Ausnahme der Mobilien – zuzusichern, und Sextus wird es klar gewesen sein, daß er in jedem möglichen Abkommen bei diesem einen Punkt seine Helferrolle nicht spielen konnte. Aber daß die Proskribierten sich mit dem jämmerlichen Viertel ihres Grundbesitzes begnügen sollten – das schien ihm ein arger Abstrich an seinem Prestige und seiner Verhandlungsposition.

Sicherlich war er verärgert, aber was sollte er tun? Brach er die Verhandlungen ab, verließen ihn sofort diejenigen seiner Anhänger, denen das Angebot der Triumvirn genügte – zweifellos ein beträchtlicher Teil seiner Gefolgschaft römischer Bürger. Nicht ihre Überzeugung, der Zwang der Verhältnisse hatte sie ihm zugeführt, und sie wünschten sich nichts sehnlicher als nach Italien zurückkehren zu können – zu ihren Familien und Freunden und zu ihrem Grund und Boden. Der Kader, auf den Sextus vertrauen durfte, waren die Spanier, die in den Jahren 45 und 44 für ihn gefochten hatten und ihm 43 nach Sizilien gefolgt waren, um sich dort niederzulassen. Zu dieser Kerntruppe gehörten noch ein paar Freigelassene und Gefolgsleute seines Vaters, Überlebende der Schlacht von Munda, die das Rom Caesars nie locken konnte.

Nach Herkunft und Ruf war Sextus ein untadeliger Republikaner. Und dennoch – sein merkwürdiges Unvermögen einmal außer acht gelassen, mit denen zusammenzuarbeiten, die für das gleiche Ideal kämpften – war er als Vertreter der republikanischen Sache nicht glaubwürdig. Für einen Römer war »die Republik« eine Staatsauffassung, aber zugleich – was ihm vielleicht noch wichtiger war – eine Reihe »großer Namen«. Aber da waren keine »großen Namen«, die Sextus gestützt hätten, keine Namen, vom Ruhme großer Taten oder traditioneller Staatsdienste überglänzt, wie die von Domitius Ahenobarbus, Valerius Messalla, Licinius Crassus, Cornelius Lentulus. Die jetzigen Träger dieser Namen waren alle irgendwo anders, manche bei Antonius, andere bei dem neuen Caesar. Sie hatten ihre Gründe; sie strebten nach Macht und Einfluß, und bei Sextus war ihrer Meinung nach weder das eine noch das andere zu gewinnen.

Andererseits war Sextus allerdings unumstrittener Herr der italischen Gewässer, und in dieser Eigenschaft konnte er am Ende auch den Triumvirn sehr vorteilhafte Bedingungen abnötigen. Die drei Männer trafen sich erneut, diesmal auf der Mole von Puteoli. Man kam überein, daß wieder Friede und freier Handel herrschen sollten. Sextus verpflichtete sich, die von ihm entlang der ganzen italischen Küste errichteten Garnisonen — so stark war er gewesen! — wieder aufzulösen. Dafür wurde ihm die Statthalterschaft über Sizilien, Sardinien, Korsika und die Peloponnes zugesprochen, solange Antonius und Oktavian gleichrangige Amtsgewalt anderswo ausübten. Nominell sollte er den beiden andern gleichgestellt sein, als neuernanntes Mitglied des alten, angesehenen Auguren-Kollegiums, mit dem Recht, das Konsulat zu bekleiden — dies allerdings nur in Abwesenheit, vermittels irgendeines von ihm ernannten Freundes. Offenbar war Oktavian bereit, seinem Feinde den Titel zuzugestehen, aber nicht, ihn das Amt auch persönlich ausüben zu lassen; die Erinnerungen an Lucius Antonius waren noch zu frisch und auch zu schmerzhaft. Die Veteranen des Sextus sollten bei der Entlassung so behandelt werden wie die des Oktavian und Antonius; die unter Sextus dienenden Sklaven würde man zu Freien erklären, damit sie nicht unter die strengen Strafen für entlaufene Sklaven fielen. In dem Abkommen wurden schließlich die Konsulate für die nächsten vier Jahre festgelegt; das letzte Paar, im Jahre 35, sollte aus Antonius und Oktavian bestehen, und dann, so nahm man an, würde die Regierung auch wieder auf verfassungsmäßiger Grundlage wirken können.

Das Abkommen wurde besiegelt durch die Verlobung der kleinen Tochter des Sextus mit dem drei Jahre alten Neffen Oktavians. In zahlreichen Banketten wurde es gefeiert. Antonius und Oktavian bewirteten Sextus in einem großen Zelt auf der Mole, aber die Wachtschiffe, schon während der Verhandlungen ringsherum vertäut, waren immer noch da. Als er an der Reihe war, ließ Sextus seinen Sechs-Ruderer an der Mole festmachen, und die Herren der Welt dinierten an Deck, jeder mit einem verborgenen, griffbereiten Dolch. Menodoros, so sagte man, plante Verrat, grollend, daß solch eine Chance verspielt würde. Aber Sextus wollte nichts davon wissen; sein Flaggschiff dümpelte brav an der Mole. Das ist eine hübsche Geschichte. Aber tatsächlich muß Sextus erkannt haben — und die beiden andern wußten, daß er es gewußt haben muß —, daß ihre Ermordung oder Gefangennahme ihn nur in ein schlechtes Licht rücken würde. Sofort würden andere Anführer an ihre Stelle treten und nach Rache schreien. Er war schon viel zu lange im Exil, als daß er in Rom für jemanden Patron sein konnte. Die republikanischen Ansprüche, die er vielleicht angemeldet hat — sie waren nur der Vorwand, hinter dem er sich versteckte. Die Republik hatte er kaum gekannt. Als Caesar den Rubikon überquerte, war er, 25jährig, viel zu jung, um im politischen Leben eine Rolle zu spielen. Aber was er eigentlich mit Leidenschaft erstrebte – wie Oktavian übrigens auch –, das verrät der Name, den er benutzte. Der ordnungsgemäße, republikanische Name war: Sextus Pompeius Magnus Pius. Aber den vom Vater ererbten Spitznamen verwendete er als Vornamen von einzigartigem Glanz und wurde so: Magnus Pompeius Pius.

Als einziger der großen Kriegsherren, die in Puteoli zusammenkamen, ahnte und verstand Antonius, was mit der Bildung des Triumvirats alles vergangen war. Und als einziger erhoffte er nicht die Monarchie.

KAPITEL ZEHN

Neue Spannungen

Die Nachrichten über das erzielte Abkommen wurden überall jubelnd begrüßt. Seit dem Tode Caesars vor über fünf Jahren war entweder Bürgerkrieg, oder es drohte Bürgerkrieg. Das Volk von Rom war von Herzen dankbar, endlich von unaufhörlichem Notstand, Beschlagnahmungen, Behinderung der Landwirtschaft und Hungersnöten erlöst zu sein. Sextus kehrte nach Sizilien zurück, Antonius und Oktavian kamen nach Rom. In neugewonnener Popularität konnten sich die Triumvirn nun, da die Wirren innerhalb Italiens zu Ende waren, den Bedrohungen von außerhalb widmen. Agrippa war in Gallien seit dem Ende des vorigen Jahres dabei, kleinere Revolten zu unterdrücken. Oktavian reiste zu ihm ab. Die Aussicht eines Sieges über Nicht-Römer muß ein großer Anreiz gewesen sein.

Antonius mußte sich jetzt im Osten um Wichtigeres kümmern. Ventidius, ein Stellvertreter, der sich als noch fähiger erwies als der sehr tüchtige Agrippa, hatte die Parther mit erstaunlichem Erfolg zurückgetrieben. Hier zeigte sich, daß Ventidius nicht umsonst unter Caesar gefochten hatte. Aber dadurch ergaben sich nun viele politische Probleme. Antonius mußte einsehen, daß eine große Aufgabe im östlichen Mittelmeer seine Anwesenheit verlangte und nur sehr behutsam zu lösen war. Es ging immerhin letztlich darum, wieder Ordnung zu schaffen in der Reihe der Vasallenreiche, in der Pufferzone zwischen den Provinzen unter römischer Verwaltung und den widerspenstigen Anrainern Arabien, Mesopotamien und Armenien. Während der Bürgerkriegsjahre hatten sich die Fürsten, groß oder klein, daran gewöhnt, Roms Interessen zu mißachten und nur noch an den eigenen Vorteil zu denken. Hier mußte Antonius den römischen Einfluß wieder festigen und neue Herrscher, Rom gegenüber loyal und zugleich von ihren Untertanen anerkannt, über diese kleinen, aber wichtigen Königreiche einsetzen. Das verlangte Einfühlungsvermögen, diplomatisches Geschick und Menschenkenntnis, gepaart mit Scharfblick.

Herodes war der einzige, den Antonius – schon 39 – zum Monarchen ernannt hatte. Wie wir sahen, hatte Herodes ganz besondere Ansprüche. Er hatte sich von Petra nach Rom durchgeschlagen und dort, gegen Ende 40, machte ihn der Senat zum König von Judaea – obgleich er gar nicht danach verlangt hatte. Er wußte, daß Rom am liebsten Mitglieder des schon bestehenden Königshauses wählte, um dynastische Unruhen möglichst zu vermeiden. Er wollte den Thron eigentlich nur für seinen künftigen Schwager, einen Enkel des greisen Hyrkanos. Aber alles wirkte zu seinen Gunsten. Oktavian unterstützte ihn, denn Herodes hatte einst Julius Caesar geholfen. Er verkehrte freundschaftlich mit Antonius, dessen erstrangige Gefolgsmänner Marcus Valerius Messalla Corvinus und Lucius Sempronius Atratinus beide nicht viel von Kleopatra hielten und Herodes als den verläßlicheren Vorposten Roms betrachteten, dem sie ihre Stimme liehen.

Es war nicht so, daß Herodes von seinem Königreich auf der Stelle hätte Besitz ergreifen können. Die Parther – angeblich gegen ein »Geschenk« von 1000 Talenten und 500 Frauen – hatten Antigonos auf den Thron gesetzt, einen Neffen des Hyrkanos, der sich eines großen Anhangs unter den Juden erfreute. Es war sehr schwierig, Jerusalem einzunehmen; die Hilfemöglichkeiten der Römer, jedenfalls an Legionen gemessen, blieben bis zum Jahre 37 beschränkt. Vielleicht zögerte Antonius auch, so entscheidend gegen ein legitimes Mitglied des Königshauses vorzugehen, solange der Außenseiter Herodes nicht durch Einheirat wenigstens den Schein der Achtbarkeit gewonnen hatte. Im Winter 38/37 holte Herodes die lang aufgeschobene Heirat mit Mariamne, einer Enkelin des Hyrkanos und Nichte des Antigonos, in Samaria nach. Im Jahre darauf kamen römische Verstärkungen in ausreichender Zahl an, und Gaius Sosius, Prokonsul von Syrien, nahm Jerusalem ein und setzte Herodes auf den Thron.

Antonius hatte eine gute Entschuldigung dafür, daß er Herodes nicht schon eher nachhaltig geholfen hatte – seine Feldhauptleute hatten sich in erster Linie um die Parther zu kümmern. Ventidius besiegte Labienus in den Bergen des Taurus, marschierte in Kilikien ein und eroberte den Paß durch den Amanus, das Gebirge, das Kilikien von Syrien trennt. Labienus floh in Verkleidung und wurde später auf Zypern gefaßt. Ventidius marschierte weiter nach Süden bis nach Judaea, machte aber keine Anstalten, den Anhängern des Herodes beizustehen. Mit seiner Anwesenheit wollte er die Macht Roms demonstrieren und aus Antigonos den letzten Denar herauspressen — das genügte ihm im Augenblick. Dann überließ er seinem Vertreter Poppaedius Silo die Aufsicht über das Gebiet und wandte sich wieder nach Norden, um mit den Parthern abzurechnen. Am Anfang des Jahres 38 lockte er Pacorus in eine Falle, der den Euphrat, wie erhofft, dort überschritt, wo das Gelände den Römern Vorteile bot, und sich dann im Übermut dazu verleiten ließ, bei Gindarus die Höhenstellung der Römer anzugreifen. Pacorus fiel, seine Truppen wurden versprengt. Der Tod des Pacorus war entscheidend; seiner gemäßigten Art, seiner Volkstümlichkeit verdankten die Parther ihre Sympathien unter den kleinen Fürsten und Völkern Syriens. Ventidius schickte seinen Kopf reihum durch die Städte — und Syrien war wieder fest unter römischer Herrschaft.

Jetzt galt es noch, mit Antiochos fertig zu werden, dem König von Kommagene, dessen Land, zwischen Taurus und oberem Euphrat, nördlich an Syrien angrenzte. Die überlebenden parthischen Krieger waren zu Antiochos geflohen — aber das war nicht ausschlaggebend. Wichtig war die Kontrolle über den dortigen Euphrat-Übergang, wichtig waren die berittenen Bogenschützen von Kommagene, und jede römische Kampfgruppe, gegen Parther angesetzt, war gut beraten, sie in ihren Reihen zu wissen, wenn sie nicht das Schicksal des Crassus und seiner Armee bei Karrhae teilen wollte. Die Tochter des Antiochos war außerdem mit dem parthischen König Orodes verheiratet. Ventidius marschierte also zur Hauptstadt Samosata und belagerte sie. In bewährter orientalischer Manier bot Antiochos dem Ventidius 1000 Talente, damit er verschwände. Ventidius war zu Verhandlungen bereit, aber in dieser wichtigen Sache wollte er nicht in eigener Verantwortung handeln. Er hob alle Belagerungs-Maßnahmen auf — den Verdacht riskierend, bestochen worden zu sein — und wartete auf Antonius, der selbst an Ort und Stelle entscheiden sollte. Antonius war entschlossen, den ihm unzuverlässig scheinenden Antiochos abzusetzen und ihn durch einen gewissen Alexander ablösen zu lassen. Er schickte Ventidius nach Rom, damit er seinen wohlverdienten Triumph feiern konnte — den ersten je bezeugten Triumphzug aufgrund des Kampfes gegen die Parther — und verstärkte die Belagerung. Zwei Ereignisse änderten seine Meinung. Erstens traf Herodes vor Samosata ein und ersuchte dringend um die Hilfe römischer Legionen, um Jerusalem zu bezwingen. Nicht nur sein eigener Ruf — Roms Ansehen stand auf dem Spiel. Zweitens hatte der alte König Orodes, durch den Tod seines Lieblingssohnes Pacorus zutiefst erschüttert, zugunsten von Phraates (IV.), einem seiner 30 andern Söhne, abgedankt. Die darauf folgenden Intrigen, Verdächtigungen und Morde im Königshaus forderten ihre Opfer, unter denen sich auch die Enkel des Antiochos befanden — mögliche Gegenspieler des Phraates in der parthischen Erbfolge. Das Band zwischen Antiochos und Parthien war zerrissen; römische Truppen wurden an anderer Stelle gebraucht. Antonius paßte sich der Situation an, bestätigte Antiochos auf seinem Thron und erlaubte ihm, seinen Rivalen Alexander hinzurichten.

Das war das einzige Mal in der Zeit zwischen dem Herbst des Jahres 39 und dem Frühling des Jahres 37, daß er sich durch Geschehnisse auf dem östlichen Schauplatz aus Athen und von der Seite Octavias abrufen ließ. Nach diesem Abstecher zu den Ufern des Euphrats genoß er, zwei Winter lang, brav und treu das Zusammensein mit seiner schönen Frau. Sie hatte ihrem ersten Mann schon drei Kinder geschenkt, war aber erst Mitte Zwanzig. Antonius hatte mit ihr zwei weitere Kinder, beides Mädchen; sie muß dem Mann, den sie der hohen Politik verdankte, sehr zugetan gewesen sein. Auf die Münzen, die in diesen Jahren von den Präge-Anstalten in Asia und Griechenland geliefert wurden, ließ Antonius ihrer beider Porträt prägen. In den Augen des Ostens wurde sie dadurch zur Vermählten des Neuen Dionysos erhöht. Der Efeukranz und die Trauben des Gottes rings um sein Bildnis bestätigten die bejubelte erste Ernennung im Jahre 41 in Ephesos, die dann die Athener im Jahre 39 wiederholten. Es kann sein, daß Octavia selbst, im Winter 39/38, die Rolle der Göttin Athens, Athene Polias, in einer Athener Aufführung spielte, die die heilige Verbindung zwischen Athene und Dionysos verherrlichte. Jedenfalls verliehen die Athener Antonius und Octavia den Ehrentitel »Wohltätige Götter«. In der hellenistischen Zeit wurde das nicht als überspannt betrachtet — obwohl es die Stadt 1000 Talente kostete, ihre Göttin auszustatten.

Während Antonius das ganze östliche Mittelmeer von Griechenland bis Ägypten beobachtete, immer in Erwartung des richtigen Zeitpunkts, um nach langem Aufschub gegen die Parther loszuschlagen, betraute er seine Unterfeldherrn und Statthalter mit Sonderaufgaben oder ließ sie ihre Provinzen in Ordnung bringen; die Unterscheidung zwischen einem Befehlshaber, der seinem Vorgesetzten und einem, der nur dem Senat verantwortlich war, betrachteten die Triumvirn als eine unnötige Spitzfindigkeit der Verfassung. Die Parther einfach zurückzutreiben, wie Ventidius es getan hatte, war zu wenig. Römischer Stolz gebot, die bei Carrhae verlorenen römischen Adler zurückzugewinnen und die Parther auf ihrem

Boden zu strafen. Dafür brauchte Antonius eine auch durch loyale Vasallenkönige gesicherte Grenzlinie, viel Geld, um einen voraussichtlich langen und kostspieligen Feldzug zu finanzieren, und genügend Legionen, um eine ausreichende Besatzung in den drei Provinzen Asia, Bithynien und Syrien zurücklassen zu können. Aber er durfte nicht unbegrenzt warten. Zu lange von Rom abwesend zu sein – das gefährdete seine Stellung, wenn man voraussetzt, daß Oktavian zugleich sein Partner wie auch sein Rivale war. Ein Altersunterschied von 20 Jahren trennte sie, aber auch die Belagerungen von Mutina und Brundisium und die revolutionären Umtriebe Oktavians im Jahre 44 standen zwischen ihnen. Auf dieser Grundlage konnte kaum das Vertrauen gedeihen, dessen die Zusammenarbeit bei geteilter Herrschaft über das Reich unbedingt bedurfte.

Antonius war von dem Abkommen in Puteoli hoch befriedigt. Sextus war kaltgestellt, und Oktavian hatte keinen Sieg in Aussicht, der ihm in Rom oder Italien übermäßigen Ruhm eingebracht hätte. Oktavian und seinem Feldherrn Agrippa sowie dem edlen Domitius Calvinus fiel es zu, sich mit Barbaren- und wilden Berg-Stämmen herumzuschlagen, die in das halbwegs befriedete Gallien oder in die besiedelten romanisierten Gebiete Spaniens einfielen. Da war nicht viel Ehre zu gewinnen, nichts, was dem Triumph über die Parther entsprach, den Antonius so ersehnte. Sextus würde ein nützlicher Wachhund sein, ein Gegengewicht gegen Oktavian während der unvermeidlicherweise langen Abwesenheit des Antonius im Osten.

Umgekehrt mußte das Abkommen Oktavian unbefriedigend erscheinen, auch wenn er die Tatsache hätte verdrängen wollen, daß das neue Mitglied im Club der Triumvirn der Sohn des großen Gegners seines »Vaters« war. Tatsächlich war das Bündnis auf Sand gebaut; Sextus hatte die Angeseheneren seiner Gefolgschaft aufgrund der Amnestie verloren und zum Ausgleich kein Amt bekommen – außer, daß er jetzt designierter Konsul war. Oktavian hatte ganz offensichtlich als Partner des Antonius gegen seinen Willen mitgespielt und würde im geeigneten Moment den Kampf sofort wieder aufnehmen. Die Begründung dafür hatte er schon bei der Hand: Caesars Mörder, sofern sie bei Sextus waren, sollten ungeschoren bleiben? Wie lange sollte Caesars Sohn dem noch schweigend zusehen? Aber das Verhängnis war, daß Antonius und die Republikaner auf seiten Libos, die eigentlichen Nutznießer des Abkommens, nicht die geringste Chance hatten, den Frieden zu erzwingen, wenn Oktavian und Sextus wirklich handgemein wurden.

Nur Oktavians Bericht über die Ereignisse liegt vor. Wie vorauszusehen, wird der Vertragsbruch darin Sextus angelastet, begründet mit umstrittenen Steuerrückständen von der Peloponnes, die völlig unerheblich waren; Beschuldigung und Gegenbeschuldigung hätten einander abgelöst und schließlich zur Vorbereitung des Krieges geführt. Vielleicht war es so. Aber der eigentliche Grund für den Kriegsausbruch war das gegenseitige Mißtrauen und Oktavians Abneigung gegen jeden Rivalen, um so mehr gegen einen vom Schlage Sextus'. Die Scheidung von Scribonia Ende 39 war schon ein Signal für das, was bevorstand. Aber wenn wir den *casus belli* schon brauchen — da reicht der Verrat des Menodoros vollauf. Ermutigt von einem Vertrauensmann Oktavians, der als vorgeblicher Getreideaufkäufer in Sardinien auftrat, ließ Menodoros wissen, er könne vielleicht Sardinien und Korsika und drei Legionen sowie eine große Zahl von Hilfstruppen übergeben. Oktavian bat Antonius in einer nach Athen gesandten Eilbotschaft, ihn an einem bestimmten Tag in Brundisium zu treffen. Er brauchte Antonius' Einverständnis, um den Vertragsbruch nicht allzu anrüchig erscheinen zu lassen. Unterdessen bereitete er alles zum Kriege vor, rief Schiffe vom Flottenstützpunkt in Ravenna und eine Armee aus Gallien ab und sammelte Ausrüstungs- und Nachschubgüter in den Häfen von Brundisium und Puteoli.

Antonius kam zur Verabredung und traf niemanden an. Er billigte den Krieg nicht, und er war nicht der Mann, der zynisch einen Vertragsbruch begehen würde, nur weil die Lage gerade günstig war. Aber Oktavians Kriegsvorbereitungen waren nicht zu übersehen. Antonius erkannte, daß nichts seinen Partner, wenn er zum Kriege entschlossen war, aufhalten konnte. Ärgerlich über die unnütze Reise von Athen und bestrebt, Ventidius in Syrien zu treffen, wartete er nicht länger. Er bat Oktavian brieflich, den Vertrag nicht zu brechen — was Oktavian die Freiheit gab, seinen Krieg mit dem Vorwand des Vertragsbruchs von Sextus zu rechtfertigen —, er selbst, Antonius, würde Menodoros wie seinen eigenen entlaufenen Sklaven behandeln. Natürlich kümmerte sich Oktavian nicht um die Wünsche des Antonius. Er wußte genau, Antonius konnte ihn nicht aufhalten — es sei denn, er verbündete sich mit Sextus gegen ihn, und das war ja nun ausgeschlossen.

Oktavian ging zügig vor. Er nahm die Desertion des Menodoros gerne an und unterstellte ihn und die von ihm mitgebrachte Flotteneinheit dem Befehl seines Flottenführers Gaius Calvisius Sabinus; griechische Freigelassene, überragende Seefahrer oder nicht, über römische Adlige zu stellen, wäre Oktavian nie in den Sinn gekommen. Ganz wohl war ihm nicht angesichts der öffentlichen Meinung Roms, die überhaupt kein Verständnis für diesen grundlosen Krieg aufbrachte; deshalb verbreitete er unter seinen Soldaten seine eigene Darstellung von Sextus' Missetaten. Er sprach von Piratentum und sagte, Antonius habe es abgelehnt, Sextus die Peloponnes zu überlassen, weil er jetzt seine vorsätzliche Tücke kenne. Er fuhr dann nach Süden, um in Tarent den Befehl über die inzwischen dort versammelten Streitkräfte zu übernehmen. Calvisius und Menodoros wurden mit der Verantwortung über die Flotte betraut, die vom gegenwärtigen Sammelpunkt an der etruskischen Küste nach Süden segeln sollte, denn die Seemacht des Sextus machte mittlerweile sogar die Bucht von Neapel unsicher.

Die Folge war katastrophal. Zuerst überfiel Menecrates mit dem von ihm befehligten Hauptteil der Flotte des Sextus die Schiffe des Calvisius und des Verräters Menodoros in der Bucht von Cumae und errang einen vollständigen Sieg, obwohl Calvisius noch versucht hatte, die Schiffe auf den Strand zu setzen, um zu Lande weiterzukämpfen. Der schwerverwundete Menecrates wählte allerdings den Tod und sprang über Bord, als Menodoros sein Schiff gekapert hatte. Menecrates' Stellvertreter, Demochares, auch ein griechischer Freigelassener, war so erschüttert, daß er seinen Vorteil nicht wahrnahm und sofort nach Sizilien zurücksegelte. So erzählt es uns Appian. Wahrscheinlicher ist, daß Sextus die Rückkehr der Flotte befahl, um die erwarteten Landstreitkräfte Oktavians bei und nach ihrer Überfahrt abschlagen zu können. Diese waren nun in Rhegium unter dem Schutz einer großen Begleitflotte angekommen; Sextus lag ihnen in Messana (dem heutigen Messina) gegenüber, und er hatte nur 40 Schiffe. Oktavians Berater drängten zu sofortigem Angriff in dieser günstigen Stunde, aber er wollte lieber auf Calvisius warten, noch nicht wissend, daß Calvisius schon geschlagen war und sich mit seiner verminderten Flotte, von Bucht zu Bucht rudernd, vorsichtig nach Süden bewegte.

Als Demochares mit seinen Schiffen zur Restflotte des Sextus stieß, verbreitete sich die Nachricht von der Niederlage des Calvisius. Oktavian brach sofort auf, um Calvisius zu treffen. Sextus ließ ihn ziehen, und erst als er das Kap Scyllaeum umrundete, griff er ihn von hinten an. Oktavian wußte, daß seine Flotte auf offener See der des Sextus unterlegen war, und versuchte, wie Calvisius bei Cumae zu manövrieren — mit dem gleichen unheilvollen Ergebnis. An der felsigen Küste konnte er die Schiffe nicht auf Land setzen, sie wurden zurück- und gegeneinandergetrieben, schlugen sich gegenseitig leck, und Wasser strömte ein. Oktavian selbst rettete sich an Land, während sein Flottenchef Cornificius die offenbar sinnlose Taktik aufgab und zum Angriff rudern ließ. Dieser Ausfall hatte sogar Erfolg. Dann sahen die Pompejaner auf einmal im Abenddämmer die Schiffe des Calvisius und Menodoros von ferne näherkommen. Mit frischen Kräften wollten sie sich jetzt nicht anlegen und ruderten in den Hafen von Messana zurück.

Oktavian wußte nichts von Calvisius' Ankunft und verbrachte eine verzweifelte und unruhige Nacht auf den Hügeln oberhalb der Meerenge in Gesellschaft einiger seiner Männer, die seinem Beispiel gefolgt und an Land geschwommen waren. Am nächsten Morgen sah man erfreut, daß Calvisius eingetroffen war, erkannte aber auch das ganze Ausmaß der vernichtenden Niederlage des Tages zuvor. Segel, Steuerruder und Masten schwammen auf dem Wasser; die übriggebliebenen drei Viertel der Flotte waren schwer beschädigt. Während die Schiffe Oktavians unter dem Schutz eines Geschwaders des Calvisius in größter Eile ausgebessert wurden, kam plötzlich ein ungewöhnlich heftiger Sturm von Süden auf. Die Schiffe des Sextus auf der andern Seite der Meerenge waren alle im Hafen geborgen; seine Geschwaderchefs wußten sicher die Wetterzeichen zu deuten. Auf der Seite Oktavians war nur Menodoros als Seefahrer erfahren genug, das Richtige zu tun. Er kannte diese tückischen Gewässer seit langem und schätzte, zu Recht, daß der Sturm an Gewalt zunehmen würde. Er führte seine Schiffe aufs offene Meer, wo es weder Steilwellen noch Brecher gab, und ließ Anker werfen. Außerdem ließ er die Mannschaften gegen den Wind anrudern, damit die Schiffe sich nicht losrissen. Die andern Schiffe in Oktavians Flotte wurden schrecklich zerschlagen, von der Brandung gegen die Felsen einer Leeküste getrieben. Die Schiffe, die diesem Schicksal entgehen konnten, gerieten in die fürchterlichen Wirbel der Strömung, wurden durchgeschüttelt und prallten gegeneinander. Der Wind übertoste die Kommandos der Offiziere, die niemand mehr hörte, und betäubte Hirne und Hände. Bei Anbruch der Nacht wurde der Sturm noch heftiger. Es war in jener Gegend der schlimmste seit Menschengedenken. Gegen Morgen flaute er ab, nur die starke Dünung schwemmte die Wrackteile von Oktavians Flotte an den ungastlichen Strand.

Oktavian hatte mehr als die Hälfte seiner Flotte verloren. Noch vor Tagesanbruch machte er sich hastig nach Vibo, in nördlicher Richtung, auf, voller Angst, Sextus könne seinen Vorteil wahrnehmen und mit seinen Truppen landen. An der Hilfsbereitschaft seiner Anhänger bei diesem privaten Rachefeldzug gegen Sextus hatte er Zweifel. Seine Freunde und

Truppenführer drängte er in Briefen, gegen einen Gewaltstreich, der ihn entmachten sollte, gerüstet zu sein. Den Glanz von Caesars Namen hatte er bis zum äußersten ausgenutzt. Dennoch hatte er Glück. Abermals begnügte sich Sextus mit der Verteidigung seiner eigenen Stellung. Oktavians Gegner in Rom handelten nach dem Motto: Gebranntes Kind scheut das Feuer. Kein Anhänger des Antonius hätte es gewagt, ein zweiter Lucius zu werden, um so weniger, als Antonius am Ufer des Euphrats noch unerreichbarer war als zur Zeit von Perusia. Und ein Mann, der sich – im Widerspruch zur eigenen Frau, zum eigenen Bruder – einmal entschlossen hatte, seinem Partner beizustehen, würde diesen wohl kaum zugunsten von Sextus aufgeben.

Dessenungeachtet befand sich Oktavian in einer äußerst schwierigen Lage. Das Volk in Italien war vom Krieg genausowenig begeistert wie eh und je. Chronischer Geldmangel machte ihm zu schaffen, und die Weigerung der Römer, die ihnen nach dem Vertrag von Brundisium auferlegten Sondersteuern zu zahlen, verschlimmerte die Lage. Die Überreste seiner Flotte waren nicht einsatzfähig. Er mußte seine Marine entweder von Grund auf wieder aufbauen oder Hilfe von anderer Seite gewinnen. Seine politische Schlauheit verließ ihn auch nicht in dieser Krise. Wie Appian sagt, war er »immer sehr gut, wenn es darum ging, den eigenen Vorteil zu erkennen«. Er bezwang seinen Stolz geflissentlich und bat Antonius um Hilfe. Antonius hatte von Anfang an keinen Hehl aus seinen Ansichten über diesen Krieg gemacht. Anklagende Briefe waren hin und her gegangen. Das Verhältnis zwischen beiden war gespannt.

Um den Bruch zu heilen und Antonius erneut zu besänftigen, entsandte Oktavian den Maecenas, einen kultivierten, weltläufigen und reichen Diplomaten. Maecenas, Sproß einer uralten etruskischen Familie angeblich königlichen Blutes, hielt die Toga der Senatoren, den Prunk militärischer Rangabzeichen und die Ochsentour zu den höchsten Ämtern für unter seiner Würde. Er zog es vor, Oktavian unauffällig und unaufdringlich zu dienen, so wie es jemandem wohl ansteht, der einen Hang zum Bizarren, Ausgefallenen und zum Luxus hat. Er bestieg das Schiff nach Athen, während Oktavian tollkühne Pläne entwickelte, wie man mit langsamen, schwerfälligen Handelsschiffen auf Sizilien landen könne. Aber das war nicht nötig. Maecenas, vielleicht von Octavia unterstützt, brachte Antonius dazu, seine Differenzen mit Oktavian zu vergessen und im nächsten Frühling mit einer Flotte von 300 Schiffen nach Tarent überzusetzen.

Zur gleichen Zeit erfuhr Oktavian von den bemerkenswerten Erfolgen

Agrippas in Gallien, die ihrerseits zu neuerlicher Wertschätzung seiner eigenen Herrschaft in der Öffentlichkeit beitrugen. Agrippa lehnte es ab, als Imperator begrüßt zu werden, und weigerte sich auch später, den ihm von Oktavian angebotenen Triumph zu feiern. Die Münzen, die er in Gallien prägen ließ, bezeugen seine Haltung, mit der er seinen Oberbefehlshaber ehrte. Erstmalig wird hier Oktavian nicht als CAESAR IMPERATOR bezeichnet, sondern als IMPERATOR CAESAR; eine kleine Verschiebung, die aber hochbedeutsam ist. Die tatsächliche Stellung und die damit verbundene Ehrung, die in dieser Bezeichnung zum Ausdruck kamen, sind für Oktavian zu einer Art fortdauernden Attributs geworden. Darin ist versteckt der Anspruch enthalten, der eine und einzige Imperator zu sein. Die Neufassung des Titels wird noch verstärkt durch die Worte SOHN DES GÖTTLICHEN JULIUS — auch sie zum ersten Mal auf einer Münzprägung. Caesar war ein Gott seit 42, aber Oktavian und seine Freunde hatten keinen Anlaß gehabt, das zu betonen. Daß sie es nun herausstellten, zeigte, wie eindrucksvoll Sextus mit seinem Namen operiert hatte, und wie glaubwürdig er nach Schlacht und Sturm seinen Anspruch vertrat, der Sohn Neptuns zu sein. Er scheute nicht davor zurück, sich in einem tiefblauen Umhang zu zeigen und seinem neuernannten Vater Opfer zu bringen: Pferde — und, wie manche bezeugten, auch Menschen.

Es war leider unverkennbar, daß Oktavian immer dann militärischer Fähigkeiten ermangelte, wenn Agrippa nicht greifbar war. Salvidienus war hingerichtet, Calvisius in Ungnade, der erfahrene Domitius Calvinus ohne Fortüne — Oktavian konnte nicht anders als Agrippa zurückrufen, der gerade ein Unternehmen gegen germanische Stämme auf der Ostseite des Rheins vorbereitet hatte. Agrippa mußte sich mit dem Ruhm begnügen, der erste Truppenführer nach Caesar gewesen zu sein, der den Rhein überquert hatte. Später, in Rom, schlug er den Triumphzug aus, wurde Konsul im Jahr 37 und machte sich sofort daran, eine Flotte zur Vernichtung des Sextus aufzustellen. Streng, tüchtig und bescheiden, zog er die Realität der Macht ihrem äußerlichen Pomp vor. Seine Herkunft ist dunkel, kein Schriftstück existiert darüber, und er tat alles, um sogar den Familiennamen Vipsanius geheimzuhalten und einfach Marcus Agrippa zu werden — wie ein Aristokrat. Abgesehen von diesem kleinen Ehrgeiz, hatte er mit der republikanischen Nobilität nichts gemein. Mehr noch als sein Oberbefehlshaber repräsentierte er den revolutionären Aspekt der caesarianischen Partei — als Nicht-Römer, Nicht-Aristokrat und Militär. Nach dem Tode seines Kollegen Salvidienus war er unbestritten der erste Mann nach Oktavian. Vielleicht hätte er es verdient, überhaupt der erste zu sein, aber er wußte, das war unmöglich. So begnügte er sich damit, daß der Erfolg seines Freundes auch zugleich sein eigener sein würde.

Inzwischen versammelte Antonius, seinem Maecenas gegebenen Versprechen getreu, eine Flotte von 300 Schiffen; im Frühjahr segelte er nach Tarent. Wieder erschien Oktavian nicht zur Verabredung. Agrippas Vorbereitungen gingen so gut voran, daß er wohl zu der Auffassung gekommen war, er brauche Antonius' Schiffe nicht mehr. Nach seinen eigenen Niederlagen und angesichts des überragenden Rufs als Feldherr, den Antonius genoß, wurde es für Oktavian zu einer entscheidenden Prestigefrage, auch ohne seines Partners Hilfe auskommen zu können. Ein gemeinsam errungener Sieg würde im Bewußtsein der Öffentlichkeit die dominierende Stellung des Antonius nur noch unterstreichen. Wenn er aber andererseits den Ruhm allein in Anspruch nehmen konnte, war er der unermüdliche, furchtlose Beschützer italischer Völker gegen die Raubzüge des Seeräubers Sextus und seiner aus Sklaven und Abenteurern zusammengewürfelten Mannschaften — eine großartige Legitimation bei allen Auftritten. Dank Agrippas Energie, dem Mangel an ernstzunehmender Opposition in Rom und Sextus' Fehler, auch jetzt seine Erfolge nicht auszunutzen, sah die Lage Anfang 37 sehr viel freundlicher aus als im Herbst des Vorjahres. So wird die Brüskierung des Antonius verständlich — unter dem Gesichtspunkt, daß Oktavian von Anfang an vorhatte, sich nie mit weniger abzufinden als mit der Stellung, die Caesar sich errungen hatte.

Andererseits scheint es rätselhaft, warum Antonius überhaupt versprochen hatte zu kommen und dann, nach dieser Geste der Mißachtung, auch noch blieb. Der Krieg war nicht populär. Es hatte Oktavian gefallen, ihn ohne Zustimmung des Antonius anzufangen und damit ein Abkommen zu brechen, an dem Antonius mitbeteiligt war. Warum sollte er nicht die Suppe auslöffeln, die er sich eingebrockt hatte? Ein reizvoller Gedankengang. Seit er sich politisch betätigte, hatte er im wesentlichen nur Unruhe gestiftet. Es wäre hübsch, ihn zur Abwechslung einmal in seiner eigenen Falle gefangen zu sehen. Aber die Auseinandersetzung mußte ja doch früher oder später entschieden werden. Sextus konnte sich mit dem Status quo vielleicht zufrieden geben, Oktavian nie. Es war auch gar nicht vorstellbar, daß Sextus jemals Oktavian verdrängen würde.

Dafür hatte er nicht die richtige Anhängerschaft. Die ehrbaren und angesehenen römischen Bürger, die ihm als politischen Führer während der Verhandlungen in Puteoli noch eine gewisse Rückendeckung gegeben hatten, waren zum größten Teil nach Rom zurückgekehrt – wenn sie nicht sogar, wie Tiberius Nero, ganz offen zu seinem Feinde überliefen. Auch nur die Möglichkeit eines Beistands für Sextus zu erwägen, hieß schon, sie zu verwerfen; auf die Dauer war Oktavian der Sieg sicher. Für Antonius gab es nur eine einzige Frage: Wie konnte er aus der gegebenen Situation den größten Nutzen ziehen? Und darauf gab es nur eine Antwort: Ein Sieg der vereinten Kräfte beider Triumvirn (denn Lepidus blieb immer ausgeschlossen) wäre das beste, was geschehen konnte; wer weiß, dachte er, wann wieder eine so günstige Gelegenheit kommt. Außerdem sehnte er sich danach, endlich den immer wieder aufgeschobenen Feldzug gegen die Parther anzuführen, ohne dauernd nach Westen schielen zu müssen.

Er blieb in Tarent, führte Klage über die Kosten des Unterhalts seiner im Hafen stillgelegten Flotte und machte aus seinem Ärger gegenüber Oktavian kein Geheimnis. Warum er blieb, läßt sich leicht erklären. Die Erfordernisse der Bürgerkriege hatten dazu geführt, daß die unter Soldatenmangel leidenden Anführer nicht mehr nach römischem Bürgerrecht fragten, der Vorbedingung für den Dienst in der Legion. Jetzt waren die Bürgerkriege zu Ende – abgesehen von der ärgerlichen Geschichte mit Sextus –, und Antonius wollte zu der üblichen Praxis zurückkehren und die neuen Legionen, die er für den parthischen Feldzug benötigte, in Italien ausheben. Es war ein Punkt des Abkommens von Brundisium, daß er und Oktavian gleicherweise Zugang zum Menschenpotential Italiens haben sollten. Natürlich gab es auch römische Bürger im Osten; Caesar, Brutus, Cassius und er selbst hatten dort Kolonien gegründet. Aber die Kolonisten waren Soldaten, die ihre Zeit abgedient hatten, jetzt mit Kindern im Säuglingsalter; die andern hatten in ihren Städten Rang und Einfluß und konnten kaum in römische Armeen eingezogen werden. Antonius wünschte eine italische Armee, und um sie zu bekommen, mußte er an Ort und Stelle sein.

Noch etwas war wichtig. Seit Anfang 42, als er von Brundisium aus zur Schlacht von Philippi aufgebrochen war, hatte er nur etwas über ein Jahr in Italien verbracht: vom Spätsommer 40 bis zum Herbst 39. Dadurch verlor er unausweichlich allmählich den Anschluß an das politische Leben der Hauptstadt, wobei ihn weniger die politische Turbulenz der sterbenden Republik interessierte als der Einblick in die wechselnde Einstellung der Senatoren-Familien und der begüterten Schichten zu den Herrschenden. Nach Verfassungsbegriffen waren er und Oktavian Monarchen. Praktisch waren sie aber nur in ihrer Eigenschaft als Parteiführer zu Macht und Ruhm gelangt. Den besten Beweis für diesen Satz lieferte Lepidus. Als politische Kraft war er nicht mehr existent; ohne Anhänger, ohne Einfluß, war er nur wenig mehr als Prokonsul von Africa. Antonius mußte jedenfalls verhindern, daß seine Basis in der Hauptstadt ganz unmerklich abgetragen wurde. Jetzt, da das freie Funktionieren der Verfassung unwirksam oder lächerlich geworden war, angesichts einer gleichgültigen oder sogar feindseligen Plebs und vorübergehend zufriedengestellter Soldaten, verlagerte sich der Kampf um persönliche Vorherrschaft wieder auf die frühere Arena: die Oberschicht der römischen Gesellschaft.

Schon vor dem Ende des Jahres 39 war Oktavian dabei gewesen, das Fundament seiner Partei zu verbreitern. Als Antonius nach Athen reiste, begann er wahrscheinlich sofort, die »ehrbaren« Republikaner zu hofieren, die gerade aus dem sizilischen Exil zurückgekehrt waren. Normalerweise hätten sie sich Antonius zuwenden müssen, zumal viele von ihnen Flüchtlinge aus dem Krieg von Perusia waren. Aber Oktavian brauchte unter allen Umständen gerade Männer dieser Klasse, um seinem Anhang einen Anstrich von Solidität zu geben und jene besondere aristokratisch-republikanische Würze, die Antonius' Gefolgschaft besaß. Seine Popularität im Volk hatte einen gefährlichen Tiefstand erreicht. Für die Höhen, die er erklommen hatte, brauchte er jetzt Beistand anderen Formats. Den fand er durch eine Ehe, die bis zu seinem Tode währte, so wenig Gutes verheißend die Anfänge auch schienen. Er ließ sich von der langweiligen Scribonia scheiden — obgleich sie ihm das einzige Kind geschenkt hatte, das er jemals sein eigen nennen konnte — und nahm Livia Drusilla zur Frau, die im sechsten Monat von ihrem Ehemann Tiberius Claudius Nero schwanger war. Der entgegenkommende Nero ließ sich scheiden — seine Frau war noch nicht 20 Jahre alt — und übernahm die Rolle des Brautvaters auf der Hochzeit am 17. Januar 38. Damit hatte Oktavian in die alte Aristokratie eingeheiratet. Livias Vater war einer von denen gewesen, die sich im Anschluß an Philippi lieber den Tod gaben als zu kapitulieren. Trotz seines Namens Livius Drusus war er eigentlich ein Sproß der noch viel vornehmeren Familie der Claudier und als Kind adoptiert worden. Livias beide Söhne, Tiberius, der spätere Kaiser, und sein Bruder Drusus, hatten also von beiden Eltern Claudierblut mitbekommen. Es ist sicherlich kein Zufall, daß im gleichen Jahr 38 die Namen Appius Claudius Pulcher und Marcius Philippus (Sohn von Oktavians Stiefvater) in den konsularischen Protokollen auftauchten. Nach Meinung der Aristokratie oder einiger ihrer Mitglieder hatte der junge Abenteurer jedenfalls seinen festen Platz bei ihnen gefunden. Libo, Nero, der junge und geistreiche Valerius Messalla Corvinus und andere gleicher Herkunft gingen bei ihm ein und aus, und allmählich, um 37 v. Chr., strahlte etwas von dem Glanz ehrwürdiger Senatoren-Familien auch auf die revolutionäre Militär-Partei ab, die durch ihre Anführer so trefflich gekennzeichnet war: Oktavian, Salvidienus, Agrippa, Maecenas. Die Gönnerschaft eines Triumvirn hatte beachtliche Vorteile; hohe Regierungs- und Priesterämter – immer noch Ziele nobler Ambitionen – hatte Oktavian zu vergeben.

Deshalb also blieb Antonius. Durch die Vermittlung seiner Frau konnte er schließlich Oktavian zu einem Treffen bewegen. Dieser hätte am liebsten seine Unabhängigkeit eindrucksvoll zur Schau gestellt, aber in diesem Stadium konnte er sich den endgültigen Bruch mit Antonius noch nicht erlauben; dazu war er noch nicht stark genug. Der Krieg gegen Sextus hatte ihn die Sympathien des Volks gekostet. Jetzt beharrten die Leute darauf, einen gewissen Marcus Eppius zum Ädilen zu wählen; der Mann hatte seinen alten Vater während der Proskriptionen gerettet, und als er das Amt wegen der damit verbundenen finanziellen Belastungen ausschlug, sammelten Bürger für ihn, damit er die üblichen Spiele abhalten und andere Ausgaben begleichen konnte. Auch waren Couplets über ein skandalöses Bankett im Umlauf; dabei hätten die Gäste die zwölf Götter dargestellt, Oktavian in der Pose Apolls. Sueton berichtet darüber unter anderem: »Der Skandal, den dieses Gelage auslöste, wurde durch den damaligen einschneidenden Lebensmittel- und Geldmangel verschlimmert. Tags drauf rief man auf den Straßen: »Die Götter haben alles Getreide aufgegessen« und »Wenn Caesar wirklich Apollo ist, dann ›Apollo, der Kreuziger‹ – denn unter diesem Namen wurde der Gott in einem Stadtbezirk Roms verehrt«. Auch über Oktavians bekannte Würfel-Leidenschaft gab es Schmähverse:

»Er hat schon die Flotte verloren und zweimal die Schlacht.
Er wird schon gewinnen; drum würfelt er doch Tag und Nacht«.

Man einigte sich auf folgende Bedingungen: Antonius billigte den Krieg gegen Sextus, dem das versprochene Konsulat und das in Puteoli übertragene Auguren-Amt entzogen wurden; Antonius lieh Oktavian zwei Geschwader (120 Schiffe) im Austausch gegen 20 000 Legionäre (4–5 Legionen). Mit diesen zusätzlichen Schiffen und den Mannschaften, die der Katastrophe vor einem Jahr entkommen waren, hätte Oktavian ohne weiteres sofort in Sizilien einfallen können. Aber einerseits wollte er sich mit Antonius nicht in das Kommando teilen, andererseits war Agrippas Rüstung für einen völlig neuartigen Feldzug noch in Vorbereitung, und deshalb verschob er das Unternehmen gegen Sextus auf das nächste Jahr. Er war sicher, daß Antonius, in Anspruch genommen von seinem parthischen Feldzug, noch vor Anbruch des Winters nach Osten reisen würde. Tatsächlich hatte Antonius durch das Hilfsersuchen Oktavians ein Jahr verloren, und es war für ihn ganz ausgeschlossen, vor dem Jahr 36 eine große Armee aufzustellen und über gewaltige Entfernungen nach Parthien zu führen. Anders als Oktavian, der nur das Tyrrhenische Meer kurz zu überqueren brauchte, um den Feind zu fassen, stand ihm ein zeitraubender, mühsamer Vorstoß rings um die Quellwässer des Euphrats bevor. Mit der Verschiebung seiner Offensive riskierte Oktavian dagegen überhaupt nichts.

Der letzte Punkt des Übereinkommens war die Erneuerung des Triumvirats; rückwirkend von Anfang des Jahres 37 an wurde es auf weitere fünf Jahre verlängert. Die ursprüngliche Fünfjahres-Laufzeit war schon vor Monaten abgelaufen, wahrscheinlich am 31. Dezember. Es ist bezeichnend für die despotische Herrschaft der Triumvirn, daß sie die Legalisierung der weiter ausgeübten Amtsvollmacht als nebensächlich betrachtet hatten. Hier wird das Prinzip der kurzfristigen Improvisationen deutlich, auf dem das Triumvirat von Anfang an beruhte. Antonius und Oktavian hatten zugegriffen, als die Macht sich ihnen darbot, um gemeinsam ein begrenztes Ziel zu erreichen: die Bestrafung der Mörder Caesars. Nach Philippi hatte die neue Lage die nächsten Ziele bestimmt: die Ansiedlung der Veteranen und die Kriege gegen die Parther und gegen Sextus. Solange die Kriege sich hinzogen, war auch die Fortdauer ihrer Sondervollmacht noch irgendwie gerechtfertigt. Das wurde wohl auch allgemein so empfunden, und deswegen hatte keiner von beiden zu Anfang des Jahres auf seine Vollmacht verzichtet. Aber irgendwann würden beide Kriege in nächster Zeit beendet sein. Was dann? Würden dann beide Männer bereitwillig die höchste Macht wieder abgeben, an die sie sich inzwischen gewöhnt hatten? Antonius vielleicht. Oktavian kaum – mit 26 Jahren war er zu jung, um sich auf seinen Lorbeeren auszustrecken und dem Ehrgeiz anderer die Gestaltung des Staats zu überlassen. Wenn aber Oktavian nicht nachgab, würde sich dann Antonius zugunsten des Mannes zurückziehen, der sich gegen ihn aufgelehnt, das Bündnis mit ihm gesucht und sich mit ihm zerstritten hatte, nicht einmal, sondern zweimal? Konnten sie die römische Welt unter sich aufteilen? Rom selbst jedoch, Herz des Reiches und Zentrum der Macht, war unteilbar.

Nichts in den Abmachungen der Triumvirn deutet darauf hin, daß ihnen solche Fragen bewußt waren, geschweige, daß sie beantwortet wurden. Die Politik, als die Kunst des Möglichen, verzichtet gern auf Weitblick, die großen Entwürfe sind ihr zu fern. Wenn das für unser Zeitalter gilt, das mit differenziertesten Statistiken arbeiten kann und sich den Ideen sozialer Entwicklung verpflichtet fühlt – Gedanken, die der Antike völlig unverständlich gewesen wären –, um wie viel mehr muß das für Rom gegolten haben, wo für jeden, der eine öffentliche Stellung erstrebte, der eigene individuelle Erfolg das höchste und wahrscheinlich einzige Ziel blieb. Die kurzdauernde Zweckgebundenheit des Triumvirats und das Unvermögen der Partner, sich über längerfristige Vorhaben und die bleibende Teilung der Kompetenzen zu einigen, waren im Wesen der römischen Politik begründet, die von alters her durch ganz bestimmte gegenwärtige Probleme und persönliches Prestige bestimmt wurde. Die Frage, was im Jahre 32 geschehen sollte, blieb also offen. Theoretisch mußte dann die Republik wiederhergestellt sein, mit zwei Konsuln als Staatschefs. Zwei der wichtigsten Gefolgsleute des Antonius, Gaius Sosius, zur Zeit Statthalter von Syrien, und Ahenobarbus, jetzt in Bithynien, wurden für jenes Jahr jetzt schon zu Konsuln designiert, und für das darauffolgende Jahr designierten sich die beiden Machthaber selbst. Weiter konnte ohnehin niemand sehen.

So also lautete der Vertrag, der im Sommer 37 in Tarent geschlossen wurde. Antonius ließ 120 Schiffe zurück – aber auch seine Frau, die schon seine Tochter, die jüngere Antonia, trug. Dio stellt es so dar, als hätte er Octavia mit großer Gebärde verstoßen und von Korkyra (Korfu) heimgesandt. Das ist unwahrscheinlich, aber die Geschichte entbehrt angesichts späterer Entwicklung nicht der dramatischen Folgerichtigkeit. Antonius strebte nach Syrien, zu der Armee, die seine Feldhauptleute dort für den großen parthischen Feldzug aufstellten. Das war kein Ort für eine schwangere Frau, die für sechs Kinder zu sorgen hatte – für die eigenen von Marcellus und Antonius und für die der Fulvia, die Antonius mitgebracht hatte. Sie blieb Antonius treu, bis er sich im Jahre 32 von ihr scheiden ließ. Sehr wahrscheinlich hoffte sie, ihres Ehemanns Interessen in Rom wahrnehmen zu können, während er auf seinem Marsch nach Osten, gewollt oder ungewollt, von jeder Verbindung abgeschnitten war.

KAPITEL ELF

Wettstreit um militärischen Ruhm

Während die Verhandlungen in Tarent sich noch dahinschleppten, nahm Agrippa ein gewaltiges Projekt in Angriff, das zur endgültigen Niederwerfung des Sextus führen sollte. Oktavians Marine war dreifach benachteiligt: Seine Schiffe waren nicht besser als die seines Gegners, sie wurden nicht so gut geführt, und es gab keinen sicheren, geschützten Hafen an der West-Küste Italiens. Mit der für ihn typischen Energie und Tüchtigkeit machte sich Agrippa daran, diese Nachteile einzeln zu beseitigen. Er ließ eine völlig neue, verbesserte Flotte bauen. Es ist nicht überliefert, ob er bewußt Erkenntnisse aus einer früheren Epoche römischer Seekriegführung in diesen west-italischen Gewässern verwertete, doch kam er jedenfalls zu denselben Ergebnissen wie seine Vorgänger zur Zeit des ersten großen Krieges gegen Karthago – damals die führende Seemacht im westlichen Mittelmeer. Wenn Sextus' Schiffsführer ihm schon in seemännischer Geschicklichkeit und Erfahrung überlegen waren, so würde er das durch schiere Übermacht ausgleichen. Er baute also große, schwere, kaum versenkbare Schiffe, die viel mehr Kampftruppen als üblich befördern konnten. Seinem Plan entsprechend sollten sie an den feindlichen Schiffen längsseits anlegen, so daß die enternden Soldaten wie Fußtruppen auf schwimmenden Plattformen kämpfen konnten. Damit seine Schlachtschiffe auch sicher manövrierten, ließ er die Besatzungen systematisch ausbilden. 20 000 Sklaven erhielten die Freiheit – um den Preis des Dienstes auf den Ruderbänken der neuen Flotte. Nach Wochen auf den Übungsbänken wurden sie in jedem Wetter auf See hinausgeschickt, um sich an den Ernstfall zu gewöhnen.

Agrippas großartigste Leistung jedoch war die Konstruktion einer völlig abgeschlossenen und schwer befestigten Hochsee-Flottenbasis bei

Puteoli. Er verband den Krater-See Avernus mit der Lagune des Lukriner Sees, der seinerseits Zugang zum Meer bekam, indem man den Deich, über den die Küstenstraße verlief, an zwei Stellen durchbrach. Die auf mehreren Baustellen entlang der Küste gezimmerten Schiffsrümpfe wurden zum Schwimmdock im Avernersee gebracht und erhielten hier ihre Verdecke, Aufbauten und Vorräte. Dieses Hafenbecken war gegen plötzliche Überfälle durch Sextus' Geschwader völlig gesichert. Wollte man es jedoch von Norden her erreichen, so mußte man das Kap Misenum umsegeln, und das bedeutete, durch die Engen zwischen dem Festland und den Inseln Ischia und Nisida zu fahren, die beide in der Hand der Pompejaner waren. Um die tausende Tonnen Proviant und Material für die neue Flotte, auf die Besatzungen und Arbeiter warteten, nicht aufs Spiel zu setzen, nahm Agrippa den ausgedienten Hafen von Cumae im Nordteil der Landenge von Misenum wieder in Gebrauch. Er ließ dort zwei Tunnel mit einer Gesamtlänge von fast 2 km unter die vulkanischen Hügel treiben und gewann so eine ebene und gesicherte Anfahrt zum Avernersee. Diese imposanten Anlagen sind heute noch zu sehen, stumme Zeugen der Bedrohung durch Sextus und seine gewaltige Übermacht zur See. Agrippa traf sogar Vorkehrungen gegen eine mögliche Belagerung, indem er Stollen in Form riesiger Zisternen in den Felsen trieb, die mehr als eine Million Liter Frischwasser speichern konnten.

Eine ganz andere Bestätigung der Stärke des Sextus lieferte Menodoros. Irgendwann im Laufe des Jahres 37 wechselte er erneut das Lager und brachte einige Schiffe mit; Sextus setzte ihn wieder als Flottenchef ein. Es hieß, er hätte sich zurückgesetzt gefühlt, weil Oktavian ihm nicht den gleichen Rang wie Calvisius verlieh. Das war aber sicherlich nur ein Vorwand. Vielleicht hatte sich seine Seefahrernatur gegen Agrippas riesige Kampfmaschinen empört, an deren Erfolg er nicht glauben konnte. Die Kraftprobe ließ nicht lange auf sich warten. Am 1. Juli 36, nach feierlichem Opfer an Land und einer Art Segnung der Flotte durch die Priester, setzte sich diese gigantische Armada vom Golf von Baiae aus in Marsch.

Agrippas Flotte war nur ein Teil der insgesamt gegen Sextus mobilisierten Kräfte. Die Strategie Oktavians und seiner Berater beruhte auf einem dreigleisigen Vorgehen. Lepidus brachte zwölf Legionen von halber Kampfstärke und eine Flotte aus Afrika, während von Tarent aus eine neu aufsteigende Größe in Oktavians Partei, der Lukaner Statilius Taurus, Konsul im Jahre 37, mit den zwei von Antonius hinterlassenen

Geschwadern anrückte. Weitere Legionen unter Valerius Messalla waren südlich von Vibo stationiert, jederzeit bereit überzusetzen. Sextus seinerseits ließ eine Truppe im Westen der Insel in Lilybaeum, um Lepidus abzufangen. Er selbst beobachtete die Nord- und Ost-Küsten und besonders die Liparischen Inseln – möglicherweise ein wertvoller Flottenstützpunkt für Oktavian. Wieder einmal spielte das Wetter ein Rolle, wenn auch diesmal nicht ganz so entscheidend. Am 3. Juli erhob sich ein Sturm südlicher Winde. Lepidus verlor einige Schiffe, die kenterten oder untergingen, konnte aber landen und in der Gegend von Lilybaeum gegen Sextus' Feldhauptmann Plinius vorgehen; Taurus gelang es, sich nach Tarent zurückzuziehen, doch Oktavian erlitt schwere Verluste. Seine Nachhut unter Appius Claudius Pulcher wurde abgefangen, als sie das Vorgebirge der Minerva umschiffte, ein Teil der Schiffe strandete oder wurde zerstört. Die Hauptflotte brachte er jedoch heil in die Bucht von Elea, nur ein größeres Schiff fehlte. Unglücklicherweise drehte der Wind nach Südwest, und die geschützte Bucht wurde zur Falle. Die Katastrophe der Straße von Messina wiederholte sich, wenn auch in kleinerem Maßstab; 32 Hauptkampfschiffe und eine größere Anzahl leichter Liburnen wurden zerstört, viele andere Schiffe schwer beschädigt.

Es würde einen Monat dauern, die Flotte wieder in Ordnung zu bringen. Da die Jahreszeit, in der noch gesegelt werden konnte, schon recht vorgeschritten war, wollte Oktavian ursprünglich den ganzen Feldzug bis zum nächsten Jahr verschieben. Aber das hätte wieder einen Winter in Rom, wo er unbeliebt war, bedeutet und die Möglichkeit, daß Antonius ihm mit einem großen Sieg zuvorkam. Bis jetzt wußte man von ihm nur, daß er endlich durch Armenien marschierte. Auch bestand Gefahr, daß es Sextus gelang, die große Flotte zu zerstören. Die Nachricht von der Landung des Lepidus mag ausschlaggebend gewesen sein. Bis zum nächsten Frühling wäre Lepidus wahrscheinlich entweder besiegt worden oder aus eigener Kraft in den Besitz Siziliens gelangt. Keine dieser Möglichkeiten war schmeichelhaft für Oktavian. Darum beschloß er, den Krieg jetzt unter allen Umständen zu Ende zu führen. Er sandte Maecenas nach Rom; manche Leute, die Pompeius den Großen noch nicht vergessen hatten, wurden von Sympathien für Sextus erfaßt, und deren heimlichen Beistand sollte Maecenas neutralisieren. Pompeius war im Kampfe für die Republik gefallen; wenn sein ehelicher Sohn Caesars Adoptivsohn – der die Republik als Schwindel abgetan hatte – eine weitere Schlappe beibrachte, konnte es Verdruß geben.

Die Besatzungen der gescheiterten Schiffe wurden nach Tarent zu Taurus geschickt, der für einige Schiffe noch Ruderer brauchte. Oktavian selbst inspizierte die tarentinische Flotte und die Legionen in Vibo. Sextus unternahm währenddessen gar nichts, er wartete nur darauf, daß sich die plumpen Schiffe seines Gegners im offenen Meer dem Angriff seiner schnelleren, wendigeren und erfahreneren Flotte aussetzten. Was er hätte erreichen können, bewies Menodoros. Von Sextus ausgesandt, um nach dem Sturm die Feindlage zu erkunden, ruderte er 150 Seemeilen in drei Tagen und überfiel ohne Vorwarnung Oktavians Wachtschiffe und kaperte sie; die in ihrem Geleitschutz fahrenden Getreide-Frachter beschlagnahmte, verbrannte oder versenkte er. Wären seine anderen Flottenführer ähnlich unternehmungslustig gewesen, hätte Sextus den Gegner viel länger in Schach halten können. Die waren allerdings nicht so genial wie Menodoros – aber auch nicht so unbeständig. Es stellte sich nämlich heraus, daß Menodoros eine neue Desertion plante und den Handstreich nur ausgeführt hatte, um seinen etwas angeschlagenen Ruf zu verbessern. Oktavian nahm ihn auf, hütete sich aber, ihm irgendeine Stellung in der Flottenführung zu überlassen.

Endlich war Oktavian wieder gerüstet, und diesmal hatte das Wetter ein Einsehen. Die Kräfte von Taurus und Messalla wurden auf dem Festland gegenüber der Bucht von Tauromenium (heute Taormina) zusammengezogen – zum Übersetzen bereit. Sextus bewachte die Enge bei Messana, während er ein kleineres Geschwader unter Demochares an die Nord-Küste schickte. Agrippa, der Oktavians Hauptflotte befehligte, bemächtigte sich der Liparischen Inseln und glich damit eine Niederlage des Lepidus aus, der bei einem Überraschungsangriff vier Legionen – zu seiner Verstärkung aus Afrika geschickt – verloren hatte. Sodann griff er die Masse der pompejanischen Flotte an, die ihm vor Mylae im Nord-Osten der Insel entgegenkam. Nun zeigte sich der Wert seiner schwereren Schiffe. Mit ihrem Übergewicht zerdrückten sie die leichteren pompejanischen Schiffe, und die viel höheren Oberdecks waren beim Entern und im Nahkampf von entscheidendem Vorteil. Von einem Berg aus beobachtete Sextus das Gefecht; als er 30 der 155 eingesetzten Schiffe verloren hatte, gab er das Signal zum Rückzug in seichteres Wasser, wohin Agrippas tiefergehende Schiffe ihm nicht folgen konnten. Während Agrippa sich absetzte, weil er dem Wetter nicht traute und seine Männer ermüdet waren, segelte Sextus sofort zur Straße von Messana zurück. Er wußte, daß Oktavian, der von dort aus operierte, seine Abwesenheit zum

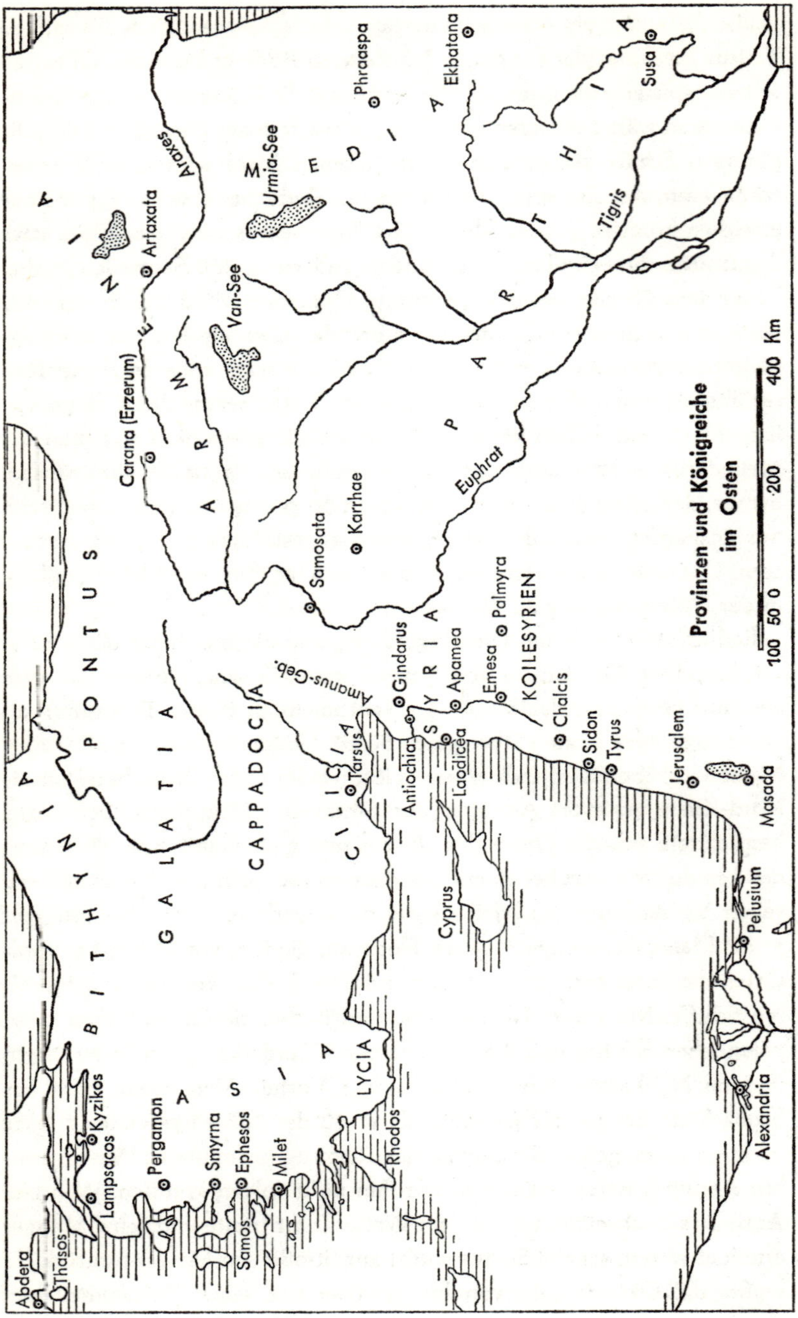
Provinzen und Königreiche im Osten
100 50 0 200 400 Km
ARMENIA
MEDIA
PARTHIA
PONTUS
BITHYNIA
GALATIA
CAPPADOCIA
CILICIA
ASIA
LYCIA
SYRIA
KOILESYRIEN
Abdera
Thasos
Lampsacos
Kyzikos
Pergamon
Smyrna
Ephesos
Samos
Milet
Rhodos
Tarsus
Antiochia
Gindarus
Amanus-Geb.
Laodicea
Apamea
Emesa
Palmyra
Chalcis
Sidon
Tyrus
Jerusalem
Masada
Cyprus
Pelusium
Alexandria
Samosata
Karrhae
Euphrat
Tigris
Carana (Erzerum)
Artaxata
Araxes
Van-See
Urmia-See
Phraaspa
Ekbatana
Susa

Übersetzen benutzen würde. Diese Annahme stimmte. Oktavian hatte die Hälfte seiner Truppen bereits gelandet und befestigte sein Lager südlich von Tauromenium, als vom Meer her unerwartet die Flotte des Sextus auftauchte und ihn von Messalla und seiner übrigen Armee abschnitt. Noch größer war Oktavians Bestürzung, als er zu Lande Reiter und Fußtruppen herankommen sah und die Reiter zum Angriff auf sein Lager ansetzten. Doch er hatte Glück: Sextus' Kommandeure, die nichts von der Panik im Lager ahnten und die Dämmerung fürchteten, nahmen ihren Vorteil nicht wahr. Die Seeschlacht am nächsten Tag endete mit einem entscheidenden Sieg der Pompejaner. Im Gefecht mit den normalgewichtigen Schiffen herkömmlicher Größe, die Antonius zurückgelassen hatte, bewies sich die Überlegenheit ihrer seemännischen Erfahrung.

Oktavian verbrachte fast die ganze Nacht in einem kleinen Boot, unschlüssig, ob er bei Messalla auf dem Festland Zuflucht suchen oder zu Cornificius zurückgehen sollte, den er zum Kommandanten des sizilischen Lagers ernannt hatte. Der Weg zu Messalla war weniger gefährlich; er erreichte dessen Lager erschöpft und mutlos, riß sich dann aber zusammen, erteilte seinen Kommandeuren neue Befehle und schickte Maecenas erneut nach Rom, um nach dem Rechten zu sehen. Die Lage war dort kritisch; Maecenas mußte gegen einige Agitatoren vorgehen. Die Zeit arbeitete zweifellos gegen Oktavian – eine Niederlage, ja selbst zögerndes Handeln waren jetzt katastrophal. Wieder einmal erschien Agrippa als Retter. Er hatte Tyndaris besetzt, einen Hafen an der Nord-Küste westlich von Mylae. So konnte er dort seine und Oktavians Streitkräfte zusammen ausladen: 21 Legionen mit Pferden und Hilfstruppen. Cornificius wurde gerade noch zur rechten Zeit errettet – er und seine Männer waren zwischen den Lavaflüssen des Aetna am Verdursten. Lepidus stellte die Verbindung zu Oktavians Truppen her und biwakierte bei Messana. Sextus, aus Mylae zurückgewichen und inzwischen durch die Truppen, die vorher im Westen der Insel Lepidus bekämpft hatten, verstärkt, sah sich nun von den Legionen beider Triumvirn und Agrippas umringt.

Von ausreichendem Nachschub abgeschnitten, beschloß Sextus, alles auf eine große Seeschlacht zu setzen. Laut Appian hatte jede Partei 300 Schiffe – in Wirklichkeit hatte Sextus vermutlich wesentlich weniger –, alle mit Kampftürmen vorn und achtern und allen erdenklichen Wurfgeschossen bestückt. Agrippa hatte eigens für diese Gelegenheit einen besonderen Enterhaken erfunden, genannt »der Schnapper«. Er bestand aus einer fast 3 m langen eisenbeschlagenen Stange mit einem eisernen Greifer am Ende und wurde mit einem Katapult auf das gegnerische Schiff geschossen. Dann wurde das an der Stange befestigte Tau eingeholt; die feindliche Mannschaft konnte weder die durch den Beschlag geschützte Stange zerschlagen, noch, wegen der Länge der Stange, das Tau kappen. Agrippa hatte in Mylae gelernt, wie wichtig es war, dem Feind auf dem Wasser im Nahkampf zu begegnen, bevor er Gelegenheit hatte, seine überlegene Geschicklichkeit und die größere Wendigkeit seiner Schiffe auszunutzen.

Die letzte Schlacht des Krieges fand am 3. September vor Naulochus, ostwärts von Mylae statt. In den Berichten von Dio und Appian schwingen Erinnerungen an die berühmte Schilderung des Thukydides mit, der die entscheidende Seeschlacht im großen Hafen von Syrakus beschreibt, die unter den Augen der feindlichen Armeen stattfand. Die jetzige Schlacht war jedenfalls für Sextus' Männer nicht weniger entscheidend. Vom Land aus sah man eine lange Reihe aneinander haftender Schiffe, die sich nur durch die Farben ihrer Kampftürme unterschieden. Selbst der Flottenchef Agrippa konnte sich kein Bild vom Fortgang der Schlacht machen, da er nur die unmittelbare Umgebung zu überblicken vermochte. Die Männer des Sextus kämpften mit dem Mut der Verzweiflung; unter ihnen waren viele Deserteure und entflohene Sklaven, die bei ihrer Gefangennahme mit Pfählung oder Kreuzigung zu rechnen hatten. Doch der »Schnapper« tat ganze Arbeit, die pompejanischen Schiffe konnten sich aus dem Griff der Schwergewichtler Agrippas nicht befreien. Die schiere Übermacht gab schließlich den Ausschlag. Nur drei Schiffe hatte Agrippa verloren – die Pompejaner deren 28. Die restlichen Schiffe des Sextus versuchten zu fliehen, wurden aber alle gekapert oder in den Grund gebohrt – bis auf 17, die das Vorgebirge umrundeten und den Hafen von Messana erreichten. Dort stieg Sextus, der seine Armee im Stich gelassen hatte, als das Ergebnis der Schlacht feststand, mit seiner Tochter zu und ließ die Restflotte sofort Kurs aufs östliche Mittelmeer nehmen, um sich Antonius zu Füßen zu werfen. Was er von Oktavian zu erwarten hatte, wußte er.

Die in Naulochus stationierten Truppen des Sextus liefen sofort zu Oktavian über. Die Einheiten in Messana wurden kurz von Agrippa und Lepidus belagert; sie ergaben sich dann Lepidus, der nicht warten wollte, bis Oktavian aus Naulochus herbeikam und seinerseits die Kapitulation annahm. Diese ersten Erfolge stiegen ihm zu Kopf. Ohne Vorbehalt nahm er die Legionen des Sextus in seine Armee auf und versuchte, sich ihre Treue zu erkaufen, indem er sie zusammen mit seinen Leuten die Stadt plündern ließ. Marcus Aemilius Lepidus verfügte jetzt über 22 Legionen, mehr als bei Philippi auf einer Seite gestanden hatten (den Kampfwert einmal außer acht gelassen) — genug, wie er glaubte, um die Geschichte der ruhmreichen Aemilier fortzuführen und sich für den jahrelangen Ausschluß von der Macht zu revanchieren. Er wollte sich nun zum Herrn Siziliens aufwerfen, besetzte die Pässe und befahl den Garnisonen, Oktavian den Zugang zu verweigern. Aber die Truppen machten nicht mit. Sie hatten nicht deshalb einen Bürgerkrieg beendet, um einen andern anzufangen, und es fiel Oktavian nicht schwer, sie darin zu bestärken. Als Lepidus erkannte, daß seine Machtansprüche zum Scheitern verurteilt waren, unterwarf er sich der Gnade Oktavians. Als Triumvir wurde er abgesetzt, aber er durfte weiterhin das höchste Priesteramt bekleiden, das er auf so zweifelhafte Weise erworben hatte. So kehrte Lepidus nach Italien zurück und lebte noch 24 Jahre zurückgezogen — ruhmlos, aber bequem — in dem stillen Kurort Circeii.

Oktavian war nun gleichzeitig einen Feind und einen titelgleichen Gegenspieler losgeworden. Jetzt bestand nicht mehr der geringste Zweifel, wer der Herr Italiens und des Westens war. Die italischen Küsten waren endlich von einer Plage befreit, die regulären Getreide-Lieferungen kamen wieder in Gang, und somit durfte Oktavian auf die herzliche Dankbarkeit des einfachen Volkes rechnen. Ein Staatsstreich in Rom war nicht mehr zu befürchten, obgleich es in Kampanien und Etrurien noch Zwietracht und Unruhe gab. Doch sehr bald sah sich der revolutionäre Führer dem gleichen Problem gegenüber, das seinen Aufstieg schon im Jahre 41 fast beendet hätte. Wie nach Philippi hatte er auf einmal die Verantwortung für eine riesige Armee. Es gab keine besonderen militärischen Aufgaben; höchstens ein Dutzend Legionen konnte er in Gallien, Spanien und in den Vorgebirgen der Alpen beschäftigen, zur Not noch ein paar mehr im Garnisonsdienst in Afrika. Die Armeen von Sextus, Lepidus und Oktavian ergaben aber zusammen 45 Legionen, dazu kamen noch 25 000 Reiter und 40 000 Mann leichter Truppen. Diese Hilfstruppen waren keine römischen Bürger und daher kein Problem. Man konnte sie ohne weiteres in ihre Heimatgebiete entlassen. Die Armee des Sextus war zwar ein bunt zusammengewürfelter Haufen und die des Lepidus nicht auf Soll-Stärke — aber dennoch hatte Oktavian jetzt wahrscheinlich nicht weniger als 120 000 Legionäre unter seinem Kommando. Er stand vor der gewaltigen Aufgabe, sie wieder anzusiedeln. Einige zehntausend Veteranen erwarteten die nach siegreich beendetem Bürgerkrieg üblichen und versprochenen Belohnungen, Land und Geld, und beides hatte Sextus' Niederwerfung nicht gebracht.

Oktavian versuchte, durch scheinbare Freigebigkeit das Unheil etwas hinauszuzögern. Er zahlte den Soldaten einen kleinen Teil ihrer Belohnung aus und versprach den Rest für später. Er warf verschwenderisch mit »Kronen«* und anderen Ehrungen um sich und begnadigte die pompejanischen Anführer, um eben davon abzulenken, daß er nicht imstande war, gehaltvollere und greifbarere Zuwendungen zu machen. Diese Ausflüchte nutzten ihm nichts. Die Armee meuterte, angeführt von Oktavians eigenen Truppen, die sich die meisten Vorteile erhofft hatten; die Männer verlangten ihre Entlassung und dieselbe Belohnung, die man den Veteranen von Philippi gezahlt hatte. Aber es war sowohl finanziell wie politisch völlig unmöglich, ihnen das zu gewähren. Für weitere Enteignungen in Italien gab es keinen Vorwand mehr, und Geld, um Land zu kaufen, war auch nicht da. Die Erhebung von Sondersteuern wäre hingegen eine merkwürdige Art gewesen, den Sieg über den Piraten Sextus zu feiern. Von Antonius war auch keine Hilfe zu erwarten; nach Philippi hatte er selbst genug Schwierigkeiten gehabt, die östlichen Provinzen zu schröpfen – und das zu einer Zeit, als man diese Gemeinden noch nach dem Buchstaben des Gesetzes der Hilfeleistung für Brutus und Cassius beschuldigen konnte, und als Antonius Oktavian noch wohlgesonnen war.

Oktavian war in einer außerordentlich schwierigen Lage. Es gelang ihm aber, sich durch eine Mischung von demagogischem Geschick und roher Gewalt daraus zu befreien. Er machte neue Zahlungsversprechungen und bezog sogar Antonius' Truppen mit ein, »wenn sie wiederkämen«. Die Meuterer versuchte er einzuschüchtern; er erinnerte sie an ihren Treueid und drohte mit Disziplinarstrafen. Als die Drohungen nichts ausrichteten und sie ihm seine eigenen Versprechungen ins Gesicht schrien, brach er der Opposition das Rückgrat, indem er seine eigenen Mutina-Veteranen und alle andern, die zehn Jahre gedient hatten, auf einmal bereitwillig entließ – insgesamt 20 000 Mann. Er ließ sie sofort mit Schiffen von der Insel bringen, spaltete aber auch diese Gruppe mit der nur für die Veteranen von Mutina bestimmten Zusage, er werde die ihnen gegebenen Versprechen einhalten. Die andern blieben sich selbst

* »Corona«, meist aus Lorbeer = militärischer Orden. (A.d.Ü.)

überlassen. Sie waren nicht zahlreich genug, um Schwierigkeiten zu machen, sobald die übrige Armee wieder beruhigt worden war; auch hoffte jeder, gerade er würde am Ende zu den »Würdigsten« gehören, die der listige Oktavian ebenso zu behandeln versprach wie die Veteranen von Mutina. So waren die Rädelsführer beseitigt, und Oktavian lobte die Treue der andern und gab ihnen eine ansehnliche Prämie, die er sofort bei den unglücklichen Siziliern eintrieb. Die Soldaten, die unter Sextus gedient hatten, beteiligten sich nur mit halbem Herzen an der Meuterei, weil sie befürchteten, die großzügigen Bedingungen, die sie zum Übertritt bewogen hatten, gälten auf einmal nicht mehr. Oktavian entledigte sich auch eines gewissen Ofellius, eines Centurionen, der die verliehenen Ehrungen und Privilegien als »Kinderspielzeug« bezeichnet und unter großem Beifall Land und Geld verlangt hatte. Jedenfalls nahm man an, daß Oktavian ihn beiseite schaffte. Er ward nicht mehr gesehen, und niemand wollte seinen Platz einnehmen.

Die unmittelbare Gefahr war überwunden, das Problem aber blieb: zu viele Soldaten, zu wenig Beschäftigung für sie, zu geringe Hilfsmittel, um sie ihren Erwartungen und Hoffnungen gemäß zu entlohnen. Man fand Zwischenlösungen. Einige Veteranen wurden in der Provence angesiedelt, andere auf noch greifbarem Staatsgrund und bei Capua und Rhegium. Fürs nächste Jahr wurde ein Feldzug gegen illyrische Stämme im Norden der dalmatinischen Küste geplant, um die restliche Armee zu beschäftigen und vielleicht belohnen zu können. In anderer Hinsicht war es ein Herbst der Triumphe. Agrippa, dem Planer und Urheber des Sieges, wurde eine einzigartige Ehrung zuteil: eine goldene Krone, mit Rammspornen verziert. Oktavian wurde mehr als je zuvor vergöttert; sein Standbild zierte die Tempel der treuergebenen Städte Italiens. Er erwies den Göttern die gebührende Achtung, indem er Apollo den Boden weihte, auf dem er in Rom ein eigenes Haus errichten wollte. Für ihn selbst gab es Ehrungen, die eher im Einklang mit altehrwürdigen Traditionen waren: eine Säule, so geschmückt wie Agrippas Krone, darauf ein goldenes Standbild mit einer Inschrift, die den wiedergewonnenen Frieden zu Lande und zu Wasser pries; jährliche Opferfeiern zum Gedenken an den Tag des Sieges; eine Ovation, und für seine Person die den Göttern gelobte Unantastbarkeit eines Volkstribunen. Diese letzte Ehrung läßt ahnen, wie er später einmal autokratische Macht unter dem Schleier republikanischer Formen ausüben würde. Doch betonte er seine Bereitschaft, als Triumvir zurückzutreten und die Verfassung der Väter wieder in Kraft treten zu lassen, sobald Antonius, aus Parthien zurückgekehrt, gleichfalls zurücktreten würde.

Die führenden Anhänger Oktavians, die für einen kurzen Augenblick aus seinem Schatten hervortraten, um sich nach römischem Brauch als Flotten- und Truppenführer im sizilischen Feldzug zu zeigen, wurden angemessen belohnt. Das Kollegium der 15 Auguren war voll besetzt, aber das machte nichts: Messalla wurde als überzähliges Mitglied aufgenommen. Cornificius hatte Caesars Andenken öffentlich geehrt, als er im Jahre 43 über den abwesenden Brutus zu Gericht saß; er wurde im Jahre 35 Konsul. Statilius Taurus, wahrscheinlich schon zum inneren Kreis gehörend, übernahm innerhalb des Triumvirats die Nachfolge des Lepidus, zuerst als Statthalter in Sizilien, dann in Africa. Quintus Laronius, wie Taurus ein Mann aus dem Süden, aber sonst ein unbeschriebenes Blatt, wurde im Jahre 33 Konsul. Gaius Carrinas hatte seit den Tagen des Diktators alles heil überstanden und bereits die zweifelhafte Ehre gehabt, der erste Konsul unter dem Triumvirat zu sein. Solche Namen, völlig neu in den Annalen der römischen Geschichte, kennzeichnen die Endphase in dem langen Kampf des italischen Volkes gegen die alte Oligarchie von Rom und Latium um die Kontrolle der Regierung. Aber es sollte noch 100 Jahre dauern, bis der Enkel eines Veteranen von Pharsalos aus dem Land der Sabiner Kaiser wurde. Neben den neuen Männern tauchen auch die alten Aristokraten auf, immer noch auf ihren Einfluß hartnäckig bedacht, und geben der Revolution einen Anstrich von Achtbarkeit. Außer Messalla und Appius Claudius Pulcher war da noch Paullus Aemilius Lepidus, der Sohn des Mannes, den sein Bruder, der damalige Triumvir, proskribieren ließ. Paullus wurde im Jahre 34 Konsul, was seinen Wert für Oktavian hinreichend beweist.

Von alledem wußte Antonius im Augenblick nichts. Die 18 Monate nach seiner Abreise aus Brundisium im Sommer oder Frühherbst 37 müssen, rückblickend betrachtet, entscheidend gewesen sein. Wir wissen nicht, was er dachte, als die italische Küste seinen Blicken entschwand. Aber man darf vermuten, daß er von seinem jungen Kollegen, mit dem er die Macht teilte, enttäuscht war. Oktavian hatte ihn dazu gebracht, einen Krieg zuzulassen, den er nie gebilligt hatte, und dann sogar noch mitzuhelfen. Die Legionen, die Oktavian im Austausch versprochen hatte, waren im Augenblick nicht verfügbar, wahrscheinlich würde er lange auf sie warten müssen. Auf eigene Faust zu rekrutieren, war auch nicht ganz einfach, solange Oktavian Männer für einen Krieg in nächster

Nähe brauchte, dessen Ausgang weniger unsicher war. Was Octavia anlangte, so war sie schön und liebte ihn, hatte ihm aber noch keinen Sohn geboren; es sieht nicht so aus, als ob der oft verheiratete Antonius sie außergewöhnlich reizvoll gefunden hat. Andererseits wurden die Gemahlinnen der auf Ruhm erpichten römischen Notabeln häufig allein gelassen; es war auch gar nicht böswillig, daß er ohne sie nach Osten reiste. Bis jetzt zeichnete sich noch kein Zerwürfnis zwischen ihrem Mann und ihrem Bruder ab. Antonius hatte es sich angelegen sein lassen, seinem Kollegen entgegenzukommen, und ihr Verhältnis schien freundschaftlicher als zu irgendeiner Zeit seit dem Herbst 39.

Gleich nach seiner Ankunft in Syrien bestellte Antonius die Königin von Ägypten zu sich. Plutarch spricht davon, mit der Stimme des Augustus: »Als er sich Syrien näherte, flammte seine Leidenschaft zu Kleopatra mit neuer Kraft auf – eine furchtbare Besessenheit, die lange geschlummert hatte, scheinbar schon ganz zur Ruhe gekommen und wie weggezaubert durch vernünftigere Erwägungen. Schließlich aber rebellierte er, wie Platos eigensinniges und unbezähmbares »Tier der Seele«, gegen alles, was gut war und ihn gerettet hätte, und er schickte Fonteius Capito aus, um Kleopatra nach Syrien zu bringen.« Ganz so wird es wohl damals nicht gewesen sein. Antonius hatte mit einem der reichsten, treuesten und bedeutendsten Vasallen Roms amtlich zu verhandeln. Daß dieser Vasall eine Frau war und ihm Kinder geboren hatte, die er gar nicht kannte, war ein interessantes und pikantes Detail ohne politische Bedeutung. Wichtig war im Augenblick, daß Antonius sich unbedingt Ägyptens versichern mußte. Er hatte vor, die Throne von Galatien, Kappadokien, Pontus und Judaea mit fähigen, erprobten Männern zu besetzen, deren Loyalität gegenüber Rom außer Zweifel stand – aber sie waren nicht königlichen Geblüts und in zwei Fällen noch nicht einmal Landeskinder ihrer neuen Herrschaftsgebiete. Ein Fehlurteil hinsichtlich dieser Männer oder der politischen Lage in einem dieser Königreiche – und er hatte im Hinterland eine bedrohliche Situation, wenn er im nächsten Sommer in Parthien einfiel. Die Stabilität des ganzen Gebiets, um die er sich seit dem Jahre 39 mit militärischen und diplomatischen Mitteln so geduldig bemüht hatte, war dann mit einem Mal gefährdet. Durch ein ärgerliches Zusammentreffen von Umständen hatte gerade Herodes, der König, der ihm persönlich am nächsten stand, wahrscheinlich außen- und innenpolitische Schwierigkeiten zu erwarten – denn Kleopatra war seine Feindin. Mit gierigen Blicken schaute sie auf sein Königreich. Dabei hatte Gaius Sosius, Antonius' Statthalter in Syrien, gerade Jerusalem für Herodes erobert und dessen königlichen Rivalen Antigonos in Ketten zur Exekution geschleppt. – So wurden Könige im allgemeinen nicht von ihren römischen Eroberern behandelt. – Antonius konnte nicht mehr anders, als seinen Verbündeten Herodes weiter zu unterstützen. Darum war es politisch so außerordentlich wichtig, Kleopatra zu versöhnen.

Kleopatra kam also aus Gründen der Staatsraison wieder nach Antiochia. Manche Historiker sprechen von einer »Heirat« und bezeichnen die Territorien, die Antonius ihr übermachte, als »Morgengabe«. Es heißt, sie hätte das alte Reich der Ptolemäer in seiner vollen Ausdehnung, und zwar innerhalb der Grenzen zur Zeit seiner Hochblüte im dritten Jahrhundert v. Chr. wiederherstellen wollen. Das mag sein. Wichtiger ist, was Antonius sich dabei dachte. Wenn man bedenkt, daß er ihr später Gebiete verweigerte, die sie verlangte – zu einer Zeit, da er angeblich »völlig betört« war –, wird es klar, daß er ganz andere Pläne verfolgte. Es war ein merkwürdiges Sammelsurium an Territorien, was er ihr jetzt überließ: Zypern, Koilesyrien, einen Teil Kilikiens, die phönikische Küste außer Tyrus und Sidon, die Balsamhaine von Judaea, vor allem die in Jericho, und einen Teil des nabatäischen Königreichs, das sich nach Süden bis an die Küsten des Roten Meers erstreckte. Bei näherer Betrachtung ist das alles nicht mehr so merkwürdig. Herodes die Balsamhaine und deren Erträge wegzunehmen – das war ein entscheidender und vielsagender Eingriff, ein Zeichen für die Wertschätzung Kleopatras, das niemand mißverstehen konnte. Gern hätte Herodes protestiert, aber er konnte nichts tun. Mit Nabataea wurden Gebietsansprüche Kleopatras befriedigt – was niemandem wehetat. Die restlichen Ländereien – Zypern und die Küstengebiete mit Koilesyrien im Hinterland – waren im östlichen Mittelmeer zufällig auch die größten Lieferanten von Holz, das zum Schiffbau geeignet war. Aus diesen Regionen hatten die Herrscher des baumlosen Ägyptens, Ptolemäer wie Pharaonen, lange Zeit den Holzbedarf zum Bau ihrer Flotten gedeckt. Man darf sicher folgern, daß Antonius, nachdem er zwei seiner fünf Geschwader in Tarent abgetreten hatte, seinen königlichen Schützling beauftragte, sie zu ersetzen. Als Gegengabe für ihre Gebietsgewinne konnte sie eine Flotte bauen, ausstatten und bemannen – nominell ihre, faktisch seine. Das war eine wirtschaftliche und zufriedenstellende Lösung – nur deshalb notwendig, weil Antonius Oktavian nicht trauen durfte. Es war zu erwarten, daß Oktavian bald über eine gewaltige Flotte verfügen würde. Antonius konnte es sich nicht leisten, an Kampfkraft unterlegen zu sein, solange er noch um das höchste Staatsamt zu kämpfen gewillt war.

So wie die Beziehungen zwischen Antonius und Kleopatra nun einmal waren, blieben die Transaktionen nicht nur auf »Realpolitik« beschränkt. Antonius, so großzügig mit Gunstbeweisen im politischen Bereich, konnte sie auch privat kaum verweigern, selbst wenn er gewollt hätte, und nichts deutet darauf hin, daß er Wiederholungen der in einem früheren Winter erlebten Freuden mit der Königin abgeneigt gewesen wäre. Er begab sich gern wieder in ihre Gesellschaft. War es für ihn eine Erholung, dieses Spiel der Liebe mit einer temperamentvollen, ehrgeizigen und unabhängigen Frau, nach dem sittenstrengen Ehe-Alltag mit Octavia, hinter der immer der Schatten ihres unleidlichen Bruders auftauchte? Was er für die beiden Frauen wirklich empfand, das ist für immer hinter den Wolken der Propaganda und den Schleiern romantischer Erzählungen verdeckt. Wenn Antonius je Kleopatra geliebt hat, dann erst nach dieser Begegnung. Er erkannte die Zwillinge, die sie geboren hatte, als seine Kinder an. Das mußte er ja auch wohl unter den Umständen; uneheliche Kinder schicken sich nicht für eine Königin. Der Knabe bekam den Namen Alexander Helios (Sonne), seine Schwester sollte Kleopatra Selene (Mond) heißen. Da es im ptolemäischen Herrscherhause bisher keinen Alexander gegeben hatte, spielte dieser große Name ganz offen auf imperiale Forderungen an. Der zweite Name des Knaben, »Sonne«, bezog sich eher auf einen geistig-kosmischen Aspekt. Viele Menschen in Ost und West glaubten an ein bevorstehendes Goldenes Zeitalter, und man sah es nur im Zusammenhang mit der Herrschaft der Sonne — dem Symbol der allwissenden, alldurchdringenden und allbelebenden Gerechtigkeit, derer sich die hellenistischen Gott-Könige rühmten. In Ägypten war der Name von besonderer Bedeutung, weil die Göttin Isis, laut einer Inschrift auf ihrem Schrein zu Saïs, die Sonnenmutter war, und Kleopatra nahm ihre Rolle als irdische Isis sehr ernst. Daß das kleine Mädchen »Mond« hieß, war nicht so bedeutsam, sie hatte viele Vorgängerinnen desselben Namens. Wahrscheinlich war es nur ein Zufall, daß der Parther-König, gegen den Antonius bald zu Feld ziehen wollte, sich »Bruder der Sonne und des Mondes« nannte — ein besonders glücklicher Zufall allerdings dann, wenn Antonius seinen Sohn auf den parthischen Thron zu setzen gedachte.

In Rom wurden all diese Geschäfte und Verhandlungen ohne Überraschung oder Groll aufgenommen. Als Octavia Antonius im Jahre 40 heiratete, wußte sie, daß er von Kleopatra Kinder hatte. Daß er sie jetzt als die Seinen anerkannte, das war wichtig für die Kinder und für Kleopatra, für Octavia aber nicht. Nach römischem Recht konnte Antonius nur eine Frau haben, jede weitere Verbindung mit einer Nicht-Römerin, selbst wenn sie den Formen und Bräuchen des Auslands entsprach, blieb eine illegitime Liaison. Möglicherweise wird Octavia die Kränkung empfunden haben, aber sie konnte sich kaum darüber beschweren, daß sie etwa schlechter behandelt würde als Fulvia, und auch nicht, daß Antonius Caesars Vorbild nacheiferte. Im übrigen ist es nur der späteren Propaganda Oktavians zu verdanken, daß die Welt mehr über die Ländereien weiß, die Antonius Kleopatra übereignete, als über jene, die gleichzeitig seine drei neuen Vasallenkönige von ihm erhielten — Amyntas von Galatien, Polemon von Pontus und Archelaos von Kappadokien. Antonius sollte ein lebensfähiges System von Pufferstaaten unter Vasallenkönigen aufbauen; es lag also nicht nur in seiner Macht, es war sogar seine Pflicht, Fürstentümer und kleine Königreiche neu zu verteilen. Es ist unsinnig zu behaupten, er hätte römisches Gebiet »verschenkt«. Das einzige dieser Gebiete, das jemals ein oder zwei Jahre lang unter unmittelbarer römischer Herrschaft gestanden hatte, wenn man überhaupt von Herrschaft sprechen konnte, war der »wilde« Teil von Kilikien: bestenfalls ein Schlupfwinkel für Piraten, eine unwegsame, unrentable Provinz, auf die man in Rom gut verzichten konnte.

Der Winter verging also mit der durch Verhandlungen erreichten politischen Neuordnung jener Ost-Gebiete, die nicht direkt den Statthaltern von Bithynien, Asia und Syrien/Kilikien unterstanden — und mit den Vorbereitungen für den parthischen Feldzug. Vielleicht hat sich Antonius die Chance entgehen lassen, die bei Karrhae verlorenen Adler auf dem Verhandlungswege zurückzugewinnen, als ein gewisser Monaeses, ein führender parthischer Aristokrat zu ihm überlief. Zwischen dem Partherkönig Phraates und seinen Edelleuten herrschte Mißstimmung, die Antonius vielleicht für sich hätte auswerten können. Er versprach Monaeses den parthischen Thron und schenkte ihm und seinen Lehnsmännern einige Ländereien, um auf ihre Hilfe bei der kommenden Invasion rechnen zu können. Doch danach versöhnten sie sich wieder mit Phraates. Monaeses ritt im Frühling zurück und wurde zum Oberkommandierenden der parthischen Armee ernannt, um das Land zu schützen. Natürlich konnte das alles auch nur eine gut vorbereitete Kriegslist gewesen sein, um Antonius auszuforschen. Aber das war kaum nötig.

Artavasdes, König von Armenien – offiziell ein Verbündeter Roms, aber im Herzen Parther, nicht nur wegen der gemeinsamen Kultur und der geographischen Nähe – wäre ein viel besserer Informant gewesen. Auf jeden Fall war an Antonius' Angriffsplan wenig herumzurätseln. Wollte er die Katastrophe von Karrhae nicht wiederholen, konnte er nicht über die Hochebenen Mesopotamiens vorgehen, jedenfalls nicht ohne genügend Reiter, um die berittenen parthischen Bogenschützen abzuwehren – und die besaß er nicht. Die einzige Alternative war der Umweg über Armenien, an den großen Binnenseen Van und Urmia vorbei, und dann ein Vorstoß nach Süden über Medien in Richtung Ekbatana und Susa. Daß er das tatsächlich plante, zeigte deutlich das Vorgehen seines Armeeführers Publius Canidius Crassus, der nach dem Winterbiwak in Armenien im Frühling 36 mit einer beachtlichen Streitmacht gegen zwei Volksstämme im Kaukasus zog.

Im Spätfrühling oder Frühsommer verließ Antonius Antiochia. Kurz zuvor hatte er erfahren, daß Octavia ihm wieder einmal eine Tochter geboren hatte. Kleopatra begleitete ihn bis zum Euphrat und kehrte dann nach Alexandria zurück, und zwar über Jerusalem, wo sie sicherlich die Verhandlungen genoß, nach denen ihr Feind Herodes die Balsamgärten als Pächter übernahm, die eigentlich ihm hätten gehören müssen. Im Spätsommer gebar sie Antonius das dritte Kind, einen Sohn, den sie nach dem größten seiner königlichen Ahnen nannte: Ptolemaios Philadelphos.

Antonius marschierte den Euphrat hinauf, um bei dessen Quelle in Zentral-Armenien Canidius in Carana (dem heutigen Erzerum) zu treffen. Dort inspizierte er seine Armee; sie zählte 100 000 Mann. Der Kern bestand aus 16 nicht ganz vollzähligen Legionen, insgesamt 60 000 Mann schwerbewaffneter Fußtruppen; hinzu kamen 10 000 Mann spanischer und keltischer berittener Truppen, sowie 30 000 Reiter und Leichtbewaffnete anderer Nationalitäten, das größte Kontingent hatte der armenische König gestellt. Ein Troß von 300 Wagen beförderte die Belagerungs-Gerätschaften, darunter einen 27 m langen Sturmbock, denn Antonius wußte, daß gutes Holz im Hochland von Medien und Parthien nicht zu finden war.

Der Hochsommer war schon vorbei, als die große Armee von Carana aufbrach. Leute, die hinterher alles besser wissen, meinten, es wäre schon zu spät gewesen, Antonius hätte in Armenien überwintern sollen, aber seine törichte Leidenschaft für Kleopatra hätte ihn zur Eile gedrängt.

Einleuchtender ist das Argument moderner Historiker, er hätte den militärischen Erfolg gebraucht, um dem erwarteten Sieg Oktavians gegen Sextus die Waage zu halten. Doch ein solcher Sieg stand ja nicht von vorneherein fest, wie die Ereignisse im Jahre 38 bewiesen hatten, und als Antonius Carana verließ, hatte Oktavian auch noch gar nichts unternommen. Viel wahrscheinlicher ist, daß Antonius die medische Stadt Phraaspa einnehmen und dort in aller Ruhe überwintern wollte, um sie im nächsten Frühling als Operationsbasis für weitere Unternehmungen im Süden und Osten Parthiens zu benutzen. Es war unmöglich, im Winter in diesem rauhen Hochland zu kämpfen.

Das eigentliche Unheil begann, als Antonius Phraaspa nicht einnehmen konnte. Von groben Fehlern in bezug auf den Zeitplan seines Feldzugs muß man ihn freisprechen, aber er verrechnete sich in der Dauer des Anmarsches seiner ganzen Armee mit dem gewaltigen Belagerungstroß auf dem langen Weg nach Phraaspa. Voller Ungeduld, die Belagerung zu beginnen, um die Stadt vor Anbruch des Winters unterworfen zu haben, ließ er den Belagerungstroß im Schutz zweier Legionen und einiger Hilfstruppen nachkommen, während er selbst mit dem Hauptteil der Armee nach Phraaspa vorauseilte. Das war ein verhängnisvoller Fehler. Als er noch damit beschäftigt war, Schanzen vor der Stadt aufzuwerfen, überfielen die Parther den unzureichend geschützten Troß, zerstörten ihn und nahmen König Polemon gefangen. Artavasdes, entweder schon die ganze Zeit mit Phraates im Einverständnis, oder einfach von der hoffnungslosen Lage des Antonius überzeugt, verließ das römische Lager und zog mit 6000 Reitern und 7000 Mann Fußtruppen heim. Antonius hatte somit nicht nur ein Viertel seiner gesamten Streitmacht verloren, sondern auch die unentbehrlichen und größtenteils unersetzlichen Belagerungsmaschinen, mit deren Hilfe er sein Winterquartier gewonnen hätte. Die einzige Hoffnung lag in einer regelrechten Entscheidungsschlacht. Antonius versuchte, sie herbeizuführen, und einen Augenblick lang glaubten die Römer, sie hätten entscheidend gesiegt. Aber die Parther blieben nicht einfach stehen, um zu kämpfen, wie man es vom Feind üblicherweise erwarten durfte. Eine Verfolgungsjagd von vielen Meilen brachte den Römern nur 80 gefallene Feinde und 30 Gefangene ein – aber keine Rettung vor den berittenen Bogenschützen, die sie auf dem mühseligen Rückmarsch zum Lager unaufhörlich bedrängten. Antonius blieb nur der Rückzug. Die Vorräte wurden knapp. Die Herbsttagundnachtgleiche war vorbei, die Luft schon bedrohlich kühl. Nach einem vergeblichen Versuch, Phraates die eroberten Legions-Adler als Preis für den Rückzug abzulisten, führte Antonius seine Armee zurück. Geleitet von einem Ortskundigen, nahm er einen kürzeren Weg über die Berge, so daß seine Männer den berittenen Bogenschützen, die nicht von ihrer Seite wichen, nicht mehr ganz so schutzlos ausgesetzt waren. Der einzige entschlossene Angriff, den seine Nachhut wagte, endete verheerend. Es blieb ihm nichts übrig, als im Geviert zu marschieren, mit Schleuderern, Speerwerfern und Reitern auf beiden Flanken und im Rücken, um Angriffe abzuwehren, wann und von wo immer sie kamen. Je weiter die Armee sich von Phraaspa entfernte, desto geringer die Feindeinwirkung, desto größer aber die Entbehrungen. Die Männer litten Hunger und — in einem Fall — Durst. Die römische Disziplin hielt stand — bis zum letzten Nachtmarsch an den Fluß Araxes, die Grenze zwischen Medien und Armenien. Eine plötzliche Panik — vielleicht ausgelöst von dem Gerücht, Antonius wäre getötet worden oder die Parther hätten zu guter Letzt den anderen Teil der Armee angegriffen und versprengt — führte zu einem wilden Ausbruch, zu Plünderung und Mord, der auch Antonius' persönliche Troßburschen nicht verschonte. Antonius dachte an Selbstmord, doch die Versicherung seines Führers, sie seien fast am Fluß, und eine Nachricht, die der wandelbare Monaeses ihm zukommen ließ, er brauche jenseits des Flusses keine weitere Verfolgung zu fürchten, ermutigten ihn weiterzumachen.

Monaeses hatte die Wahrheit gesagt. Die Parther entspannten ihre Bogen und unternahmen nichts, um die Römer am Araxes aufzuhalten. Plutarch sagt, sie hätten die Römer wegen ihres Mutes gelobt. Die Ehre war wiederhergestellt. Antonius und seine Unterfeldherrn hatten die Parther aus römischem Gebiet vertrieben — nun hatten Phraates und Monaeses die Römer aus parthischem Gebiet verjagt. Die Parther kannten die Römer gut genug, um zu wissen, daß ihre Führer eine größere Niederlage nicht hinnehmen konnten, ohne sich zu rächen. Wenn auch Jahre darüber vergingen — einmal würde der Tag der Abrechnung kommen. Es war nur klug, Antonius ohne allzu große Demütigung entkommen zu lassen. Und so betrat die römische Armee, nach einem 27tägigen Marsch und nach 18 Gefechten, endlich wieder den Boden eines befreundeten Landes. 20 000 Mann Fußtruppen und 4000 Reiter waren umgekommen, mehr als die Hälfte davon durch Krankheit. Nicht ganz zu Unrecht gaben die Truppen dem abtrünnigen Artavasdes die Schuld an ihrem Mißerfolg und bestürmten Antonius, sich gleich an ihm zu rächen.

Aber das kam gar nicht in Frage. Antonius war auf das Wohlwollen und die Mitarbeit des Artavasdes angewiesen, wollte er seine ausgehungerte, geschwächte und demoralisierte Armee jemals wieder heil zur Küste bringen. Die Rache hatte Zeit. Er schmeichelte Artavasdes und erhielt Proviant und Geld von ihm. Dann schickte er Kleopatra eine Botschaft und eilte an die syrische Küste, um sie zu treffen, während Canidius, Ahenobarbus und der Neffe des Plancus, Marcus Titius, mit den Truppen die letzten Phasen des Wintermarsches bezwangen. Noch 8000 mußten im Schnee Armeniens ihr Leben lassen, bevor das Heer das schützende Winterquartier in der Provinz Syrien erreichte.

So endete der große parthische Feldzug. Antonius hatte zwei Fünftel seiner Streitkräfte verloren. Hätte er sich als Führer in der Not nicht so hervorragend bewährt, wären die Verluste viel größer gewesen. Jetzt war seine Macht über die östlichen Grenzgebiete des Imperiums so geschwächt, daß er glaubte, Kleopatra und ihre Schiffe in einer unbedeutenden Hafenstadt, Leuke Kome, treffen zu müssen. Denn es wäre möglich gewesen, daß die Parther, ihren Vorteil wahrnehmend, über den Euphrat vorstießen und wieder einmal Syrien überfluteten, unterstützt von den antirömischen Elementen in der Provinz. Das war aber nicht der Fall. Kleopatra landete in voller Sicherheit und brachte Bekleidung und etwas Geld für die Armee mit.

Am Ende seines Unternehmens muß Antonius auch von Oktavians Sieg gegen Sextus gehört haben. Es ist nicht überliefert, wie er die Nachricht aufnahm. Was immer er gedacht haben mag, jetzt gab es keinen Grund mehr, die ihm im Jahre 37 versprochenen und jetzt im Osten so dringend gebrauchten Legionen länger vorzuenthalten. Nun, da der Frieden im Westen gesichert, der Zusammenbruch im Osten mühsam abgewendet und Verstärkungen im Frühling zu erwarten waren, konnte Antonius mit einiger Zuversicht hoffen, seine militärische Stellung und Autorität an den östlichen Grenzen zurückzugewinnen und dann mit Oktavian zu beraten, wie sie weiter vorgehen sollten, wenn das Triumvirat Ende 33 offiziell abgelaufen wäre. Kurz darauf bekam er einen persönlichen Brief über eben dieses Thema von Oktavian. Wir wissen nur, daß darin der illyrische Feldzug erwähnt wird, den Oktavian für das nächste Jahr vorschlug. Antonius antwortete, er sei bereit, bei diesem Unternehmen mitzuwirken, und sicherlich bat er erneut um die Truppen, auf die er so lange hatte warten müssen.

KAPITEL ZWÖLF

Oktavians Herausforderung

Nachdem die Truppen unter seiner Aufsicht in die Winterquartiere eingerückt waren, reiste Antonius mit Kleopatra nach Alexandria, das für die nächsten drei Jahre sein eigenes Winterquartier bleiben sollte. Seine Niederlage konnte er in Rom nicht öffentlich zugeben – nicht nach dem »Parthischen Triumph« seines Unterfeldherrn Ventidius vor kaum zwei Jahren. Oktavian war natürlich genau informiert, aber während er die Botschaften des Antonius vorlas, bemäntelte er den wirklichen Verlauf der Dinge. Noch wäre es verfrüht gewesen, mit seinem Seniorpartner zu brechen. Wenn überdies offiziell bestätigt wurde, daß römische Truppen im Osten eine größere Schlappe erlitten hatten, konnte Oktavian auch nicht die seit dem Jahr 39 stillschweigend geübte Taktik weiterverfolgen, Antonius das zugestandene Rekrutierungsrecht in Italien zu verweigern. Im Augenblick war es das beste, Antonius bei Laune und gleichzeitig auf Distanz zu halten und abzuwarten, bis seine Macht und sein Prestige mit der zunehmenden Entfremdung von Heimatland und -sitte immer schwächer wurden. Oktavian, der Unterlegene von einst, war jetzt zum gleichen Rang aufgestiegen. Noch etwas Geduld – irgendwann würde der Augenblick kommen, in dem er die Lage zu seinem Vorteil verändern und Herr der römischen Welt werden konnte, getreu seinem Vorsatz vom Jahre 44, nicht zu ruhen, bis er die Stellung seines Adoptivvaters erreicht hatte. Bis dahin würde es allerdings das klügste sein, die scheinbare Eintracht aufrechtzuerhalten und sich das öffentliche Wohlwollen zu bewahren. So feierte also Rom Antonius' »Erfolge« mit einer Danksagung, die Festspiele und Opfer begleiteten.

Inzwischen wurde die Loyalität des Antonius gegenüber seinem aufreizenden und aufreizend erfolgreichen Partner hart auf die Probe gestellt. Nach der Schlacht von Naulochus floh Sextus mit einigen Schiffen in Richtung Griechenland, nur am lakinischen Vorgebirge Süd-Italiens * verweilend, um den berühmten Hera-Tempel seiner Schätze zu berauben. Er segelte dann, an Korkyra und Kephallenia vorbei, zu der ägäischen Insel Lesbos und bereitete hier zu Anfang des Winters die Invasion des Festlands von Asia vor. Er konnte ungestört arbeiten; Antonius und seine Truppen waren noch nicht aus Medien zurück, und Gaius Furnius, Statthalter Asias, hatte weder Streitkräfte in ausreichender Zahl, noch wußte er, wie Antonius den Flüchtling empfangen haben wollte. Sextus hegte Hoffnungen, sich zum Herrn über ganz Asia Minor aufzuwerfen, sofern die Gerüchte stimmten und Antonius in Medien umgekommen war. Als sich diese Erwartungen zerschlugen und Antonius heil in Alexandria eintraf, schickte Sextus ihm Kuriere mit der Versicherung seiner Unterwerfung, seiner Treue und Hilfsbereitschaft. Antonius hatte vorher schon Titius angewiesen, mit Hilfe eingezogener Schiffe und Soldaten aus Syrien gegen Sextus vorzugehen, sollte dieser sich feindselig zeigen, ihn andererseits ehrenvoll zu behandeln, wenn er sich etwa Antonius' Gnade unterwerfen wollte. Infolgedessen gab Antonius den Kurieren zur Antwort, es sei doch seltsam — wenn es wahr wäre, was sie sagten —, daß Sextus nicht persönlich zusammen mit Titius erschienen sei. Der Grund dafür wurde sehr bald deutlich: Sextus stand gleichzeitig in Verbindung mit den Königen von Pontus, Armenien und Parthien; seine Delegation nach Parthien wurde abgefangen und von Antonius' Unterfeldherrn nach Alexandria geschickt.

Wieder einmal hatte Sextus seine Unfähigkeit bewiesen, einem andern zu vertrauen oder sich freiwillig unterzuordnen. Er brachte es nicht fertig, als Bittsteller vor Antonius aufzutreten und auf seine Selbständigkeit zu verzichten, die er sich zehn Jahre lang hatte bewahren können und die sogar die andern in Puteoli hatten anerkennen müssen, wenn auch nur für kurze Zeit. Was für Ansprüche er je gehabt haben mochte, als er in der Nachfolge seines Vaters die Rolle des Vorkämpfers der Republik übernahm — er hatte längst jede Glaubwürdigkeit verloren. Am Ende war er das geworden, was seine Feinde seit jeher von ihm behauptet hatten: ein Abenteurer, ein Seeräuber. Sollte Antonius, der ihm einmal wohlgesinnt gewesen war, ihm den verdienten Lohn, so wie er ihn sich vorstellte, verweigern, würde Sextus wie ein zweiter Labienus Zuflucht und Ansehen bei den Feinden Roms suchen. Antonius versuchte, Zeit zu ge-

* Heute Capo della Colonna.

winnen. Es widerstrebte seinem römischen Ehrempfinden, den Mann fallenzulassen, der um ein Haar bei der Invasion Italiens in dem Jahre nach Perusia sein Verbündeter gegen Oktavian geworden wäre. Danach hatte Oktavian ohne Antonius' Einverständnis gegen Sextus Krieg geführt. Aber Antonius konnte ihn auch nicht einfach als Alliierten begrüßen, ohne den Bruch mit Oktavian herbeizuführen. Er gab den Emissären eine unverbindliche Antwort und beschloß, Sextus, wenn er selbst schon nicht kommen wollte, nun nach seinen Taten zu beurteilen.

Sextus besiegelte sein Schicksal selbst. Während seine Gesandten in Alexandria waren, erregte er mit seinen kriegsähnlichen Vorbereitungen den Verdacht des Furnius. Der Statthalter ließ Sextus nicht mehr aus den Augen und erbat Verstärkungen von Ahenobarbus, der gerade nach Bithynien zurückgekommen war, und von Amyntas, dem König von Galatien. Der Versuch des Sextus, Ahenobarbus zu entführen, um ihn als Geisel bei künftigen Verhandlungen benützen zu können, mißglückte. Nun ging Sextus zu offenen Feindseligkeiten über. Durch Verrat gewann er die Stadt Lampsakos. Verschwenderisch verteilte Handgelder und der Zauber des Namens »Pompeius« — im Osten noch immer makellos und von gutem Klang — halfen ihm bei der Anwerbung vieler italischer Veteranen, einst vielleicht seines Vaters Legionäre, die Caesar dort angesiedelt hatte. Auch die Einwohner waren nicht abgeneigt, ihn zu unterstützen. Sie hatten es satt, jahrelang mit ihren Ausnahme-Steuern die Heere und Kriege des Triumvirats zu finanzieren, und sahen in Sextus irrigerweise ihren Erlöser. Aber die drei Legionen und die paar hundert Reiter, wenn auch hie und da erfolgreich, waren viel zu wenig. Zuerst legten 70 Schiffe an, der übriggebliebene Rest der Flotte, die Antonius im Jahre 37 Oktavian geliehen hatte. Dann traf aus Syrien eine erhebliche Truppenmacht unter Titius ein, der den Oberbefehl übernahm. Sextus wurde schließlich gefaßt, als er sich ostwärts in Richtung auf Armenien durchschlagen wollte. Amyntas lieferte ihn an Titius aus, der den Legionen des Sextus erlaubte, in die Armee des Antonius überzutreten, und Sextus selbst in Milet hinrichten ließ — ob auf Befehl des Antonius oder aus eigenem Antrieb oder auf Betreiben seines Onkels Plancus, des Statthalters von Syrien, wissen wir nicht. Aber das Volk von Rom hat es ihm nie vergessen. Marcus Titius hatte sich als Proskribierter im Jahre 43 durch die Flucht zu Sextus gerettet und auf Sizilien Zuflucht gefunden. Erst nach dem Pakt von Puteoli hatte er sein Herz für Antonius entdeckt, und zweifellos hatte sein Onkel mitgeholfen, ihm die Wege zu ebnen. Als Titius, Jahre später, im Theater Pompeius' des Großen ein Schauspiel veranstalten wollte, erhob sich das Publikum und jagte ihn mit Flüchen und Verwünschungen aus dem Hause.

Es wird Hochsommer gewesen sein, als Sextus sein Ende fand. Die Nachricht darüber wurde in Rom, auch von der Obrigkeit, mit ungehemmter Begeisterung aufgenommen – wie zu erwarten war. Oktavian war insgeheim hoch befriedigt, daß Antonius die Punkte ihres Vertrages von Tarent so genau zu befolgen gewillt schien. Das Volk von Rom wußte sich kaum zu lassen vor Freude über die Beseitigung des Mannes, der in den letzten drei Jahren gegen die Stadt Krieg geführt hatte. – Nur die hitzigsten Gemüter unter den Parteilosen gedachten bewußt des gar nicht so weit zurückliegenden Tages, als der Triumvir Oktavian mit Steinen beworfen und die Statue des Neptun auf einer öffentlichen Prozession mit wildem Beifall bedacht worden war. – Es gab also Zirkusspiele, und Antonius wurde mit Standbildern im Forum und im Tempel der Eintracht geehrt, wo er, wie Oktavian, das Privileg erhielt, Festmähler mit Frau und Kindern zu veranstalten.

Diese letzte Ehrung war weder so unbedeutend, wie es den Anschein hat, noch wurde sie ohne Hintergedanken verliehen. Sie war vielmehr Bestandteil eines Plans, den Oktavian und seine Schwester im Frühling und Sommer des Jahres 35 zu verwirklichen suchten, nämlich Antonius von seiner königlichen Geliebten und aus seiner königsähnlichen Machtstellung in der östlichen Hälfte des Reiches zu entfernen. Als die Ehrung beschlossen wurde, war Octavia gerade in Athen, bangend, ob Antonius Kleopatra verlassen würde, um zu ihr zurückzukehren. Sie war im Frühling von Italien hinübergefahren und überbrachte ihrem Mann Bekleidung und Nachschubgüter für die Armee, 2000 ausgesuchte Männer und die 70 Schiffe, die die sizilische Expedition überstanden hatten. Das großherzige Unternehmen einer liebenden Frau – so stellte es die Propaganda des Siegers dar. Und so wäre es auch gewesen, hätte Antonius nicht Anspruch auf 20 000 Mann gehabt, die ihm sein Schwager schuldete. Die Schiffe, wiewohl nützlich im Kampf gegen Sextus, waren nicht so wichtig. Was er brauchte, dringend brauchte, waren Männer. Er hatte ein Drittel der Legionäre verloren, die im Jahr zuvor nach Medien und Parthien ausgerückt waren – »die beste Armee«, laut Plutarch, »die je ein Feldherr jener Zeit hatte aufstellen können.« Oktavian richtete also die Spitze seines Schwertes gegen Antonius' Hals. Ohne Männer war er machtlos oder würde jedenfalls die Macht verlieren. Der Preis, um sie zu bekommen und die Armee intakt zu halten, von der letztlich seine eigene Stellung abhing, war klar: die Aufgabe Kleopatras.

Genau das besagte das Unternehmen Octavias und ihr Abwarten in Athen. Ein Mißverständnis war da ausgeschlossen: statt Soldaten bekam Antonius die eigene Frau angeboten. Es gibt mehrere Lesarten; eine besagt, Octavia hätte aus eigener Initiative die Expedition vorbereitet und ihren Bruder gebeten, sie mit den Truppen ihrem Manne zu Hilfe eilen zu lassen. Doch ist es unvorstellbar, daß ein so abwägender und zugleich skrupelloser Politiker wie Oktavian damit einverstanden gewesen wäre, hätte das nicht seinen Plänen entsprochen. In jener Lesart wird jedenfalls angedeutet, Oktavian hätte dem liebestollen Trunkenbold, als der Antonius später beschrieben wurde, einen Gefallen getan, indem er ihm überhaupt Soldaten schickte. Darüber aber kann es keinen Zweifel geben: Oktavian versuchte ganz bewußt, Antonius' Handlungsfreiheit zu beschneiden. Bisher hatte keiner der beiden gewagt, in die Machtsphäre seines Partners einzudringen. Was bewog also Oktavian dazu, Antonius derart herauszufordern? Wenn es nur das Verhältnis zu Kleopatra gewesen wäre, dann hätte er schon im Winter 37/36 Anstoß nehmen müssen. Aber es war nicht Art der Römer, sich wie die homerischen Helden wegen Weibern zu verfeinden. Fürchtete Oktavian vielleicht Kleopatras Ehrgeiz? Fürchtete er, daß Antonius mit ihr zusammen die Beherrschung der mediterranen Welt von Alexandria aus anstrebte? Das könnte nur die Projektion seiner eigenen heimlichen Wünsche gewesen sein. Niemals hatte Antonius, weder in seinem Verhalten noch in seinen Forderungen, derlei angedeutet. Antonius hatte sich immer wie ein Römer seiner Klasse betragen, von Kind an dazu angehalten, große Taten zu vollbringen — zum eigenen Ruhme und zur Mehrung des Reichs, und dieses vorzugsweise auf dem Feld der Ehre. Er war im übrigen mit der Eroberung von Medien, Parthien und Armenien so sehr beschäftigt, daß er für die zeitraubende Reise nach Rom keine Zeit vergeuden mochte, obwohl seine Anwesenheit dort dem wachsenden Übergewicht seines Partners hätte entgegenwirken können. Oktavian kann nicht im Ernst geglaubt haben, daß Antonius, mit so vielen höchsten Staatsamtsträgern im Stammbaum, sich von einer ägyptischen Königin aufhetzen ließe, eine römische Armee — mit welchem Recht? — gegen das Mutterland zu führen.

Nein, Oktavian fürchtete einfach die Stellung des »zweiten Mannes«.

Eigener Ruhmsucht und seinem politischen Ehrgeiz gehorchend, hatte er Antonius dazu gezwungen, sich wider Willen für den Krieg gegen Sextus zu erklären. Dank der siegreichen Beendigung dieses Krieges und Antonius' unerwartetem Rückzug vor den Parthern und dem armenischen Winter, war Oktavian in seinem Ringen um Prestige, dem er seine politische Tätigkeit uneingeschränkt widmete, kurzfristig im Vorteil. Caesars Erbe hatte nicht die Absicht, diesen Vorteil aufzugeben, um so weniger, als sein Rivale sich gleichfalls, wenn auch nicht so zeremoniös, als Nachfolger Caesars zu erkennen gab, indem er Caesars Geliebte zu seiner eigenen machte und Caesars Pläne für die glorreiche Eroberung des Ostens übernahm. Ehrgeiz, politisches Fingerspitzengefühl für kommende Entwicklungen ermutigten Oktavian zu dieser zunächst unterschwelligen, doch unverkennbar feindseligen Herausforderung. Dahinter stand mehr als Ehrgeiz: Oktavian verfügte nun über eine große Armee, die hinsichtlich ihrer Kampfkraft vielleicht noch nicht perfekt war – aber das war nur eine Frage der Ausbildung. Es war eine Truppe, für die es im Westen des Reichs kaum noch Aufgaben gab. Man konnte sie natürlich noch beschäftigen – im Einsatz gegen Illyrer, Lusitanier oder Hochalpen-Stämme. Aber Armeen mußten bezahlt und verköstigt werden, und Oktavians Truppen verlangten noch mehr, nämlich die Sonderprämien für ihre Teilnahme an einem Bürgerkrieg. Manche Legionäre waren schon entlassen worden, zum Teil sogar ohne Prämienauszahlung oder Landzuweisung. Die meisten blieben, auf keinen Fall bereit, sich mit Landstellen außerhalb Italiens abspeisen zu lassen. Sie waren Italiker, und in Italien wollten sie sich niederlassen. Die Reibereien, die zum perusinischen Krieg geführt hatten, die grimmige Stimmung der Truppe, als die Schlacht gegen Sextus gewonnen war, und daran anschließend die Suche nach Auswegen hatten Oktavian gezeigt, wie schwierig es in aller Regel war, überschüssige Legionen aufzulösen. In den sieben Jahren, seit den Proskriptionen von 43 bis zur Niederlage des Sextus im Jahr 36, war Italien abwechselnd durch Steuern, Plünderungen und Landaufteilungen zugunsten der Soldaten zermürbt worden. Die Nahrungsmittel-Versorgung der Hauptstadt war gestört, das politische Leben dort fast völlig zum Erliegen gekommen – wenn man von den Kabalen der Großen im Staat absieht. Auch für die Geduld der italischen Bevölkerung gab es eine Grenze. Der ruhmreich errungene Sieg, der den sizilischen Krieg beendete, mußte doch reichlich kläglich scheinen, wenn er nur neue Enteignungen zum Nutzen der Soldaten des siegreichen Parteiführers zur

Folge hatte und damit die Bauernschaft und den kleinen Landadel weiter Gebiete in Verzweiflung stürzte.

Hier sehen wir auf einmal Oktavian als Opfer des eigenen Erfolgs. Im Gegensatz zu andern, war er als völlig Unbekannter aufgestiegen, weil er sich an die Spitze einer eindeutig militärisch-revolutionären Bewegung gesetzt hatte. Teils trieb er diese Bewegung an, teils war sie unausweichlich vorgegeben durch eine historische Entwicklung, die bereits vor einem Jahrhundert oder noch eher ihren Anfang genommen hatte. Jetzt war der militärische Revolutionär an dem Punkt angelangt, wo er seine Anhänger zufriedenstellen mußte – entweder auf Kosten Italiens, oder indem er seines Partners Domäne im Osten miteinbezog. Einen dritten Weg gab es nicht. In der westlichen Hälfte des Mittelmeers war mit Kriegen gegen andere Völker nichts mehr zu holen, jedenfalls keine Beträge in der Größenordnung, wie er sie brauchte, um Land zu kaufen oder die hochgetriebenen Prämien zu zahlen, die den Veteranen der Bürgerkriege versprochen worden waren. Nur der Osten verhieß noch dergleichen; da waren die Schätze der Ptolemäer, die letzte königliche Schatzkammer der Nachfolger Alexanders, die noch niemand angerührt hatte, und von ferne schimmerte lockend das Gold von Medien und Parthien. Logisch war das Problem ganz leicht zu lösen: Da Oktavian zu viele und Antonius zu wenig Männer hatte, hätte Oktavian alle Legionen, die zur Verteidigung des Westens nicht gebraucht wurden, Antonius überstellen können. Das hätte den langersehnten Sieg über die Parther möglich gemacht und Oktavian der mißliebigen Aufgabe enthoben, im leidgeprüften Italien neue Veteranen-Kolonien zu schaffen. Aber so, wie sich seine Beziehung zu Antonius von Anfang an entwickelt hatte, konnte es keine logische Lösung geben – denn die hätte ein gegenseitiges Vertrauens- und Achtungsverhältnis vorausgesetzt, das nie bestanden hatte. Freiwillig dem Rivalen Platz zu machen, damit ihn dieser aufgrund seiner Stellung und seines Ansehens in der Armee, der er ja gerade seine Macht verdankte, als einziger ausstechen konnte – welch ein unmöglicher Gedanke!

So blieb nichts übrig, als den Stier bei den Hörnern zu packen. Oktavian, seinem Wesen getreu, packte zu, aber vorsichtig und äußerst geschickt; als erstes ließ er Antonius über Octavia wissen, welchen Preis er forderte. Daß er Antonius noch Truppen schuldete, bedeutete nichts mehr. Er war jetzt in der Lage, Antonius unter Druck zu setzen, und damit versuchte er, ihn zur Aufgabe Kleopatras und seiner Unabhängigkeit zu zwingen. Gelang ihm das, konnte er in der Rolle des Mentors des Antonius glänzen, des wahren Römers, der Antonius vor sich selbst gerettet hatte. Gleichzeitig war es wichtig, daß die Armee gerade zum Kämpfen benötigt wurde. Das hatte er schon vorbedacht, und während Octavia noch in Athen abwartete, ob Antonius nun Kleopatra verlassen würde, schickte er seine Truppen zur Unterwerfung illyrischer Stämme in den Raum des heutigen Dalmatiens – ein glänzender Schachzug. Militärisch gesehen, war die Expedition einigermaßen gerechtfertigt; die nordöstlichen Grenzgebiete des cisalpinen Galliens, vielfach Opfer räuberischer Überfälle, brauchten wieder Ruhe und Ordnung. Doch Oktavian operierte weit über das begrenzte Ziel hinaus, und so brachte er den zusammengewürfelten, neu ausgehobenen Rekruten-Einheiten, über die er nach dem sizilischen Feldzug verfügte, etwas von der Disziplin und der Kampferfahrung bei, derer sie dringend bedurften. Somit blieben die Truppen vorteilhafterweise außerhalb Italiens beschäftigt, auch ihre Verpflegung und Unterbringung belasteten Italien nicht, und Oktavian hatte einen plausiblen Grund, warum er sie nicht zu Antonius schicken konnte. Die illyrischen Feldzüge sind zu Recht »Großraum-Manöver in Feindesland« genannt worden; zusätzlich wurden sie auch allen Forderungen traditioneller Vaterlandsliebe gerecht; aufsässige Eingeborenenstämme galten als natürliche Opfer römischer Armeen, deren vornehmen Kommandeuren sie Ruhm und Ehre einzubringen hatten. Erfolgreiche Unternehmen gegen Fremde, die man glücklicherweise endlich als Feinde betrachten und angreifen durfte – daraus konnte man schon politisches Kapital schlagen, ob Antonius nun vorher damit einverstanden gewesen war oder nicht. Bezeichnenderweise überhörte Oktavian die Hilfsangebote des Antonius. Solche Zusammenarbeit hätte seinen Plänen widersprochen.

Unterdessen sah sich Antonius einer folgenschweren Entscheidung gegenüber. Sollte er der Erpressung des jungen Caesars nachgeben oder sich Selbstachtung und Handlungsfreiheit bewahren und demonstrativ bei Kleopatra bleiben? Seinen nächsten Anweisungen widersetzte sich Octavia. Er hatte sie aufgefordert, nach Italien zurückzukehren, da er den Feldzug gegen Armenien vorbereite, an dem sie nicht teilnehmen könne. Sie schrieb ihm erneut; der Hinweis auf das armenische Projekt sei nicht sehr stichhaltig, die Unternehmungen gegen Sextus kosteten ohnehin schon viel Zeit, zum Nachteil anderer Feldzüge. Octavia wußte genau, daß es vor dem nächsten Frühling kaum möglich war, eine Streitmacht so auszurüsten, wie es nach dem Verrat von Artavasdes erforderlich war. Ob auf eigenen Wunsch oder auf ihres Bruders Betreiben – jedenfalls spielte sie nicht mehr mit und tat nicht mehr so, als sei sie gar nicht verlassen worden. Doch Antonius beharrte auf seiner Entscheidung und befahl ihr, nach Italien zu reisen. »Es war brutal; ein Mann zwischen zwei Frauen ist wohl immer brutal«; in einem romantischen und farbigen Bericht schildert Plutarch in der ihm eigenen Art, wie Kleopatra einen Nervenzusammenbruch vortäuschte, um Antonius von ihrer Liebe zu überzeugen und an sich zu binden.

Doch in der Stunde der Entscheidung waren Frauen bestenfalls interessante Nullen. Antonius war Kleopatra keineswegs verfallen. Später, im gleichen Jahr, lehnte er es ab, ihr das Königreich ihres Feindes Herodes zu übereignen, als sie danach verlangte. Er muß anscheinend imstande gewesen sein, Politik und Gefühl rigoros zu trennen. Es war eine politische Entscheidung, Oktavian zu widerstehen, in dem Sinne, wie Römer Politik verstanden. Oktavian hatte einen Vertrauensbruch begangen und bedrohte seine Stellung und sein Ansehen. Julius Caesar hatte aus geringerem Anlaß den Rubikon überschritten. Antonius begnügte sich mit der Rücksendung Octavias; ihr Bruder wird genau gewußt haben, was das bedeutete. Es war gar nicht als Aggression gemeint, es war einfach eine Unabhängigkeits-Erklärung, deren Inhalt im einzelnen erst die nachfolgenden Handlungen erhellen. Das Verhalten des Antonius in den Jahren 35 und 34 zeigt klar: Er wollte Oktavian den Westen überlassen und sich eine eigene Einfluß-Sphäre in der östlichen Reichshälfte schaffen. Die Rollen des römischen Lehnsherrn und des hellenistischen Monarchen schlossen einander nicht aus. Im Gegenteil, die Verknüpfung beider Funktionen war bei Feldherrn, die im Osten auf Eroberung ausgingen, höchst erwünscht. 160 Jahre zuvor hatte der römische Feldherr Titus Quinctius Flamininus, nachdem er Griechenland von der Herrschaft der makedonischen Könige erlöst hatte, keine Einwände gegen die Ehre erhoben, die Königen zusteht, nämlich sein Bildnis auf die Münzen der befreiten Staaten prägen zu lassen. In jener Zeit war man noch sehr viel bescheidener, aber niemand hätte ihn deswegen des Größenwahns oder der Abtrünnigkeit von Rom bezichtigt. Auch im Falle des Antonius stand die angenommene Rolle des Neuen Dionysos gar nicht zur Debatte – wie denn auch, wenn Julius Caesar posthum zum Gott erklärt worden war und Sextus vorgab, der Sohn Neptuns zu sein? Die Römer im Osten – Feldherrn, Verwaltungsbeamte, Händler, kolonisierte

Veteranen — wußten alle, daß es ein Schauspiel war, das die Einheimischen brauchten. Solange Antonius Römer blieb und sie als Römer behandelte und weder die Würde noch die Traditionen Roms mißachtete, interessierte es niemanden, wie er sich den Eingeborenen oder ihren Herrschern zu nähern beliebte.

Es gab keine heftigen Auftritte nach der Rücksendung der Octavia. Die beiden Anführer widmeten sich weiterhin den Aufgaben, mit denen sie schon vorher beschäftigt waren. Antonius befaßte sich mit Armenien, aber wegen der Schwierigkeiten mit Sextus — obwohl sie Mitte des Sommers vermutlich überwunden waren — konnte er außer einigen diplomatischen Maßnahmen wenig unternehmen, da er sich um die Vorbereitung des großangelegten Feldzugs für das folgende Jahr kümmern mußte. Die drei von Sextus provisorisch aufgestellten Legionen waren eine willkommene Verstärkung seiner geschwächten Truppen, und er rekrutierte auch noch weiter, um seine 14 aus Medien entkommenen Legionen wenigstens annähernd wieder auf volle Kampfstärke zu bringen. Das ist als »Aufrüstung« bezeichnet worden, als Vorbereitung auf den Bürgerkrieg, den er schon plante; aber die Rüstungsvorbereitungen für einen Bürgerkrieg von denen für eine berechtigte, notwendige Strafexpedition zu unterscheiden, ist bekanntlich schwierig.

Oktavian nahm kaum Notiz davon. Er dachte mit Recht, daß Antonius, außer im Falle einer heftigen Provokation, sich nicht gegen ihn wenden würde. Die Zeit arbeitete für Oktavian. Je länger Antonius von den Rekrutierungsquellen Italiens abgeschnitten blieb, um so schwächer — oder un-italischer — wurden allmählich seine Armeen im Osten. Wenn er Lust hatte, den hellenistischen Monarchen zu spielen, sollte er doch über eine hellenistische Armee gebieten, die nicht aus römischen Bürgern, sondern aus Ägyptern, Galatern, Syrern und Griechen bestand. Und je länger Antonius von Rom fern blieb, um so orientalischer wurde seine Streitmacht, um so geringer allmählich seine Anhängerschaft unter den dort ansässigen Veteranen und den italischen Gemeinden, im Volk und im Senat der Hauptstadt. Noch war Rom das Zentrum politischer Macht; es sollte noch 100 Jahre dauern, bis es offenbar wurde, daß ein Kaiser auch irgendwo anders erstehen konnte, und 350 Jahre, bis Konstantin die Hauptstadt verlegte. Oktavian beherrschte die Hauptstadt, verteilte Ämter und Privilegien und hofierte Antonius' Anhänger. Es war nur eine Frage der Zeit — vielleicht schmolz die Partei der Antonianer einfach dahin.

Diese wünschenswerte Entwicklung förderte Oktavian, wo er konnte. Er warb mit den Schlagworten »Wiederaufrichtung der Republik«, »Wiederherstellung des Friedens«, »Auf Frieden folgt Wohlstand«. Er gab aller Welt Gelegenheit, seinen rechtlichen Sinn zu bewundern; er wies es von sich, dem in Ungnade gefallenen Lepidus den Titel des Pontifex Maximus abzusprechen, obwohl doch sein »Vater« Caesar im gleichen Amt Lepidus' Vorgänger gewesen war. Literatur über die Bürgerkriege ließ er verbrennen, Schmähschriften wie Rechtfertigungsschriften. Und Appian vermerkt: »... er vertraute den jährlichen Magistraten die Erledigung vieler Staatsgeschäfte an, wie es die Sitte der Väter gebot ...« Einige Steuern wurden aufgehoben, und alle Schulden gegenüber dem Staat aus der Zeit vor dem Bürgerkrieg – wie man vermuten darf, wohl im wesentlichen uneinbringliche – wurden gestrichen. Die Masse der Streitkräfte im Dienst war außerhalb Italiens untergebracht, und wieder setzten die Statthalter Roms Legionen aus Spanien, Afrika und dem diesseitigen Gallien gegen die Eingeborenen jener Gebiete ein, die die *Pax Romana* zu stören drohten. Der Grad der Zerrüttung in der italischen Landwirtschaft muß unbeschreiblich gewesen sein. Es war sowohl wirtschaftlich wie sozial in höchstem Maße wünschenswert, die richtige und ertragreiche Nutzung des Bodens zu fördern. Sicherlich war es kein Zufall, daß Vergil, Schützling des kultivierten und mächtigen Maecenas, gerade in jenen Jahren die »Georgica« verfaßte, scheinbar ein praktisches Handbuch, in Wirklichkeit ein großes Gedicht, das Italien und das einfache Landleben verherrlicht. Die »Georgica« sind über ihre Zeit hinaus bedeutend – aber könnte man sich einen schärferen Gegensatz zu den orientalischen Neigungen vorstellen, die Antonius dauernd zugeschrieben wurden?

Glücklich, wer die Götter der Landschaft kennt,
Pan, seine Schwestern, die Nymphen, den alten Sylvanus.
Über ihn haben die Zeichen des Amts keine Macht mehr,
nicht der Purpur der Könige, nicht die inneren Kriege, die
den Argwohn des Bruders gegen den Bruder entfachen,
auch nicht der Dakier, ränkevoll vom Danubius kommend,
und nicht die Machtfülle Roms, noch die Reiche, die untergehen;
er sieht weder Arme, die er bedauern, noch Reiche, die er beneiden könnte,
er nimmt sich die Frucht vom Aste, auch was abfällt von dem,

was das Land fortwährend zeugt. Dem Zwang der Gesetze,
dem Wirrwarr der Herrschaft und dem Kampf um Ämter ist er
entzogen.

Es genügte nicht, daß Oktavian großartige Bilder im Sinne römischer Tradition beschwor und gleichzeitig bekanntzumachen wußte, wie er autokratische Rechte abgab. Sicher war es günstig, die Öffentlichkeit für sich einzunehmen, aber auf die öffentliche Meinung durfte man sich nicht verlassen. Er hatte die Gabe, sofort das Wesentliche zu erfassen; die Notwendigkeit, das Land von Räubern und streunenden Banden entlassener, heimatloser Soldaten zu befreien, gab ihm die Möglichkeit, überall in Italien Militärposten auf Dauer zu stationieren. Unter dem Vorwand der »öffentlichen Sicherheit« wurde das Ziel umfassender militärischer Überwachung erreicht. Sollten da Gegner meinen, das sei doch unrepublikanisch, würden sie sicherlich klugerweise den Mund halten. Als Volkstribun persönlich unverletzlich, von der Göttlichkeit des Vaters überglänzt und mit einem begründeten Anrecht auf die Dankbarkeit des italischen Volks, da er den Krieg gegen Sextus zu Ende geführt hatte, war Oktavian nicht ohne weiteres als Tyrann einzuordnen. Seine Stellung war stark, stärker als je. Nur in einem Punkt war er vielleicht Antonius noch unterlegen, nämlich was den Beistand der traditionell herrschenden Klasse anging, von der auch seine zwei Hauptgehilfen nicht viel hielten: Maecenas zog es vor, dem Senat fern zu bleiben, von Rang und Ämtern unbelastet, und Agrippa schlug adlige Verbindungen aus, um die Tochter des Bankiers Atticus heiraten zu können; sein Schwiegervater, Ciceros alter Freund und Vertrauter, war an öffentlicher Ehrung auch nicht interessiert. Demgegenüber vertrat Antonius' Anhängerschaft die alte Republik; da waren jetzt nicht nur Männer wie Ahenobarbus willkommen, der zur Zeit Philippis noch gegen Antonius gekämpft hatte, sondern sogar die Mörder Caesars — Cassius von Parma und Decimus Turullius waren nach dem Tode des Sextus zu Antonius gestoßen. Aber zwischen den beiden Extremen standen 1000 oder mehr Senatsmitglieder, mit denen verglichen die einst belächelten »neuen Männer« Caesars sich wie Stützen altehrwürdiger Traditionen ausgenommen hätten. Mutina, Philippi, Perusia, die Proskriptionen, die Feldzüge in Sizilien und im Osten hatten gewaltig unter den Männern aufgeräumt, die den Mord an Caesar noch miterlebt hatten. Die Triumvirn füllten den Senat mit ihren Anhängern; es war eine Belohnung, ebenso billig wie folgenlos, denn der Senat hatte nichts mehr zu sagen, und die Qualifikation der Mitglieder war uninteressant. Vielleicht war das ein Grund, warum Maecenas dem Orden nicht beitreten wollte. Aber auch in dieser aufgeblähten, von gegensätzlichen Interessen bestimmten Körperschaft gab es noch Nachkommen der Aristokratie und fähige, tüchtige neue Männer, die mit Hilfe von Gefälligkeiten, Ehen oder Ämtern einer führenden Persönlichkeit oder einem geschlossenen Kreis von Vertrauten in ihrer Umgebung verpflichtet werden konnten. Rom befand sich im Übergang von der Oligarchie zur Monarchie. Aber die Traditionen der oligarchischen Gesellschaft – die Achtung alter Familien-Bindungen und Überlieferungen, das Mißtrauen gegenüber Außenseitern, der überragende Einfluß bestimmter weniger Familien – waren durchaus noch nicht außer Kraft. Bevor Oktavian daran denken konnte, die Herrschaftsformen der Republik – und sei es auch nur scheinbar – wiederherzustellen, mußte er des Rückhalts einer Gefolgschaft sicher sein, deren hoher Rang ihm die Kontrolle des Senats ermöglichte. Hier ging es nicht um die Zahl, sondern um das Format und das Ansehen seiner Anhänger. Schon im Jahre 38 hatte er durch die Ehe mit Livia angefangen, die Aristokratie zu umwerben. Die überlieferten Namen derer, die im Jahre 31 in seiner Nähe standen, zeigen uns, daß sein Vorgehen offenbar erfolgreich gewesen war. Aber wir wissen zu wenig darüber, wir können die Entwicklung nur ahnen. Doch ist die Schlußfolgerung zweifellos gerechtfertigt, daß er nach Octavias Rücksendung mit viel politischem Geschick alle Hebel in Bewegung setzte, um einen Keil zwischen Antonius und seine führenden Gefolgsmänner in Rom zu treiben – ohne jedoch Antonius' guten Willen anzuzweifeln oder ihm gegenüber gar Feindseligkeit zu zeigen.

Trotz seiner Bemühungen gab es noch viele, die Antonius treu blieben. An erster Stelle ist da der Konsular Pollio zu nennen, der über den politischen Spiegelfechtereien des Triumvirats stand und sich jetzt nur noch literarischer Tätigkeit widmete. Pollio, Antonius in Freundschaft verbunden, machte keinen Hehl aus seiner Abneigung gegen Oktavian. Die Kriegsbeute aus seinem Feldzug gegen die Parthiner gab ihm die Mittel, ein Studienhaus und Bibliotheken zu bauen und auszustatten, die aber nicht, wie es Sitte gewesen wäre, nach dem Stifter benannt wurden, sondern nach einer Gottheit, die damals nicht sehr in Erscheinung trat: der Göttin der Freiheit. Von ähnlicher Gesinnung war der Historiker Gaius Sallustius Crispus, der die Ursachen für den Zusammenbruch der Republik in seinen Monographien darzustellen bemüht war und dabei bissige Bemerkungen über die ersten und abscheuerregenden Phasen von Oktavians Aufstieg zur Macht einfließen ließ. Sallust war sicherlich kein Anhänger des Antonius, aber er verfaßte die Rede, die Ventidius anläßlich seines »Parthischen Triumphes« hielt. Er starb im Jahre 35, Ventidius wahrscheinlich früher. Doch muß es auch jetzt noch viele unscheinbarere Senatoren gegeben haben, die sich wie Pollio und Sallust an die Republik erinnerten und vermutlich erkannten, daß Antonius viel mehr als Oktavian die Ideale und Tugenden vertrat, die Rom einst Größe und Ruhm eingetragen hatten. Aber die führenden Anhänger des Antonius weilten in den Ost-Provinzen. Ahenobarbus gebot über Bithynien, Titius befehligte die Streitkräfte, die gegen Sextus in Asia vorgingen. Plancus hatte neuerdings Sosius als Statthalter in Syrien abgelöst. Publius Canidius Crassus war als Antonius' Oberstkommandierender für den bevorstehenden Feldzug in Armenien vorgesehen. Quintus Dellius war Antonius' Gesandter am intrigenreichen Hof des Herodes. Mit Ausnahme des glattzüngigen Dellius waren alle diese Männer schon einmal Konsul gewesen oder würden es demnächst werden. Sosius wurde nach Rom geschickt, um einen Triumph zu feiern; seine Gegenwart glich die Abwesenheit dieser prominenten Antonianer etwas aus. Abgesandte vom Format des Lucius Calpurnius Bibulus, dessen Vater für seine Opposition gegen Caesar schon immer bekannt gewesen war, hielten die Verbindung zwischen Antonius und dem politischen Zentrum aufrecht, so gut es ging.

Rückblickend erkennt man: Antonius hätte zwischen dem Jahresende 36 und dem Herbst 34 nach Rom zurückkehren müssen, und sei es nur für ein paar Monate. Vielleicht überblickte er noch nicht ganz die Gefahr, als er Oktavian in der Hauptstadt politisch schalten und walten ließ. Vielleicht unterschätzte er sogar noch jetzt den verzehrenden Ehrgeiz seines Rivalen und dessen neu gewonnene Stärke nach dem Ausgang des sizilischen und des parthischen Feldzugs. Vielleicht hat auch die Sehnsucht nach Kleopatra schon den Gedanken an das neuerliche eheliche Zusammensein mit Octavia – und sei es nur für ein paar Monate – unerträglich scheinen lassen. Denn, wieder in Rom, mußte er sich ja um Octavia kümmern, wenn er wirklich Sympathien gewinnen und seine Stellung stärken wollte. Selbstverständlich muß er darauf erpicht gewesen sein, gegen den verräterischen armenischen König vorzugehen – aber ein gescheiterter Feldzug im Jahre 35 hätte ihm die Rückreise nach

Italien gerade verhältnismäßig leicht gemacht, wenn er sie wirklich gewollt hätte. Sein Auftauchen in Rom hätte vielleicht die Waage des politischen Gleichgewichts wieder zu seinen Gunsten verändert. Doch er fuhr nicht zurück; aus welchen Gründen, wissen wir nicht. So spielte Oktavian das Spiel weiter, ungestört, und bestimmte selber das Tempo.

KAPITEL DREIZEHN

Der endgültige Bruch

Nachdem Octavias Versuch fehlgeschlagen war, blieb das Jahr 35, diplomatisch gesehen, ruhig. Die Zündschnur war angesteckt worden, glimmte aber nur langsam. Im Westen fochten Oktavians Armeen in Illyrien und die seiner Kommandeure in anderen westlichen Provinzen mit routinemäßigem Erfolg gegen ihre Widersacher. Oktavian übernahm selbst eine führende Rolle in den Kämpfen, vielleicht hoffte er damit, die Erinnerung an sein unrühmliches Auftreten in den sizilischen Kriegen auszulöschen. Im Osten hatten sich Meder und Parther beim Teilen der Kriegsbeute miteinander zerstritten; der medische Herrscher hatte seinen königlichen Gefangenen Polemon von Pontus mit der Bitte um freundschaftliche Beziehungen und einen Bündnisvertrag zu Antonius geschickt. Antonius war entzückt und machte Pläne, die auf dem Versprechen medischer Hilfe gegen Armenien beruhten. Er setzte Polemon wieder in sein Königreich ein, das er, im Vorgriff auf den Sieg, um das Gebiet von Kleinarmenien bereicherte.

Ein Loyalitätswechsel orientalischer Potentaten ließ sich mit diplomatischen Mitteln offenbar wirkungsvoller erreichen als mit militärischen, und so betraute Antonius im Winter den wendigen Dellius mit einer Mission von höchster Wichtigkeit, nämlich Artavasdes zur Vernunft zu bringen. Eine Reise nach Alexandria, eine symbolische Geste der Unterwerfung und die Zusage einiger Truppen für die römische Armee hätten Antonius genügt und Artavasdes praktisch die Unabhängigkeit garantiert. Aber der König lehnte ab. – Der Grund kam später zutage: Oktavian war schon in Verbindung mit ihm, wie zumindest behauptet wurde. – Also hatte Antonius keine Wahl. Die Ehre Roms und sein eigenes Ansehen verlangten, daß der Verräter zur Raison gebracht wurde. Auch gab es da noch weitere praktische Gründe, wie die spätere Geschichte des Imperiums bestätigte: In römischer Hand oder unter einer pro-römischen Regierung war Armenien ein mächtiges Bollwerk gegen die potentielle Bedrohung seitens der Parther. Armenien lag an der Nord-Flanke des parthischen Königreichs und beherrschte die Quellwasser von Euphrat und Tigris. Mit einem feindlichen Armenien zur Rechten und im Rücken würde keine parthische Armee es wagen, den mittleren Euphrat zu überqueren und Syrien anzugreifen. Außerdem war Armenien reich, das heißt, seine Könige hatten ihre Schätze bisher vor römischem Zugriff bewahrt.

Die Einzelheiten des Feldzugs sind unbekannt, man weiß nur, daß Antonius sich viel Zeit nahm und über bedeutende Streitkräfte – eine Armee von mindestens 16 Legionen – verfügte. Er nahm Artavasdes gefangen; dessen ältester Sohn Artaxes aber kämpfte weiter, bis er, besiegt, nach Parthien entfloh. Antonius ließ Artavasdes in silberne Ketten schlagen, »denn offensichtlich«, sagt Dio, »war es schmachvoll für einen einstigen König, in Eisen gelegt zu werden«, und brachte ihn, seine Frau, seine zwei jüngeren Söhne und eine riesige Kriegsbeute nach Alexandria. Die Legionen ließ er unter Canidius Crassus in Armenien, offenbar in der Absicht, im nächsten Jahr nach Medien und Parthien vorzudringen. Armenien unter Kontrolle, mit Medien als Bündnispartner – da mußte es endlich möglich sein, den Spieß gegen die Parther umzukehren. Aber es sollte nicht sein.

Der unmittelbare Grund dafür, daß er seine Ziele nie erreichte, war die Feier, die er anläßlich der Eroberung Armeniens in Alexandria inszenierte. Bedauerlicherweise sind die überlieferten Berichte nicht ausführlich genug, um festzustellen, ob Antonius in der ägyptischen Hauptstadt wirklich einen römischen Triumphzug abhalten wollte, wie seine Verleumder behaupteten. War das tatsächlich der Fall, so hatte ein patriotischer Römer allerdings Anlaß zur Kritik. Ein Triumph war eine feierliche und grandiose Ehrung. Der Senat gewährte sie, und die Schutzgottheit war in diesem Fall Jupiter Optimus Maximus, zu dessen Tempel auf dem Kapitol der triumphierende Feldherr seinen Zug führte. Es war undenkbar, daß eine solche Zeremonie außerhalb Roms stattfand. Daß Antonius als römischer Aristokrat – dessen Großvater zu einer Zeit, da diese Ehrung nicht leichthin vergeben wurde, einen Triumph errang – versucht haben soll, die Feierlichkeit in Alexandria nachzuahmen, ist, gelinde gesagt, unwahrscheinlich. Wir wissen auch nur, daß er seine königlichen Gefangenen und andere Kriegsgefangene in »einer Art Triumph-Prozession« in die Stadt voraus schickte. Er selbst folgte in einem Wagen und präsentierte Kleopatra Artavasdes mit seiner Familie und die ganze Kriegsbeute. Von einer großen Menge umgeben, saß die Königin auf einem vergoldeten Stuhl auf einer versilberten Estrade. Der beabsichtigte Effekt litt etwas durch die Weigerung der stolzen Armenier, ihr Ehrfurcht zu bezeugen und um ihre Vermittlung zu bitten.

Darauf bewirtete Antonius die Bevölkerung — was nach einem römischen Triumph üblich war, sich jedoch weder auf Rom noch auf diese besondere Gelegenheit beschränkte — und versammelte sie an einem der folgenden Tage im Sportstadion von Alexandria. Kleopatra und er saßen hoch über der Menge auf goldenen Thronen nebeneinander, Kleopatra als Göttin Isis gekleidet. Etwas tiefer waren Thronsitze für Kleopatras ältesten Sohn Ptolemaios Caesar (Spitzname: Caesarion) und für ihre drei Kinder von Antonius. Antonius hielt eine Rede und bekräftigte, daß alles, was er täte, zu Ehren des Andenkens von Julius Caesar geschähe, der Kleopatras Gatte und Caesarions Vater gewesen sei. Dann rief er Caesarion und seine Mutter zu gemeinschaftlichen Herrschern Ägyptens aus, Kleopatra zur Königin der Könige und Caesarion zum König der Könige. Er bestätigte ihre Landeshoheit über Zypern und über die Vasallenkönigreiche in weitem Umkreis, indem er ihnen die Regentschaft über die Territorien verlieh, die er nun an die jüngeren Kinder verteilte. Alexander Helios, der ein medisches Kostüm mit einer Tiara und einem hochaufragenden Kopfputz trug, bekam Armenien und (schon im voraus) Medien und Parthien; Kleopatra Selene die Cyrenaica und Libyen; dem kleinen Ptolemaios Philadelphos, der ein makedonisches Kostüm trug, obgleich er noch kaum laufen konnte, fielen die ägyptischen Besitzungen in Koilesyrien und Kilikien zu und außerdem die Oberherrschaft über die Dynasten von Asia Minor »bis zum Hellespont«. Die jüngeren Knaben umarmten ihre Eltern. Man teilte ihnen Leibwachen zu, dem einen eine armenische, dem andern eine makedonische. Zur Erinnerung wurden Münzen geschlagen, deren Inschriften stolz verkündeten ARMENIEN EROBERT und KLEOPATRA, KÖNIGIN DER KÖNIGE UND IHRER SÖHNE, DIE KÖNIGE SIND.

Nüchtern betrachtet, ist all das nichts weiter als ein Schaugepränge in königlich-hellenistischer Manier und eine gewisse Neuordnung von Vasallenkönigreichen zugunsten eines Hauses, dessen Loyalität feststand. Mit einer Ausnahme: der Feststellung, daß Caesarion ein legitimer Sohn Julius Caesars sei. Das erschütterte die Grundpfeiler von Oktavians Stellung — ganz gleich, ob nur der Osten daran glauben sollte oder nicht. Es machte die Kinder von Antonius zu Halbbrüdern von Caesars Sohn und forderte Oktavian heraus — auf dem einzigen Gebiet, auf dem ihm Antonius seinen Anspruch, Caesars Erbe zu sein, bisher nicht hatte streitig machen können. Antonius hatte Caesars Geliebte und Caesars Träume von der Eroberung Parthiens übernommen. Es mußte verhindert werden, daß er sich auch Caesars Sohn aneignete. Die offizielle Reaktion Roms auf die Nachricht über die Eroberung Armeniens und »die Schenkungen von Alexandria«, wie man die Zeremonie nannte, war eisiges Schweigen — verständlicherweise im Gegensatz zu den Ehrungen für den vorgetäuschten Sieg über Medien und Parthien, der Ende 36 berichtet worden war.

Oktavian hatte die ganze Zeit nur auf eine Chance gewartet, um gegen Antonius vorgehen zu können. Er hatte keine Eile, aber jetzt war der ideale Zeitpunkt. Seine Armee war durch zwei Feldzüge in Illyrien gestählt, und einige immer noch aufrührerische Elemente hatten dabei etwas von der Tradition römischer Disziplin zu spüren bekommen. Wie vor Jahren in Mutina hatte er auch Gelegenheit gehabt, während einer kritischen Situation bei der Belagerung der Stadt Metulus Mut und Führerqualitäten zu beweisen. Das war wichtig, denn körperlich war er ja nicht stark; hätten die Soldaten ihn für einen schwächlichen Feigling gehalten, der gegen den kampferprobten Antonius, den altgedienten Feldherrn, den Gehilfen des großen Caesars nicht bestehen konnte, so wäre das verheerend gewesen. Das Volk von Rom hatte Antonius fünf Jahre lang nicht mehr gesehen; zwar feierte Sosius, ein Offizier des Antonius, am 3. September die Eroberung Jerusalems mit einem Triumph, aber der fiel zwischen die Triumphzüge von Statilius Taurus über Africa und Gaius Norbanus Flaccus über Spanien — beides Männer Oktavians. Das Ringen um die öffentliche Gunst hatte bereits angefangen, als Taurus und Sosius beide mit Bauvorhaben begannen — Taurus errichtete das erste ständige Amphitheater in Rom, Sosius ließ einen alten Apollo-Tempel restaurieren. Solche Bauten waren nach Triumphen üblich, doch Paullus Aemilius Lepidus, in Vertretung amtierender Konsul in diesem Jahr, stach alle aus, indem er die prächtige Basilika fertigstellte, die sein Vater unvollendet auf dem Forum hinterlassen hatte.

Die Kunde von den »Schenkungen« erreichte Oktavian noch in Illyrien, vermutlich gegen Ende November. Eine schlecht verheilende

Kniewunde, die er sich vor Metulus zugezogen hatte, erklärt, warum er noch so lange dort verweilte; er wollte erst ganz gesund sein, bevor er die Rückreise nach Rom antrat. Taurus war aus Rom herbeigeeilt, um die Belagerung fortzuführen, die trotz des Winters weiterging, und vielleicht war auch Agrippa noch dort, der sich, wie es seine Art war, auch in diesem Feldzug nach Kräften einsetzte. In diesem Fall wird Oktavian seine strategischen Überlegungen noch gründlich mit seinen beiden Unterfeldherrn besprochen haben, bevor er nach Rom zurückkehrte, gerade zur rechten Zeit, um sein zweites Konsulat anzutreten. Am 1. Januar 33 hielt er die traditionelle Rede »Über die Lage der Republik« im Senat und benutzte diese Gelegenheit, um Antonius erstmals öffentlich anzugreifen. Er kritisierte Antonius' Handlungsweise im Osten, legte sein Konsulat am selben Tage nieder – genau wie Antonius, als dieser im vorigen Jahr in Abwesenheit Konsul geworden war – und eilte zurück nach Dalmatien, um bei der eiligen, doch ordnungsgemäßen Abwicklung des inzwischen unwichtig gewordenen Feldzugs dabei zu sein.

Oktavian mag Antonius seine Vorwürfe offiziell übermittelt haben, vielleicht überließ er es aber auch einfach Antonius' Freunden in Rom, ihn von der dramatischen Wende zu unterrichten. Die Nachricht erreichte Antonius ziemlich bald, und er antwortete privat und offiziell aus Alexandria. Sueton zitiert einen Auszug des Privatbriefs: »Warum diese neue Tonart? Weil ich mit der Königin im Bett war? Habe ich sie zu meiner Frau gemacht? Glaubst Du, es sei ein neues Verhältnis? Habe ich es nicht schon vor neun Jahren angefangen? Ist Livia die einzige Frau, mit der Du schläfst? Ich beglückwünsche Dich, wenn Du nicht vor der Lektüre meines Briefes intime Beziehungen mit Tertulla oder Terentilla* oder Rufilla oder Salvia Titisenia oder der ganzen Bagage gehabt hast. Kommt es wirklich darauf an, wo oder mit wem Du Dich paarst?«

Ein Grund für Oktavians Angriff war also Antonius' Beziehung zu Kleopatra. Man kann leicht einen zweiten hinzufügen: Antonius hatte in betrügerischer Absicht einen vaterlosen Bastard als Sohn des Göttlichen Julius anerkannt. Schließlich wurde noch die Selbstherrlichkeit getadelt, mit der Antonius über Ägypten und andere Gebiete regiere, ohne vom römischen Volk dazu ermächtigt worden zu sein. Das alles war tendenziös und nur scheinbar richtig, erfüllte aber seinen Zweck. Antonius' Gegenbeschuldigungen in seiner offiziellen Zuschrift waren nicht

* Vielleicht Terentia, die Frau des Maecenas. Die andern sind unbekannt.

weniger aggressiv. Erstens habe Oktavian, nachdem er Sextus die Insel abgenommen hatte, Antonius seinen Anteil an Sizilien vorenthalten; zweitens habe er Schiffe behalten, die Antonius ihm für den Feldzug nur geliehen hatte; drittens habe er Lepidus abgesetzt, ohne sich mit Antonius zu besprechen, und sich seiner Legionen, Einkünfte und Territorien bemächtigt, und schließlich habe er das noch verfügbare Land in Italien so verteilt, daß nur der weit schlechtere Teil davon für Antonius' Veteranen übrigblieb. Antonius verlangte daher unter Berufung auf den Vertrag von Tarent die Hälfte aller Erwerbungen Oktavians an Truppen und Land, sowie aller Rekruten, die Oktavian in Italien ausgehoben hatte. Was Caesarion betraf, so habe Caesar selbst die Vaterschaft zugegeben.

Nachdem er seine Briefe abgeschickt hatte, verließ Antonius Alexandria, um sich zu seiner Armee in Armenien zu begeben. Er konnte seine Verhandlungen mit dem König von Medien nicht aufschieben. Sonst hätte er die Küsten des Mittelmeers sicherlich nicht gerade in dem Augenblick hinter sich gelassen, als Oktavian sich gegen ihn wandte. Alles deutet darauf hin, daß er geplant hatte, gemeinsam mit dem Meder in Parthien einzufallen, dann aber einsah, daß die schwerwiegende politische und militärische Bedrohung im Rücken jeden Invasionsplan ausschloß. Andererseits konnte er es sich nicht leisten, einen Vorteil Roms aufs Spiel zu setzen und einen Verbündeten zu brüskieren, der von größtem Nutzen sein würde, wenn die gegenwärtigen Schwierigkeiten erst befriedigend gelöst waren. Das Mindeste war, Artavasdes * persönlich zu erklären, warum er im Augenblick nicht gemäß den gemeinsamen Plänen vorgehen konnte. Also führte er seine Armee bis zum Araxes – vielleicht noch hoffend, die Schwierigkeiten mit Oktavian könnten behoben werden – und besiegelte das Bündnis mit der Verlobung von Alexander Helios mit Artavasdes' kleiner Tochter Iotape und empfing ein Kontingent medischer Truppen für seine Armee. Artavasdes gab ihm auch die Legions-Standarten zurück, die er bei der Vernichtung von Antonius' Belagerungs-Train auf dem Weg nach Phraaspa erbeutet hatte.

Zu diesem Zeitpunkt traf Oktavians Antwort bei Antonius ein und zerstörte seine Hoffnungen. Im Ton einer Kriegserklärung wies er Antonius' Vorhaltungen schroff zurück: die Absetzung des Lepidus sei rechtens erfolgt, da er seine Macht mißbraucht hätte; Antonius könne gern die Hälfte aller Landerwerbungen haben, wenn er Oktavian dafür

* Der medische König hatte denselben Namen wie der armenische.

die Hälfte Armeniens gäbe, und Antonius' Soldaten hätten kein Anrecht auf Italien, da sie Medien und Parthien für das römische Imperium erobert hätten »durch ihre edlen Bemühungen unter ihrem Feldherrn«. Eine Antwort erübrigte sich. Antonius befahl Canidius, sofort mit 16 Legionen zur Küste zu marschieren. Er selbst kehrte um, holte Kleopatra ab und nahm so viele Schiffe, Vorräte und Soldaten, wie sie ihm liefern konnte, mit nach Ephesos, wo er sein Hauptquartier aufschlug; Canidius sollte ihn dort treffen.

Oktavian hatte das Jahr nicht untätig verbracht. Bei ihm als Angreifer lag die Initiative. Als er Ende 34 beschlossen hatte, Antonius zu entmachten, wußte er, daß er die öffentliche Meinung Italiens unbedingt für sich gewinnen mußte. Nicht weniger als drei westliche Provinzstatthalter feierten im Jahre 33 Triumphe; Oktavian war so darauf erpicht, Eindruck zu machen, daß er das Volk innerhalb von fünf Wochen mit zwei Triumphen über Siege in derselben Provinz, nämlich Spanien, traktierte. Um zu beweisen, daß nicht nur der Antonianer Sosius ein Monopol auf Frömmigkeit besaß, begannen zwei der Triumphatoren andere baufällige Tempel zu restaurieren – den Diana-Tempel auf dem Aventin und den dem »Herkules von den Musen« geweihten Tempel auf dem Marsfeld in der Nähe des Circus Flaminius. Doch all diese Triumphe wurden von Oktavians eigenen Siegen in Illyrien und Dalmatien überschattet. Als er den endgültigen Bruch mit Antonius herbeizuführen entschlossen war, rechnete er mit einer schnellen und erfolgreichen Beendigung der Feldzüge in diesen Gebieten, die ihm auch gelang. Die belagerte Stadt Setovia (Sinj) hatte schließlich kapituliert, und die Dalmatiner stellten 700 Geiseln. Noch viel wichtiger für sein Ansehen war jedoch die Rückgabe der Legions-Standarten, die Caesars Feldherr Gabinius im Winter 48/47 dort hatte zurücklassen müssen. Denn Antonius, der ja über die Parther »gesiegt« hatte, brachte es sonderbarerweise nicht fertig, die Standarten des Crassus vorzuweisen. Damit das auch richtig auffiel, verschob Oktavian bescheiden seinen eigenen Triumph – sicherlich, weil die nötigen Vorbereitungen zu einem Fest von wahrhaft caesarischen Ausmaßen im Augenblick eine törichte Verschwendung gewesen wären – baute aber die Säulenhalle, die der große Metellus Mitte des vorigen Jahrhunderts errichtet hatte, vollständig neu aus. Er fügte den zwei Tempeln, die sie umfaßte, eine Bibliothek bei, nannte sie jetzt »Porticus Octaviae«, zu Ehren seiner Schwester, und stellte darin die wiedergewonnenen Standarten auf. Dieser Portikus, neben dem vielbesuchten Erholungsgebiet des Circus Flaminius, war mit dem, was er enthielt, eine ständige Erinnerung an Oktavians großzügigen Bürgersinn und an seine glückliche Hand in Kriegen – eine Gnade Fortunas, die alle großen Führer der Revolutionszeit, von Sulla an, zu besitzen behauptet hatten.

Doch selbst Oktavians eigenes Bauwerk war nur der Zuckerguß auf dem Kuchen. Seine Sorge um das Wohlergehen und die Bequemlichkeit des römischen Volks bewies er mit einem riesigen, durchaus segensreichen Programm der Vertrauenswerbung, das unter der Leitung des großartigen und treuen Agrippa stand. Agrippa hatte für das Jahr 33 das Amt eines Ädilen übernommen, ein Amt, das im Rang gleich nach dem Prätor kam und dennoch jahrelang unbesetzt geblieben war. Der Ädil hatte dafür zu sorgen, daß bestimmte öffentliche Spiele und Belustigungen abgehalten wurden, und war auch für so materielle Dinge wie Kanalisation und Straßenreinigung verantwortlich. Das Volk von Rom hatte sich daran gewöhnt, daß seine Stimme verschwenderisch mit kostspieligen Schaustellungen belohnt wurde, und in der Spätzeit der Republik wußten Männer mit politischem Ehrgeiz sehr wohl: Im Ädilat ausgegebene Gelder waren immer gut angelegt. Das Triumvirat hatte das Volk aber aus der politischen Mitbestimmung ausgeschlossen, und somit reizte ein so kostspieliges und ruhmloses Amt niemanden mehr. Was Agrippa in seinem berühmten einjährigen Ädilat vollbrachte – berühmt nicht zuletzt, weil es für einen Konsular unerhört war, ein solches Amt zu übernehmen – zeigt deutlich, wie die Stadt in den letzten Jahren die öffentlichen Vorhaben vernachlässigt hatte. Seine Hauptaufgabe war es, die Wasserversorgung der Hauptstadt zu verbessern und weiter auszubauen. Er reparierte nicht nur die zwei ältesten Aquädukte, die mehr als 200 Jahre überdauert hatten, sondern überholte und erweiterte auch das Verteilersystem der großen »Aqua Marcia«, deren Bögen immer noch die Campagna südlich Roms überspannen, und baute einen völlig neuen Aquädukt. Wie zu erwarten, wurde er nach dem Parteiführer »Aqua Julia« genannt; eine nicht gering zu schätzende Fähigkeit Agrippas war es, sein Leben lang immer im Schatten zu bleiben. Innerhalb der Stadt errichtete er 700 Zisternen, 500 Brunnen und 300 Verteilerkammern; weitere 300 Statuen und 400 Marmorsäulen gaben allem den nötigen Anhauch städtischer Eleganz. Er inspizierte, säuberte und reparierte die gesamte Kanalisation Roms und scheute sich nicht, die *Cloaca Maxima* in einem Ruderboot abzufahren. Bis zu 170 Badeanstalten standen der Bevölkerung kostenlos zur Benutzung offen – kein Luxus in einer Stadt, deren Wohnblöcke nur im Erdgeschoß über fließendes Wasser und sanitäre Einrichtungen verfügten. Schaustellungen und Spiele an 59 Tagen, kostenlose Friseur-Dienste an Festtagen – die Fürsorglichkeit der Regierung für den Mann von der Straße stand außer Zweifel. Das ganze außerordentliche Programm ist schon ein Vorzeichen für das Prinzip *Panem et Circenses* der Kaiserzeit, mit dem die Monarchen Roms die einst unlenksamen Bürger zu betäuben wußten. Auch Maecenas leistete einen für ihn typischen Beitrag: In diesem oder im vergangenen Jahr legte er die weitläufigen und schönen Gärten auf dem Esquilin an, die seinen Namen trugen und dem Publikum offenstanden.

Zur gleichen Zeit hatten Oktavian und seine Anhänger begonnen, Antonius in einem solchen Licht darzustellen, daß kein aufrechter Römer auch nur einen Augenblick an der Rechtmäßigkeit eines Krieges gegen ihn zweifeln konnte. Nachdem Oktavian nach Dalmatien abgereist war, fanden in den ersten Tagen des Jahres viele Volksversammlungen statt. Dabei wurde Antonius scharf angegriffen, mit Ausdrücken zweifellos, die Oktavian bei seinen wohlbedachten, sachlichen Ansprachen vor dem Senat nie gebraucht haben würde. Als Oktavian drei oder vier Monate später nach Rom zurückkehrte, konnte er so tun, als beugte er sich ungern, aber notgedrungen, dem ausdrücklichen Wunsch des souveränen Volks, dem zuliebe er die ersten Maßnahmen gegen Antonius einleitete.

Der allgemeine Tenor der Propaganda-Attacke ist nur allzu bekannt; er hat fast jeden späteren Bericht über die letzten Stadien der Geburtswehen des Kaiserreichs beeinflußt. Ein neuer Bürgerkrieg? Schon der Gedanke daran war fast obszön. Das war so undenkbar, daß noch 150 Jahre nach dem Ereignis zumindest ein römischer Historiker sich weigerte, das Ding beim Namen zu nennen: Appians Bericht über die Bürgerkriege endet mit dem Tod des Sextus. Antonius durfte also der Feind nicht sein. Auch die Wiederholung eines persönlichen Machtkampfes – als den Caesar seinen Krieg mit Pompeius in freimütigem Eingeständnis bezeichnet hatte – durfte es nicht mehr geben. Als Bösewicht mußte Kleopatra herhalten, die böse, listige ägyptische Hexe, die den edlen Antonius verführt und ihn so sehr in den Bann blinder Leidenschaft geschlagen hatte, daß er darüber die Interessen, Traditionen und moralischen Wertbegriffe Roms vergaß. Die Hexe mußte auch gefährlich sein, und zwar eine unmittelbare Gefahr – sonst hätte man ja nur den Verfall eines einst so großen Kriegers zu beklagen brauchen. So dichtete man Kleopatra imperialistische Machtgelüste an, die die wildesten Träume hellenistischer Monarchen übertrafen. Nicht genug damit, daß sie die alten Herrschaftsgebiete der Ptolemäer begehrt – sie muß ihre lüsternen Augen auf Italien richten, ihr Ziel ist es, mit ihrem römischen Liebhaber und den diensttuenden Eunuchen auf dem Kapitol zu speisen. Hinter ihr tauchen schemenhaft andere Feinde auf, die sich dem Kreuzzug des Ostens gegen den Westen anschließen wollen – armenische, medische, parthische und äthiopische Heerscharen. Seit Rom vor fast 200 Jahren zum ersten Mal in die Geschicke der östlichen Mittelmeervölker eingegriffen hatte, war in den Herzen der Römer der vage, bedrückende und nie ganz bestätigte Verdacht entstanden, irgendwo in den Reichen des Ostens wäre eine Macht der ihren ebenbürtig. Es gab Prophezeiungen und Orakel als Ausdruck dieser Furcht, zum Beispiel, daß die Parther nur von einem König besiegt werden könnten. Es fiel Antonius' Feinden nicht schwer, diese unbestimmte Ängstlichkeit auszunutzen, zumal die Ost-Provinzen in den letzten 50 Jahren Anlaß genug gefunden hatten, den römischen Zwingherrn zu hassen. Man konnte sich durchaus Kleopatra als Rächerin vorstellen, die die gefühllosen, habgierigen Baumeister des Imperiums für ihre Untaten strafte.

Aus dieser Zeit – vor Aktium – ist uns die bemerkenswerte Prophezeiung eines unbekannten Griechen überliefert, der die Sache aus anderer Sicht betrachtet. Sie ist einmalig, weil sie über die üblichen Motive der Rache und Vergeltung hinausgeht und dem gedemütigten Tyrannen am Schluß einen Anteil an den Segnungen und dem poetischen Frieden einer überirdischen Welt jenseits des Regenbogens verspricht, einer Welt, die uns die Vision des Dichters zeigt.

Unermeßlich der Schatz der Tribute, den Asien Rom übergab,
mehr als dreifach wird Rom dafür zahlen, zur Buße grausamen Stolzes;
für jeden aus Asiens Gefilden im Dienste italischer Herrn,
werden zwanzig Italiker Sklaven sein, Hundert und
Tausend verdammt.
Oh du Rom von lateinischer Rasse, du güldenes sinnliches Weib,
du, trunken von hundert Geliebten, dein Sklavenbett ist schon bereit,
ohne Putz, du, geschoren dein Seidenhaar, wie es die Herrin befiehlt,
die über das Schicksal und Recht wacht und dich in die
Abgründe schleudert.
Doch erneut wird sie dich aus der Tiefe emporziehn
zu himmlischen Höhn.

Und dann senkt sich der Frieden herab auf Asien und
Glück auf Europa:
Langes Leben und Kraft gibt uns die Luft und zu essen genug,
und die Vögel und Tiere vermehren sich, vor Stürmen
und Hagel geschützt.
Oh gesegnet der Mann und die Frau, die dann leben,
die Zeit zu erschaun,
so wie Bauern erstaunen vor Schätzen und niemals
erblickten Palästen.
Aus dem Reiche der Sterne wird strahlen die Ordnung,
das neue Gesetz,
und zugleich wird dann kommen und bleiben der Sterblichen
Sehnsucht Erfüllung:
das Vertrauen, die Eintracht, die Liebe, die Brüderlichkeit
unter Menschen.
Und verbannt aus der Welt wird die Armut sein, Chaos und
Zwang unbekannt;
und an jenem Tag lösen Tadel und Neid und auch Ärger sich auf,
und vorbei dann der tödliche Streit, die Zerstörung, die Übel der Welt.

Mit der »Herrin« muß Kleopatra gemeint sein. Das Gedicht gibt uns trotz des ungeschliffenen Stils und der gelegentlichen pathetischen Entgleisungen einen wertvollen Eindruck von den Gefühlen der eingeborenen Bevölkerung in Asia Minor und Syrien, an die Kleopatra appellieren konnte. Die anti-römische Einstellung war zweifellos vorhanden. Das Gedicht zeigt auch, wie verbreitet Oktavians Propaganda im Osten war. Das Bild der trunkenen Hure Rom ist schon eine Entgegnung auf die von Oktavian verzerrte Darstellung der Rolle des Neuen Dionysos; Antonius hatte sie schon lange gespielt, aber erst jetzt diente sie Oktavian als Ärgernis. Dionysos war der Gott der ekstatischen Selbstbefreiung und also des Weines, des wesentlichen Mittlers dieser Befreiung. Was war leichter, als Antonius als Trunkenbold hinzustellen, zumal Cicero diese Taktik bereits angewandt hatte? Dieser Pseudo-Gott, lüstern, voll des Weines, im Joche einer bösen und skrupellosen Königin – so lernte man Antonius in den Jahren 33 und 32 in Italien kennen. Den Veteranen, die in Philippi und Brundisium unter ihm gedient hatten, wird es schwer gefallen sein, daran zu glauben – doch bei einem Mann, der fünf oder sechs Jahre im Osten blieb, war alles möglich.

Antonius und seine Anhänger nahmen das nicht schweigend hin. Oktavians Vergangenheit war sehr viel trüber, als seine Parteigänger wahrhaben wollten, eine Fundgrube, die der Auswertung harrte. Von der Propaganda des Antonius, an der die Nachwelt sich hätte ergötzen können, haben leider nur wenige Bruchstücke ihren Weg durch das Sieb der amtlichen Darstellung gefunden. Ein Punkt, auf den sich der Angriff konzentrierte, war die Legitimität von Oktavians Anspruch, Caesars Erbe zu sein. Antonius nannte ihn jetzt den »Thurier«; unter diesem Namen war er auch wirklich einmal bekannt gewesen, denn sein wirklicher, sein leiblicher Vater hatte kurz nach Oktavians Geburt gegen einige Briganten in der Gegend von Thurii einen unbedeutenden Sieg errungen. Oktavian, der hinterlistigerweise die Pointe überging, schrieb zurück, er sehe nicht ein, wieso dieser alte Name eine Kränkung sein sollte. Die Anerkennung Caesarions durch Antonius veranlaßte Oppius, den intimen Freund des Diktators, ein Pamphlet zu schreiben, das die Vaterschaft Caesars bestritt — und um haltlose Ansprüche zu widerlegen, schreibt man kein Pamphlet. Eben deshalb war die Anklage der Trunksucht so schädlich. Antonius hielt es für nötig, eine Verteidigungsschrift herauszugeben, unter dem Titel »Antonius: Über seine Nüchternheit«. Daraus stammen vielleicht manche seiner Gegenbeschuldigungen, mit denen auch er das private moralische Verhalten des Gegners anprangerte: Wenn Rom ein Beispiel für die Mißachtung der Götter haben wolle, brauche es nur an das berüchtigte Fest der Zwölf Götter zu denken. Antonius lieferte einen beißenden Kommentar über die Teilnehmer an diesem gotteslästerlichen und ehebrecherischen Gelage und behauptete weiter, Oktavians sexuelle Gier sei so maßlos, daß »seine Freunde sich wie der Sklavenhändler Toranius benehmen, um ihm zu seinem Amüsement zu verhelfen: Sie pflegten verheiratete Frauen und erwachsene Mädchen zu entkleiden und zu untersuchen, als ob sie käuflich wären.« Solche persönlichen Anwürfe waren in der Politik seit Perusia nicht mehr vorgekommen. Hier hörte man — wohl zum letztenmal — die freie Sprache der alten Republik.

Auf innenpolitischem Gebiet war Oktavian weniger angreifbar — und hierauf kam es eigentlich an. Skandale waren ja ganz unterhaltsam und nahmen aller aufgeblasenen Scheinheiligkeit den Wind aus den Segeln. Aber man brauchte Handfesteres, um Soldaten und Bürger mit Erfahrung und Einfluß umzustimmen. Antonius zweifelte öffentlich Oktavians militärische Fähigkeiten an — im sizilischen Krieg habe eigentlich Agrippa den Sieg erfochten, während Oktavian zu Tode erschrocken und halb bewußtlos unter Deck gelegen habe. Dafür gab es genug Beweise. Oktavian fühlte sich seinerseits gedrängt, Geschichten in Umlauf zu setzen, die ihn als einen Liebling Fortunas darstellten: Antonius habe ihn noch nie beim Würfelspiel besiegt, die Sterne waren auf seiner Seite. In einer Zeit, in der das Glück als Gottheit verehrt wurde, war das Argument nicht so unsinnig, wie es sich anhört. Antonius behauptete weiter, Oktavian habe sein Wort gebrochen und seine einzige Tochter Julia, seinem ältesten Sohn schon versprochen, dem Cotiso anverlobt, einem Stammeskönig der Geten, die nördlich der unteren Donau lebten. Im Vergleich zu Oktavian sei Artavasdes, der Medier, dessen Tochter Antonius gerade mit seinem Sohn Alexander verlobt hatte, ein Ausbund an Kultur. Das Gerücht, Oktavian hätte Artavasdes, dem Armenier, ein Bündnis gegen Antonius angeboten, muß im gleichen Zeitraum entstanden sein – und vielleicht entsprach es der Wahrheit.

All diese Anschuldigungen sind sicherlich nur ein Bruchteil dessen, was wirklich vorgebracht wurde, als die Auseinandersetzung unmittelbar und unvermeidbar bevorzustehen schien. Doch das Vorgeplänkel bestand nicht nur aus Propaganda, so wichtig sie auch war. Solange die beiden Männer sich einig gewesen waren, spielte der konstitutionelle Apparat des Staates keine Rolle, aber jetzt, da die Legislaturperiode des Triumvirats zum Jahresschluß zu Ende ging und eine neue Ermächtigung unter den gegebenen Umständen sehr unwahrscheinlich war, gewannen die Konsuln und der Senat ihre fast schon vergessene Bedeutung zurück. Die Konsuln für das Jahr 32, vor Jahren in Tarent designiert, waren beide Parteigänger des Antonius, nämlich Sosius und Ahenobarbus, Männer von Format und Ansehen. Es ist sicherlich kein Zufall, daß im Jahre 33 zum ersten Mal sieben Konsuln, beziehungsweise stellvertretende Konsuln, abgesehen von Oktavian selbst, am Werke waren, die meisten davon Männer Oktavians, die mit der letzten Generation der freien Republik verbunden waren. Es lohnte sich wieder, die Unterstützung von Konsularen zu haben, deren Namen Sinnbilder der Vergangenheit waren. Der Krieg war die letzte Rettung, und das übliche Manöver, den Gegner zu zwingen, als Erster gewaltsam gegen die Verfassung zu handeln, würde sich jedenfalls im Senat abspielen.

Wie sich herausstellte, war das taktische Spiel schnell beendet. Obgleich Antonius Oktavian nicht auf den Brief geantwortet hatte, den er in Armenien empfing, schrieb er später im Jahr an Sosius und Ahenobarbus.

Er legte seine Handlungen ausführlich dar, begründete sie, und bat um sofortige Billigung durch den Senat. Als die Konsuln ihr Amt antraten, glaubten sie aber, es wäre nachteilig für Antonius, den Bericht vorzulesen. Antonius hatte offenbar die Stimmung im Senat nicht richtig eingeschätzt – sei es wegen seiner langen Abwesenheit oder wegen der Wirksamkeit von Oktavians Propaganda. Es steht fest, daß sich Oktavian im Jahre 33 nachdrücklich gegen die Leitlinien der Politik des Antonius im Osten ausgesprochen hatte. Es hieß, Antonius »verschenke« römischen Besitz und gewähre Kleopatra eine Amtshoheit, die nur dem Senat und dem Volk von Rom gebühre. Das war eine üble Verleumdung, denn keiner der Gebietsteile, die Antonius bei den »Schenkungen« so »verschwenderisch« verteilt hatte, war jemals im Verband der Territorien unter römischem Einfluß von Bedeutung gewesen. Seine Maßnahmen waren nicht unpatriotischer als die des Pompeius in den 60er Jahren – und wurden, wie sie, in völliger Unkenntnis ihres eigentlichen Nutzens angegriffen. Symptomatisch ist der Fall des mauretanischen Vasallenkönigs Bocchus. Er starb im Jahre 33; Oktavian setzte keinen Nachfolger ein, sondern machte dieses völlig unrentable Land zur römischen Provinz. Das war ein schlauer Schachzug. Für die öffentliche Meinung in Rom sah es aus wie die Rückkehr zur alten Zeit, als die Republik durch Eroberungen und Annexionen groß geworden war. Nach Aktium erkannte dann Oktavian, wie weise Antonius das geregelt hatte, und bestätigte die wichtigsten seiner Vasallen auf ihren Thronen. Doch im Augenblick zählten die Vorzüge von Antonius' Lösung überhaupt nicht. Jetzt galt nur Parteipolitik. Antonius war der Feind und deshalb im Unrecht. Daß die Aneignung Mauretaniens nichts als ein parteipolitischer Winkelzug war, beweist diese Tatsache: Acht Jahre später wurde es einem andern Vasallenkönig – Juba – zurückgegeben.

Bei seinem Amtsantritt ging Ahenobarbus behutsam vor. Die Wechselfälle seiner Karriere hatten ihn Vorsicht gelehrt. Der Januar, in dem er den Vorsitz hatte, verging mit Geplänkel zwischen Oktavian und den Konsuln. Oktavian drängte sie, Antonius' Bericht über die »Schenkungen« zu verlesen, und als sie sich weigerten, ließ er sie auch nicht die Nachrichten über den armenischen König lesen, die Antonius' Ansehen zweifellos gestärkt hätten. Im Februar erhielt Sosius die Fasces (Liktorenbündel), die Insignien der vollziehenden Gewalt. Heißblütiger als sein Kollege, ging er sofort zum Angriff über. Am 1. Februar hielt er im Senat eine große Rede zum Preise des Antonius und brachte einen Mißtrauensantrag gegen Oktavian ein, der das allerdings vorausgesehen hatte und nicht nur dem Senat, sondern auch Rom fernblieb. Auf diese Weise vermied er es, seinen Gegnern auf ihrem eigenen Terrain gegenüberzutreten, wo seine Stellung schwach war. Zum ersten Mal seit zehn Jahren hatte er keine gesetzlich begründete Machtstellung inne, sondern war einfach Konsular, wenn auch von besonderem Rang. Seine Abwesenheit hatte einen weiteren Vorteil. Er gewann Zeit, die Reaktion des Senats und der Öffentlichkeit zu beobachten und seine weiteren Schritte zu überlegen. Er überließ es einem treuen Tribun, Nonius Balbus, sein Veto einzulegen und den Konsul daran zu hindern, über irgend etwas abstimmen zu lassen, was ihm schaden konnte. Antonius hatte dieselbe Rolle beim Ausbruch des Krieges zwischen Caesar und Pompeius gespielt.

So verlief die Attacke des Sosius im Sande. Es folgte einiges Hin und Her zwischen den beiden Parteien, doch Mitte Februar war klar, daß ein Kompromiß oder eine Aussöhnung nicht mehr in Frage kam. Anstatt nachzugeben, nahm Oktavian das Gesetz in die eigenen Hände und inszenierte einen Staatsstreich. Umgeben von einer Leibwache aus Soldaten und Freunden, die alle Dolche unter der Toga trugen, betrat er den Senat und gab eine längere und wohlbegründete Erklärung zu seiner Verteidigung ab. Sie endete mit Anklagen gegen Antonius und Sosius. Niemand wagte zu antworten. Darauf bestimmte Oktavian einen Tag, an dem der Senat sich wieder versammeln sollte, um sich die dokumentarischen Beweise seines Falles anzuhören. Die Konsuln und etwa 300—400 Senatoren waren nicht fähig, Widerstand zu leisten, und nicht willens, ihm beizupflichten; sie verließen Rom, um zu Antonius zu fliehen. Oktavian, der es immer verstand, die politische Lage schnell für sich auszunützen, bewies sofort seinen Großmut, indem er seine Feinde ungehindert abreisen ließ, ja er ermunterte Gleichdenkende, sich ihnen anzuschließen. Er hoffte, Italien von den bedeutenden Anhängern des Antonius zu räumen, so daß er für die vor ihm liegende, schwierige Aufgabe freie Hand hätte; es galt, eine konstitutionelle Rechtfertigung dafür zu finden, daß er eine Armee gegen seinen einstigen Mit-Triumvirn und gegen die Konsuln des römischen Volkes zu führen gedachte.

KAPITEL VIERZEHN

Der Krieg wird vorbereitet

Die Flüchtlinge aus Italien trafen Antonius und Kleopatra noch in ihrem Winterquartier in Ephesos an, wo sie mit der beinahe abgeschlossenen Sammlung und Aufstellung des Heeres und der Flotte beschäftigt waren, die in Kürze zum Kampf um die Vorherrschaft in der zivilisierten Welt antreten sollten. Canidius Crassus hatte seine 16 Legionen aus Armenien den ganzen weiten Weg über das anatolische Plateau bis zur Küste herangeführt, die Grenzwache im Hochland den Streitkräften Polemons und der Wohlgeneigtheit des medischen Königs überlassend. Da die Garnisonen Makedoniens, Bithyniens und Syriens bis auf wenige Wachmannschaften aller Männer entblößt worden waren, die jetzt die Schlagkraft des Ost-Heeres verstärkten, und da Antonius weder sein rückwärtiges Gebiet noch die afrikanische Flanke ungesichert lassen durfte, hoben die neu angekommenen Konsuln an die vier Legionen in Asia Minor aus; ohne Zögern bedienten sie sich der schon in den Bürgerkriegen bewährten Methode, den Einheimischen das römische Bürgerrecht zu gewähren, was sie sofort zum Waffendienst in den Legionen befähigte. Dank diesen zusätzlichen Kräften konnte Antonius 19 Legionen nach Griechenland hinüberführen. Das übrige Heer bestand aus abkommandierten Einheiten der Vasallenkönige, von denen nun der Preis für ihre Königsthrone eingefordert wurde: Archelaos von Kappadokien, Amyntas von Galatien, Tarkondimotos vom Amanus, Mithridates von Kommagene, Deiotaros von Paphlagonien, Rhoemetalkes und Sadalas von Thrakien, Bocchus von Mauretanien (Bogud, der Maure, König von West-Mauretanien, einst vor Oktavian geflohen, war eine Kategorie für sich). Dann waren da noch Truppen-Abteilungen von Herodes, von Malchus, dem Nabataeer, und sogar vom König der Medier. Insgesamt verfügte Antonius über

75 000 Legionäre und an nicht-römischen Hilfstruppen über 25 000 Mann leichter Fußtruppen und 12 000 Berittene. Um diese beachtliche Streitmacht zu befördern, hatte er 500 Kriegsschiffe und 300 Handelsschiffe bis zum Frühling des Jahres 32 zusammengezogen.

Der Überlieferung nach hatte Kleopatra 200 dieser Schiffe beigesteuert, ebenso 20 000 Talente* und für den bevorstehenden Feldzug Vorräte für das ganze Heer. Die Rudermannschaften waren zum großen Teil Ägypter. Ohne Kleopatras Beitrag wäre Antonius militärisch längst nicht so stark gewesen, moralisch aber sehr viel stärker. Hier offenbarte sich eine verhängnisvolle Schwäche – nicht, weil er die Königin liebte, sondern weil er von ihr abhängig war. Der treue Herodes hatte ihm schon die Gefolgschaft aufgesagt, weil Kleopatra ihn nicht im gleichen Lager duldete und ihn viel lieber in einen Kleinkrieg mit Malchus wegen der Erträge ihrer Balsamgärten verwickelt gesehen hätte, aus dem beide, wie sie hoffte, geschwächt hervorgingen. Aber erst, als die Konsuln mit dem Senatsdrittel, das Antonius anhing, eingetroffen waren, erkannte Antonius die ganze Belastung, die seine Geliebte noch bedeuten würde. Ahenobarbus war ein Mann, dem die Königin von jeher unsympathisch war. Er und andere Gleichgesinnte rieten Antonius eindringlich, Kleopatra die Rückkehr nach Ägypten zu befehlen. Da konnte er ihr gut befehlen – sie ging nicht. Aber da waren auch solche wie Canidius, die es ungerecht fanden, daß gerade sie, die mit ihren Beistandsleistungen jeden anderen Vasallen in den Schatten stellte, sie, deren Temperament und makedonisches Erbe sie zur aktiven Teilnahme am Kriege prädestinierten, nun nicht das Recht haben sollte, dabei zu sein. Wille stand gegen Willen; in dieser Auseinandersetzung unterlag Antonius. Er muß gewußt haben, wie nachteilig für ihn sich Kleopatras Anwesenheit im Lager auswirkte. Aber wenn sie gewillt war zu bleiben, konnte er so gut wie nichts dagegen tun – es sei denn, er nähme den Verlust eines Großteils aller Hilfsmittel in Kauf und verzichtete auf die ungeheuren Reichtümer der ptolemäischen Schatzkammer.

Daraufhin teilte sich seine Gefolgschaft in eine Pro- und eine Anti-Kleopatra-Fraktion, auch »Römer« und »Monarchisten« genannt; jene folgten Antonius, weil sie in ihm, nicht in Oktavian, den wahren Repräsentanten der alten herrschenden Schicht der Republik erkannten, diese, weil sie ihm persönlich verbunden waren und weder gegen seine Affäre mit der Königin noch gegen seine monarchischen Allüren im Verkehr mit

* Der Unterhalt einer Legion kostete pro Jahr 40–50 Talente.

den Dynasten oder Völkern des Ostens etwas einzuwenden hatten. So entstanden Spannungen im Lager, polarisierend und schädlich, die schließlich Aufsässigkeit und Desertionen führender Offiziere zur Folge hatten. Für Ahenobarbus war die Anwesenheit der Königin unvereinbar mit einer Gesinnung, die er voller Hoffnung bei Antonius vorausgesetzt hatte. Von seinem Großvater hatten die Leute gesagt, es sei »gar nicht verwunderlich, daß er ›Eherner Bart‹ (Ahena Barba) heißt – bei seiner Miene von Eisen und seinem Herzen aus Blei«. Der Enkel war sein Ebenbild, was das stolze Bewußtsein des eigenen Werts und die Geringschätzung für andere betraf; er war der einzige, der Kleopatra nie mit ihrem Titel anredete. Auch war er von der Notwendigkeit des Krieges nicht überzeugt. Gleich nach dem Eintreffen der Flüchtlinge – und der Nachricht von Oktavians Staatsstreich – berief Antonius eine Art von »Anti-Senat« ein – wenngleich dieser Begriff den in Rom zurückgebliebenen Rumpfsenat zutreffender bezeichnet hätte. Auf dieser Sitzung, sagt Dio, erhoben viele ihre Stimme für den Frieden; Ahenobarbus sicherlich auch. Aber Kleopatra wußte wie auch Antonius, daß ihre Rücksendung und die Wiedereinsetzung Octavias in ihre alten Rechte eine unumgängliche Vorbedingung für den Frieden war. Nach allem, was geschehen war, ging das nicht an. Unter den gegebenen Umständen war der Spielraum für Antonius gering. Er rüstete zum Krieg, schob aber die endgültige Trennung, die Scheidung von Octavia, immer noch hinaus. Eine Lösung zu finden, war noch nicht völlig ausgeschlossen, vorausgesetzt, Oktavian gäbe die unversöhnliche Haltung und die Provokationen auf. Noch war kein offizieller Kriegsgrund gegeben.

Unter der Oberfläche blieben die Spannungen im Lager des Antonius also bestehen, so weit wie möglich abgeschirmt im Augenblick. Unterdessen ging das gigantische Unternehmen weiter, die zusammengezogenen Armee-Einheiten zu verladen und nach Griechenland zu verschiffen. Man hat Antonius getadelt, daß er nicht schneller zum Angriff übergegangen sei und das Gefecht erzwungen habe, bevor Oktavian noch Zeit gefunden hatte, seine Kräfte zusammenzuziehen und alle seine Verbündeten in Italien zu mobilisieren. Aber was in aller Welt hätte er denn noch tun sollen? Erst im Sommer des Jahres 33, an den Ufern des Araxes, am äußersten Ende der römischen Welt, hatte er Oktavians Herausforderung in ihrer vollen Bedeutung erkannt, und auch, daß er nun zum Kampfe bereit sein mußte. Sofort hatte er Canidius Order gegeben, die Armee zur Küste zurückzuführen, aber ein Anmarsch über fast 2300 km konnte kaum vor November vollendet worden sein. Sicher, er hätte im Jahr 32 Oktavian irgendwo in Griechenland schon zum Kampf stellen können – wenn Oktavian dann mitgemacht hätte. Nicht möglich war die Invasion Italiens im gleichen Jahr, sowohl aus politischen wie aus militärischen Gründen. Politisch wäre die Invasion ein gefährliches Hasardspiel gewesen, besonders, wenn Kleopatra teilgenommen hätte. Das hätte Oktavians Propaganda völlig bestätigt und unter Umständen die öffentliche Meinung mit einem Schlage gegen Antonius gerichtet. Aber auch militärisch wäre die Invasion schwierig gewesen. Es gab nur zwei Häfen an der Ost- und Süd-Küste, die seine Flotte benutzen konnte, Brundisium und Tarent, und wie mühsam es war, auch nur einen im Angesicht eines entschlossenen Gegners einzunehmen, das wußte er seit der Lektion von Brundisium vor acht Jahren. Der Spätsommer war nicht die Jahreszeit für eine Invasion; zu wenig Zeit wäre geblieben, bis der Winter die militärischen Operationen eingefroren und die Nachrichtenverbindung über die Adria je nach dem Wetter aufgehoben hätte. Selbst wenn sich das Wagnis politisch gelohnt hätte, würde er immer einen ganzen Sommer zum Kämpfen benötigt haben – und der nächste Sommer war der des Jahres 31. Tatsächlich war es Oktavian, der das Tempo vorschrieb, Oktavian, der Antonius ein Jahr in Ruhe ließ, damit dieser seine Stellung in Griechenland beziehen konnte – aus gutem Grund. Es sollte ruhig Zeit vergehen, so daß jeder sehen konnte, wie Antonius sich, bedrohlich und kriegerisch, in Positur stellte. Wie hätte Oktavian denn anders Krieg erklären können? Das war hier kein Kreuzzug wie der von Philippi, wo es um einen heiligen Akt der Rache gegen ruchlose, treulose Mörder gegangen war. Das Volk von Rom und von Italien verlangte, Beweise zu sehen, oder wenigstens Indizien, daß das Bündnis zwischen einem entarteten Triumvirn und einer ehrgeizigen Königin dem Volk gefährlich werden konnte. In dieser Situation, die sich nun nach eigenen Gesetzen entwickelte, lieferte Antonius, ohne es zu wollen, die Beweise selbst. Was immer er zur Selbstverteidigung unternahm, wurde ihm als Aggression ausgelegt. Verteidigen aber mußte er sich – oder sich unterwerfen. Man muß, wenn auch widerwillig, Oktavians Wagemut und diplomatisches Geschick bewundern.

Etwa im April erkannte Antonius, daß es Oktavian nicht sehr damit eilte, im gleichen Jahr eine kriegerische Begegnung in Griechenland oder Makedonien herbeizuführen. Eine Kriegserklärung war nicht ausgesprochen worden. Auch wird es ihm nicht verborgen geblieben sein, da er ja von Freunden und über die Verbindungen seiner Anhänger informiert wurde, daß Oktavian offensichtlich nichts unternahm, um eine Armee zu sammeln und über die Adria zu verschiffen. Strategisch gesehen, war die Initiative also bei Antonius. Oktavian lud ihn ein, den Austragungsort für die Entscheidungsschlacht zu bestimmen. Und wie im Jahre 48 bei Pharsalos und 42 bei Philippi war es wieder Griechenland. Wie Pompeius, wie die »Befreier«, verlegte auch Antonius, von der eigenen Truppenbasis entfernt, sein Lager so weit nach vorn wie möglich, und wartete auf den gegnerischen Angriff. Griechenland und der Balkan bildeten die natürliche Grenze zwischen den Hälften der römischen Welt. Die Demarkationslinie zwischen den Herrschaftsgebieten der Triumvirn verlief, abgesprochenermaßen, durch die Stadt Scodra (im heutigen Albanien). Antonius beschloß, in Griechenland zu bleiben; damit entkräftete er nicht nur die Behauptungen Oktavians, der ihn als entlarvten, schamlosen Aggressor dargestellt hatte, er zwang auch seinen Gegner, am Endpunkt einer Nachschubstrecke über die Adria zu operieren, die nach aller bisherigen Erfahrung höchst gefährdet war.

Die geographische Lage, die politischen Erwägungen und strategischen Analysen könnten Antonius im großen und ganzen zu den gleichen Schlußfolgerungen geführt haben wie seine Vorgänger. Doch beurteilte er die verschiedenen Aspekte des Problems etwas anders. Während sie jenseits der Via Egnatia Positionen bezogen oder beziehen wollten, also nördlich der Straße, die am Ansatz der Halbinsel quer von Apollonia und Dyrrhachion nach Saloniki verlief, beschloß Antonius seine Streitkräfte im Raum des korinthischen Golfs zu konzentrieren. Ein Grund für die Verlagerung seiner Verteidigungsstellung weiter südlich ergab sich durch die Notwendigkeit, Ägypten zu schützen und den Nachschubweg vom Nil nach Griechenland zu sichern und möglichst zu verkürzen. Umfassungen im Süden mußte er unter allen Umständen verhindern — während weder Pompeius noch die »Befreier« sich um den Schutz irgendwelcher Punkte im südlichen Hinterland bekümmert hatten, was freilich zur Folge gehabt hatte, daß sie im Falle der Niederlage keinen Ausweg mehr fanden. Der andere Grund war, daß in diesem Feldzug zu Land und zu Wasser gekämpft wurde. Beide Gegner hatten große Flotten und gedachten, sie einzusetzen. Deswegen wählte Antonius eine Küste mit vielen guten Ankerplätzen: den Golf von Ambrakia, die Ost-Küste von Leukas, die Inseln Kephallenia und Zakynthos — um nur die größten zu nennen. Diese Stützpunkte bilden einen Bogen, der sich, von Norden ausgehend, westlich um die Zufahrt zum korinthischen Golf wölbt — eine wunderbare

Basis, von der aus man eine feindliche Flotte, die etwa Landtruppen an der West-Küste des Festlands zu Hilfe kommen wollte, pausenlos angreifen konnte. Nördlich von Korkyra (Korfu), einem an sich ausgezeichneten Hafen, ist die Lage schon anders. Bis hinauf nach Scodra ist die Küste felsig und abweisend oder voller Untiefen und Sand – beides gleicherweise gefährlich. (Später, im Jahre 29, hätte Oktavian auf seiner Rückreise von Osten nach Italien beinahe an dieser Küste Schiffbruch erlitten.) Der einzige, für eine große Flotte geeignete Hafen, die Bucht von Valona, ist nicht von allen Seiten geschützt. Schon allein die Absicht, die Flotte einzusetzen, muß Antonius dazu bewogen haben, südlich von Korkyra zu bleiben. Die südlichere Position hatte den weiteren zusätzlichen Vorteil, daß sie Oktavians Reiseweg von Brundisium und Tarent verlängerte.

Aber im Frühjahr 32 waren taktische Überlegungen noch nicht aktuell. Der strategische Aufmarsch war in groben Zügen klar, demzufolge Antonius die Armee nach Süd-Griechenland übersetzen ließ, statt sie über Xerxes' Landweg am Nord-Rand der Ägäis heranzuführen. Die Verschiffung fand wahrscheinlich im April und Mai statt, und sie wird wohl auch rund zwei Monate gedauert haben, wenn man mit zwei Transporten rechnet. Antonius hatte eine sehr große Reiterei, und wenn ein Pferd soviel Raum braucht wie vier Männer (wie jedenfalls der deutsche Generalstab im 19. Jahrhundert berechnete), wird er sicherlich nicht mit einem Transport ausgekommen sein. Vor Ende Mai konnte die Armee wohl nur in geringem Umfang, wenn überhaupt, im Truppenverband operieren. Antonius verlegte sein Hauptquartier im April nach Samos und im Mai nach Athen. Auf Samos wurde ein großes Fest zu Ehren des Dionysos gefeiert, vielleicht ganz bewußt an die Tradition Alexanders des Großen anknüpfend, der solche Feste vor manchen Kriegszügen organisiert hatte. Alle darstellenden Künstler, Schauspieler, Musiker und Sänger »wurden zum Auftritt in Samos befohlen«, sagt Plutarch, »und während die ganze Welt ringsherum klagte und stöhnte, widerhallte diese eine Insel tagelang vom Klang der Blas- und Saiteninstrumente, und die Theater waren überfüllt, und die Chöre wetteiferten untereinander. Jede Stadt entsandte einen Opferstier, und die Abkömmlinge der Herrscher überboten einander im Glanz der Empfänge und im Wert der Geschenke, so daß man sagen hörte: ›Wie werden diese Leute erst Siege feiern, wenn sie schon für die Kriegsvorbereitung solche verschwenderischen Feste geben?‹«. Antonius war von dem Fest sehr geschmeichelt und bekräftigte feierlich seine Schirmherrschaft, indem er die beteiligten Künstler in einer eigenen Kolonie in der Stadt Priene ansiedelte. Dann segelte er nach Athen.

In Athen gab er den Forderungen nach einer Scheidung nach, mit denen Kleopatra ihn seit dem vorigen Winter sicherlich unaufhörlich unter Druck gesetzt hatte. Irgendwann im makedonischen Monat Daisios, der der Zeit von Mai und Juni im julianischen Kalender entspricht, sprach er die formelle Scheidung aus. Gerade die Athener hatten Octavia besonders geehrt, gerade in Athen hatte Antonius die meiste Zeit an der Seite seiner Frau verbracht. Überall wurde noch in offiziellen Inschriften Octavias gedacht; da ist es verständlich, daß Kleopatra, das Gespenst ihrer Rivalin dauernd vor Augen, unnachgiebig darauf bestand, Antonius müsse endlich tun, was er vor zwei bis drei Monaten noch verweigert hatte. Daß man ihr gleich hohe oder noch höhere Ehrungen zusprach, als man sie Octavia verliehen hatte, genügte Kleopatra nicht. Auch ihr Herz wollte triumphieren, und die Zweideutigkeit ihrer Stellung sollte endlich aufgehoben werden.

Die Folgen der Scheidung zeigten sich sofort. Zwei der bedeutendsten Anhänger des Antonius, Plancus und sein Neffe Titius, sahen darin ein Zeichen, daß Antonius' Sache verloren war, und gingen zu Oktavian über. Es fällt schwer, bei Plancus von »Prinzipien« zu sprechen, bei einem Manne, dem für alle Zeiten die Bezeichnung des Velleius anhängt, »von der Krankheit der Desertion befallen« zu sein. Doch in seinem politischen Urteil hatte er sich nie geirrt. Wenn er eine Stellung bekleidete, so muß sie wohl derart beschaffen gewesen sein, daß sie Kompromisse begünstigte. Seine Desertion erschien denen, die die Zeichen lesen konnten, von übler Vorbedeutung. Damit begann eine fortdauernde »moralische Auszehrung« unter denen, die sich nicht so sehr aus persönlicher Anhänglichkeit, sondern wegen ihrer politischen Überzeugung aus freiem Entschluß zu Antonius geschlagen hatten. – Ganz zum Schluß wendete sich sogar Ahenobarbus, der über einen Mann wie Plancus hinwegsah, von Antonius ab. – Der Übertritt von Plancus und Titius brachte dem gegnerischen Lager nicht nur moralische Vorteile. Als hochrangige Berater des Antonius besaßen sie genaue Informationen über seine Absichten und seine ganzen Angelegenheiten, unter anderm über sein Testament. Er hatte es, wie sie es Oktavian nun verraten konnten, in der sicheren Obhut der Vestalinnen gelassen, jener sieben, im Schutze höchster Weihen stehenden Hüterinnen der heiligen Flamme der Göttin Vesta, Jungfrauen auf Lebenszeit, deren

Schändung oder Bedrohung als Gotteslästerung galt. Für ein so aufsehenerregendes Papier hätte es wohl in ganz Rom keinen geschützteren Aufbewahrungsort geben können. Aber Oktavian brauchte unbedingt politische Munition. Natürlich hatte er sich über die Scheidung Octavias und über die Ausweisung aus ihres Mannes Haus empört, aber – das darf man nicht übersehen – nicht, weil es die Sitte verletzte, sondern weil es hier um politische Vorgänge ging, genau wie bei der Heirat. Aber das lieferte noch keinen akzeptablen Kriegsgrund. Italien verlangte nach wie vor Beweise, daß Antonius mit seinem Gefolge alter Caesarianer, Republikaner und junger Adliger die traditionellen Interessen und Ideale des römischen Staats wirklich bedrohte. Allerdings schien die Scheidung die Behauptungen zu bestätigen, daß Antonius mit jedem Tag immer mehr in Kleopatras Gewalt geriet, die aus ihm ein gefügiges Werkzeug ihrer imperialen Ziele machte. Im Gegenzug bot Antonius an, seine Amtsvollmacht als Triumvir abzugeben, sofern Oktavian das gleiche täte. Ehrlicher als sein Feind, benutzte er den Titel des Triumvirn weiterhin. Das tat Oktavian nicht, unter dem Vorwand, die Grundsätze der Verfassung beachten zu wollen, während er sich, in der selbstgewählten Rolle des aufrechten Einzelbürgers, krampfhaft um einen Grund für den Bürgerkrieg bemühte.

Das Testament konnte ihm vielleicht den Grund liefern. »Im Namen des öffentlichen Wohls« setzte er sich bei den Vestalinnen über religiöse Bedenken hinweg und eignete sich das Testament an. Niemand außer ihm hat es je gelesen, nie ist der Text bekanntgeworden – mit Ausnahme der belastenden Stellen, die er zur Verlesung freigab. Nun vernahm der Senat mit Entsetzen, daß Ptolemaios Caesar tatsächlich der Sohn des Diktators war, daß die Kinder, die Kleopatra Antonius geschenkt hatte, große Legate erhalten sollten, und daß Antonius, selbst wenn er in Rom stürbe, nach einem Trauerzug durch das Forum Romanum die Überführung seines Leichnams nach Ägypten zu Händen Kleopatras wünschte. Gerade diese letzte Anordnung hob Oktavian nachdrücklich hervor. Darin zeigte sich, endlich, die unverhüllte Verachtung des eigenen Geburtsrechts, die Oktavian seit langem Antonius zu unterstellen suchte. Hier war der Beweis für den moralischen Verrat an Rom, für die Hörigkeit, in die ihn die Fallstricke und Liebestränke der fremden Königin gezwungen hatten. Alexandria also, nicht Rom, sollte die Hauptstadt der Welt sein. Um seine eigene Ehrerbietung gegenüber dem traditionellen Primat von Rom weithin kundzutun, begann Oktavian mit dem Bau eines gewaltigen

Mausoleums auf dem Marsfeld neben dem Tiber. Sollte er im bevorstehenden Kampfe fallen oder am Leben bleiben, um die Interessen Italiens zu verteidigen – seine Asche würde jedenfalls in heiliger Heimaterde ruhen. Das Mausoleum war eine Vertrauenserklärung an das italische Volk. Das massive, aus Erde aufgeworfene Hügelgrab auf dem Sockel großer konzentrischer Ringe gemörtelten Steins mag Erinnerungen an die Pracht alter etruskischer Königreiche wachgerufen haben, doch zu jenem Zeitpunkt war das sicherlich nicht Oktavians Absicht. Entscheidender war wohl der Nachhall aus der Welt der homerischen Helden, zu denen auch der Trojaner Aeneas gehörte, den die Julier als Stammvater ihres Geschlechts betrachteten.

Die Scheidung von Octavia, der Übertritt von Plancus und Titius und die testamentarischen Verfügungen – das, alles zusammen, gab der Anschuldigung, Antonius habe Rom verraten, Gewicht und den Anschein der Wahrheit. Der Kampf mit Worten, seit über einem Jahr geführt, erreichte jetzt seinen Höhepunkt. Vermittels seiner Agenten zeigte sich Antonius der Zivilbevölkerung und den Soldaten gegenüber äußerst freigebig, was wiederum Oktavian dazu zwang, sich die Loyalität der Soldaten mit einer Schenkung zu erkaufen, die er gern gespart hätte. Dieser Wettbewerb mit klingender Münze um die Gunst des Militärs erschwerte ihm auch die Erfindung von Gründen für den »gerechten Krieg«. Außerdem hatte er kaum noch Geld. Sondersteuern wurden erhoben, was nicht zu seiner Beliebtheit beitrug, und Antonius' Behauptung, nur wegen der Versäumnisse Oktavians sei die Republik noch nicht wiederhergestellt, auf schmerzhafte Weise zu bestätigen schien.

Die Anhänger des Antonius in Rom gaben sich wirklich Mühe. Bevor Oktavian schließlich die Öffentlichkeit auf seiner Seite hatte, betrauten sie Gaius Geminius, einen neutralen Senator, der aber im Grunde der Partei des Antonius zuneigte, mit der Mission, Antonius zu drängen, Kleopatra nach Hause zu schicken. Von Italien aus konnte man ohne weiteres sehen, wie sehr ihm die Anwesenheit der Königin schadete. Aber Antonius in Athen davon zu überzeugen – das war eine andere Sache. Geminius erreichte nichts und kehrte zurück. Dennoch war die Sache der Antonianer noch lange nicht verloren. Seine Veteranen siedelten in den italischen Triumvirats-Kolonien, darunter viele, die schon unter Caesar gedient hatten, als Antonius einer seiner Stabsoffiziere und Oktavian noch ein kümmerlicher Grünschnabel gewesen war. Und dann waren da noch Antonius' Klienten, sowohl Personen wie Gemeinden, ihrem Patron in Treue und Dankbarkeit verpflichtet, oft durch ererbte Bindungen. Bedeutendere Sippen als die Antonier erhoben den Anspruch, ganze Landstriche Italiens zu patronisieren, und wenn auch die Antonier den Domitiern oder Pompejern nicht ebenbürtig waren, so läßt doch nichts darauf schließen, Antonius' *clientela* wäre belanglos gewesen. Auch er besaß noch alle Vorzüge, die Sallust der republikanischen Oligarchie zuschrieb: »Altehrwürdigen Adel, Großtaten der Vorfahren, Hilfe durch Beziehungen und Verbindungen, viele Klienten.«

Nach dem Buchstaben der Verfassung stand Antonius auf dem Boden der Legalität. Man könnte allerdings einwenden, die Konsuln hätten, bevor sie Italien verließen, erst noch ein Gesetz durchbringen sollen, das sie zum Grenzübertritt ermächtigte, da sie ja beide noch im Amt waren. Oktavian brauchte jetzt eine »höhere Legalität«, so wie sie seinerzeit der verblendete Cicero um Oktavians willen beschworen hatte, um dessen allerersten revolutionären Widerstand zu unterstützen. All dies vor Augen, verschmähte Oktavian die Berufung seiner selbst zu einem gesetzlich fragwürdigen Ersatz-Konsulat anstelle eines der flüchtigen Konsuln. Diese zweifelhafte Ehre überließ er zwei unwichtigen Parteigängern, deren Namen wie ein Abendrot der Republik die aufsteigende Monarchie kurz überschimmern: Lucius Cornelius Cinna und Marcus Valerius Messalla. Er selbst mußte jedenfalls über alle verfassungsmäßigen Wortklaubereien erhaben sein. Deshalb griff er zu einem Mittel, das auch schon in den letzten 60 Jahren verwendet worden war, jedoch noch nie so zwingend, so gründlich und in diesem Ausmaß. Das Mittel war der persönliche Treue-Eid, spontaner Ausdruck des Vertrauens, das die ganze Nation allerorten in ihn, in seine Politik und in sein Urteil über die wahren Interessen des Staates setzte.

Er selbst beschreibt diesen politischen Meisterstreich 45 Jahre später folgendermaßen: »Ganz Italien schwor mir aus freien Stücken die Treue und bat mich, verantwortlich den Krieg zu führen, den ich bei Aktium gewann. Die Provinzen beider Gallien, beider Spanien, Afrika, Sizilien und Sardinien leisteten den gleichen Eid.«

Die spontane Eidesleistung ist eine fromme Mär. Das Volk Italiens war des Bürgerkriegs überdrüssig und grollte über die neu auferlegten Steuern, mit denen seine Herren ihre Streitigkeiten finanzierten. Die reichen Freigelassenen wurden als erste aufgerufen, sich der Gesellschaft, die ihnen Freiheit und Reichtum geschenkt hatte, dankbar zu erweisen – und zwar mit einem Achtel ihres Vermögens. Aber das war nicht genug.

Die Einkommenssteuer für alle freien Bürger, einschließlich der Freigelassenen, wurde für ein Jahr auf 25 Prozent erhöht. Aufstände, Brandstiftungen und Morde waren die Folge, und erst im Winter war man all dessen Herr geworden. Nur Oktavians Militärherrschaft im ganzen Land und die Überlegungen der Besitzenden, sie könnten durch mangelnde Mitarbeit am Ende alles verlieren, verhinderten das Schlimmste.

Italien hatte überhaupt kein Interesse am Parteienkampf um die Vorherrschaft im römischen Staat. Wer da gewann — das war recht gleichgültig. Italien, das war auch keine Einheit, sondern eine Ansammlung ungleichartiger Gebiete, die sich in Sprache, Bevölkerung und Kultur voneinander unterschieden. »Ganz Italien« war nur ein geographischer Begriff; die darin zusammengefaßten Einheiten waren alle auf ihre eigene Weise mit Rom verbunden, und zwar in Form der persönlichen oder kommunalen Beziehung des Klienten zu einer — oder mehreren — der großen Patronatsfamilien mit politischem Einfluß. Da waren manche Risse in der Fassade. Wir wissen, daß Oktavian der Stadt Bononia, wegen des langen Patronats der Antonier dort, die Eidesleistung erließ. Und Bononia war kein Einzelfall. Nach seinem Siege vertrieb Oktavian alle Einwohner von Haus und Hof »in jenen Gemeinden Italiens, die zu Antonius gehalten hatten, und lieferte die Städte und deren Ländereien seinen Soldaten aus«, wie uns Dio berichtet. Die Begeisterung »ganz Italiens« für seinen Caesar ist also nicht so wörtlich zu nehmen.

Aus späteren Fassungen des imperialen Eides erfahren wir etwas über die verwendete Eidesformel. Wer den Eid leistete, der gelobte, die gleichen Freunde und Feinde wie Oktavian zu haben, jeden, der Oktavian bedrohte, bis zum letzten Atemzuge zu Lande und zu Wasser zu bekämpfen, jeden Verrat, der ihm bekannt würde, zu melden, und sich selbst und seine Kinder geringer zu achten als die Sicherheit Oktavians; bräche er je seinen Schwur, sollte Jupiter ihn und seine Kinder heimsuchen mit Verbannung, Ächtung und Verderben. Kein Wort vom Senat, vom römischen Volk, von der Verpflichtung gegenüber dem Gemeinwesen oder von den Feinden Roms. Warum auch? Der Eid sollte nur den unbedingten Gehorsam gegenüber dem auserwählten Führer sichern.

Wie das im einzelnen in die Wege geleitet wurde, darüber gibt es keinen Bericht. Es ist naheliegend, sich vorzustellen, daß die Aktion teils militärisch, teils diplomatisch abgewickelt wurde. Zuerst kam der diplomatische Teil; den führenden Männern der Gemeinden und Distrikte, deren Loyalität Oktavian gegenüber bekannt war, und natürlich den dortigen Veteranen-Kolonien, wird man zu verstehen gegeben haben, daß eine öffentliche Kundgebung für Oktavian als Ausdruck der Anhängerschaft breiter Kreise jetzt sehr angebracht sei. Gab es überzeugendere Kundgebungen als Eidesleistungen? Hatte erst einmal jemand damit angefangen, kamen die andern nach. Wer sich in solch einer Lage zurückhielt, fiel auf. Andererseits war es nicht zuviel verlangt, jemandem Gefolgschaft zu schwören, dessen Büsten schon überall in den Tempeln Italiens neben denen der Götter standen und der so sichtbarlich über der Stellung und Voraussicht der Sterblichen erhaben war. Wo aber die Überzeugungskraft der Sendboten Oktavians gegenüber den Einwohnern, ihren Nachbarn, ihren Stadträten und Bürgermeistern nicht ausreichte, da blieb immer noch die Gewaltandrohung seitens der Soldaten.

Die Loyalität der Armee stand außer Zweifel. Es waren zehn Jahre vergangen, seit die Soldaten von Antonius und Oktavian gemeinsam bei Philippi gekämpft hatten. Dank der folgenden Aufteilung der Kräfte und der Ansiedlung vieler Veteranen gab es kaum noch jemanden in den West-Armeen, der Antonius oder seinen Unterfeldherrn je Treue geschuldet hätte. Die jetzt in Italien dienenden Soldaten wußten genau, wo sie hingehörten. Ihr persönlicher Vorteil war zugleich der ihres »Imperators«, Wohltäters und Patrons. Sie waren wohl unter den Ersten, die den Eid freudig und voller Begeisterung leisteten und Oktavian damit die moralische und persönliche Rechtfertigung für die Vollmacht lieferten, die ihm unerklärlicherweise im Gefolge des politischen Streits noch verweigert wurde, wiewohl sie ihm doch nach Recht und Verdienst gebührte. Die Soldaten der Garnisonen überall in Italien werden sich den Gegnern ihres Führers gegenüber nicht gerade duldsam verhalten haben.

Das Volk von Rom bewahrte sich die Erinnerung an die unruhevolle Ungebundenheit in der sterbenden Republik noch viele Jahre nach Aktium. Die große Menge und die überlieferte Rolle als letzte Instanz verfassungsmäßiger Gewalt bestärkten das Volk im Gefühl einer Unabhängigkeit, das Höhergestellte nicht haben konnten. Daß unter dem Triumvirat die Möglichkeit der Einflußnahme ein für allemal vorbei war, wird den Leuten noch nicht bewußt gewesen sein. Sie hatten nicht gezögert, den Krieg gegen Sextus zu verurteilen und den Herrn Italiens aufs heftigste zu tadeln. Aber ihre Kundgebungen, wiewohl lästig, waren der Beachtung nicht wert; das Volk hatte keine Anführer. Oktavians Macht war gesichert, fest gegründet auf der Treue der Truppen, der politischen Gönnerschaft und individueller Patronatsbeziehungen, die sich über ganz Italien erstreckten, und auf die ihm ergebenen Freunde, die so unerschütterlich und hart wie Granit waren, Freunde vom Format des Marcus Agrippa, Statilius Taurus, Calvisius Sabinus und Gaius Maecenas. Ein Demagoge hätte ihm nicht mehr schaden können. Das Volk von Rom hatte keine Macht mehr, die Karrieren der Großen zu fördern oder zu beenden; die allmähliche Beseitigung des anachronistischen Zustandes, daß ein Stadtstaat über ein Weltreich herrschte, war eine schmerzliche Erfahrung. Nicht, daß das Volk gering geachtet wurde, daß seine Beschwerden ohne Beachtung geblieben wären. Als der Krieg gegen Sextus beendet, die lästige Armee entlassen oder außerhalb Italiens untergebracht und die Getreideversorgung wieder im Gange war, da war Caesars Erbe auch wieder obenauf. Agrippa, in seinem Ädilen-Amt, kümmerte sich um das Wohlergehen des römischen Volks in einer Weise, der gegenüber frühere ädilizische Betreuung sehr knickerig erschien. Wie im Jahre 44, als er sein Erbe antrat, konnte Oktavian sich jetzt abermals als Patron der Einwohnerschaft Roms betrachten – nur diesmal mit größerer Berechtigung.

Hinter ihm standen nun auch Männer von Niveau, nicht die Proleten, die man mit Bestechungsgeldern oder eingefärbten Halbwahrheiten gewann, auch nicht die treuen Diener, deren Existenz ohnehin vom Schicksal der Partei abhing. Zahlenmäßig war es eine Minderheit, aber die Reichtümer des Landes waren größtenteils in den Händen dieser wenigen Männer: Finanzleute, Bauunternehmer, Reeder, Großhändler, Geschäftsvertreter, Bankiers, Kleinindustrielle, Spekulanten und Händler. Sie gehörten eigentlich alle zum Landadel – oder hatten wenigstens Landbesitz, denn Grund und Boden war die einzige sichere Geldanlage in der Antike. Viele in dieser Schicht werden genau gewußt haben, worum es in dem Kampf zwischen Oktavian und Antonius im Grunde ging. Besonders die Handeltreibenden in Kampanien hatten anderthalb Jahrhunderte lang enge Geschäftsbeziehungen zur ägäischen Welt. Sie waren mit dem Wesen der hellenistischen Königsidee und mit dem Spielraum, den sie gewährte, völlig vertraut. Sie wußten, wie man sich als Römer im Osten zu verhalten hatte. Dann waren da auch noch Männer wie Ciceros Freund Atticus, angesehen, einflußreich und wohlhabend, die sich niemals irgendeiner Partei vorbehaltlos angeschlossen hätten. Was erstrebte nun eigentlich diese Ober- und Mittelschicht? Frieden, im Idealfall. Sollte es allerdings so weit kommen, daß die Situation weder Frieden noch persönliche Neutralität zuließ, dann war die Stellungnahme eindeutig: mit Oktavian. Sein Sieg hatte keine weitere Revolution zur Folge, lediglich die Konsolidierung des Status quo. Ihn zu unterstützen, hieß, mit dem Strom zu schwimmen, das war politisch ungefährlich und in finanzieller Hinsicht klug. Auch mußte man die Außenpolitik im Lichte praktischer Nutzanwendung sehen. Oktavian hatte sich bei der Annexion Mauretaniens als überzeugter Anhänger der republikanischen Tradition gewaltsamer Gebietsaneignungen erwiesen. Das eröffnete italischen Geschäftsleuten neue Möglichkeiten, zum Beispiel die vertraglich gesicherte Eintreibung von Staatssteuern unter dem Schutz unmittelbarer römischer Herrschaft. Antonius hingegen hatte eine Hierarchie autonomer Vasallenkönigreiche geschaffen und dort den römischen Eingriff aufs äußerste beschränkt; diese Politik kam den Interessen des italischen Handels sehr viel weniger entgegen. Das zeigte sich gerade dort besonders deutlich, wo er einmal von dieser Politik abwich. Nachdem er Armenien im Jahre 34 erobert hatte, verwandelte er es in eine römische Provinz; als solche zog sie in den folgenden zwei Jahren eine beträchtliche Zahl römischer Einwanderer an. Für ihre geschäftliche Initiative mußten sie bitter büßen, als Artaxes, Artavasdes' ältester Sohn, von Phraates wiedereingesetzt wurde, während Antonius sich um Oktavian kümmern mußte; Artaxes rächte sich an Rom, indem er sie alle töten ließ.

Es war kaum möglich, neutral zu bleiben. Vielleicht ist das nur Pollio geglückt, und Velleius kommentiert das sehr hübsch: »Daß ich das nicht vergesse, das denkwürdige Verhalten und die denkwürdigen Worte des Asinius Pollio; nach dem Frieden von Brundisium verblieb er in Italien, verschwendete keinen Blick auf die Königin und suchte auch keine Gesellschaft mit denen um Antonius, als dieser vom Liebeswahn verderbt war. Doch als ihn Oktavian bat, ihn beim Feldzug nach Aktium zu begleiten, da sagte er: ›Was ich für Antonius tat, ist das Bedeutendere; was er für mich tat, das Bekanntere; so will ich mich aus eurem Streite halten und der Preis des Siegers sein.‹«

Die tapferen Gemeinden, die es noch wagten, sich zu Antonius zu bekennen – sie waren wahrscheinlich in erster Linie »der Preis des Siegers«. Sie waren nicht zahlreich genug, um die Fiktion von »ganz Italien« zu widerlegen. Gegen Ende des Jahres verkündete Oktavian, daß Antonius für das Konsulat, das ja beide als Kollegen im Jahre 31 bekleiden sollten, nicht geeignet sei. Er entkleidete Antonius aller Befugnisse und erklärte darüber hinaus der Königin von Ägypten den Krieg mit der ganzen zeremoniellen Feierlichkeit der Antike. Weder Antonius, noch seine Anhänger wurden geächtet; wie dumm, Überläufern den Weg zu erschweren.

KAPITEL FÜNFZEHN

Der Feldzug des Jahres 31

Inzwischen hatte Antonius seine Stellung an der West-Küste Griechenlands bezogen. Er betrieb dann eine Art Privat-Aufklärung, noch etwas über Korkyra hinaus, wohl um sich zu vergewissern, daß Oktavian ihm nirgends zuvorgekommen war. Seine nördlichste Abteilung stationierte er bei Korkyra – Pompeius' südlichstem Vorposten im Jahre 49. Der Hauptteil der Flotte hatte für die Dauer des Winters in der vom Vorgebirge von Aktium geschützten Bucht festgemacht, südlich der Einfahrt in die so großartig von Land umschirmten Gewässer des Golfes von Ambrakia. Ein Geschwader überwachte Leukas und die Passage ostwärts Ithaka und Kephallenia mit der Zufahrt zum Golf von Korinth und nach Patras, wo er sein Winterquartier aufschlug. In den uns überlieferten Berichtsbruchstücken ist zwar von weiterem nicht die Rede, aber es ist sicher undenkbar, daß nicht auch Schiffe vor Zakynthos ankerten, wo sich Sosius, den Münzen der Insel nach zu schließen, zum veritablen Fürsten entwickelt hatte. An der peloponnesischen Süd-Küste stand eine Garnison in Methone unter dem Befehl von Bogud, dem Mauren, eine andere war in Tainaron untergebracht. Eine Einheit von unbekannter Stärke hielt Kreta besetzt, und das Süd-Ende der ganzen Kette bildeten die vier Legionen des Pinarius Scarpus in der Cyrenaica: eine vergleichsweise stattliche Streitmacht – auch die ägyptischen Garnisonen gehörten dazu – die einen möglichen Angriff der nordafrikanischen Legionen Oktavians unter Cornelius Gallus abzufangen hatten.

Auf beiden Seiten verbrachte man den Winter mit letzten Vorbereitungen. Der Propaganda-Krieg ging dabei mit unverminderter Heftigkeit weiter. Antonius ließ in Patras Münzen schlagen, die sein Anrecht auf das Konsulat für das Jahr 31 bekräftigten und zugleich seine Verbindung mit Kleopatra kundtaten; mit Name und Titel in griechischer Abkürzung wurde er auf einer Münzseite vorgestellt, Kleopatra auf der andern. Er ließ verbreiten, er verspreche, innerhalb von sechs Monaten nach dem Sieg die Macht niederzulegen und die Hoheitsrechte von Senat und Volk wiederherzustellen. Währenddessen machte sich Oktavian über Antonius' Stil lustig, den er als Ausdruck seiner ausschweifenden Lebensweise erklärte. In einer operettenhaften Herausforderung riet er ihm sich doch einen Tagesritt (rund 85 km) weit von der Küste zu entfernen, Oktavians Armee landen zu lassen und sich nach fünf Tagen zur Schlacht zu melden – oder, wenn er wolle, erst einmal nach Italien überzusetzen. Wunderbare Zeichen wurden entdeckt, um die Abergläubischen zu überzeugen. Eine zweiköpfige Schlange von 28 m Länge war plötzlich in Etrurien aufgetaucht, und sofort fuhr ein Blitz auf sie herab. Nicht ganz so ausgefallen war es, daß ein Standbild des Antonius in den Albaner Bergen plötzlich Blut schwitzte und damit seinen Tod ankündigte. Ein Omen, von dem der gute Dio feierlich berichtete, muß eine politische Ente gewesen sein: Ein Hund hatte einen andern Hund im Zirkus aufgefressen. Plancus stellte seine Sprachgewandtheit tatkräftig in den Dienst seiner neugefundenen Ideale und enthüllte dem Senat die unsagbaren Einzelheiten in Antonius' Leben, bis der Ex-Pompejaner Gaius Coponius bemerkte, wieviel Verbrechen Antonius doch begangen haben müsse, bevor ihn Plancus verlassen hätte.

Mit dem neuen Jahr begann Oktavians drittes Konsulat. Anstelle des abgesetzten Antonius wählte er sich als Kollegen einen der Vornehmsten aus seiner adeligen Gefolgschaft: Marcus Valerius Messalla Corvinus, republikanischer Kämpfer bei Philippi, dann eine Weile bei Antonius, bis er schließlich Oktavian huldigte. So also wurde das römische Volk in den Krieg geführt: unter der Herrschaft des Erben Caesars, dessen Familie von Venus abstammte, und eines Valerius, der den Namen einer Familie trug, die zu den mächtigsten in den ersten Jahrhunderten der republikanischen Geschichte gehört hatte. Begleitet wurden die Konsuln von mehr als 700 Senatoren und einer Unmenge von Angehörigen des niederen Adels, die ihr Treueschwur verpflichtete. Die Regierung Italiens blieb derweil, nicht zum ersten Mal, in den Händen des treuen und diskreten Maecenas.

Die Armee sammelte sich bei Brundisium, zur Verladung bereit, sobald das Frühlingswetter die Schiffahrt wieder zuließ. Sie zählte 80 000 Mann – gegenüber den 100 000 des Antonius. Aber dessen Überschuß beruhte

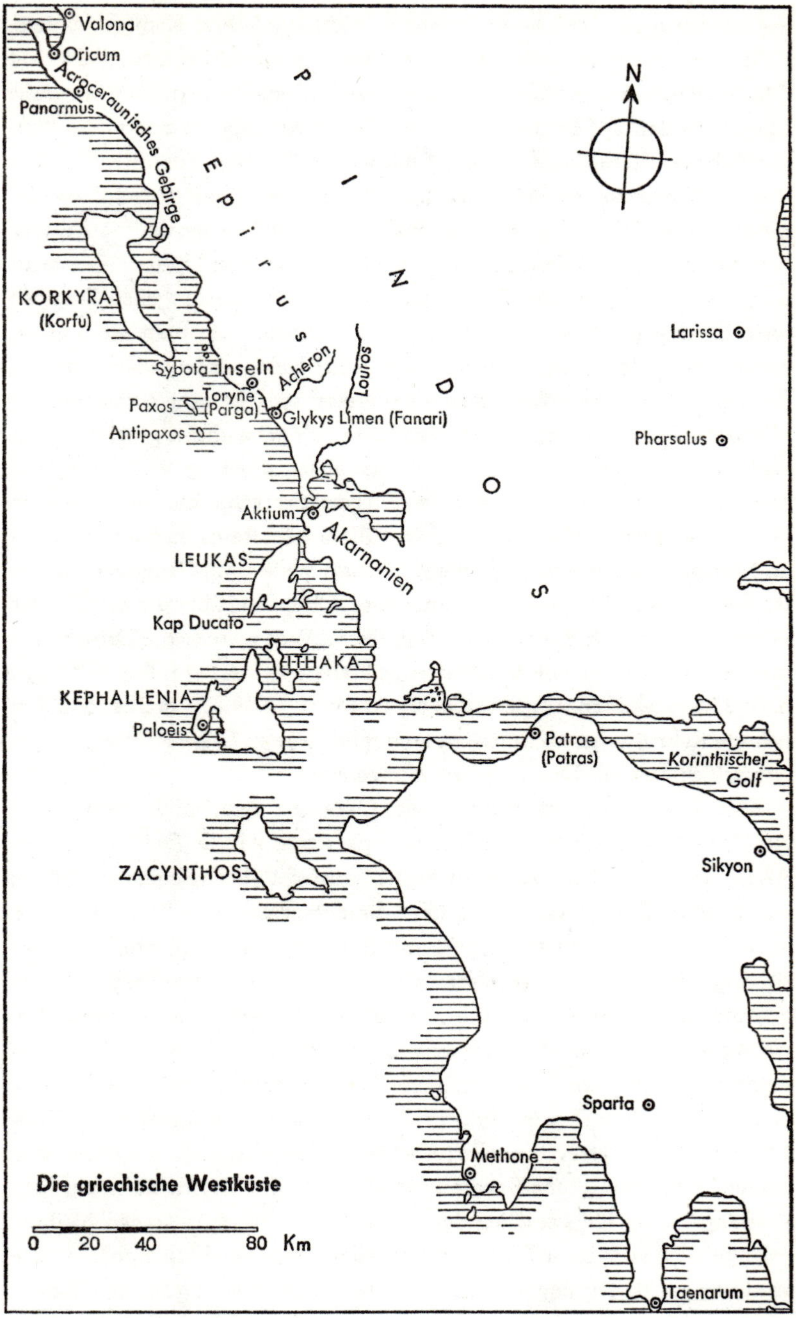

Die griechische Westküste

auf Hilfstruppen und leichtgerüsteten nicht-römischen Kampfeinheiten. Sehr wahrscheinlich hatte Oktavian 16 kriegsstarke Legionen, jede mit 4000—5000 Mann. Antonius' 19 Legionen hatten sicherlich nicht die volle Stärke, so daß auf beiden Seiten je 70—75 000 Legionäre standen. Hinsichtlich der Kampfqualität war Oktavian mit seiner ausschließlich italischen Armee im Vorteil; die Italiker waren die besten Soldaten der mediterranen Welt. Die Feldzüge in Illyrien hatten sie gestählt; sie waren den besten Truppen des Antonius, den Veteranen von Philippi, Gindarus und Phraaspa, kaum unterlegen, doch seinen neu ausgehobenen Truppen weit überlegen. Diese »orientalischen Rekruten«, wie man sie nannte, durfte man jedoch auch nicht unterschätzen; viele werden wohl römische Ansiedler oder deren Nachkommen gewesen sein, manche sogar neuverpflichtete Veteranen. Aber Antonius hatte sich gezwungen gesehen, seine Reihen mit Eingeborenen aus dem Osten auszufüllen. Syrer, Galater und Makedonen hatten das römische Bürgerrecht erhalten, das sie zum Legionärsdienst qualifizierte. Diesen Völkern fehlte es auch gewiß nicht an Mut oder soldatischer Fähigkeit, nur hatten sie — im Gegensatz zu den Italikern — nicht das persönliche Interesse, kämpfend über die gewünschte künftige Herrschaft Roms mitzubestimmen. Auch waren »die Orientalen« nicht kampferprobt wie Oktavians Soldaten; der größte Teil wird erst nach 35 ausgehoben worden sein, als Antonius erkennen mußte, daß ihm weitere Rekrutierungen in Italien unmöglich waren. Diese Kräfte machten vermutlich fast ein Drittel seiner Armee aus.

Auch in seiner Reiterei bemühte sich Oktavian, dem Feinde gleichwertig zu sein — fast als hätte er geahnt, was passieren würde. Die Verlockung, Antonius einfach durch zahlenmäßige Übermacht überwältigen zu wollen, war sehr groß. Oktavian hätte über die entsprechenden Kräfte verfügt, aber diese Massen zu versorgen, zu dirigieren und zu befehligen, wäre sicherlich nicht einfach gewesen. Auch das Transportproblem — Überquerung der Adria und dann vermutlich Vorstoß in griechische Gewässer — war in jedem Fall schwer zu lösen. Es liegt nahe, sich den großen Agrippa vorzustellen, wie er, gelassen und erfahren, zu der Entscheidung beitrug, erst einmal eine kleinere Zahl von (wie wir annehmen) Elite-Truppen überzusetzen. Er selbst übernahm das Flotten-Kommando. Wie bei den Feldzügen gegen Sextus Pompeius war die Marine die wichtigere Waffengattung. Ein Landsieg des Antonius mußte ohne Folgen bleiben, solange nicht auch seine Flotte die Flotte des Gegners schlug. Sonst konnte er nicht nach Italien übersetzen, wo ja dann immer noch gewaltige Reserven Oktavians, diensttuende Legionen und Veteranen in Italien und den West-Provinzen, bereitstanden. Wenn umgekehrt Oktavian zu Lande siegte, konnte er durch den Verlust der Überlegenheit auf dem Meer in größte Schwierigkeiten kommen – unfähig, seinen Vorteil wahrzunehmen, bei unterbrochenen Nachschublinien und Ägypten außer Reichweite, während seine Feinde die zweite Runde vorbereiten würden.

Obgleich die Einzelheiten des folgenden Feldzugs nicht ganz klar sind, wissen wir im großen und ganzen über den Verlauf Bescheid, zum Teil dank Plutarchs romantischer Erzählung, die uns einige wesentliche und wertvolle Tatsachen vermittelt, und vor allem Dios Bericht, der aus sicherer Entfernung erst 250 Jahre später die Geschehnisse beschreibt. Man hat Aktium als »den Anfang der Mythologie des Prinzipats« bezeichnet. Die Poeten und Barden, die den Ruhm des Oktavian-Augustus und seiner unmittelbaren Nachfolger besangen, waren an den militärischen Voraussetzungen des großen Sieges nicht interessiert. Nur der Erfolg zählte, und es galt einzuhämmern, was dem Erfolg moralisch zugrunde lag: Römische Tugend, römische Pietas, römische Tapferkeit und die römischen Götter waren den barbarischen Ost-Rekruten, den Möchtegern-Königen, die sich so bedrohlich in Positur warfen, und den Tier-Gottheiten Ägyptens durchaus gewachsen. Bei aller Begeisterung, die sich da an den Namen Aktium knüpfte – die Tatsachen waren etwas nüchterner und nicht besonders dramatisch. Oktavian, ein überragender Politiker, mußte traditionsgemäß im öffentlichen Leben Roms zugleich ein überragender Feldherr sein – was er nicht war. Die Idealisierung geht aus Vergils berühmten Zeilen hervor:

Hier hält Caesar August und führt die Römer ins Treffen,
Mit ihm Väter und Volk, die Penaten und großen Götter.
Steht auf dem Achterdeck, ihm flammt von heiterer Stirne
Zwillingslicht; der Stern des Vaters blinkt ihm zu Häupten.
Drüben mit günstigem Wind und gewogenen Göttern Agrippa
Führt die Geschwader heran; des Tapferen Stirne verherrlicht,
Von Schiffsschnäbeln durchblitzt, des Seesiegs prangende Krone.
Dort Antonius führt, mit dem scheckigen Heer der Barbaren
Siegreich kehrend vom Strand der morgenländischen Meere,
Ganz Ägypten, die Kraft des Orients bis zu den fernsten
Bactrern, gefolgt – o Schmach! – von dir, ägyptische Gattin.*

* Übers. v. R. A. Schröder.

Doch sind die Tatsachen, wie wir sehen werden, ganz anders.

Die kriegerischen Unternehmungen begannen bald. Kaum war im Jahre 31 Schiffahrt wieder möglich, segelte Agrippa auch schon mit einem starken Geschwader schnell und unerwartet südlich der üblichen Route nach Methone, das er angriff und einnahm. Bogud wurde getötet. Es war ein brillant geführter Handstreich. Antonius hat in seinem so weit nach Süden verlegten Quartier sicherlich nicht damit gerechnet, daß sich der erste Angriff gerade auf seine südliche Flanke richten werde. Im Gegenteil – die Wahl seines Standorts sollte unter anderem wahrscheinlich Oktavian nahelegen, den viel kürzeren Weg zur epirotischen Küste im Norden einzuschlagen, so daß Antonius' Flotte Gelegenheit fände, Oktavians Armada abzufangen. Man könnte Antonius wegen der mangelnden Abschirmung der Küsten tadeln. Aber die Blockade fremder Gestade, mit deren Aufbau man ja schon im späten Winter hätte beginnen müssen, konnte man unter den Bedingungen der Seekriegsführung im Altertum kaum aufrechterhalten. Im Sinne vorgeschobener Wachtposten war das bei Korkyra stationierte Geschwader überhaupt das Beste im Rahmen seiner Möglichkeiten. Anscheinend machte Oktavian Anstalten, Korkyra anzusteuern, in der Absicht, es zu besetzen und als Basis für den Angriff auf Antonius' Hauptmacht bei Aktium zu benutzen; der Schlag war aber zu früh angesetzt, ein Sturm trieb die Schiffe zurück. Jetzt blieb es Agrippa überlassen, über das Geschwader vor Korkyra zu verfügen. Er ließ eine Nachhut vor Methone – sie sollte sich der Getreideschiffe des Antonius annehmen, die rund um den Peloponnes mühsam von Tainaron in den Schutz von Zakynthos und den Golf von Korinth strebten – und segelte selbst nach Norden, um andere Stützpunkte des Antonius anzugreifen, wobei er Schiffe aus dem Schutzring von Korkyra abzog.

Von diesem Ablenkungsmanöver gedeckt, konnte Oktavian seine ganze Armee unbehindert von Brundisium zu einem Hafen vor den akrokeraunischen Bergen* übersetzen, wahrscheinlich nach Panormus. Zwar bot Valona den geschützteren Hafen, lag aber sehr viel nördlicher; Oktavians Plan beruhte jedoch auf dem Überraschungseffekt. Als die Armee ausgeladen war, sammelte er seine 230 Kriegsschiffe und fiel in Korkyra ein. Aber die Garnison dort war verschwunden. Damit war er bereits Herr über die leicht zugängliche Passage zwischen Insel und Festland, und nun hatte seine Streitmacht, wenn sie bei der Einfahrt zum Golf von Ambrakia

* Küstengebirge in Albanien.

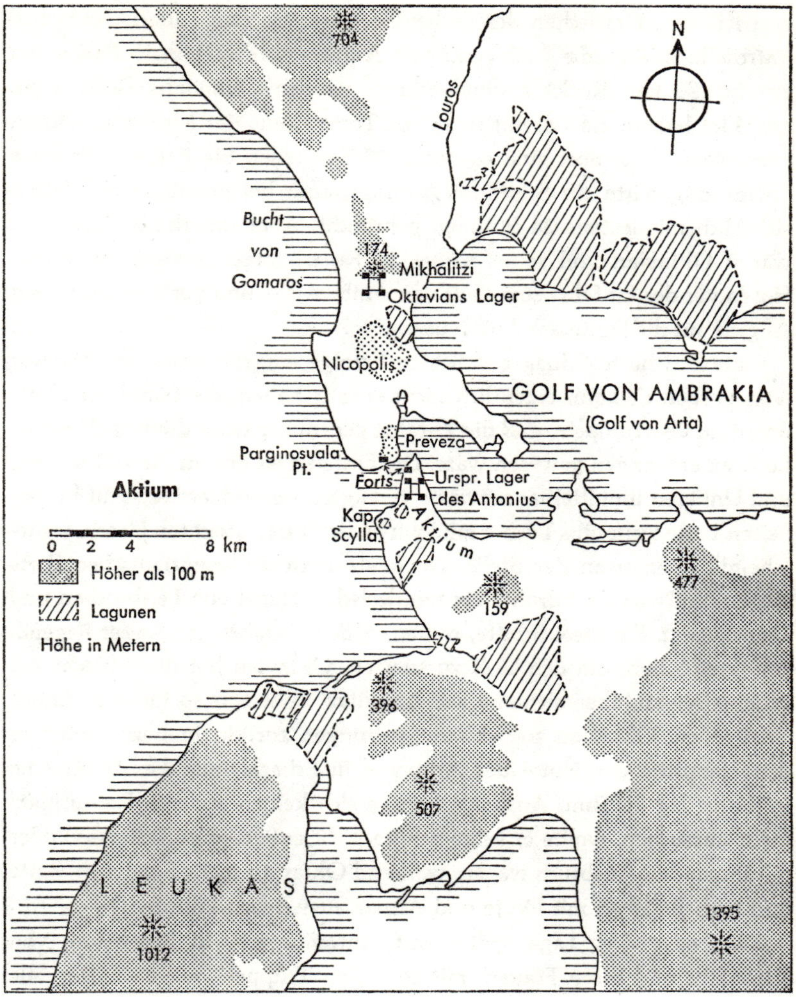

eintraf, keine Bedrohung mehr aus der Flanke oder von hinten zu fürchten. Er segelte weiter zu dem kleinen Hafen Fanari (damals Glykys Limen = »Süßwasser-Hafen«) an der Mündung des Acheron. Dort traf er seine Armee, die für die rund 150 km von Panormus höchstens vier Tage gebraucht haben dürfte. Dieser zügige und unerwartete Vormarsch stiftete in Antonius' Hauptquartier große Verwirrung. Zuerst erhielt Antonius die Nachricht, der Feind hätte Toryne (heute Parga) besetzt, einen kleinen Küstenort zwischen der Südspitze Korkyras und Fanari. Antonius' Patrouillenschiffe, die die Strecke von Aktium nordwärts nach Paxos und zur Straße von Korkyra überwachten, werden Oktavians Flotte wohl gesichtet haben, als sie, mit Kurs auf Toryne, aus der Meerenge südlich hervorkam. Von dort sind es noch 125 Seemeilen bis Patras. Für diese Entfernung hätte ein Schiff im Alterum, auch bei günstigstem Wetter, sicherlich mindestens 24 Stunden gebraucht. Aber innerhalb dieser Zeit waren Oktavian und seine Armee in Fanari angekommen, im letzten Hafen vor der Einfahrt zum Golf von Ambrakia – und vor dem geplanten Angriff auf die Flotte des Antonius.

Oktavian hatte Schlag auf Schlag Erfolge eingeheimst, aber das war jetzt vorbei. Er kann eigentlich nicht erhofft haben, die feindliche Flotte derart zu überrumpeln, daß die Zufahrt gegenüber einer dünnen Abwehrkette zu erzwingen gewesen wäre. Die Einfahrt ist nur an die 700 m weit, und Untiefen unmittelbar seewärts verengten sie noch weiter. Auf beiden Seiten hatte Antonius Türme mit Wurfmaschinen aufrichten lassen, wahrscheinlich genau an der Stelle, wo heute noch die venezianischen Forts stehen, und von dort drohte ein mörderischer Hagel von Felsbrocken und Feuerkugeln. Ein-zwei Schiffe, mitten in der Einfahrt vor Anker liegend, genügten schon, um den Golf zu sperren. Oktavian bot die Schlacht auf offener See an, aber niemand auf Antonius' Seite war so törischt, darauf einzugehen. Oktavian zog sich notgedrungen zurück. Immerhin hielt er den Hauptteil der Flotte des Antonius in Schach, und die strategische Initiative lag bei ihm. Antonius konnte sich keinen anderen Kampfplatz mehr aussuchen, wollte er seine Schiffe nicht entweder zurücklassen oder mit ihnen den Ausbruch wagen, während Oktavian mehr Spielraum hatte und nach Belieben mit Flotte und Armee ausweichen konnte.

Zwei oder drei Tage später traf Antonius ein, in Begleitung von Kleopatra und ihren Frauen, mit so vielen Truppen, wie er in der Eile verladen konnte. Um diese Zeit hatte sich Oktavian schon auf einem Hügel namens Mikhalitzi rund 8 km nördlich der Einfahrt festgesetzt, auf dem südlichsten Punkt einer von Norden verlaufenden Hügelkette, die sich zwischen dem Meer, der Bucht von Gomaros und dem Fluß Louros dort erhob, wo der Fluß in das Schwemmland und die Lagunen mündet, die die Nordwest-Ecke des ambrakischen Golfs bilden. Trotz der geringen Höhe bietet Oktavians Hügel einen weiten Ausblick. Nach Süden läuft die Erhebung sofort in die leicht gewellte, etwa 3 km breite Ebene am Ende der Halbinsel aus, wo dem heutigen Betrachter als erstes die Ruinen von Nikopolis auffallen, jener Stadt, die Oktavian zum Andenken seines Sieges hier gründete. Man blickt auf byzantinische Mauern, die Überreste einer großen Basilika und dann auf das näherliegende, im auslaufenden Hang eingebettete Theater und das längst überwachsene Oval des Stadions. In der Ferne sind kleine Bodenerhebungen, die die hübsche Hafenstadt Preveza, die Nachfolgerin von Nikopolis, beinahe verdecken. Auf der linken Seite der Halbinsel wächst steil eine Hügelkette auf, wie eine Trennlinie zwischen der Bucht von Preveza und der herrlichen Weite des ambrakischen Golfs, und auch die schmale Zufahrt südlich Preveza, sowohl zur Bucht wie zum Golf, bleibt dahinter verborgen. Aber jenseits der »Trennlinie« erkennt man das karge, steinige Vorgebirge von Aktium, das sich nicht sehr hoch über dem Meeresspiegel erhebt. Im Südwesten wird der Blick von dem 35 km entfernten Massiv der Insel Leukas aufgehalten, Insel nur dem Namen nach, denn kein Schiff könnte zwischen ihr und dem Festland passieren. Über 1000 m hoch, mit steil abfallenden Klippen auf der Nordwest-Seite, ist sie unübersehbar, der markanteste Punkt im Panorama. Landeinwärts, jenseits und zur Linken des Ödlands von Aktium, erheben sich majestätisch die akarnanischen Berge, morgens in tiefe Schatten getaucht, aber in der Nachmittagssonne gigantische silbergraue Skulpturen. In der Ferne, ganz links, jenseits der weiten Fläche unbewegten, blauen Wassers hinter der Ost-Spitze des Golfs, erstreckt sich unabsehbar das Pindus-Gebirge nach Norden und Süden — das Rückgrat Nord-Griechenlands. Auch im Sommer hängen die Gewitterwolken über den Bergspitzen. Näher, unmittelbar nördlich, sieht man viele einzelne Hügel und dahinter die weißlichen Erhebungen der suliotischen Gebirgslandschaft. Im Nordwesten glitzern schließlich von fern die Inselchen Paxos und Antipaxos im Meer; an schönen Tagen kann man gerade noch die Südspitze Korkyras erkennen.

Es war ein hervorragender Standort für Oktavians Lager, von Norden her kaum zu umfassen, und der unterhalb liegende, verhältnismäßig ebene Grund der Landzunge bei Nikopolis gab ein ideales Schlachtfeld ab — falls die Schlacht gewünscht wurde. Falls nicht — nun, Oktavian wußte, Antonius würde nicht törichterweise sein Lager hügelaufwärts angreifen. Aber es hatte zwei Nachteile. Der eine war der Wassermangel am Ort; man mußte sich das nötige Wasser entweder vom Fluß Louros oder von zwei Trinkwasserquellen unten bei Nikopolis besorgen. Beides war allerdings nicht sehr schwer, und es hätte ihm schon sehr übel ergehen müssen, wenn er gleich beide Wasserstellen verloren hätte. Bedenklicher war, daß es keinen näheren Ankergrund als Fanari gab. Die Bucht von Gomaros war bei schönem Wetter, auf das man im Sommer rechnen konnte, recht brauchbar, aber nicht, wenn stürmische West-Winde bliesen. Gleichwohl mußte die Bucht als Basis für die Blockade- und Patrouillenschiffe und als Landeplatz für die Armee-Versorgung dienen. Nachdem Oktavian sein Lager stark befestigt hatte, baute er Wälle bis zum Meeresufer und eine provisorische Mole — deren Reste noch sichtbar sind — um den Schiffen etwas Schutz zu geben. Er hatte jetzt eine starke Stellung auf dem Land — mit ausreichender Verbindung zur Flotte, solange das gute Wetter anhielt.

Er tat also, was er konnte, um die Schlacht jetzt herbeizuführen, bevor noch Antonius seine ganze Streitmacht versammelt hatte. Aber Antonius ließ sich nicht nötigen, weder zu Wasser noch zu Lande. Zu Wasser war er sehr im Nachteil, und das konnte er auch nicht mehr ändern. Als sich seine Flotte im Jahr zuvor in Ephesos versammelt hatte, zählte sie 500 Kriegsschiffe: acht Geschwader zu 60 Schiffen und einige Hilfsschiffe. Was jetzt in Aktium überwintert hatte, war sehr viel weniger; da waren höchstens sechs, aber eher nur fünf Geschwader, da sich kleinere Flottenverbände bei Leukas, Patras, Methone, Tainaron, ziemlich sicher aber bei Zakynthos und Kephallenia befanden oder befunden hatten. Die Kampfstärke der Flotte bei Aktium wurde noch weiter vermindert, weil Krankheiten und Desertionen noch vor dem ersten Gefecht die Rudermannschaften schwächten. Im äußersten Falle wird Antonius jetzt höchstens 300 einsatzfähige Schiffe gehabt haben, während Oktavian mehr als 400 hatte. Auf einen Sieg im Seekrieg durfte Antonius kaum hoffen, weder jetzt noch später. Zu Lande hingegen war seine Stellung besser, vorausgesetzt, er konnte in den zwei bis drei Wochen, die er zur Sammlung der in West-Griechenland verstreut stationierten Legionen brauchte, der Schlacht ausweichen. Seine Armee war etwas größer, sein Führungsstab dem des Gegners überlegen. Nur zu Lande konnte er jedenfalls Oktavian besiegen, da lagen seine Chancen von Anfang an, und nur mit einem Landsieg durfte er unter den Gegebenheiten hoffen, seine Flotte wieder frei zu setzen. Seine Taktik war klar: den Kampf unter allen Umständen vermeiden, bis er die volle Kampfstärke hätte; dann angreifen und den Feind zurücktreiben und den durch die verlorene Landunterstützung erzwungenen Rückzug der Feindflotte abwarten.

Nach diesem Plan ging er vor, und das ließ sich zunächst auch ganz gut an. Wenn einer konsequent die Schlacht ablehnte, konnte der andere nichts tun, es sei denn, er suchte sein Heil in Ablenkungsmanövern oder in der Belagerung des Feindes. Antonius blieb ruhig in seinem Lager, Preveza gegenüber, und begnügte sich mit kleineren Scharmützeln. Seine Wachttürme am Nordufer waren ausreichend befestigt, und seine Flotte lag geschützt hinter der Landspitze. Zur zusätzlichen Sicherung ließ er, wie Oktavian, vom Hafen bis zum Lager Wälle ziehen. Einige Schiffe außerhalb des Hafens auf der Reede von Preveza sicherten die Einfahrt. Manche Nachschubschiffe wurden beim Versuch, die Blockade zu durchbrechen, allerdings abgefangen; Antonius nahm das in Kauf, gewissermaßen als Tribut dafür, daß er die Schlacht zu seinen eigenen Bedingungen eröffnen konnte. Etwa gegen Ende April hatte Antonius endlich seine ganze Armee versammelt; nun konnte er Oktavians Kampfeinladung annehmen. Er ließ seine Männer mit Fähren über die Meerenge setzen, bezog eine Stellung auf der nördlichen Landzunge – eine kleine Erhöhung südlich Nikopolis wäre dafür geeignet gewesen – und bot den Kampf an. Oktavian lehnte ab. Nicht, weil er das Ergebnis gefürchtet hätte, sondern weil sich die Situation zu Wasser geändert hatte.

Im Verlaufe von Antonius' Stellungs-Auf- und -Ausbau hatte Agrippa das Geschwader des Antonius, das Leukas bewachte, mit Erfolg angegriffen und kontrollierte jetzt die Straße zwischen Kap Ducato, der Südwest-Spitze der Insel, und Ithaka und Kephallenia. Das bewirkte zweierlei. Zum ersten: Agrippa besaß nun einen geschützten Hafen, der Aktium viel näher war als Fanari. Selbst wenn der Kanal, der in früheren Jahrhunderten die Schlammbänke zwischen Leukas und dem Festland durchschnitten hatte, nun völlig verstopft war – ihn wieder frei zu machen, war kein unlösbares Problem für einen Mann, der den Hafen im Avernus-Becken geschaffen hatte. Zum zweiten: Jedes Versorgungsschiff des Antonius, das die Blockade brechen wollte, mußte nun auf ungeschützter Strecke Kephallenia westlich umrunden, bevor es sich in die Einfahrt des ambrakischen Golfs retten konnte. Oktavian hatte jetzt im Norden und im Süden von Aktium Stützpunkte; die Gefahr, einen Großteil der Schiffe in plötzlichen Stürmen zu verlieren, bestand kaum mehr. Von den nördlichen Brückenköpfen oder von Italien aus konnte er seine Armee unbegrenzt versorgen. Antonius hatte andererseits seine schlagkräftige Armee in ungesundem Klima und auf engstem Raum zusammenziehen müssen, um eine Flotte zu retten, die, solange sie sich nicht frei entfalten konnte, nur eine Belastung war. Je länger Oktavian ihn da festhalten konnte, um so mehr mußte sich die Lage für Antonius verschlimmern.

Antonius sah das genauso deutlich wie Oktavian und Agrippa. Wenn Oktavian nicht gewillt war, die Kampfansage anzunehmen, mußte er eben zum Kampf gezwungen werden. Ihn mit Erfolg zu belagern, war unmöglich, denn Nachschub konnte ohne Schwierigkeiten in dem provisorischen Hafen von Gomaros ausgeladen werden, ausgenommen bei schlechtem Wetter – und in jener Jahreszeit hielt keine Schlechtwetterperiode so lange an, um Oktavian in Bedrängnis zu bringen. Antonius konnte nur versuchen, ihn von seinen Wasserstellen abzuschneiden. Bei den Quellen von Nikopolis ließ sich das auch leicht bewerkstelligen; Erdbunker wurden errichtet, und der Großteil der Armee bezog dort ein reguläres Lager. Die Luft war da gesünder. Jeder Versuch, die Quellen zurückzuerobern, hätte sofort zur Schlacht geführt. Aber Oktavian vom Louros fernzuhalten, war etwas anderes. Antonius schickte eine Reiter-Abteilung aus, die das Ost-Ufer des Golfs abreiten sollte; sie hätte auch fast den Feind eingeschlossen, wenn nicht ein plötzlicher entschlossener Angriff unter der Führung von Stabilius Taurus und dem Renegaten Titius – der nun, als Konsul, die Belohnung seiner Desertion genoß – Antonius' Reiterei zersprengt und Deiotaros Philadelphos, König von Paphlagonien, daraufhin bewogen hätte, Antonius zu verlassen. Oktavian verwirrte auch seine potentiellen Belagerer durch die Entsendung von Truppeneinheiten nach Makedonien und Ost-Griechenland, die sowohl Antonius' Nachschublinien zu Lande stören wie auch seine Kräfte aufsplittern sollten.

Inzwischen errang Agrippa weitere Flotten-Erfolge. Nach der Einnahme von Leukas griff er Patras an. Dort hatte Quintus Nasidius den Auftrag, den Golf von Korinth zu sperren; er hatte schon als Flottenführer des Sextus gegen Agrippa gekämpft, bevor er zu Antonius übergeschwenkt war. Agrippa besiegte Nasidius, und Patras war sein. Auf der Peloponnes sah es für Antonius jetzt übel aus: Methone und Patras in Feindeshand und Lakedaimon in Aufruhr. Der Herrscher dort war ein gewisser Eurykles, Sohn eines Seeräubers, den Antonius hatte hinrichten lassen. Verständlicherweise optierte er für Oktavian – und sein Einsatz brachte ihm, als alles zu Ende war, das römische Bürgerrecht und den Spartanern die Ehre, bei den Aktischen Spielen, mit denen hinterher des Sieges von Oktavian gedacht wurde, zu präsidieren. Später – wieviel später, ist nicht festzustellen – segelte Agrippa direkt in den Golf und besetzte auch Korinth, das er aber nicht halten konnte. Infolge der Überfälle Agrippas und der Streifzüge der Landtruppen, von denen nichts überliefert ist, wurde die Lage des Antonius immer unsicherer.

Das wäre so verhängnisvoll nicht gewesen, wenn der Kampfgeist im Lager gut gewesen wäre. Aber der unaufgehobene Gegensatz zwischen »Römischen Republikanern« und »Monarchisten« in Antonius' Gefolge vergiftete das Verhältnis zu ihrem Feldherrn und schwächte ihre Kampfentschlossenheit. Für Ahenobarbus, seit langem ein Gegner der Königin, kam plötzlich der Augenblick, wo er es nicht mehr aushalten konnte. Die Spannung zwischen den beiden Flügeln wurde so stark, daß ihm die »Republikaner« die Führung anstelle Antonius' anboten. Aber er war schwer krank; vor unsägliche Entscheidungen gestellt, bestieg er schließlich ein kleines Boot und ließ sich zu Oktavians Lager rudern. Antonius schickte ihm höflicherweise sein Gepäck nach. Aber Ahenobarbus lebte nicht mehr lange genug, um sich dafür erkenntlich zu zeigen. Er wird derselben Krankheit zum Opfer gefallen sein, die während des langen heißen Sommers im Lager des Antonius wütete, sehr wahrscheinlich Malaria oder Ruhr. Der Boden um das Vorgebirge von Aktium ist unfruchtbar und karg; kein strömendes Wasser, nur hie und da Brackwasser-Mulden. Die träge, fast unmerkliche Flut des Mittelmeers konnte den Abfall von mehr als 100 000 Männern sicherlich nicht wegspülen; selbst als die Masse der Kampftruppen im gesünderen neuen Lager auf der gegenüberliegenden Landzunge biwakierte, waren da immer noch mindestens 70 000 Ruderer, die bei ihren Schiffen blieben. Auch heute noch ist ein Ausflug nach Aktium deprimierend. An der Landestelle steht zwar eine stolze Baumgruppe, aber sonst sind die wenigen Bäume nur verkümmerte Gebilde, die sonstige Vegetation besteht aus häßlichen Büschen; trostlos und unheimlich wirkt die von Sumpfland eingefaßte Lagune auf der Meerseite. Nur das Panorama verklärt das alles, aber das Panorama hebt weder den Kampfgeist noch den Gesundheitsstand einer Truppe. Es ist nicht verwunderlich, daß die Armee des Antonius unter Krankheiten litt und daß Fürsten, Offiziere und Mannschaften desertierten. Ahenobarbus war vielleicht der prominenteste Überläufer, aber längst nicht der einzige. Rhoimetalkes, ein König der Thraker, ging zu Oktavian über, ebenso Marcus Junius Silanus, der einen beachtlichen – aber nicht den längsten – Katalog von Stellungwechseln innerhalb der letzten zwölf Jahre vorweisen konnte. Antonius war gezwungen, an zwei anderen Fluchtwilligen hohen Ranges ein Exempel zu statuieren: Iamblichos, Herrscher von Emesa, und Quintus Postumius, römischer Senator, wurden hingerichtet.

Schon zu Beginn des Frühlings hatte es an Ruderern gemangelt. Im Hochsommer hatte sich die Lage so verschlechtert, daß Antonius notgedrungen Trupps landeinwärts schickte, die nicht nur die Raubzüge der Einheiten Oktavians beobachten und aufhalten, sondern auch taugliche Ortsansässige zum Flottendienst pressen sollten. Auch bei den Kampftruppen machten sich die Ausfälle bemerkbar. Er entsandte Dellius und Amyntas nach Makedonien, um neue Truppen auszuheben und vielleicht die Hilfeleistung des Dikomes, eines Königs der Geten, zu gewinnen, der ohne Zweifel ein Rivale von Oktavians Verbündetem Kotys war. Man sagte, Antonius sei seiner Untergebenen nicht ganz sicher gewesen und wäre ihnen aus diesem Grunde persönlich nachgereist. Aber das geschah erst kurz vor der Aufhebung der Blockade. Einleuchtender ist die Erklärung, daß Antonius damit hätte versuchen wollen, Oktavian von seinem Hügel Mikhalitzi wegzulocken. Dellius, »seinem eigenen Vorbild getreu«, wie Velleius schreibt, desertierte tatsächlich – aber noch nicht sofort. Dieser Diplomat witterte, woher der Wind blies. Hätte Antonius wirklich geahnt, was in Dellius vorging, dann hätte er ihn wohl kaum mit einer wichtigen Mission betraut, nur um ihn dann persönlich zu überwachen. Es ist auch sicherlich kein Zufall, daß Sosius, Antonius' Flottenchef, mit aller Macht gerade dann die Sperre vor der Einfahrt aufbrechen wollte, als Antonius nicht im Lager war. Diese beiden Dinge gehören zusammen, beides Maßnahmen innerhalb des ersten Versuchs des Antonius, sich gewaltsam aus der Umklammerung zu befreien, die sich in diesen endlosen heißen Wochen der Untätigkeit immer enger um ihn schloß, als Krankheiten, Streitereien und stets knappere Versorgung sein Lager schwächten. Wahrscheinlich war es Anfang August. Aber Sosius hatte kein Glück. Im dichten Nebel fuhr er aus dem Golf heraus, stürzte sich auf das Blockade-Geschwader unter dem Befehl von Lucius Tarius Rufus, zersprengte es und machte Jagd auf die Schiffe, als Agrippa mit dem Rest seiner Flotte im letzten Augenblick eintraf, um die Niederlage noch in einen Sieg zu verwandeln. Auf der Seite des Antonius war ein Prominenter zu beklagen: Tarcondimotos, Herrscher eines Volks im Amanus-Gebirge, das nicht gerade wegen seiner Seefahrer-Tradition berühmt war. Es scheint also, als hätte Antonius dem Sosius genügend Soldaten gelassen, um die Schiffe zu bemannen, und wäre dann mit dem Rest abmarschiert, um verabredungsgemäß Sosius irgendwo an der ägäischen Küste zu treffen, wohin Agrippas Geschwader noch nicht vorgedrungen waren.

Antonius war offensichtlich nicht bereit, den Großteil seiner Flotte und die Hälfte der Armee aufzugeben. Als er hörte, Sosius' Ausbruchsversuch sei gescheitert, kam er auf einen anderen Plan zurück, nämlich zu der einfachen Taktik, die Entscheidungsschlacht zu erzwingen, die bis jetzt keiner der beiden seit Anfang Mai angeboten hatte. Seiner Reiterei gelang es auch, ins Gefecht zu kommen, vielleicht nach demselben Zernierungsplan, mit dem Antonius schon einmal Oktavian von der Wasserstelle hatte abschneiden wollen – und mit dem gleichen Ergebnis. Damals war es Deiotaros, jetzt Amyntas, der mit 2000 Reitern überlief. So scheiterte der zweite Versuch, die Umklammerung zu durchbrechen.

Der August ging zu Ende, und Antonius geriet in eine verzweifelte Lage. Die Desertion des Amyntas war ein schwerer Schlag, der sowohl die Moral wie die Stärke seiner Truppen beeinträchtigte. Auf der gegnerischen Seite herrschte Jubel. Oktavian sandte Maecenas in Italien eine Botschaft; nach der guten Nachricht verfaßte Horaz die neunte Epode, ein Gedicht, in dem die freudige Erwartung auf das Anzapfen des neuen Weins, wenn erst der Sieg gewonnen ist, zum Ausdruck kommt. Allein genommen, wäre das Überlaufen von Amyntas nicht so schwerwiegend gewesen. Aber auch die Lebensmittel wurden sehr knapp. Plutarch, aus Chaironeia in Böotien gebürtig, schreibt, daß sein Urgroßvater immer wieder erzählte, wie die Bürger der Stadt gezwungen worden waren, Weizen hinunter zum Golf von Korinth nach Antikyra zu schleppen, wobei die Peitsche ihnen etwas auf die Sprünge half; eine Ladung hatten sie auf diese Art befördert, als sie die Nachricht von Antonius' Niederlage erreichte, und zu ihrer Freude hatten sie nun den ganzen Weizen für sich.

Auch an Ruderern war Mangel. Die Rekrutierungen konnten die Lücken, die Krankheit und Desertion gerissen hatten, nicht ausgleichen, und was übriggeblieben war, wurde vom Hunger zermürbt. Die Fangtrupps des Antonius griffen sich jeden Tauglichen, den Erntearbeiter vom Feld, den Maultiertreiber von der Seite seiner Tiere – aber das genügte nicht, um seine Schiffe zu bemannen. Deshalb zog Antonius all seine Kräfte von der nördlichen Landzunge wieder zurück und berief einen Kriegsrat ein. Er hatte zwei Möglichkeiten: Er konnte die Flotte zurücklassen und sich nach Ost-Griechenland durchschlagen, oder er konnte sich mit so vielen Schiffen, wie er noch zu bemannen in der Lage war, zur See freikämpfen, in der Hoffnung, der Rest der Armee würde sich schon irgendwie in Sicherheit bringen. Canidius Crassus, Befehlshaber der Landstreitkräfte, plädierte für die erste Möglichkeit: Antonius war kein Seefahrer, der Sieger von Philippi sollte das entscheidende Treffen zu Lande suchen, es gäbe genügend Verbündete und Rekruten in Makedonien und Thrakien. Kleopatra trat am nachdrücklichsten für die zweite Möglichkeit ein. Die

Nachteile eines Rückzugs über Land lagen offen zutage; eine demoralisierte, geschwächte Armee über die Pindus-Pässe zu führen, das erinnerte zu sehr an den schmählichen Rückzug der Athener aus Syrakus; die Flotte müßte dann insgesamt aufgegeben werden, denn ohne Soldaten an Bord war sie ja nicht kampffähig; sollte die Armee Makedonien heil erreichen, könnte sie angesichts der überwältigenden Flotten-Überlegenheit des Feindes keinesfalls darauf hoffen, nach Asia Minor oder Ägypten zu entkommen – und Dikomes' Hilfsbereitschaft war nichts weiter als ein Wunschtraum. Andererseits wäre der Versuch, die Blockade zu durchbrechen, auch nicht gefährlicher als der Rückzug über die Berge, doch wenn der Versuch gelänge, verfügte Antonius immer noch über den Hauptteil der Flotte und, natürlich, über die Elitetruppen an Bord. Der Rest der aktischen Armee würde sich wohl auch so retten können, aber wenn nicht ...: sieben Legionen standen in Syrien und der Kyrenaica bereit, zusätzlich zu den vier oder fünf, die man hier verladen konnte. Ägypten war leicht zu verteidigen, eine Basis, von der aus ein fähiger und entschlossener Mann immer noch den Kampf wieder aufzunehmen imstande sei – aber der Weg dorthin und zu den andern Legionen führte übers Meer, nicht über Land.

Diesem Plädoyer für den Kampf auf See ließ sich nichts entgegensetzen. Es ist also nicht paradox, daß Antonius, der größte Landkriegsfeldherr jener Zeit, sein Heil auf dem Meer suchte. Die Eigengesetzlichkeit der Entwicklung zwang ihn dazu. Nicht, daß er in der Seeschlacht schon die Entscheidung gesehen hätte; mit seiner Flotte, die der des Gegners an Schiffen und Mannschaften unterlegen war, konnte er vielleicht einen Durchbruch erzwingen, aber nicht den Sieg. Er mußte ganz einfach die Ausfahrt erkämpfen, und je mehr Feind-Schiffe dabei sanken – um so besser. Das Hauptziel war nach wie vor: mit so vielen Schiffen und Männern wie möglich herauszukommen. Nach Mutina hatte er sich aus einer ähnlich bedrängten Lage retten können. Wenn er nur erst einmal aus der Umklammerung heraus war, hatte er wieder Chancen. Es blieb jetzt nur, die taktischen Einzelheiten festzulegen und sie in Befehle umzusetzen. Vorspiegelungen waren nicht mehr möglich. All seine Truppen- und Schiffsbewegungen waren von der nördlichen Landzunge her einsehbar – aber außerdem entschloß sich Dellius in diesem allerletzten Augenblick zur Desertion, mit allen Informationen über die Ergebnisse des Kriegsrats und die Truppenstärke.

KAPITEL SECHZEHN

Die Schlacht

Als erstes verbrannte Antonius die Schiffe, die er nicht mehr verwenden konnte. Einige Kriegsschiffe und fast alle Transporter, für die er keine Ruderer mehr hatte, gingen in Flammen auf. Warum sollte er sie Oktavian schenken? Übrig blieb eine Flotte von rund 230 Schiffen aller Größen, Plutarch zufolge von Trieren oder Drei-Ruderern bis zu Zehn-Ruderern. Florus, der sich auf einen verloren gegangenen Bericht des Livius stützt, spricht von Sechs-Ruderern bis Neun-Ruderern in Antonius' Flotte; vielleicht wollte Livius nur sagen, daß die Mehrheit eben aus diesen Schiffsgrößen bestand. Ein Zehn-Ruderer war schon ein sehr großes Schiff – Sextus' Flaggschiff war nur ein Sechs-Ruderer gewesen – und Antonius wird wohl höchstens einen oder zwei Zehn-Ruderer besessen haben. Dennoch war er, hinsichtlich der Schiffsgröße, Oktavian gegenüber klar im Vorteil; ob er nun nach dem Jahr 36 bewußt größere Schiffe hatte bauen lassen, wie Dio vermutet, oder ob hellenistische Seestreitkräfte im östlichen Mittelmeer schon immer größere Schiffe bevorzugt hatten, ist nicht mehr festzustellen. Einen wesentlichen Unterschied in der Kampfkraft der beiden Flotten gab es dennoch nicht. Oktavian hatte letztlich die gleiche Flotte, mit der Sextus besiegt worden war. Sie bestand, wie Florus sicherlich zutreffend feststellt, aus Zwei-Ruderern bis Sechs-Ruderern, doch aus diesen Größenangaben zu schließen, hier stünde eine schnelle, wendige Flotte einer schwerfälligen gegenüber, wäre falsch. Beide Seiten hatten vor, nach der Taktik zu verfahren, die sich schon bei Naulochus bewährt hatte, nämlich längsseits anzulegen und die Schiffe in Plattformen zu verwandeln, auf denen man dann wie zu Lande kämpfen konnte. Die Schiffe waren auch entsprechend gebaut, mit eisenbeschlagenem Hartholz auf der Wasserlinie zum Schutz gegen Rammsteven und stabil genug für Turmaufbauten auf Vorder- und Hinterschiff – Deckung und Schießstände für Bogenschützen und Schleuderer. Oktavians Schiffe waren vergleichsweise wohl wendiger, aber nicht durch navigatorische Fähigkeiten, sondern durch die Übermacht wurde Antonius schließlich besiegt. Seinen 230 Schiffen standen 400 des Oktavian gegenüber.

Um den 29. August war Antonius bereit, aber da erhob sich ein Sturm. Vier Tage lang tobten Westwinde gegen das Festland; es war unmöglich, aus der Einfahrt heraus und um Leukas herumzukommen. Andernfalls hätte Antonius natürlich im Schutz des schlechten Wetters den Ausbruch gewagt; ihn da abzufangen und anzugreifen, wäre sehr schwierig gewesen. So ein Manöver war ihm schon einmal vor Jahren geglückt, als er in einem Sturm südlicher Winde durch die pompejanische Sperre der Adria schlüpfte, um Caesar in Dyrrhachion dringend benötigte Verstärkungen zu bringen. Aber jetzt galt es einfach, den Wetterwechsel abzuwarten. Seeschlachten im Altertum fanden nur bei schönem Wetter statt.

Endlich, am 2. September, stieg ein strahlend schöner Morgen herauf. Antonius hatte vier Geschwader. Eines davon, Kleopatras Geschwader, zu dem auch Frachtschiffe gehörten, hatte alle Wertsachen und die Kriegskasse geladen; es sollte auch sicherlich nicht aktiv am Kampf teilnehmen, aber Antonius wird es wohl nicht ganz ohne Truppen gelassen haben. Die Masse der 20 000 Legionäre und 2000 Bogenschützen, die er, laut Plutarch, verlud, muß sich auf den 170 Schiffen der restlichen drei Geschwader befunden haben. Auch Segel waren an Bord, ein deutliches Zeichen, daß Antonius sich zur Flucht gerüstet hatte; Segel mit dem dazugehörigen Takelwerk, sperrig und schwer, wie sie waren, blieben sonst vor einer Seeschlacht grundsätzlich an Land. Daß sie jetzt mitgenommen wurden, bedrückte die Männer, und Antonius versuchte, die Stimmung mit dem Hinweis zu heben, sie würden natürlich bei der Verfolgung des fliehenden Feindes gebraucht. Die Elite der Senatoren in seinem Gefolge – oder was davon übrig geblieben war – ging mit ihm an Bord. Der Rest der durch Krankheiten und Desertionen dezimierten Armee, vermutlich höchstens 50 000 Mann, blieb bei Canidius Crassus, dem Kommandanten des Lagers. Sollte Antonius die Flucht glücken, hatte Canidius Befehl, sich mit der Truppe landeinwärts nach Makedonien und von dort nach Asia durchzuschlagen.

Oktavian war dank Dellius über Antonius' Pläne informiert; er spielte mit dem Gedanken, ihn erst einmal vorbeisegeln zu lassen, um ihn dann zu jagen. Vielleicht glaubte er, Antonius' Schiffe – so gewaltig wegen ihrer Größe und der Zahl der Kampftruppen an Bord – könnten seinen kleineren Schiffen schweren Schaden zufügen und danach immer noch entkommen. In beengten Gewässern, wo seine zahlenmäßige Überlegenheit und die größere Wendigkeit ihm nichts nutzten, wäre solch ein Verlauf durchaus denkbar. Ließ er aber die feindliche Flotte passieren, würde sie sich unausweichlich auseinanderziehen, und jedes Schiff war von allen Seiten angreifbar – vorausgesetzt, er konnte die Flotte einholen. Aber der Erfolg hing hier von vielen Unwägbarkeiten ab, von einem sicheren Sieg war keine Rede. Oktavian ließ sich dann von Agrippa überzeugen, der auf das unnötige Risiko dieses Vorgehens hinwies und sich für einen Schlachtplan aussprach, der Antonius den Fluchtweg verlegte und ihn zugleich zwingen würde, sich auf offener See dem Kampf zu stellen. Er verlud acht Legionen und fünf Prätorianer-Kohorten (rund 40 000 Mann) und postierte die Flotte etwa eine Seemeile westlich der Linie, die die äußersten Landspitzen an der Ausfahrt, Parginosuala und Scylla, in Luftlinie verband. Er hatte fast doppelt so viele Truppen wie sein Gegner an Bord, doch im Durchschnitt, bei den unterschiedlichen Schiffsgrößen, weniger pro Schiff: etwa 90, verglichen mit 110–120 Mann bei Antonius. Unter diesen Umständen mußte er also die Flotte des Antonius auf die offene See locken, und zwar so auseinandergezogen, daß zwei seiner Sechs-Ruderer die größeren Schiffe des Antonius einzeln angreifen konnten. Die Besatzungen kannten jeden Handgriff, dank den Blockade-Wachen auf See und Agrippas Raubzügen weiter südlich waren sie gut trainiert; erst auf offener See würden sie ihre überlegene Geschicklichkeit voll entfalten können.

Antonius und seine Flottenführer Sosius und Gellius Publicola wußten das alles genausogut wie ihre Feinde. Antonius' Flotte durchfuhr also die Zufahrt zum Golf, überquerte die Untiefe bei den Sandbänken – die der Kiel eines Zehn-Ruderers fast gestreift haben muß* – und als sie sicheres Fahrwasser mit fünf Faden Tiefe erreicht hatte, verhielt sie. Kleopatras Geschwader kam als letztes heraus und blieb dauernd im Hintergrund. Antonius befehligte mit Publicola den rechten Flügel, Sosius den linken und Marcus Insteius und Marcus Octavius hielten die Mitte. Die Namen in dieser Aufgliederung lassen vermuten, daß sich die größten Schiffe an den beiden Enden der Aufstellung befanden, dort, wo die Rangältesten das Kommando hatten. Wenn es so war, hat Antonius viel-

* 1805 betrug die Wassertiefe bei der – damals noch unausgebaggerten – Sandbank 4 m (W. M. Leake: Travels in Northern Greece I), während N. G. L. Hammond (Epirus) schätzt, daß seit dem Altertum der Meeresspiegel um 1–2 m gestiegen ist.

leicht gehofft, den Feind damit vom Mittelfeld abzuziehen, so daß Kleopatras Geschwader die Chance hatte, das verdünnte Zentrum zu durchbrechen und zu fliehen. Die andern würden sich dann freizumachen suchen – wenn sie es fertigbrachten. Aber als erstes mußte er Oktavian zum Kämpfen bringen. Er wollte die Schlacht so nah an Land wie möglich, vorzugsweise in einer Aufstellung, mit der er die feindliche Umgehung und den gleichzeitigen Angriff von vorn und hinten verhindern konnte. Wenn seine Schiffe nahe beisammen blieben, würde dem Feind mangels Bewegungsfreiheit auch die Übermacht nichts nützen.

Eine einfache Rechnung gibt uns Aufschluß über Antonius' Ausgangsstellung. Die 170 Schiffe seiner drei Kampfgeschwader, nebeneinander mit dem Bug gegen den Feind aufgereiht, so dicht beisammen, wie es Sicherheit und Seemannskunst erlaubten, besetzten eine Strecke von zweieinhalb Seemeilen, bei einem angenommenen Zwischenraum von durchschnittlich 20 m von Schiff zu Schiff oder 10 m von Riemen zu Riemen. Die Entfernung zwischen Parginosuala und Scylla (oder eigentlich den Scylla vorgelagerten Felsen) beträgt eineinhalb Seemeilen. Ein Vorstoß weit über diese beiden Eckpfeiler hinaus, die seine Flanken so zweckdienlich schützten, hätte Oktavian nur neue Trümpfe verschafft. Antonius wird also, in Doppellinie, einfach abgewartet haben. Agrippa aber, von Oktavian klugerweise mit dem Oberkommando betraut, nahm die Kampfeinladung nicht an. Eine Weile lagen sich die beiden großen Flotten mit eingezogenen Riemen in der Septembersonne gegenüber, zwischen ihnen eine Meile unbewegter See.

Was dann folgte, ist nur durch die Windverhältnisse bei Aktium zu erklären. Bei schönem Wetter ist der Ablauf immer der gleiche und berechenbar – oder so berechenbar, wie ein Wind nur sein kann. Über Nacht bläst eine oft ziemlich frische Landbrise von den Bergen her über den Golf zum Meer, die bei Sonnenaufgang abflaut, gegen zehn Uhr nur noch schwach und gegen elf Uhr gar nicht mehr zu spüren ist. Die See ist glatt, höchstens von kleinen Kräuselwellen bewegt oder vom Kielwasser eines Fischerboots durchfurcht, das in der ausgebaggerten Fahrrinne über die Sandbank fährt. Windstille herrscht – eine halbe Stunde lang. Dann wird weit draußen auf dem Meer, wo sich das Hellblau des Meeres und des Himmels im Dunst miteinander vermischen, die Trennungslinie auf einmal deutlich, wie mit einem schwarzen Stift nachgezogen. Eine leichte Brise erhebt sich, bläst landeinwärts, wo die Sonne die Luft aufheizt. Einige Minuten später lecken schon kleine Wellenkämme ans Ufer, säuseln die spröden Blätter der Gummibäume, die gewissermaßen gegen jede Erwartung den Strand von Preveza säumen. Um Mittag oder kurz danach weht der Wind gleichbleibend sanft, aber beständig, in gleicher Richtung: von Westsüdwest. In den nächsten Stunden wird er etwas stärker und dreht nach Norden, so daß gegen zwei bis drei Uhr eine mäßige Brise (Windstärke 3–4) von Westnordwest bläst. Am Spätnachmittag flaut es wieder ab. Es weht dann leicht, in gleichbleibender Richtung, bis zum Sonnenuntergang. Eine Stunde später ist Windstille, und die Lampen an der Küste von Preveza spiegeln sich in dem tiefschwarzen Wasser, das wieder der nächtlichen Winde vom Golf her gewärtig ist.

Der Wind war wichtig; sein Stundenplan bestimmte die Taktik des Antonius, als Agrippa die Einladung zum küstennahen Kampf nicht annahm. Hätte das Gefecht dort stattgefunden, wo Antonius es wollte, wäre dort bis zur Entscheidung gekämpft worden. Wenn Antonius siegreich geblieben wäre, hätte er, unbehindert Leukas umschiffend, das Weite gewinnen können, und die Windrichtung hätte fortan keine große Rolle mehr gespielt. Aber als Agrippa, wie vorauszusehen, den Kampf nicht annahm, war Antonius gezwungen, die Initiative zu ergreifen und den Vorstoß auf die offene See zu wagen. Große Truppenführer sind Realisten; Antonius machte sich sicherlich keine Illusionen über die Möglichkeiten seiner Flotte, dem Gegner so schweren Schaden zuzufügen, daß dieser von der Verfolgung Abstand genommen hätte. Seine einzige Hoffnung war, eine Position zu gewinnen, in der er Segel setzen konnte. Mit Segeln und Riemen zusammen konnte er jedem Verfolger entkommen, der nur auf Ruderer angewiesen war, ganz abgesehen von leichten Schnellbooten, die nicht ernstlich darauf hoffen durften, große Kampfschiffe aufzuhalten. Aber er konnte nicht einfach Segel setzen, wann es ihm paßte, selbst wenn er in der Schlacht Gelegenheit gefunden hätte, sich loszureißen und zu fliehen. Das Hindernis war Leukas. Diese große Insel, die mit ihrer Felsenmasse so weit ins Meer vorstößt, steht wie ein Wachtposten vor der Bucht von Aktium und zwingt jedes vom ambrakischen Golf südwärts fahrende Schiff zu einem fast genauen Südwest-Kurs.

Alle Schiffe auf dem Mittelmeer im Altertum waren bekanntlich mit Rahsegeln getakelt, und ein Rahschiff kann nicht gegen den Wind segeln. Das Äußerste für ein römisches Handelsschiff war Wind von der Seite, aber doch noch etwas achterlich (in der Seemannssprache »Sieben Strich vor dem Wind«; acht Strich = genau querab, Windrichtung im rechten

Winkel), und wir können nicht annehmen, Antonius' Kriegsschiffe hätten mit ihren geringen Segeleigenschaften besser manövriert. Blies der Wind aus irgendeiner Richtung zwischen Südost und Nordwest, war es so gut wie unmöglich, vom Eingang des Golfs auf direktem Wege um Leukas herum zu segeln. Bei jedem Wind, der überhaupt südlich von West bläst, hat es sogar eine moderne Jacht, die im Gegensatz zu den Schiffen des Altertums hart am Wind segeln kann, sehr schwer, die Klippen zu vermeiden, wenn sie, von der Untiefe vor Preveza kommend, auf geradem Kurs Leukas erreicht hat. Je weiter der Wind nach Norden dreht und von achtern bläst, um so leichter wird es, um die Insel zu kommen. Ebenfalls gilt, je weiter ein Schiff auf die See hinaus gelangt, um so besser kann es mit dem Wind von achtern annähernd Süd-Kurs steuern. Antonius wußte nach monatelangem Aufenthalt auf Aktium genau, wie sich der Wind bei einem normalen Schönwettertag verhalten würde; erst in den frühen Nachmittagsstunden würde er sich weit genug nach Westen gedreht und genügend Kraft gewonnen haben, um seinen schweren, vom achterlichen Wind abhängigen Schiffen von Nutzen zu sein. Selbst bei einem Wind von Westnordwest konnte er bei einer landnahen Ausgangsposition von Glück sagen, wenn er um Leukas herum käme; der Kurs ist in diesem Fall genau sieben Strich vor dem Wind, also das Äußerste, was überhaupt möglich war. Aber je mehr ein Schiff bei halbem Wind segelt, um so langsamer die Fahrt, und obgleich Antonius' Flotte wohl so segeltüchtig gewesen wäre, von der Sandbank aus Leukas zu erreichen, wäre er bei diesem Kurs nur langsam, mit zwei Knoten vielleicht vorangekommen — zu langsam für den Eifer der Ruderer Oktavians, die sich ins Zeug legen würden, den fliehenden Feind einzuholen. Mit jeder Meile aber, die Antonius westlich auf offener See gewann, vergrößerte sich der Winkel zwischen der Windrichtung und der Westspitze von Leukas um einen halben Strich. Infolgedessen suchte Antonius das Gefecht so weit wie möglich draußen auf dem Meer, so daß er den Nachmittagswind wenigstens schräg von achtern hatte, wenn er sich losriß, um zu flüchten. Es wäre auch von Vorteil gewesen, wenn er zugleich nördlich etwas Raum hätte gewinnen können.

Damit wird die Taktik des Antonius verständlich. Plutarch gibt uns einen wertvollen Hinweis: Keine der beiden Seiten rührte sich bis Mittag, bis dann, wie er ausdrücklich vermerkt, eine Seebrise sich erhob. Antonius hat also in Ruhe eine Stunde oder länger verharrt, nachdem er gesehen hatte, daß Agrippa seinen Schiffen weder Vorstoß noch Angriff erlaubte.

Plutarch berichtet uns, was wirklich geschah, doch seine Deutungen sind falsch, wenn er sagt, daß Antonius' Männer, ungeduldig nach der langen Wartezeit und der Stärke ihrer Schiffe vertrauend, den linken Flügel endlich zum Vorstoß bewogen hätten. Im Gegenteil, Antonius wartete ganz bewußt die Brise ab — die möglicherweise auch einmal hätte ausbleiben können. Und als sie dann da war, drängte auch nichts zur Eile, da man ohnehin jetzt noch zwei bis drei Stunden warten mußte, bis sie nach Norden drehte. Der linke Flügel setzte sich als erster in Bewegung; der Küste am nächsten und am weitesten südlich gelegen, mußte er unbedingt als erster in Richtung offene See weit vorstoßen. Oktavians rechter Flügel, unter dem Kommando von Marcus Lurius, ruderte rückwärts, um Antonius möglichst weit nach vorn zu locken.

Was danach geschah, darüber lassen uns die Schriftsteller des Altertums im Dunkeln, jedenfalls was das taktische Vorgehen betrifft. Dio bietet uns eine unsinnige Darstellung, wonach Oktavian seine Flotte zum Halbkreis formiert und dann angegriffen hätte, zugleich bestrebt, die Flanken von Antonius' Flotte zu umfassen, was Antonius zum Gegenangriff gezwungen hätte. Dios Erzählung beschreibt dann Kampfszenen voller pittoresker und erregender Einzelheiten, aber über die taktische Lage verliert er kein Wort. Kurz: Dio schwelgt in den üblichen Schlachtenbildern, wie man sie von Historienschreibern erwartete. Plutarch wußte andererseits sehr genau über die taktische Lage Bescheid, dafür mangelte es ihm an phrasenhaftem Pomp. Seine Kenntnisse verdankte er anscheinend einem nie identifizierten Augenzeugen, genannt »der Deserteur«, weil die Art der Darstellung der Fakten, die Plutarch von ihm übernahm, auf einen Anhänger des Antonius deutet, der Kleopatra, aber auch die Entscheidung, zu Wasser weiterzukämpfen, ablehnte und deswegen überlief.

Nachdem Antonius' linker Flügel wie beschrieben vorgestoßen war, so berichtet Plutarch, kam es zum Kampf. Agrippa, der mit dem ihm unterstellten linken Flügel dem von Antonius befehligten Geschwader gegenüber lag, verlängerte seine Linie nach links, um den Gegner nördlich zu umfassen. Publicola, mit dem Befehl über Antonius' rechten Flügel betraut, mußte gezwungenermaßen gleichfalls nach Norden rudern lassen, um die Umfassung abzufangen. So brach die Flottenlinie der viel schwächeren Antonianer auf, der rechte Flügel verlor den Zusammenhalt mit dem mittleren Geschwader, das nun von Lucius Arruntius, der Oktavians Zentrum dirigierte, heftig angegriffen wurde. Und in dieser allgemeinen Verwirrung bei völlig unentschiedener Schlacht hißten die Schiffe von

Kleopatras Geschwader die Segel und fuhren mitten durch das Zentrum der Kampfzone. »Der Feind«, sagt Plutarch, »traute seinen Augen nicht, als sie mit Hilfe der Brise in Richtung Peloponnes einfach davonsegelten.«

Wie denn? Die Männer der großen Flotte, zum Kampfe gegen die Königin der Barbaren angetreten, sahen offenen Mundes zu, als ihr Geschwader an ihnen vorüberfuhr? Irgend etwas stimmt da nicht. Dennoch ist Plutarchs Bericht — nebenbei: der einzige, den wir haben — anscheinend ganz verläßlich, was die äußeren Umstände anlangt. Auslassungen, allzu gedrängte Schilderung und Mißverständnisse führten hier zu Fehldeutungen. Eine Auslassung hängt sicherlich mit dem Vorstoß von Antonius' rechtem Flügel zusammen, von Dio zwar aufgezeichnet, aber ungenau dargestellt. Antonius hatte kein besonderes Interesse, seinen rechten Flügel allein nach Norden ausschwenken zu lassen; wenn der linke Flügel als erster vorgehen mußte, dann liegt die Folgerung nahe, daß die Mitte und der rechte Flügel folgten. Und wenn Lurius gehalten war, rückwärts zu rudern, dann haben Arruntius und Agrippa das sicherlich auch getan, denn es ging ja darum, die Schiffe des Antonius von der Küste weg auf die offene See zu ziehen. In diesem Punkt waren sich vorübergehend beide Parteien einig. Aber Antonius, einmal im Zuge, hatte nicht die Absicht innezuhalten, und der Kampf begann, als Agrippa das Rückwärtsrudern einzustellen befahl. Ursprünglich hatte der Abstand zwischen beiden Linien eine Meile betragen; jetzt war Agrippa also mindestens anderthalb Meilen seewärts von Parginosuala entfernt, als er sich zum Angriff entschloß. Bei dieser Stellung lag der Kurs auf Leukas bei sechseinhalb Strich Süd zu West — mit andern Worten: Antonius konnte Segel setzen und fliehen, sobald der Wind nach Norden drehte.

Die Flotten kamen aufeinander zu. Ein Hagel von katapultierten Geschossen und Brandsätzen leitete den Kampf ein, und aus der Deckung der Türme heraus schickten die Bogenschützen und Schleuderer ihre Salven hinterher. Dann kam der Augenblick, in dem die Flotten aufeinander prallten, aber wir wissen nicht genau, welche Taktiken im einzelnen benutzt wurden. Es gab verschiedene Möglichkeiten, ein Feindschiff kampfunfähig zu machen: Rammen und Versenken, Anlegen und Entern, Zerbrechen der Riemen durch Fahrt hart längsseits, Feuer durch hinübergeschleuderte Brandsätze. Feuer — das war die schrecklichste aller Angriffswaffen, wenn es wirklich zündete, aber darauf konnte man sich nicht immer verlassen, und nicht selten wurde der Angreifer in Mitleidenschaft gezogen; in diesem Kampf hat es offenbar kaum eine Rolle gespielt.

Antonius' schwere Schiffe hatten furchtbare Rammsteven, waren aber zu schwerfällig, um sie wirksam einzusetzen. Die Feindschiffe zu entern, war für ihn am aussichtsreichsten, denn Oktavians Schiffe, wendiger und überlegen geführt, waren im Vorteil, wenn es zum Rammen kam. Antonius fürchtete allerdings die Rammsporne nicht. Dank der großen eisenbeschlagenen Kanthölzer, die die Außenhaut verstärkten, waren seine Schiffe dagegen geschützt. Dem Feindschiff die Riemen abzufahren, dazu brauchte man einen Sinn für Zeiteinteilung und geschulte Besatzungen, die genau im richtigen Augenblick die eigenen Riemen einzuziehen wußten – ein gewagtes Spiel, für das die Trieren des 5. Jahrhunderts besser geeignet waren als die schwimmenden Festungen 400 Jahre später. Der berühmte »Diekplous« im Kampf der Trieren, wobei es darum ging, klar durch die feindliche Linie zu segeln, um sich dann gegen sie zu wenden, wurde hier offenbar nicht angewandt. Wäre es Antonius möglich gewesen durchzusegeln, hätte er es getan – und die Fahrt fortgesetzt.

Agrippa hatte die Aufgabe, den in Gang gekommenen Vorstoß der großen Schiffe des Antonius aufzuhalten, und zwar so, daß ihnen nirgends ein Durchbruch möglich war. Am einfachsten war das mit einer Doppellinie seiner Schiffe zu erreichen; seine Überlegenheit war so groß, daß ihn nicht einmal Antonius' Flotte in einfacher Linie hätte umfassen können. Daß er sich tatsächlich zu dieser Formation entschloß, läßt sich Plutarchs Bericht entnehmen; darin heißt es, Agrippa hätte erst *nach* der Kampfberührung der Flotten versucht, Antonius' rechte Flanke zu umrunden. Um diesen Vorstoß zu parieren, steuerte Publicola nach Norden, muß also eine ganze Reihe verfügbarer Schiffe gehabt haben, die bis dahin weder in Einzelgefechte verstrickt noch schwer beschädigt waren. Dieses Manöver hat demnach ganz zu Anfang der Schlacht stattgefunden.

So wie sich alles dann entwickelte, muß man annehmen, daß Publicolas Gegenzug ganz genau im voraus geplant war. Wie die Geschwaderchefs des Antonius auch vorgingen, sie würden schließlich alle umzingelt sein von einem Feind, der mehr als doppelt so stark war, wenn man Kleopatras Geschwader nicht rechnet. Die einzige Frage war: Sollten sie die feindlichen Umgehungsmanöver einfach zulassen – oder sollten sie diese unter Öffnung des Zentrums zu parieren suchen? Eines der Ziele des Antonius war, wie wir gesehen haben, im Lauf der Schlacht sowohl nach Westen wie nach Norden so viel Raum zu gewinnen wie möglich. Im Westen hatte ihm der zurückweichende Feind freiwillig Platz gemacht. Den Schwenk nach Norden versuchte er zu erreichen, indem er zuerst den linken Flügel vorgehen ließ und dann, als Agrippa, wie vorgesehen, sein Umfassungsmanöver einleitete, auch den rechten Flügel nach Norden vorzog. Das bedeutete, daß im Zentrum der Linie mit Sicherheit eine Lücke entstehen mußte, und damit hatte Antonius gerechnet. An den äußersten Enden seiner Front waren die stärksten Schiffe postiert, kommandierten die rangältesten Flottenführer — was Oktavian zu der gleichen Aufstellung zwang. Auf beiden Seiten hatten die Geschwaderchefs im Zentrum die geringste Seekriegs-Erfahrung — soweit wir unseren spärlichen Unterlagen vertrauen dürfen. Offenbar wollte Antonius das Zentrum ganz bewußt schwächen, um dort eine Öffnung zu schaffen, hoffend, im Mittelfeld würde sich nur ein nicht schlachtentscheidendes Handgemenge mit annähernd gleichen Kräften auf beiden Seiten entwickeln — mit viel freiem Wasser darum herum.

Genau das gelang. Plutarch erwähnt nicht, ob Publicola die Umgehung seiner Flanke verhindern konnte. Nur das hätte ihn retten können. Es ist eine bloße Hypothese — die aber durch die Art und Weise, wie Antonius entkam, etwas wahrscheinlicher wird — daß Publicola, als Agrippas Schiffe mit dem Vorteil des Rückenwinds sich allmählich nach Norden vorarbeiteten, seine Geschwader-Linie aus der ursprünglichen Nord-Süd-Richtung immer mehr zur Ost-West-Richtung abdrehen ließ. Nach welcher Taktik die beiden Seiten dann vorgingen — wenn sie überhaupt eine hatten — wissen wir nicht. Vermutlich entwickelte sich jetzt die Schlacht zu den üblichen Kämpfen zwischen Schiff und Schiff, so wie auch in den Seeschlachten der napoleonischen Kriege. Die größeren Schiffe des Antonius wurden gleichzeitig von zwei oder drei Feindschiffen angegriffen. Jetzt wurden Enterhaken und Enterbrücken nützlich; die Kampftruppen wehrten sich ihrer Gegner und versuchten, sich den Zugang zu deren Decks zu erstreiten. Die Bogenschützen und Schleuderer auf den Türmen schossen ihre Pfeile und Geschosse in die schwitzenden, miteinander ringenden Kampfgruppen unter sich, und unter Deck beteten die Ruderer, hilflos abwartend an ihren Riemen, daß ihr Schiff nicht versenkt werde oder verbrenne. Die Seebrise und der salzige Sprühregen vermischten sich mit Blut- und Rauchgeruch; es war ein schauerlicher Kontrast — dieser sonnige Nachmittag und das Geschrei, das Stöhnen und das Geklirr von Stahl auf Stahl. Im Zentrum, das durch Publicolas Manöver den Zusammenhalt verlor, entwickelte sich ein hitziger Kampf zwischen gleich starken Gegnern, als die Schiffe des Arruntius die des Octavius und Insteius angriffen. Die Flotte des Antonius wehrte sich tapfer.

In dieser Phase, nach rund zweistündigem Kampf, machte Kleopatra den berühmten und mißdeuteten Ausfall, um der Kampfzone zu entfliehen. Nach der offiziellen Darstellung des Geschehens war es Verrat. Was konnte man anders von einer perfiden Hexenmeisterin erwarten? Als ihr verblendeter Liebhaber gerade für ihre ehrgeizigen und schändlichen Pläne kämpfte und ihr damit den höchsten Beweis seines Edelmuts lieferte — in diesem Augenblick heißte sie die Segel und ließ ihn feige im Stich. Antonius aber, treu bis zum Schluß, gab Flotte und Ehre auf, um ihr zu folgen.

Dafür gibt es eine einleuchtendere Erklärung, die nicht so schimpflich für Antonius ist. Kleopatras Geschwader, einschließlich der Handelsschiffe, lag hinter den drei Kampfgeschwadern und mischte sich nicht in die Schlacht ein. Für eine Kampfreserve reichlich sonderbar — aber es wird verständlich, wenn Antonius tatsächlich mit seinem Gegenzug am rechten Flügel bezweckt hatte, das Zentrum so zu verdünnen, daß ein entschlossener geradliniger Durchbruch dort gute Erfolgsaussichten hatte. Von 230 Schiffen auch nur 60 zu retten — das war eine beachtliche Leistung für einen Mann, den ein übermächtiger Gegner gegenüber einer Lee-Küste umfaßt hielt. Aber Antonius brachte es offenbar sogar fertig, einige Schiffe seines rechten Flügels mit hinaus zu ziehen. Er war auf Kleopatras plötzliches Manöver gut vorbereitet. Sein Flaggschiff konnte sich nicht mehr aus dem Ring andrängender Feindschiffe befreien; es gelang ihm, auf einen Fünf-Ruderer umzusteigen, mit dem er Kleopatra folgte. Daß das überhaupt möglich war, läßt vermuten, daß manche seiner Schiffe, noch unbehelligt und südlich der Feindkräfte gelegen, sich aus dem Gefecht lösen, Segel setzen und in Richtung Leukas davonfahren konnten, ohne den Durchbruch erzwingen zu müssen.

Kleopatras Flucht fand zwischen zwei und drei Uhr nachmittags statt, denn da war der Wind am stärksten und so weit nach Norden umgesprungen, daß sie die Segel wirksam einsetzen konnte. Das bestätigt auch Vergil, wenn man seiner poetischen Schilderung Glauben schenken darf. Sie floh, sagt er, »mit den Wellen und dem Wind, der Iapyx geheißen« — also vor einem Wind aus der Richtung zwischen Nordwest und Westnordwest. Nachdem sie und Antonius fortgesegelt waren, kämpften die Zurückgebliebenen um ihr Leben. Es war nicht so, daß sie nicht erkannt hätten, was geschehen war, oder daß sie den Tod der Schande vorgezogen hätten, sondern sie konnten einfach nicht entkommen. Insbesondere war es der linke Flügel unter Sosius, der von Anfang an die geringste Chance hatte davonzukommen, und sicherlich war das auch der Grund, daß Antonius den rechten Flügel übernommen hatte. Die restlichen Schiffe, geentert, halbzerstört oder umzingelt, konnten sich nicht einfach absetzen, um ihrem Oberbefehlshaber zu folgen. Gegen vier Uhr ergaben sich die ersten. Die von der Brise aufgepeitschte See beunruhigte die Mannschaften; es scheint auch, daß eine heftige Bö noch Schaden angerichtet hat.

Selbst bei Einbruch der Nacht war es immer noch nicht ganz klar, daß die vor Aktium verbliebene Flotte des Antonius völlig geschlagen war. Oktavian verbrachte die Nacht an Bord seiner Liburne, auf dem leichten schnellen Boot, mit dem er während der Schlacht überall herumgefahren war — denn nach der harten Lektion des sizilischen Feldzugs hatte er diesmal Agrippa das Flaggschiff überlassen. Erst am nächsten Morgen konnte er seines Sieges sicher sein — eines teilweisen Sieges allerdings. Antonius war ihm aus einer nahezu hoffnungslosen Situation dennoch samt der Königin, ihrem Schatz und rund einem Drittel der in den Kampf geführten Schiffe entwischt. Außerdem biwakierte vor dem Hügel von Aktium immer noch eine respektable Armee unter dem erfahrenen und treuen Canidius Crassus. In diesem Augenblick erschien Aktium sicherlich noch nicht als die »ruhmreiche Wende«, die es später wurde. Dio bemüht sich andererseits, eine in historischer Sicht nicht aufsehenerregende Schlacht nach Kräften aufzuwerten. In seiner Version wußte Oktavian zum Schluß nicht mehr, wie er den hartnäckigen Widerstand der Antonianer noch brechen könnte, und ließ deswegen Brandsätze von der Küste holen, mit denen er die Flotte des Antonius in eine Reihe schwimmender Scheiterhaufen verwandelte. Kein Wort davon bei Plutarch. Hier wird Dios ausschweifende Phantasie wohl den bildhaften Höhepunkt seiner schwülstigen Beschreibungen gefunden haben, die Abrundung, die er suchte, um die Schlacht bei Aktium als furchtbar und denkwürdig zu schildern — als würdigen Anfang des neuen Prinzipats.

Inzwischen segelten Antonius und Kleopatra nach Süden. Keines der schwereren Schiffe Oktavians konnte sie abfangen, aber einigen Liburnen, die zur Verfolgung abgedreht hatten, gelang es, sie einzuholen, nachdem Antonius auf das Flaggschiff Kleopatras umgestiegen war. Antonius ließ seine Schiffe wenden und jagte sie alle in die Flucht, ausgenommen das Schiff, das Eurykles von Sparta befehligte, der seines Vaters Tod zu rächen hatte. Homerische Beschimpfungen erschallten von hüben und drüben, aber Eurykles drehte ab, rammte und kaperte ein zweites Flaggschiff – denn es hatte noch ein anderes, vermutlich das des Zentrums, entweichen können – und erbeutete dann ein weiteres Schiff, das einen Teil des Gepäcks der Königin an Bord hatte. Nach diesem Erfolg wendeten die Liburnen in der Abenddämmerung und ließen das Geschwader des Antonius unbehelligt nach Süden segeln.

Die Fahrt nach Tainaron dauerte zwei Tage. Plutarch berichtet, die ganze Zeit hätte Antonius im Zustand tiefster Niedergeschlagenheit auf dem Vorschiff zugebracht, ohne Kleopatra sehen zu wollen. Ob wahr oder nicht – er hatte in der Tat manches zu überdenken. Er wußte, mit Ausnahme der 70 oder 80 mitgenommenen Schiffe war seine Flotte verloren. Möglicherweise würden die Landtruppen noch irgendwie entkommen und sich mit den Legionen in Syrien vereinigen können; vier Legionen standen in der Cyrenaica, und im kommenden Winter hatte er genügend Zeit und Kräfte, eine neue Flotte aufzubauen. Ägypten war ein starkes Land. Zwar mochte der Schlachtausgang vor Aktium seinem militärischen Ansehen geschadet haben, aber deswegen blieb er doch der überragende Armeeführer, der er war. Gleichgültig, ob es Canidius gelang, die restlichen Truppen heil herauszubringen – Ägypten war die einzig mögliche Basis, von der aus er noch Chancen hatte, einen Feind abzuwehren, der ihm nun an Schiffen und Truppen entschieden überlegen war.

Aber zunächst wartete Antonius ein paar Tage in Tainaron auf Nachrichten und eintreffende Versprengte. Es kamen auch wirklich einige schwere Transportschiffe nach, die auf der Flucht zurückgeblieben oder aus Häfen aufgebrochen waren, die vor der Schlacht noch Stützpunkte des Antonius gewesen waren. Auch einigen seiner Freunde gelang die Flucht zu ihm nach der Niederlage. Von ihnen hörte er, daß die Flotte tatsächlich zerstört sei, doch die Armee schien noch geschlossen zu widerstehen – ein Hoffnungsschimmer, der sich alsbald als Illusion erwies. Canidius brach mit seinen Männern auf, um sich nach Makedonien zurückzuziehen. Als Oktavians Armee sie bald darauf eingeholt hatte, blieben sie stehen – aber nicht, um zu kämpfen. Die Soldaten wußten, was sie wert waren, und sie hatten eine sehr genaue Vorstellung davon, wer am Ende gewinnen würde. Es hatte wenig Sinn, sich blind an eine verlorene Sache zu klammern, und es war auch nicht nötig, einen Mann um Gnade anzuflehen, der, wie sie wußten, eine Schlacht am liebsten vermeiden würde. Verhandlungen wurden aufgenommen, die nach Lage der Dinge außerordentlich langwierig waren. Anscheinend war Antonius' Armee durchaus keine angeschlagene Truppe. Die Soldaten feilschten eine Woche lang. Ihre Sprecher, die kampferfahrenen Centurionen, hatten genug vom Bürgerkrieg gesehen, um zu wissen, daß Oktavian fast jeden Preis zahlen würde, um ihre Kapitulation zu erreichen. Sie verlangten, mit der siegreichen Armee gleichgestellt zu werden, und bekamen es zugesichert. Obendrein forderten sie Oktavians Versprechen, sechs Legionen als geschlossene Einheiten zu übernehmen, anstatt sie aufzulösen und die Männer auf seine eigenen Legionen aufzuteilen, wie er es mit den andern machte. Die Berufsoffiziere solcher Verbände wie der berühmten V. Alaudae, der »Lerchen«, waren stolz auf ihre Truppe und hatten eine Regimentstradition, die sie nicht einfach aufgeben wollten. Noch vor dem Abschluß der Verhandlungen flohen Canidius und seine Stabsoffiziere heimlich bei Nacht; sie hatten keine Lust, dem Beispiel ihrer Männer zu folgen, denn von Oktavian durften sie keinen Großmut erwarten. Plutarch übermittelt uns die offizielle Darstellung der Geschehnisse – ein Musterbeispiel für die Verzerrung der Wahrheit, die Oktavian bei allem, was mit dem Andenken an Antonius zusammenhing, systematisch betrieb: »Antonius' Soldaten waren so treu und tapfer, daß sie selbst, als seine Flucht außer Zweifel stand, noch fest blieben und Oktavians Angeboten widerstanden. Doch als ihr Führer Canidius schließlich bei Nacht das Weite suchte, da gingen sie, im Stich gelassen, hilflos und von ihren Kommandeuren verraten, zum Sieger über.«

So endete die Schlacht vor Aktium, die erst durch die Kapitulation der Armee endgültig entschieden wurde. Im militärischen Sinne war es richtig, daß sich Antonius aus einer fast hoffnungslosen Lage heraus in Sicherheit brachte. Seine verhängnisvolle Schwäche war die enge Verbindung mit Kleopatra, die den Kampfgeist seiner höheren Offiziere untergrub, Desertionen auslöste und zu einer Situation führte, in der er notgedrungen die Armee aufgeben mußte. Nach dem Zusammenbruch in Griechenland war er als Führer einer römischen Partei nicht mehr glaubwürdig. Die Treue der Römer, die bei ihm blieben, beruhte auf persönlichen Gründen, oder sie blieben, weil sie von Oktavian keine Gnade erhoffen durften. Das hat Antonius zweifellos erkannt. Seine letzte Handlung, bevor er Griechenland verließ, bestand darin, daß er Freunde, die ihm nicht weiter folgen zu können glaubten, nach Korinth schickte. Seinem Vertrauensmann dort, einem gewissen Theophilus, gab er Anweisung, sie so lange gut zu verstecken, bis sie ihren Frieden mit Oktavian machen könnten. So entledigte er sich, so gut er konnte, mit Anstand seiner Freundespflicht, ließ Segel setzen und brach mit Kleopatra nach Afrika auf.

KAPITEL SIEBZEHN

Das Ende der Bürgerkriege

Oktavian holte nicht sofort zum Schlage gegen Ägypten aus. Zwar besaß der Erbe Caesars weder das Temperament noch die Gabe Caesars, einen Sieg unmittelbar bis zum äußersten auszunutzen, und dies mit einer Schnelligkeit, die sprichwörtlich wurde – doch das war nicht der Grund. Es gab drängende politische Probleme. Während der Schlacht bei Aktium hatte der junge Marcus Lepidus, Sohn des früheren Triumvirn und ein Neffe des Brutus, die Ermordung Oktavians bei seiner Rückkehr nach Italien geplant. Maecenas hörte von dem Komplott, gab Lepidus genügend Gelegenheit, sich zu belasten, und ließ ihn dann hinrichten. Lepidus' Frau Servilia, Tochter des Isauricus und einst mit Oktavian verlobt, weigerte sich weiterzuleben und verschluckte eine glühende Kohle. Die Verschwörung – ob nun ungenügend vorbereitet oder einfach glücklos – zeigte jedenfalls, daß nicht alles zum besten stand.

Weitere Unruhen waren bei der unaufschiebbaren Entlassung der Truppen zu erwarten. Nach der Niederwerfung des Sextus im Jahre 36 hatte Oktavian bittere Erfahrungen gesammelt und gelernt, wie man mit einer großen und latent meuterischen Armee verfährt, die sich nun berechtigt glaubt, endlich die lange in Aussicht gestellten Belohnungen zu verlangen. Dank der Kapitulation der gegnerischen Armee hatte er jetzt mehr als 30 Legionen unter seinem Befehl. Sechs Legionen des Antonius erlaubte er, geschlossen fortzubestehen. Die übrigen wurden aufgelöst, die Soldaten auf seine eigenen Legionen aufgeteilt, so daß sie sich nicht mehr von seinen Legionären unterschieden, und somit konnte er sein Versprechen, er werde beide gleicherweise behandeln, leichter erfüllen – ein schon seit dem Jahre 36 gültiges Versprechen, zu dem er nun stehen mußte, wenn er nicht wilden Aufruhr heraufbeschwören wollte.

Jetzt galt es, schnell zu handeln, da er immer noch nicht über die Mittel verfügte, all den berechtigten Forderungen nachzukommen. Er verminderte die künstlich überbesetzten Legionen um die Soldaten römischen Bürgerrechts (also nicht die orientalischen Rekruten des Antonius), die ein bestimmtes Alter erreicht hatten, entwaffnete sie und schickte sie nach Italien zurück. Dort angekommen, erhielten sie nichts, wurden auf ihre Stammeinheiten verteilt und bis zur formellen Entlassung beurlaubt. Alsbald murrten sie, unzufrieden, wie sie waren. Oktavian entsandte den gestrengen Agrippa, der sie in Zucht nahm. Gleichzeitig machte er der Zivilbevölkerung ein Zugeständnis: Den reichen Freigelassenen erließ er ein Viertel der Sondersteuer, die er ihnen ein Jahr zuvor auferlegt hatte – ein kleines Beruhigungsmittel gegen die Angst, daß Italien der gierigen Soldateska einfach preisgegeben würde. Die stehende Armee verhielt sich ruhig, verlockt von der Aussicht auf reiche Beute im bevorstehenden Krieg gegen Ägypten.

Danach reiste Oktavian nach Athen, wo er seine Freundschaft für die Hellenen in aller Form bewies, als er sich in Eleusis in die Mysterien der Demeter einweihen ließ. Von dort fuhr er weiter zur Insel Samos, wo er sein Winterquartier errichtete. Dabei hatte er genügend Zeit, sich mit den Vasallenkönigreichen zu beschäftigen. Das System des Antonius ließ er im großen und ganzen unverändert und bewies damit, daß es zuverlässig funktionierte. Amyntas von Galatien, der desertiert war, Polemon von Pontus, der in Feindesland zurückgeblieben war, Archelaos von Kappadokien, der sich höchstwahrscheinlich schnell auf die siegreiche Seite schlug – sie alle wurden auf ihren Thronen bestätigt. Armenien war nun nach der Schlacht bei Aktium unwiederbringlich verloren; Artaxes saß wieder fest auf seinem Thron, und seine Rache an Rom bestand darin, daß er alle Bürger römischer Nationalität, die in die kurzlebige Provinz gekommen waren, abschlachten ließ. Kleinere Fürsten wurden abgelöst und durch Oktavians Kandidaten ersetzt. Gemeinden und Einzelne wurden belohnt, bestraft, mit Geldbußen belegt und gelegentlich auch begnadigt.

Er war noch nicht lange auf Samos, als schlimme Nachrichten aus Italien eintrafen. Die Veteranen meuterten, selbst Agrippa konnte sie nicht in Schach halten. Es war mitten im Winter, aber Oktavian eilte sofort nach Brundisium, wo er sich einer Demonstration gegenüber sah, wie sie eine moderne Volksdemokratie nicht sorgfältiger hätte organisieren können. Der ganze Senat (außer den Tribunen und zwei Prätoren, die ausdrücklich davon befreit worden waren), die große Mehrheit der wohlhabenden Nicht-Senatoren und viel einfaches Volk, teils in offiziellen Delegationen vereint, teils als Einzelgänger, strömten zu seiner Begrüßung herbei. Auch die Veteranen kamen, nicht so freundlich gestimmt. Nur Zugeständnisse konnten helfen. Oktavian erklärte sich bereit, wieder Land zu verteilen, wiewohl er sich des Sturms bewußt war, der gegen ihn loszubrechen drohte. Da es aber schon seit langem keinen Staatsgrund mehr gab und er auch nicht annähernd genügend Mittel besaß, Grund zu kaufen, war weitere Enteignung der einzige Ausweg — und genau das hatte einmal den Krieg von Perusia ausgelöst. Die Verschwörung des Lepidus war ein warnendes Zeichen dafür, daß das herrliche Bild von der einmütigen Zustimmung »ganz Italiens« Risse aufwies. Noch konnte die aufrührerische Armee ihren Anführer mit ihren Forderungen aus dem Sattel heben.

Es war die letzte Krise der Bürgerkriege. Wieder einmal bewies Oktavian sein außerordentliches diplomatisches Geschick und hatte Erfolg. Er spaltete die Veteranen auf in die, die »bei allen seinen Feldzügen« dabei gewesen waren (d. h. seit Mutina und Philippi) und jene, die erst später zu ihm gefunden hatten. Jenen gab er Land und Geld, diesen nur Geld und das Versprechen späterer Landzuweisung. Damit stellte er die Kader »seiner« Soldaten zufrieden, die von Anfang an nie einen andern Feldherrn als ihn gekannt hatten, auf deren Treue und Unterstützung er sich wieder völlig verlassen durfte. Gleichzeitig verringerte er damit die Zahl der noch aufzutreibenden Grundstücke. Es genügte vollauf, die Bewohner jener Gemeinden zu vertreiben, die sich für Antonius entschieden hatten. Außerhalb Italiens war an Land kein Mangel; die Veteranen waren zwar nicht daran interessiert, aber man konnte es natürlich den Vertriebenen anbieten. Wenn diese jedoch für ihr Land Geld haben wollten, konnten sie es bekommen — allerdings nur den abnorm niedrigen Schätzwert. Viele Vertriebene zogen es vor auszuwandern und siedelten sich an der albanischen Küste oder bei Philippi an. Proteste sind nirgends vermerkt; sie hätten nichts bewirkt.

Oktavian blieb 30 Tage in Brundisium, um diese bedrohlichen Schwierigkeiten aus der Welt zu schaffen. Es war eine provisorische Lösung. Abermals war er gezwungen worden, sich mit Versprechungen aus der Affäre zu ziehen. Dabei war die Zahl der betroffenen Soldaten noch klein im Vergleich zu den Massen, die er nach dem endgültigen Sieg belohnen mußte. Daß er am Ende Sieger bliebe, wird er wohl nicht bezweifelt haben. Fast noch wichtiger als der Sieg war jedoch der Schatz der Ptolemäer, den es sicherzustellen galt – die noch unangetastete, letzte, große Anhäufung von Reichtümern in der mediterranen Welt. Mit Hilfe des Schatzes konnte er sich aus der wirtschaftlichen Zwangslage befreien, in der er genötigt gewesen war, entweder die Zivilbevölkerung zu unterdrücken oder sich der Verärgerung seiner Soldaten auszusetzen. Endlich würde es möglich sein, diese nützlichen, aber lästigen Diener auszuzahlen, ohne daß man ihn einen Tyrannen, einen Erpresser, einen Zerstörer des Vaterlands nennen konnte – und ohne Gefährdung des mühsam aufgebauten Fabelgebildes, das ihm den erfolgreichen Angriff auf Antonius erlaubt hatte.

Er kehrte nach Samos zurück. Um seine Schiffe nicht den Gefahren einer winterlichen Umrundung der Peloponnes auszusetzen, ließ er sie über den Isthmus von Korinth schleppen. Da er darauf verzichtet hatte, den Sieg von Aktium mit einem anschließenden Angriff auf Ägypten endgültig zu besiegeln, arbeitete die Zeit nun für ihn. Er hatte keine Eile, gegen seine Feinde vorzugehen. Im Verlauf des Winters würde ihre Widerstandskraft vielleicht erlahmen, würden ihre in Rom verbliebenen Anhänger sich vielleicht von einer verlorenen Sache abkehren. Geschickte Verhandlungen konnten möglicherweise die Invasion unnötig machen und ihm den Schatz dennoch sichern.

Inzwischen hatte sich die Lage des Antonius verschlechtert. Als er, nach der Flucht aus Aktium, von der Peloponnes aufbrach, hatte er sich von Kleopatra getrennt und war zur Cyrenaica gesegelt, um die vier Legionen des Pinarius Scarpus zu übernehmen. Aber Scarpus hatte schon vom Ausgang der Schlacht gehört und seine Männer überredet, sich für Oktavian zu erklären. Antonius konnte nichts daran ändern. Er fuhr nach Alexandria weiter, wo Kleopatra mit der Miene einer Siegerin angekommen war und sofort die einflußreichsten Edelleute, von deren fortdauernder Opposition sie wußte, hatte ergreifen und hinrichten lassen. Quintus Didius, Statthalter in Syrien, ging zu Oktavian über und verhinderte mit seinen Legionen, daß die Gladiatoren, die aus ihren Kasernen in Kyzikos ausgebrochen waren, durch seine Provinz marschierten, um Antonius ihre Dienste anzubieten. Dabei half ihm Herodes, der sofort seine Chance erkannte, sich dem neuen Herrn des Ostens mit einer Hilfeleistung gefällig zu erweisen. Antonius entsandte einen seiner Freunde, Alexas, der versuchen sollte, Herodes zu halten, aber ohne Erfolg. Herodes eilte nach Rhodos, wo er Oktavian traf, der ihn gern als Verbündeten aufnahm und ihn auf seinem Thron bestätigte. Oktavian hatte kaum eine andere Wahl, denn Herodes hatte vorsichtshalber den alten Hyrkanos töten lassen, seinen einzigen Rivalen mit legitimem Anspruch auf den Thron.

Antonius und Kleopatra schwankten; teils dachten sie an Flucht, teils an Widerstand. Antonius war niedergedrückt und untätig und wollte allein sein. Wie Timon von Athen saß er in seiner Villa am Meer in Gedanken versunken; selbst die Nachricht, daß ihm wenigstens die Gladiatoren noch die Treue hielten, nahm er ohne Bewegung auf. Die kleinen Vasallen, einst Verbündete, verweigerten ihm jede Hilfe. Die Ägypter bewahrten ihrer Königin allerdings die Treue. Kleopatra ließ einige Schiffe vom Nil zum Roten Meer transportieren, die ihnen die Flucht zum Arabischen Meer oder nach Indien ermöglicht hätten, aber Malchus, König von Nabataea, Kleopatras Feind, überfiel die Schiffe und verbrannte sie. Spanien wurde als möglicher Zufluchtsort erwogen; dort waren in der Vergangenheit auch Sertorius und Sextus Pompeius untergekommen. Aber Antonius besaß nicht die persönlichen Beziehungen in jener Provinz, die den Vertretern einer geschlagenen Partei damals nützlich gewesen waren, und auch hier würde sich die Königin von Ägypten unter Umständen wieder als Albtraum erweisen. Es gab nur noch eine Lösung: zu verhandeln und zum Kampf zu rüsten. Sie zogen noch mehr Schiffe zusammen, stellten Fußtruppen und Reiter auf. Caesarion, jetzt 16 oder 17 Jahre alt, und der noch jüngere Antyllos, Antonius' Sohn, wurden unter die waffentragende Jugend eingereiht, was die Einwohner von Alexandria zum Kämpfen ermutigen sollte. Gleichzeitig traf eine Gesandtschaft bei Oktavian ein: Kleopatra wäre bereit abzudanken, wenn nur eines ihrer Kinder mit Oktavians Einverständnis den Thron besteigen konnte. Es wurde auch gesagt, Antonius hätte um sein Leben und einen ruhigen Lebensabend im griechischen Exil gebeten. Das ist nicht sehr glaubhaft und wohl eher ein nach seinem Tode in Umlauf gesetztes Gerücht, um nachträglich Zweifel an seinem Mut zu erwecken. Weitere Verhandlungen folgten, Gesandte reisten von einem zum andern — ohne Ergebnis. Was da wirklich beredet wurde, ist hinter dem Wust von Dichtung und Propaganda nicht mehr zu erkennen.

Erst im Hochsommer schlug Oktavian zu. Er marschierte gegen Ägypten über den Landweg durch Syrien und Judaea, wo er und sein Gefolge von dem dankbaren Herodes glänzend bewirtet wurden. Vom Westen näherte sich Cornelius Gallus durch die Cyrenaica; er vereinigte seine Legionen mit denen von Scarpus und besetzte den Hafen von Paraetonium. Antonius marschierte ihnen mit einer stattlichen Macht entgegen, vage hoffend, es könne ihm noch einmal gelingen, die Männer auf seine Seite zu ziehen — es waren schließlich seine eigenen Veteranen. Sein Versuch, außerhalb der Stadtmauer zu ihnen zu reden, scheiterte an dem gleichmäßigen Trompetengeschmetter, das Gallus befohlen hatte, um Antonius' Lockungen zu übertönen. Aber auch im ganz konventionellen Gefecht hatte er kein Glück, wurde vielmehr zum Rückzug gezwungen, wobei er eine Reihe von Schiffen verlor. Derweil war Oktavian in Pelusium angekommen, dem östlichen Zugang nach Ägypten, den er Kleopatras Feldherrn Seleukos entriß. Antonius eilte zurück, Alexandria zu verteidigen. Dabei traf er auf Oktavians Reiter, die völlig erschöpft nach einem Tagesmarsch gerade in die Randgebiete der Stadt einritten, und schlug sie in die Flucht. Wieder versuchte er, die Legionäre abzuwerben; an Pfeilen befestigte Botschaften, die in ihr Lager abgeschossen wurden, versprachen jedem Überläufer 6000 Sesterzen. Sie glaubten sogar daran, daß er zahlen könne; daß er noch siegen könne, glaubten sie nicht.

Das entscheidende Treffen fand am 1. August 30 statt. Es war der völlige Zusammenbruch — was allerdings kein Hindernis war, daraus später einen öffentlichen Feiertag zu machen, »denn«, wie der offizielle Kalender besagte, »an jenem Tag befreite Imperator Caesar den Staat aus schlimmster Gefahr«. Antonius' Flotte begab sich aufs Meer, den Feind anzugreifen; gleichzeitig formierte Antonius seine Fußtruppen und Reiter in Schlachtordnung. Ob nun auf Kleopatras Anweisung oder, wahrscheinlicher, auf Befehl der Schiffsführer, die jetzt die Möglichkeit sahen, ihre Haut noch zu retten und sich beim Sieger beliebt machen zu können — jedenfalls gingen alle Riemen hoch, und die Flotte kapitulierte kampflos. Die Reiter desertierten, die Fußtruppen wurden geschlagen. Antonius hörte, Kleopatra habe sich getötet. Er befahl seinem Diener Eros, ihn gleichfalls zu töten. Aber Eros wandte die Klinge gegen sich selbst, und Antonius, von Eros' Beispiel beschämt, stieß sich das Schwert in den Leib.

Die Wunde war nicht sofort tödlich. Während er im Sterben lag, hörte er, Kleopatra sei noch am Leben. Den Ausgang des Kampfes schon ahnend, hatte sie sich in ihr Mausoleum begeben und dort die Tür hinter sich verschlossen, die so angelegt war, daß sie nie mehr zu öffnen war. Im Mausoleum waren die kostbarsten Schätze, alle mit Scheiterhölzern umtürmt — der letzte Trumpf für letzte Verhandlungen. Aber es war dennoch möglich einzudringen; das Bauwerk war noch nicht ganz fertig, im oberen Teil war eine Art Fensterdurchbruch offen geblieben. Antonius bat seine Sklaven, ihn zu ihr zu tragen, und unter unendlichen Mühen zogen ihn Kleopatra und ihre zwei Dienerinnen mit Seilen herauf. Blutüberströmt und von Schmerzen gepeinigt, starb er in ihren Armen, nachdem er noch nach einem Glas Wein verlangt und ihr Oktavians Freund Gaius Proculeius anempfohlen hatte. Er bat sie, nicht zu viel um ihn zu trauern, er habe große Dinge vollbracht und nun, aber nur in einem anderen Römer, seinen Meister gefunden. Bis zum Schluß behielt er seine vornehme Gesinnung, diese Haltung, die seinen Untergang herbeigeführt hatte und die Appian so beschreibt: »In seinen Gedanken und seinem Charakter war er immer offen und hochherzig und ohne Arglist.«

Bald darauf kam Proculeius. Oktavian hatte die Stadt besetzt und von Kleopatras Flucht ins Mausoleum und Antonius' Selbstmord gehört. Er sorgte sich um den Schatz und wollte ihn außer Reichweite Kleopatras wissen. Angeblich wünschte er, Kleopatra lebend zu ergreifen, aber nach seinem anschließenden Verhalten zu urteilen, war das eine Erfindung. Im Augenblick jedoch weigerte sich Kleopatra, Proculeius als Gefangene zu folgen; er ging weg und kam dann mit Cornelius Gallus wieder, einem Abgesandten, dessen Rang ihn befähigte, eine Königin zu geleiten. Während Gallus vor dem Eingang zur Gruft Kleopatra in Verhandlungsgespräche verstrickte, legten Proculeius und ein Freigelassener außen eine Leiter an, kletterten durch das Fenster und nahmen die Königin mit ihren beiden Frauen fest, bevor sie Feuer legen konnten.

Den Schatz in Sicherheit wissend, machte sich Oktavian daran, Kleopatra zum Freitod zu ermutigen. Sie war ein Klotz an seinem Bein. Natürlich konnte er sie im Triumph durch die Straßen Roms führen, doch wenn er sie dann nach altem römischem Brauch anschließend hinrichten ließ, würde das wie ein Akt barbarischer Grausamkeit wirken. Aber was sollte man mit ihr machen? Sie vielleicht auf eine verlassene Insel verbannen? Aber dann mußte er irgendwie sicherstellen, daß ihre Darstellung des Kriegs von Aktium nie publik werden konnte. Nein, am besten wäre sie tot. Er erlaubte ihr, den Leichnam ihres Geliebten einzubalsamieren, und ließ sie dann in den Palast schaffen. Eine Besprechung unter vier Augen folgte, in deren Verlauf, wie man sagte, sie ihn (natürlich) zu verführen trachtete, ein Versuch, dem er (natürlich) widerstand. Worum sie auch gebeten haben mochte, um ihr Leben, für ihre Kinder oder vielleicht um ihren Tod, er lehnte alles ab und ließ keinen Zweifel daran, daß sie als Gefangene an der römischen Plebs vorbeigeschleppt würde. Aber noch war sie nicht zum Selbstmord bereit, obwohl er ihr ihre Dienerinnen belassen hatte. Die Augusttage verstrichen. Ungeduldig schließlich, ließ er sie wissen, daß er in drei Tagen aufzubrechen und durch Syrien zu marschieren gedächte – mit ihr und ihren Kindern. Da wußte sie, daß sie keine Gnade zu erwarten hatte. Sie richtete es ein, daß ihr eine Uräus-Schlange, in einem Korb unter Feigen verborgen (nach anderen Berichten in einem Wasserkrug), gebracht wurde. Sie reizte das Reptil mit einer Spindel, bis es seine Zähne in ihren entblößten Arm schlug. So starb sie, zur Göttlichkeit erhoben, wie die Ägypter glaubten, durch den Biß eines Geschöpfs, das der erste Diener des Sonnengottes war und seit Jahrtausenden auf den Kronen der ägyptischen Herrscher sein schützendes Haupt erhoben hatte. Ihre zwei Dienerinnen zogen es vor, mit ihr zu sterben. Als die Wachen dann eindrangen, fanden sie Iras, tot, zu Kleopatras Füßen, und Charmion, wie sie noch mit schwachen Händen das Diadem auf der Stirn ihrer Herrin geradezurichten suchte. »Eine große Tat, Charmion«, rief jemand. »Ja«, sagte sie, »eine große Tat, sie stammte von vielen Königen ab«, und damit verschied sie.

Kleopatras letzter Wunsch, neben Antonius begraben zu werden, wurde erfüllt. Antyllos, aus der Zuflucht des Schreins, den Kleopatra seinem Vater errichten ließ, hervorgezerrt, und Caesarion, auf seiner Flucht zum Roten Meer gefangengenommen, wurden beide hingerichtet. Die andern Kinder verschonte man. Zu klein, um etwas zu verstehen, dienten sie fortan als lebende Zeugen für Oktavians Großmut. Kleopatra Selene wurde Juba, dem Numidier, anverlobt, dem Oktavian später die Provinz Mauretanien als Königreich schenkte. Die beiden Knaben, Alexander Helios und der kleine Ptolemaios Philadelphos, entziehen sich dem historischen Blick, wir wissen nur, daß Alexander und seine Schwester in Oktavians Triumphzug mitliefen. Die übrigen Kinder des Antonius, Iullus Antonius und seine zwei Töchter von Octavia, waren seit der Abreise ihres Vaters aus Italien im Jahre 37 immer bei der Mutter geblieben und wurden von jeder Schuld freigesprochen. Mindestens drei der Anhänger des Antonius wurden noch getötet: der unbeugsame Canidius Crassus und die letzten beiden Mörder Caesars, Decimus Turrulius und Cassius von Parma. Sosius wurde nach der aktischen Schlacht in einem Versteck aufgestöbert, und Oktavian willigte ein, ihn zu schonen, aber erst nachdem Lucius Arruntius all seine altväterliche Würde und Charakterstärke aufgeboten hatte, um ihn zu überreden.

Mit der Siegesbeute von Alexandria konnte sich Oktavian endlich seiner Verpflichtungen gegenüber den Soldaten entledigen. Der ptolemäische Schatz wuchs: requirierte Werte aus den Häusern der Reichen, Bußgelder, die sie zahlen mußten, kamen hinzu, wie auch die Opfergaben, die Kleopatra angeblich aus den Tempeln entwendet hatte. Oktavian zahlte seinen Soldaten, was er ihnen versprochen hatte, und jedem einzelnen außerdem noch 2000 Sesterzen als Ausgleich dafür, daß ihnen die Plünderung der Stadt verboten war. In Rom wurde die Freudenbotschaft vom Konsul verkündet; es war kein anderer als Ciceros Sohn, der sicherlich mit größter Genugtuung den Tod des Antonius vermeldet hat, denn Cicero war nach allgemeiner Ansicht dem Haß des Antonius zum Opfer gefallen. Horaz verfaßte eine Ode, die die Mythe der neuen Caesarianer über Kleopatra kurz zusammenfaßte, von ihren wahnwitzigen Plänen im Hinblick auf Rom bis zu ihrem Tode, den sie stolz erlitt, den Eroberer um seinen Triumph über die gefangene Königin betrügend.

Oktavian verbrachte den Winter in Asia, wobei er die Verhältnisse in den Ost-Provinzen und den Vasallen-Königreichen bis ins letzte regelte. Ägypten war zu stark und zu reich, als daß man es einem senatorischen Statthalter, der vielleicht von Größe und Macht träumte, überlassen konnte. Ägypten übernahm er selbst und ließ es durch Stellvertreter regieren, die ihre Karriere und Stellung nur seiner Gunst verdankten. Cornelius Gallus war der erste; er zahlte alsbald mit seinem Leben für eine Andeutung von Unabhängigkeit, die sein Herr und Meister ungehörig fand. Die beiden einzigen römischen Territorien, die Antonius dem Hause Kleopatras »geschenkt« hatte, nämlich Zypern und Kyrene, wurden wieder Provinzen Roms. Dem medischen Artavasdes schickte Oktavian dessen Tochter Iotape zurück und überließ ihm auch Kleinarmenien, was beabsichtigterweise der Feindseligkeit des Artaxes von Armenien gegenüber dem Meder Dauer verlieh, womit wiederum die Gefahr einer antirömischen Koalition an den Ost-Grenzen so gut wie ausgeschlossen war. Im übrigen ignorierte er Artaxes, trotz des Massakers römischer Bürger im Winter 31/30, und auch Phraates von Parthien. Für das Wohlverhalten beider hatte er Garantien – Artaxes' jüngere Brüder, von Antonius im Jahre 34 gefangengenommen, und Tiridates, den flüchtigen Anwärter auf den parthischen Thron, dem er Asyl in Syrien gewährte. Sollte der dynastische Schwebezustand die Könige dennoch die Vorsicht vergessen lassen, dann durfte man darauf vertrauen, daß Polemon, Artavasdes und die syrischen Legionen die Ost-Grenzen sicherten.

Auf der ehemaligen Kampfstätte bei Aktium baute er, in der Mulde, wo Antonius' Lager gestanden hatte, einen neuen Apollo-Tempel. Dort in der Nähe errichtete er ein neuartiges Sieges-Denkmal, bestehend aus zehn Schiffen. Wahrscheinlich setzte sich die gigantische Trophäe aus je einem Schiff jeder Schiffsklasse von Antonius' Flotte zusammen, aber sie wurde so bald darauf niedergebrannt, daß nicht einmal Strabo, der nur wenige Jahre nach der Schlacht hier an der Küste Material sammeln wollte, sie noch beschreiben konnte. Auf der Nord-Seite der Golf-Einfahrt, dort, wo sein eigenes Zelt gestanden hatte, errichtete er eine einzigartige Weihestätte: einen Apollo-Altar auf offener, in den Hang eingelassener Terrasse, vor dem hinabdrängenden Erdreich durch eine massive Mauer aus Quadersteinen geschützt, die die Rammsporne besiegter Schiffe zierten. Der Wanderer, der den Hügel von Mikhalitzi erklimmt, sieht heute noch die hinabgefallenen Steinblöcke mit Spuren der eingemeißelten Widmung und die graue Kalksteinmauer mit ihren merkwürdigen, in regelmäßigen Abständen angebrachten und wie umgestülpte Schlüssellöcher geformten Öffnungen, in denen einmal die Bugteile befestigt waren. Das grandioseste Sieges-Denkmal war allerdings Nikopolis (»Siegesstadt«) in der Ebene zwischen Mikhalitzi und Preveza, eine künstliche Stadt in bester Lage, in die man die Einwohner einer Reihe von Städten in der Nähe des ambrakischen Golfs umsiedelte. Die erzwungene Gemeinschaft war erfolgreich – die kaiserliche Regierung konnte sich da keinen Mißerfolg leisten –, und Nikopolis blühte und gedieh noch in byzantinischer Zeit.

Oktavian reiste Mitte des Jahres 29 nach Italien zurück, wieder einmal geplagt von einem seiner periodischen Schwächeanfälle. Er blieb noch eine Weile im Süden, um sich zu erholen, bevor er seinen triumphalen Einzug in die Hauptstadt hielt. Die ganze Bevölkerung, darunter sogar sein Konsulskollege Valerius Messalla Potitus, brachte Opfer für ihn dar, obwohl er verboten hatte, ein Senatsdekret in Kraft zu setzen, das es jedem Einwohner zur Pflicht machte, ihn auf den Straßen zu begrüßen. Spontane Kundgebungen waren viel wertvoller und nicht minder imponierend. Er wurde mit Ehrungen aller Art überschüttet. Am 13., 14. und 15. August feierte er einen beispiellosen dreifachen Triumph: den lange aufgeschobenen von Dalmatien, den von Aktium, den von Alexandria. Dieser letzte war auch selbstverständlich der prächtigste, bemerkenswert nicht nur wegen der im Zug zur Schau gestellten gleißenden und überreichen Beute, sondern auch wegen der Nachbildung der toten Kleopatra auf ihrem Lager mit der im Arm festgebissenen Schlange. Die Soldaten wurden beschenkt, jeder erwachsene Mann erhielt 100 Denare. Später bekamen auch die Knaben den gleichen Betrag im Namen des 13jährigen

Marcellus, Oktavians Neffen, seines einzigen nahen Verwandten männlichen Geschlechts. Der Sieger entließ alle seine Schuldner aus ihren Verbindlichkeiten und sandte den italischen Stadtgemeinden das Geld zurück, das sie für den Triumph gespendet hatten — ein Beitrag, der früher zur Beschaffung der im Triumphzug getragenen Goldkronen gedient hatte, aber dann zu einer Art versteckter Tributzahlung geworden war. Infolge der Beute aus Ägypten strömte tatsächlich so viel Geld in die Wirtschaft, daß sofort Preiserhöhungen folgten und der übliche Zinsfuß von zwölf auf vier Prozent fiel. Oktavian war jetzt auch in der Lage, Land zu kaufen und seine so oft verpfändeten Versprechen einzulösen. In den Jahren nach Aktium gelang es ihm, 50 000 — 75 000 Veteranen anzusiedeln, ohne daß Unruhe entstand.

KAPITEL ACHTZEHN

Augustus

So erhob sich Oktavian zum alleinigen Herrscher der römischen Welt – theoretisch von Römern und Italikern dazu auserwählt, sie vor einer fremden Königin und ihrem eigenen entarteten Feldherrn zu schützen, in Wirklichkeit der Führer einer revolutionären Partei, die ihre wahre Natur hinter konventionellen Parolen verbarg. Oktavians Macht beruhte auf der Armee; ihren Einsatz hatte »der nationale Notstand« gerechtfertigt. Nun waren die Gefahren abgewendet und keine weiteren Feinde mehr herbeizuzaubern – die Parther ausgenommen, ein Wespennest, das man am besten in Ruhe ließ –, und jetzt galt es, den konstitutionellen Rahmen zu finden, innerhalb dessen Oktavian die Macht, um die er so lange gekämpft hatte, weiterhin ausüben konnte. Sein Temperament, aber auch die Bedürfnisse Roms ließen es undenkbar erscheinen, daß er auf diese Macht verzichtete. Der Ehrgeiz der römischen Oberklasse war nicht über Nacht verschwunden; Sulla, Caesar und er selbst hatten den Weg vorgezeichnet, und bald würde ein anderer zur Stelle sein, um auf diesem Weg weiterzugehen. In der römischen Tradition galt die Glorifizierung der eigenen Person als legitimes Ziel politischer Aktionen – und das führte unweigerlich zur Monarchie. Die Republik so wiederherzustellen, wie es die »Befreier« einmal beabsichtigt hatten, als sie ihre Dolche gegen Caesar zückten, hieß, die Geschicke Italiens und darüber hinaus des größten Teils der mediterranen Welt von den parteipolitischen Capricen einiger Dutzend Männer der römischen Oligarchie abhängig zu machen. Das war nicht erstrebenswert, nicht zu verantworten und in der Tat auch nicht möglich. Das Intermezzo republikanischen Regierungsstils zwischen März und September 44 hatte das bewiesen. Die Armee und die Italiker, neuerdings Größen im politischen Leben Roms, hatten zum Mißvergnügen der herrschenden Klasse deutlich gemacht, daß die Stadt Rom in Wahrheit die Hauptstadt Italiens geworden war.

Caesar hatte das Problem mit der für ihn charakteristischen Direktheit gelöst. In der Verfassung war die Diktatur vorgesehen, die Ausübung absoluter Macht innerhalb einer begrenzten Zeit. Caesar schaffte die zeitlichen Beschränkungen ab und benutzte das Amt als Mittel zur autokratischen Herrschaft. Das war zwar logisch, aber etwas drastisch für einen Staat, in dem die politische Freiheit eine lange Tradition hatte. Oktavian mußte irgendwie einen Kurs zwischen der Charybdis einer erneuten Anarchie und der Scylla eines unverhüllten Despotismus finden. Dabei hatte er einen Vorteil, der Caesar versagt geblieben war. 20 Jahre Bürgerkrieg, nur von kurzen Pausen unsicherer Ruhe unterbrochen, hatten die Römer durch und durch kriegsmüde gemacht; jetzt lagen ihnen die Segnungen des Friedens mehr am Herzen als »die Freiheit«. In diesen 20 Jahren war auch eine ganze Generation von Politikern dahingegangen, Männer, denen die Motive von Brutus und Cassius verständlich waren, auch wenn sie nicht mit ihnen sympathisierten. Tacitus, der die Situation im Jahre 14 n. Chr. beschreibt, als Tiberius seinen Stiefvater ablöste, stellte die berühmte Frage: »Wer war denn noch übrig, der die Republik gekannt haben konnte?« Sogar die jetzt alten Männer, so sagt er, sind ja während der Bürgerkriege geboren worden. Schon um 29 v. Chr. gerieten die historischen Erinnerungen allmählich in Vergessenheit. 20 Jahre lang waren Gesetz und Recht mit Füßen getreten worden. Jede Rückkehr zur verfassungsmäßigen Legalität, sei es auch nur dem Schein nach, wäre begrüßt worden. Ein solcher Schritt wurde jedenfalls, als sich im Verlaufe der Zeit alle Lebensumstände wieder normalisierten, immer notwendiger.

Gegen Ende des Jahres 28 waren die unmittelbaren Aufgaben, Wiederansiedlung und Neugliederung, beendet, und Oktavian hatte jetzt die Hände frei. Am 13. Januar 27 eröffnete er dem Senat, den er inzwischen zusammen mit Agrippa von einer Menge hinzugekommener und unqualifizierter Mitglieder gesäubert hatte, daß er seine Sondervollmachten, die er nach dem Sieg über Antonius weiterhin in Anspruch genommen hatte, niederzulegen und die traditionelle Grundlage der Regierung wiederherzustellen gedenke. In seinen eigenen Worten: »Während meines sechsten und siebenten Konsulats, als ich die Bürgerkriege beendet hatte und mich dank allgemeiner Zustimmung im Besitz der allerhöchsten Macht sah, entließ ich die Republik aus meiner Gewalt und übergab dem Senat und dem Volk von Rom die Amtshoheit.«

Was nun folgte, war zweifellos sorgfältig inszeniert, doch deshalb ist den Beteiligten nicht grundsätzlich die Aufrichtigkeit abzusprechen. Oktavians Rede wurde mit Protestrufen und Entrüstung aufgenommen. Wollte der Erlöser wirklich seine geliebte Gemeinde im Stich lassen? Mit vorgetäuschter Bescheidenheit willigte Oktavian schließlich ein, sein Konsulat zu behalten und für bestimmte Provinzen persönlich verantwortlich zu sein, nämlich für Gallien, Spanien und Syrien. Zufällig waren gerade in diesen Provinzen die weitaus meisten der auf Zeit verpflichteten Legionen stationiert. Er hatte dem Senat und dem Volk Rechenschaft über die Verwaltung dieser Provinzen abzulegen, genauso wie jeder republikanische Prokonsul vor ihm. Nicht ganz so streng republikanisch war die Regelung, die ihm erlaubte, bevollmächtigte Stellvertreter einzusetzen, so daß er in Rom bleiben konnte, ohne sein Amt persönlich an Ort und Stelle ausüben zu müssen. Immerhin hatte es dafür schon Beispiele in der späten Republik gegeben; man konnte auch diese Regelung als ein Zeichen für die Rückkehr zu republikanischem Brauch darstellen. Es wäre taktlos gewesen, darauf hinzuweisen, daß 23 der 26 Legionen sich unter der Kontrolle eines einzigen Mannes befanden.

Oktavians besonders enge Verbindung mit der Armee wurde so verfassungsmäßig bestätigt. Außerdem war sein Anspruch, Patron des römischen Volkes zu sein, schon gleich nach der Besetzung Alexandrias anerkannt worden, als ihm die Vollmachten und Privilegien eines Volkstribuns übertragen worden waren. Seit dem Jahre 36 besaß er die persönliche Unverletzbarkeit eines Tribunen. Das war nicht von großer politischer Bedeutung – eher ein Zeichen der Wertschätzung für den Sohn eines Gottes. Die Verleihung der anderen Vollmachten aber symbolisierte seine Stellung als Schutzherr und Verteidiger des einfachen Volkes und machte die Verbundenheit zwischen dem Patron und seinen Abhängigen, zwischen dem Volk von Rom und seinem ersten Kaiser deutlich. Als das Tribunat im Gründungsjahrhundert der Republik geschaffen wurde, war es eine der vornehmsten Pflichten des Tribuns, dem Einzelnen behilflich zu sein und ihn vor der Willkür der patrizischen Obrigkeit zu schützen. Diese Autorität, wenngleich nun selten angerufen, blieb im Gefühl der Menschen lebendig. Daß Oktavian sie besaß, sagte etwas Grundsätzliches über seine Stellung aus; das Tribunat gewährte auch einschneidendere und verwaltungsrechtlich interessante Vollmachten, zum Beispiel das Recht, Gesetzesentwürfe vorzulegen, aber sie spielten keine große Rolle, solange Oktavian ohnehin Konsul war.

Aus der »Wiederherstellung der Republik« ging Oktavian also als Konsul, Prokonsul und Tribun hervor, obwohl er im Falle der beiden letzten Ämter Amtshoheit und tatsächliche Amtsausübung ganz oder teilweise getrennt hatte. Er selbst besaß nach eigener Aussage nicht mehr Befugnisse als jeder andere seiner Kollegen. Aber das war Theorie. Denn tatsächlich war diese Ämterhäufung einzigartig und eines Tyrannen würdig, das konnte auch seine Behauptung kaum verschleiern, er sei ja nur Princeps, der Erste unter den Bürgern. Drei Tage später setzte er diesem pseudo-republikanischen Bild noch ein weiteres Glanzlicht auf. Oktavian brauchte einen Titel, und sei es nur, um ihn von seinem Großonkel zu unterscheiden. Dieser Titel mußte dem Zweiten Gründer Roms angemessen sein. Einige schlugen »Romulus« vor, aber das hatte peinliche monarchische Bezüge. Plancus wußte, wie immer, Rat. Bei dem alten Poeten Ennius gab es eine berühmte Zeile, die davon berichtet, wie Romulus »in erhabener Vorahnung« die Stadt Rom gründete (*Augusto augurio postquam incluta condita Roma est*).

Das Adjektiv war glückverheißend und deutete übermenschliche Größe an, enthielt aber nichts, was ein republikanisches Ohr beleidigt hätte. So wurde der neue Herrscher nun Augustus genannt — und nach ihm der Monat, in dem er sowohl sein erstes Konsulat angetreten als auch die Bürgerkriege beendet hatte. Die Torpfosten seines Hauses wurden mit Lorbeer, dem Wahrzeichen des Siegers, geschmückt; über die Tür hängte man einen Eichenkranz — die Auszeichnung für einen Soldaten, der das Leben eines Kameraden in der Schlacht gerettet hat. Im Senat wurde ein goldener Schild aufgestellt, dessen Inschrift die vier Haupttugenden des Augustus aufzählte: Tapferkeit, Großmut, Gerechtigkeit und Frömmigkeit.

Die erste verfassungsmäßige Regelung bedurfte später einiger Änderungen. Wir hören nur sehr wenig von einer Opposition — die es mit Sicherheit gegeben hat. Aber es liegt nicht in der Natur totalitärer Staaten, Unstimmigkeiten an die große Glocke zu hängen. Erst im Jahre 23 dringt einiges von den Spannungen und persönlichen Machtkämpfen unter der scheinbar so glatten Oberfläche der wiederhergestellten Republik nach draußen. Oktavian, damals ernstlich erkrankt, wurde wegen seiner nicht verfassungsmäßig gerechtfertigten Machtfülle angegriffen und mußte eine regelrechte »Verschwörung« erfinden, um sich seines Bedrohers zu entledigen; es war kein Geringerer als sein Mitkonsul. Gleichzeitig machte Agrippa unmißverständlich klar, daß er nicht freiwillig Augustus' jungem Neffen Marcellus, der schon auf die Nachfolge vorbereitet wurde, den ersten Platz überlassen würde. Die Krise ging vorüber, Augustus genas, und Agrippa hatte erreicht, was er wollte. Erst 20 Jahre später war es wieder nötig, einen Konsular hinzurichten, und es ist eine Ironie der Historie, daß es der jüngste Sohn des Antonius war, Iullus, von Octavia aufgezogen, den der Princeps geliebt und gefördert hatte wie seine eigenen Stiefkinder.

Nichtsdestoweniger war es offenkundig, daß das im Jahre 27 entwickelte Kontrollsystem verbessert werden mußte. Ein Nachteil war, daß Augustus immer einen Mitkonsul hatte, der verfassungsmäßig zumindest in Rom und Italien dieselben Vollmachten besaß wie er selbst. Ein weiterer Nachteil seines Dauer-Konsulats bestand darin, daß die Konsulats-Aussichten anderer dadurch halbiert wurden; selbst in dieser Art von Republik war das Konsulat immer noch die Krönung einer politischen Karriere. Aus diesen beiden Gründen weigerte sich Augustus, trotz heftigsten Drängens der römischen Plebs, das Amt länger auszuüben. Nur in den Jahren 5 und 2 v. Chr. tauchte er aus dem »Ruhestand« auf, um seine Enkel dadurch zu ehren, daß er das höchste Staatsamt mit ihnen teilte. Die scheinbare Amtsniederlegung war, staatsrechtlich gesehen, bedeutungslos. Dank der ihm im Jahre 30 verliehenen Tribunats-Vollmacht, hatte Augustus ohnehin genügend Befugnisse, die ihm erlaubten, die routinemäßigen Staatsgeschäfte zu leiten. Die speziellen Vollmachten, die ihm noch fehlten, wurden ihm im Laufe der nun folgenden Jahre zugestanden. Was die Provinzen betraf, die ihm nicht persönlich anvertraut waren, sondern von Statthaltern verwaltet wurden, die dem Senat unterstanden, so verschaffte er sich auch da ein ständiges Einspruchsrecht. Die vollziehende Gewalt (*imperium*), die er besaß, wurde derart erweitert, daß er nun auch die gesetzliche Vollmacht hatte, diesen Statthaltern Anweisungen zu geben; dieses erweiterte *imperium* (genannt *maius* = größer) wurde ihm auf Lebenszeit zuerkannt.

So festigte Augustus seine Herrschaft über den Staat, war aber dabei so vorsichtig, daß ihm niemand vorwerfen konnte, er mißbrauche republikanische Einrichtungen, um seine persönliche Oberhoheit zu sichern. Mit viel Geschick hatte er für seine illegal erworbene, aber jetzt unangreifbare Vorherrschaft die solide Grundlage geschaffen. Es war gar nicht nötig gewesen, neue Vollmachten innerhalb der Verfassung zu schaffen, und dennoch war seine jetzige Stellung tatsächlich einzigartig — hoch über dem eng umgrenzten und von Kämpfen gezeichneten Feld, auf dem sich die wilden politischen Auseinandersetzungen der späten Republik abgespielt hatten. Augustus bekleidete kein Amt. Indem er das Konsulat niederlegte und als Entschädigung später einige der damit verbundenen Privilegien wieder erhielt, erreichte Augustus den Schlußpunkt der im Jahre 36 begonnenen Entwicklung, als ihm die Unverletzlichkeit des Tribuns zuerkannt worden war. Nun endlich lag die ganze Macht aller republikanischen Ämter in seiner Hand, und die bisherigen zwei Regulative waren aufgehoben: seine Amtsausübung war zeitlich unbegrenzt, und ihm zur Seite stand kein gleichrangiger Kollege mehr mit Vetorecht oder anderen legalen Mitteln der Obstruktion. Seine Stellung fand tatsächlich ihren Ursprung und ihre Berechtigung in den guten alten republikanischen Einrichtungen, erhob ihn aber hoch über das System traditioneller Magistratsämter – von denen Velleius, der offizielle Chronist, sagen konnte, sie hätten »nun wieder ihre Befugnisse wie von alters her«. Im Einklang mit diesem Scheinbild, das er brauchte, zählte Augustus nach dem Jahre 23 seine Regierungsjahre von der Verleihung der tribunizischen Gewalt an – diesem »Abzeichen der Oberhoheit«, wie Tacitus sie später nennen sollte. Es war sehr klug, diese Verbindung zwischen dem römischen Volk einerseits und dem Wahrer seiner Rechte andererseits (wenn auch kaum seiner Freiheit) zu unterstreichen und die eigentliche, die militärische Basis der kaiserlichen Macht diskret im Hintergrund zu halten.

Es gelang Augustus ganz vorzüglich, eine annehmbare und sichere Grundlage für seine Monarchie zu schaffen. Anders stand es um das Nachfolge-Problem. Die Republik erkannte erbliche Machtansprüche nicht an. Die Mitglieder bestimmter großer Familien mochten das Konsulat als ihr Geburtsrecht betrachtet haben, mußten sich aber zuerst bewähren und dem Volk von Rom ihre Eignung für das höchste Amt beweisen. Das Konsulat selbst führte nur in den Vorhof der Macht; die wirklich Mächtigen waren die dienstältesten Senioren unter den Konsularen. Die oligarchische Politik ließ es nicht zu, daß eine einzelne Familie das Machtmonopol beanspruchte; unweigerlich entstand eine opponierende Fraktion, die solche Anmaßung durchaus zunichte machte. Augustus war also der erste Mann in der römischen Geschichte, der nicht einer Koalition von Feinden zum Opfer fiel – Sulla ausgenommen, der freiwillig abdankte. Er mußte nun sicherstellen, daß die von ihm errungene und ausgeübte Macht ohne Schwierigkeiten und reibungslos von einem Nachfolger übernommen werden konnte. Mißlang ihm das, würde die römische Welt in das Grauen des Bürgerkriegs zurückfallen.

Die Schwierigkeit war, daß das Problem theoretisch gar nicht existierte. Augustus war nichts weiter als der Princeps, der erste Bürger, der sich durch seine hervorragenden Verdienste eine besonders prominente und ehrenvolle Stellung erworben hatte. All die ehrlichen, treuen und fähigen Männer in seiner Umgebung sorgten nach wie vor dafür, daß die Staatsverwaltung weiter funktionierte wie eh und je. Sollte Augustus sterben, so würden nur die Provinz-Statthalter die Lücke im staatlichen Verwaltungsapparat spüren. Doch auch das wäre kein großes Problem, denn Augustus' Abgesandte, die stellvertretend seine Provinzen regierten, brauchten sich ihre Machtbefugnisse nur vom Senat bestätigen zu lassen. Nach dem proklamierten Ideal der wiederhergestellten Republik durfte es auch gar keinen andern Princeps mehr geben. Tatsächlich aber konnte die wiederhergestellte Republik, wie jeder wußte, nicht ohne ihn auskommen. Augustus' Aufgabe war es jetzt, einen Mann zu finden, der regieren konnte und zugleich von der Armee und vom Volk als sein Nachfolger anerkannt wurde.

Nachfolge gleich Erbfolge — von dieser dynastischen Denkweise vermochte er sich kaum zu lösen. Nur einmal hatte er jemanden außerhalb seiner nächsten Verwandtschaft ins Auge gefaßt — Agrippa. Das geschah aber unter Umständen, die ihm fast keine andere Wahl ließen. Während der Krise im Jahre 23 v. Chr. glaubte man allgemein, daß Agrippa nach dem Tode von Augustus den jungen Marcellus nicht lange die Macht genießen lassen würde, die der Princeps ihm vererben wollte. Augustus selbst wußte das wohl auch. Als er wiederhergestellt war, gab er Agrippa ein erweitertes *imperium* — nur sein eigenes war größer. Das bedeutete, daß sein Tod Agrippa sowohl theoretisch, im Sinne der Verfassung, als auch praktisch zum mächtigsten Mann im Staate machen würde. Zufällig starb Marcellus im nächsten Jahr, was Augustus aus der Verlegenheit rettete. Marcellus' 17jährige Witwe Julia, einzige Tochter des Augustus, ging an Agrippa über. Als Schwiegersohn und mutmaßlicher Erbe bekam Agrippa später das Tribunat; er wurde gleichsam ein bevollmächtigter Caesar — nur ohne diesen Namen. Vielleicht verschmähte er die Adoption, seiner eigenen Fähigkeiten und der Tatsache sich bewußt, daß Augustus ihm genausoviel verdankte wie er umgekehrt ihm. Doch nach seinem Tode im Jahre 12 v. Chr. wurden die Erben seines »Imperiums«, die ihm nachfolgten, sein ältester Sohn Gaius und Augustus' Stiefsohn Tiberius, nun wiederum vom Princeps adoptiert — ihrerseits jetzt die einzigen Träger des mächtigen Namens Caesar, außer dem Princeps selbst.

Für Augustus war diese Denkweise ganz natürlich. Seinen eigenen Erfolg verdankte er dem Zufall der Adoption, und in der republikanischen Politik zählten vor allem die Errungenschaften und das Ansehen der Familie, der man entstammte. Der Ruhm, den der Einzelne errang, erhöhte das Prestige seiner Familie. Man erbte Freunde und Klienten, wie man Geld oder Grundstücke erbte. Wie auch die verfassungsgemäße Fassade aussehen mochte, die Augustus errichtete – seine Macht stützte sich auf die Soldaten, die ihm persönlich ergeben waren, und sie beruhte auf der Unterstützung des Volks. Das alles waren seine Klienten – eine solche Menge, wie man sie sogar in der Endphase der Republik nicht für möglich gehalten hätte, wenngleich im politischen Gefüge des römischen Staates diese Entwicklung schon vorgezeichnet war. Die immer härter geführten Kämpfe im ohnehin seit jeher vorhandenen Streben um persönliche Vorherrschaft hatten einfach zu dem äußersten Punkt geführt, wo schließlich nur noch ein einziger Patron auftreten konnte. Augustus hatte diese riesige *clientela* von Julius Caesar in embryonaler Form geerbt; er hatte sie gehegt, vergrößert und umgebildet, bis sie am Ende zur Grundlage seiner unangreifbaren Macht gediehen war. Was er mit einem Namen erworben hatte, wollte er nun auch mit einem Namen wieder weitergeben. Ob er anders hätte vorgehen können, ist jedenfalls zweifelhaft. Die Plebs und die Streitkräfte waren hinsichtlich der Bedeutung und der Vererbbarkeit politischer Loyalität völlig seiner Meinung. Wie ihr Herrscher waren diese Leute in einem Schema sozialer Haltungen aufgewachsen, das in ganz Italien Gültigkeit hatte, und es schien ihnen ganz selbstverständlich, daß sie seinen Erben und Nachkommen dieselbe Treue erweisen würden.

Bei dieser Art von Rückendeckung war jeder Staatsstreich ausgeschlossen. Augustus' Regierung hing, wie jede Regierung überhaupt, von den Männern ab, die ihr dienten; keinem von ihnen wäre es in den Sinn gekommen, dem Princeps den ersten Platz streitig zu machen. So hat auch Agrippa sein Leben lang einem Mann gedient, der ihm in mancher Beziehung unterlegen war. Von Anfang an hatte die Revolutionspartei immer nur einen Führer gehabt. Was da vorher oder nachher in den geschlossenen Parteigremien alles vorgefallen sein mag, steht auf einem andern Blatt. Vielleicht hat es im Umkreis des Augustus wirklich scharfsinnigere Politiker gegeben oder Strategen, die ihrem Befehlshaber überlegen waren, doch selbst, wenn es so war – niemand kennt sie. Ohne ihn und sein caesarisches Charisma hätten sich ihre Talente nie entfalten können. Augustus' Bedeutung wird dadurch nicht verringert. Er hatte die geniale Gabe zu erkennen, wie er andere seinen Zwecken dienstbar machen konnte. Er fand Anhänger innerhalb und außerhalb des Kreises der alten senatorischen Aristokratie, und sein heterogenes Gefolge ist ein Beweis für seine Fähigkeit, Altes und Neues miteinander in Verbindung zu bringen. Er vermochte es, den Regierungsapparat so zu verbessern, daß nun die höchsten Ämter für qualifizierte Männer, die sich auch mehr um das Wohl der Regierten kümmerten, weit zugänglicher waren als je unter der Republik.

»Ganz Italien« wurde allmählich eine Realität. Zwar blieb die römische Herrschaftsform im Wesen eine Oligarchie, aber diese Oligarchie hatte eine breitere Basis, auf der die Machtkämpfe an Ingrimm verloren. Die höchsten Preise waren schon vergeben. Der Princeps nahm allen militärischen Ruhm für sich in Anspruch, er war der erste Mann in Rom. Nicht das geringste seiner Verdienste um die Stabilität des Staates während der nächsten zwei Jahrhunderte war, daß er die Macht der alten Tradition abschwächte, nach der politischer Erfolg nur auf dem Umweg über militärische Ruhmestaten erreichbar war. Aber seine größte Leistung bestand zweifellos darin, erreicht zu haben, daß die entscheidende politische Gewalt nicht mehr vom Spiel der Rivalitäten abhängig war. Zum Ausgleich beschwor er die alten Ideale in einer großartigen Vision: ein Rom, dem zu dienen verdienstvoll war, da man es sich nicht mehr unterwerfen konnte. Genau das waren auch die Ideale, die die Republik in ihrer Frühzeit und in ihren mittleren Jahren getragen hatten – daher Augustus' Reformprogramme hinsichtlich Moral und Religion, die man nicht einfach zynischerweise als perfide Tricks eines berechnenden Autokraten abtun sollte, daher die neue, offiziell geförderte Kunst, die die Macht, die Herrlichkeit und die zivilisatorische Mission Roms betonte, daher die Literatur, insbesondere die Werke von Vergil und Livius, mit dem zentralen Thema der Größe Roms und dessen göttlichem Auftrag, über die Welt zu herrschen.

Friede, wachsender Wohlstand und Gerechtigkeit, das waren die vornehmsten, wenngleich nicht gerade sehr originellen Ziele des gereiften Augustus. Im großen und ganzen hat er sie auch erreicht. Trotz aller Widerwärtigkeiten, die seinen Aufstieg zur Macht begleiteten, gereichte seine Herrschaft schließlich den Millionen einfacher Bürger der römischen Welt nur zum Wohle. Die alte Aristokratie der Stadt Rom, deren Macht zerschlagen war, starb aus – noch nicht zu Augustus' Lebzeiten, aber kurz danach. Man könnte sagen, die Aristokraten hätten sich selbst zum Untergang verdammt; sie zahlten dafür, daß sie sich mit ihren Idealen und Wertbegriffen einer sich wandelnden Umwelt nicht anpaßten. Italien aber konnte viel mehr und viel fähigere und energischere Männer hervorbringen, die ein Reich zu regieren verstanden.

In welchem Sinne war Aktium dann ein Wendepunkt? Es war der Abschluß einer geschichtlichen Entwicklung, die mindestens ein Jahrhundert zuvor schon begonnen hatte. Unter diesem Gesichtspunkt ist das Ergebnis der Schlacht relativ uninteressant; zeitlich gesehen ist die Schlacht insofern bedeutungsvoll, als sie den Anfang des Römischen Kaiserreichs markiert. Hätte Antonius gewonnen, und zwar nicht nur die Schlacht, sondern den Krieg, dann hätte er sich fast in der gleichen Lage wie Oktavian nach dem Fall von Alexandria befunden, aber er wäre im Nachteil gewesen. Die Probleme Oktavians, die Soldaten anzusiedeln und irgendeine, von der Verfassung gedeckte Regierungsform zu finden, hätte Antonius, der sich Kleopatra und dem Osten verbunden fühlte, sehr viel schwerer lösen können — ohne die phantastischen Reichtümer eines erbeuteten Schatzes. Aber selbst angenommen, er hätte diese Schwierigkeiten gemeistert, dann läßt sich kaum erkennen, wie er denn sehr viel anders als Augustus zu dauerhaften Lösungen gekommen wäre. Natürlich hätte Antonius die Stadt Rom und den Westen aufgeben können. Aber angesichts der Stärke Italiens und der historischen Beziehungen zwischen Rom und dem Osten hätte er kaum erwarten dürfen, daß sich ehrgeizige Römer auf die Dauer mit dieser Regelung zufrieden geben würden. Der Versuch, in Alexandria den hellenistischen Monarchen zu spielen, hätte ihm bald neue Herausforderungen eingebracht. Er wußte ganz genau, daß die Legionen Roms die besten Streitkräfte der mittelmeerischen Welt darstellten, und ohne sie Gewalt ausüben zu wollen, wäre Wahnsinn gewesen. Antonius also als Repräsentanten des hellenistisch-monarchistischen Prinzips zu sehen und Oktavian als seinen Gegenpart, ist falsch. Es war einfach so, daß der Osten von seinen Herrschern die pomphaften Abzeichen des Königtums verlangte und der Westen sie ablehnte.

Die eigentliche Ursache der Bürgerkriege waren die sozialen Unruhen und wirtschaftlichen Wirren auf der italischen Halbinsel. Hätte Antonius die wesentlichen Bedürfnisse der Soldaten — und der Italiker überhaupt — nicht befriedigen können, so wären früher oder später neue Unruhen entstanden und ein neuer revolutionärer Anführer hätte sich erhoben. Die wirkliche Wiederherstellung der Republik war nicht möglich, wie

Antonius aufgrund eigener Erfahrungen im Jahre 44 erkannt hatte. Als Vertreter der echten republikanischen Prinzipien bei Aktium hatte er die ganze Strömung der geschichtlichen Entwicklung gegen sich. So war es richtig, daß er verlor, was der römischen Welt viele Erleichterungen brachte, obgleich er der edelmütigere und aufgeschlossenere der beiden Gegenspieler war. Der beste Epitaph zur Schlacht ist der Stammbaum der julisch-claudischen Dynastie, die der Sieger begründete. Darin ist das Blut von Antonius, Oktavian und Agrippa unauflöslich miteinander vermischt.

Anhang

Römische Nomenklatur

Jeder römische Bürger hatte einen Vornamen *(praenomen)* und einen Familiennamen *(gentilicium* oder einfach *nomen).* Es gab nur eine sehr begrenzte Anzahl von Vornamen, und jeder hatte seine offizielle Abkürzung. Außerdem hatten viele Leute einen dritten Namen, einen Beinamen *(cognomen)* zur weiteren Unterscheidung, der ursprünglich aus einem Spitznamen entstanden war, vom Träger selbst erworben oder von seinen Ahnen geerbt. In manchen Fällen war die Gruppe mit demselben Beinamen so groß, daß zweite oder sogar dritte *cognomina* gebräuchlich wurden. So gehörten zum Beispiel zu der alten Sippe der Cornelier sowohl die Cornelii Scipiones als die Cornelii Lentuli, beide so zahlreich, daß die Beinamen ihre eigentliche Unterscheidungsfunktion verloren. Da haben wir denn einen Publius Cornelius Scipio Africanus und sogar einen Publius Cornelius Scipio Nasica Serapio. Außer im Falle solcher berühmten Familienzweige waren diese zweiten *cognomina* aber selten ererbt.

Wenn jemand in alltäglichem Zusammenhang erwähnt wurde, wie etwa in den Briefen Ciceros, wurde er gewöhnlich entweder mit dem Familiennamen oder mit dem Beinamen bezeichnet, z. B. Gnaeus Pompeius Magnus als Pompeius, Gaius Iulius Caesar als Caesar. Der Vorname wurde in Verbindung mit einem der beiden andern Namen gebraucht, um Irrtümer auszuschließen: Lucius Caesar bezeichnete den Onkel des Antonius. Gelegentlich wurde auch nur der Vorname allein benutzt, wenn der Zusammenhang klar war oder die Einzigartigkeit des Vornamens jede Ungewißheit ausschloß.

Offiziell wurde ein Mann in der Kurzform mit dem Vornamen zusammen entweder mit dem Familiennamen oder dem Beinamen erwähnt, je nachdem, wie er gewöhnlich genannt wurde. Die Verbindung von Vornamen und Beinamen wurde aber im wesentlichen nur benutzt, wenn man von Mitgliedern der Aristokratie sprach. Im vollständigen Namen, der nur in amtlichen Dokumenten vorkam, stand der Vorname des Vaters und manchmal des Großvaters vor dem Beinamen. Cicero hieß offiziell: M(arcus) Tullius M(arci) f(ilius) M(arci) n(epos) Cicero.

Die Adoption war in der römischen Aristokratie sehr gebräuchlich. In diesem Fall übernahm die adoptierte Person die drei Namen des Adoptivvaters und fügte entweder eine adjektivische Form seines Familiennamens hinzu (Gaius Iulius Caesar Octavianus) oder einen Beinamen, der zu seiner eigenen Familie gehörte (Quintus Servilius Caepio Brutus — bekannter unter seinem ursprünglichen Namen Marcus Junius Brutus).

Freigelassene bekamen mit ihrer Freiheit automatisch das römische Bürgerrecht und mußten einen römischen Namen führen. Gewöhnlich erhielt der Freigelassene das *gentilicium* seines früheren Besitzers und behielt seinen persönlichen Namen als Beinamen. Davor konnte er jeden beliebigen Vornamen setzen, oft den seines früheren Herrn; so war Gaius Iulius Demetrias ein griechischer Freigelassener Caesars. Derselbe Brauch galt für Nicht-Italiker, die aus irgendeinem Grund eingebürgert wurden, etwa Orientalen, die das Bürgerrecht erhielten, um in der Legion dienen zu können.

Frauen führten einfach die weibliche Form ihres Familiennamens. Fulvia hatte keine weiteren Namen. Gegen Ende der Republik kamen auch weibliche Beinamen auf, so hieß die Frau des Cassius: Junia Tertia, die Frau Oktavians: Livia Drusilla. Dieser Brauch entwickelte sich im Kaiserreich weiter, vor allem bei den Frauen des kaiserlichen Hauses.

Vornamen und ihre Abkürzungen (ausgenommen sehr seltene und fremdartige Namen):

A.	Aulus	M'.	Manius
Appius	(ausschließlich für die Claudier mit dem Beinamen Pulcher)	P.	Publius
C.	Gaius	Paullus	(ausschließlich für die Aemilier)
Cn.	Gnaeus	Q.	Quintus
D.	Decimus	Ser.	Servius (so gut wie ausschließlich für die Sulpicier)
L.	Lucius	Sex.	Sextus
Mam.	Mamercus (? ausschließlich für die Aemilier)	T.	Titus
M.	Marcus	Ti.	Tiberius

Das alte römische Alphabet hatte keinen gesonderten Buchstaben für den Laut G, und man verwendete C sowohl für den stimmhaften wie auch für den stimmlosen Laut. Später, als das G eingeführt war, behielt man trotzdem die alten Abkürzungen für Gaius und Gnaeus bei.

Bibliographische Hinweise

1. DIE QUELLEN

Abgesehen von den Hauptquellen, die sich speziell mit der behandelten Epoche befassen, gibt es eine ganze Reihe informativer Einzelheiten in vielen Werken des Altertums. Das so gewonnene Bild kann durch das Zeugnis von zeitgenössischen Münzen und Inschriften bereichert und verbessert werden. (In diesem Zusammenhang siehe:

J. E. Sandys: *Latin Epigraphy*, 2., von S. G. Campbell revidierte Auflage, Cambridge 1927

R. Bloch: *L'Epigraphie Latine*, Paris 1952

E. A. Sydenham: *The Roman Republican Coinage*, London 1952

Cambridge Ancient History, Bd. 10, S. 866—76).

Die folgenden Notizen beziehen sich auf die bedeutendsten Schriftsteller des Altertums, die die Ereignisse erwähnen, mit denen sich unser Buch befaßt.

a) Historische Darstellungen

Appian
(Appianos, 90—160 n. Chr.) ein Mann aus Alexandria, der kaiserlicher Beamter wurde und eine Geschichte der Bürgerkriege in griechischer Sprache schrieb. Buch II endet mit dem Mord an Caesar, die Bücher III bis V beschreiben die Ereignisse bis zum Tode des Sextus Pompeius im Jahre 35. Sein Bericht ist der ausführlichste und beste aller antiken Darstellungen. Seine Quellen liegen im Dunkel, obgleich E. Gabba (*Appiano*, Florenz 1956) versucht zu beweisen, daß er sich sehr eng an die verlorengegangene Darstellung dieser Periode von Asinius Pollio anlehnt.
Dio
(Cassius Dio Cocceianus, 163—230 n. Chr. oder später) aus Nikaia in Bithynien, Senator und zweimal Konsul, schrieb in griechischer Sprache eine ausführliche Geschichte Roms bis hin zu seiner Zeit, von der die Bücher XLIV—LI, die sich auf unsere Periode beziehen, vollständig erhalten sind. Er ist kürzer, nicht so genau und redseliger als Appian. (Siehe F. C. Millar: *A Study of Cassius Dio*, Oxford 1964).
Velleius
(Gaius Velleius Paterculus, 19 v. Chr. bis 31 n. Chr.) aus Kampanien gebürtig, Senator und Prätor, schrieb in lateinischer Sprache eine kurze Skizze der römischen Geschichte, von den Anfängen bis zum Jahr 30 nach Christus. Er ist extrem »pro-Augustus«.
Josephus
(T? Flavius Josephus, 37/8—98 n. Chr.) ein Aristokrat der jüdischen Priesterschaft, pro-römisch eingestellt, schrieb eine Geschichte der Juden *(Antiquitates Judaicae)* und einen Bericht über den jüdischen Krieg, 66—70 n. Chr. *(De Bello Judaico)*, beides in griechischer Sprache. Hier erfährt man Wesentliches über Antonius im Osten.
(Von der großen Geschichtsdarstellung des Livius [Titus Livius, 59 v. Chr. bis 17 n. Chr.] aus Patavium [Padua] ist das für die behandelte Periode Wichtige nur in einem kurzen Abriß [*Periochae* genannt] überliefert und indirekt in den Werken späterer Kompilatoren kurzer Geschichtswerke über Rom [u. a. Florus, Eutropius und Orosius] enthalten.)

b) Biographien

Plutarch
(Ploutarchos, 46—127 n. Chr.) aus Chaironeia in Griechenland, schrieb in griechischer Sprache eine Reihe von Lebensbildern, darunter die von Caesar, Cicero, Brutus und Antonius. Diese Werke sind vom Standpunkt des Historikers unsystematisch und in ihrer Zuverlässigkeit unterschiedlich.
Sueton
(Gaius Suetonius Tranquillus, 69—140 n. Chr.) Sprachwissenschaftler und für kurze Zeit Sekretär des Kaisers Hadrian, schrieb in lateinischer Sprache über die zwölf Caesaren, von Julius bis Domitian. Diese Lebensbeschreibungen sind Porträts, keine Biographien im modernen Sinne, enthalten jedoch viele Informationen aus vorzüglichen Quellen, vor allem über Augustus, der Sueton offenbar sehr interessiert hat.
Nikolaos von Damaskus
(64 v. Chr. bis 5 [?] n. Chr.) Hof-Historiker bei Herodes dem Großen. Er be-

gleitete ihn nach Rom und lernte Augustus persönlich kennen. Er schrieb in griechischer Sprache »Das Leben des Augustus«, wobei er auf den Erinnerungen des »Ersten der Bürger« aufbaute. (Siehe F. Jacoby: *Fragmente der Griechischen Historiker*, 90 F 130; C. M. Hall: *Nicolaus of Damascus's Life of Augustus*, Northampton/Mass., 1923).

Augustus

Er hinterließ selbst eine kurze Aufstellung seiner Taten, die auf zwei vor seinem Mausoleum in Rom angebrachten Bronzetafeln eingraviert wurde. Nachbildungen dieser Tafeln wurden auch an anderen Stellen des Reiches aufgestellt; in Ancyra (Asia Minor) ist die Inschrift fast vollständig erhalten. Diese Tafel ist unter dem Namen *Monumentum Ancyranum* (nach ihrem Fundort) oder als die *Res Gestae* bekannt.

c) Andere zeitgenössische Dokumente

Cicero

Ciceros Briefe, insbesondere die an seinen Freund und Ratgeber Atticus, waren nie zur Veröffentlichung bestimmt; für den Historiker sind sie eine unschätzbare Quelle. Die 14 Reden, schon zu seinen Lebzeiten »Philippicae« genannt, die er in der Zeit von September 44 bis April 43 hielt, sind gleichfalls einzigartige Zeugnisse aus jener Zeit.

2. MODERNE ARBEITEN

Die Aufstellung gliedert sich in zwei Teile, deren erster die Werke aufführt, die für das Buch im ganzen bedeutsam waren, während der zweite Teil das Material enthält, das speziell in einzelnen Kapiteln verwertet wurde; in diesem Teil werden auch die Quellen für die verwendeten Zitate genannt. Ganz allgemein handelt es sich um drei Gruppen von Veröffentlichungen: 1. kürzlich herausgegebene Bücher für den interessierten Laien (durch einen Stern gekennzeichnet); 2. grundlegende Forschungsarbeiten; 3. wissenschaftliche Artikel meist neueren Datums, die sich mit ganz bestimmten Aspekten der Schilderung beschäftigen.

Die Zahl der nur unter diesem Gesichtspunkt ausgewählten Hinweise ist für die Kapitel 15 und 16 etwas höher als bei andern Kapiteln. Die Hinweise für Kapitel 18 können nur andeutungsweise über die Zugänge zu dem komplexen Thema Aufschluß geben.

Allgemeines

* BALSDON J. P. V. D. (Hrg.) *The Romans* (London 1965)

BROUGHTON T. R. S. *The Magistrates of the Roman Republic*, 2 Bde. (New York 1951—2)

COOK S. A., ADCOCK F. E., und CHARLESWORTH M. P. (Hrg.) *Cambridge Ancient History*, Bd. X (Cambridge 1934)

* EARL D. C. *The Moral and Political Tradition of Rome* (London 1967)

GRANT M. *From Imperium to Auctoritas* (Cambridge 1946)

HADAS M. *Sextus Pompey* (New York 1930)

LEVI M. A. *Ottaviano Capoparte*, 2 Bde. (Florenz 1933)

* MCDONALD A. H. *Republican Rome* (London 1966)
REINHOLD M. *Marcus Agrippa* (Geneva/N.Y. 1933)
SYME R. *The Roman Revolution* (Oxford 1939)
* VOLKMANN H. *Cleopatra, a Study in Politics and Propaganda* (London 1958)

Der Osten

BUCHHEIM H. *Die Orientpolitik des Triumvirn M. Antonius* (Heidelberg 1960)
JONES A. H. M. *The Cities of the Eastern Roman Provinces* (Oxford 1937)
MAGIE D. *Roman Rule in Asia Minor*, 2 Bde. (Princeton 1950)

Gesellschaft und Wirtschaft

BRUNT P. A. 'The equites in the late Republic' in *Trade and Politics in the Ancient World* (Paris 1965)
— 'The Roman mob' in *Past and Present*, 1966, 3—27
FRANK T. *An Economic Survey of Ancient Rome, I: Rome and Italy of the Republic* (Baltimore 1933)
TAYLOR L. R. 'Freedmen and freeborn in Imperial Rome', *AJP*, 1961, 113—132
YAVETZ Z. 'The living conditions of the urban plebs in Republican Rome', *Latomus*, 1958, 500—517
— *Plebs and Princeps* (Oxford 1969)

Das Heer

BOTERMANN HELGA. *Die Soldaten und die Römische Politik in der Zeit von Caesars Tod bis zur Begründung des Zweiten Triumvirats* (München 1968)
BRUNT P. A. 'The army and the land in the Roman revolution', *JRS*, 1962, 69—86
FORNI G. *Il Reclutamento delle Legioni da Augusto a Diocleziano* (Rom 1953)
GABBA E. 'Ricerche sull' esercito professionale romano da Mario ad Augusto', *Athenaeum*, 1951, 171—272
PARKER H. M. D. *The Roman Legions* (London 1928)
SCHMITTHENNER W. *The Armies of the Triumviral Period* (Dissertation, Oxford 1958, ungedruckt)
SMITH R. E. *Service in the post-Marian Roman Army* (Manchester 1958)

Hinweise für die einzelnen Kapitel

Kapitel I

ALFÖLDI A. *Studien über Cäsars Monarchie* (Lund 1953)
BALSDON J. P. V. D. 'The Ides of March', *Historia*, 1958, 80—94
* — *Julius Caesar and Rome* (London 1967)
EHRENBERG V. 'Caesar's final aims', *HSCP*, 1964, 149—161
GELZER M. *Caesar, der Politiker und Staatsmann* (6. Aufl., Wiesbaden 1960)
HEINEN H. 'Cäsar und Kaisarion', *Historia*, 1969, 181—203

S. 7 Plut., *Caes.*, 66
S. 8 Ovid, *Fasti*, 3.525—6 und 531—2
S. 9 Suet., *Julius*, 80
S. 11 Suet., *Julius*, 77
S. 11 Cic., *ad Fam.*, 7.30.1—2
S. 12 Suet., *Julius*, 77
S. 13 Cic., *Phil.*, 2. 87

S. 14 Plut., *Brutus*, 10
S. 14 Suet., *Julius*, 80
S. 14 Cic., *ad Att.*, 2.1.8
S. 20 Nic. Dam., *Vita Aug.*, 25.91—4

Kapitel II
SCHMITTHENNER W. *Oktavian und das Testament Cäsars* (München 1952)
S. 22 Appian, *BC*, 2.119
S. 23 Cic., *Phil.*, 2.80, 82—83
S. 24 Cic., *ad Att.*, 14.10.1
S. 26 Plut., *Ant.*, 14
S. 27 Cic., *ad Att.*, 14.14.2
S. 30 Cic., *ad Att.*, 14.10.1
S. 30 Pacuvius ap. Suet., *Julius*, 84
S. 30 App., *BC*, 2.145—146
S. 32 Cic., *ad Att.*, 14.12.1; 15.11.2
S. 35 Cic., *Phil.*, 2.91
S. 36 Cic., *ad Att.*, 14.3.2. und 14.8.1

Kapitel III
S. 39 Suet., *Aug.*, 79.2
S. 39 Cic., *Phil.*, 3.15
S. 42 Cic., *ad Att.*, 14.12.2
S. 43 Vell., 2.60.2
S. 44 Cic., *ad Att.*, 14.16.2 und 14.17 A
S. 44 Cic., *Phil.*, 2.102
S. 47 Cic., *ad Att.*, 15.11.1—3
S. 52 Cic., *ad Fam.*, 11.3.2

Kapitel IV
FRISCH H. *Cicero's Fight for the Republic* (Kopenhagen 1946)
SMITH R. E. *Cicero the Statesman* (Cambridge 1966)
S. 55 Cic., *ad Fam.*, 12.2.1
S. 55 Cic., *ad Fam.*, 10.2.1
S. 57 Cic., *ad Fam.*, 12.23.2
S. 58 App., *BC*, 3.23
S. 60 Cic., *ad Att.*, 16.11.6
S. 62 Cic., *ad Fam.*, 12.2.3
S. 62 Cic., *ad Att.*, 16.14.2
S. 63 App., *BC*, 3.42
S. 65 Cic., *Phil.*, 10.10
S. 66 App., *BC*, 3.46

Kapitel V
S. 67 Cic., *ad Fam.*, 11.4.1—2
S. 68 Cic., *ad Fam.*, 11.5.2—3
S. 69 Cic., *Phil.*, 3.31
S. 72 Cic., *ad Fam.*, 10.5; 11.7.2; 12.22 A
S. 78 App., *BC*, 3.26
S. 79 Cic., *Phil.*, 11.5; 11.28
S. 80 Cic., *Phil.*, 12.24

S. 85 Cic., *ad Fam.*, 10.30
S. 87 App., *BC*, 3.68

Kapitel VI

BERCHEM D. VAN 'La fuite de Decimus Brutus', *Mél. Carcopino*, 941—953
PERROCHAT P. 'La correspondance de Cicéron et de Munatius Plancus', *REL*, 1957, 172 ff.
WALSER G. *Der Briefwechsel des L. Munatius Plancus mit Cicero* (Basel 1957)
S. 91 Cic. *ad Fam.*, 11.13.2
S. 92 Cic., *ad Fam.*, 11.20.1
S. 94 Cic., *ad Fam.*, 10.34; 10.34 A; 10.35
S. 99 Cic., *ad M. Brut.*, 1.10.3
S. 100 Cic., *ad M. Brut.*, 1.16.11
S. 101 Suet., *Aug.*, 26
S. 102 Cic., *Phil.*, 5.43
S. 105 Cic., *de Off.*, 2.76 ff.
S. 105 App., *BC*, 4.65
S. 106 App., *BC*, 4.6

Kapitel VII

CERFAUX L. und TONDRIAU J. *Le Culte des Souverains dans la Civilisation Gréco-Romaine* (Tournai 1957)
S. 109 Syme, *Roman Revolution*, 190 Anm. 6
S. 109 App., *BC*, 4.17—51
S. 110 App., *BC*, 4.31
S. 110 Pollio ap. Sen., *Suas.*, 6.24
S. 110 Vell., 2.67.4

Kapitel VIII

BABCOCK C. L. 'The early career of Fulvia', *AJP*, 1965, 1—32
GOODFELLOW C. *Roman Citizenship* (Lancaster/Pa., 1935)
GILBOA A. *Viritane Grants of Citizenship* (Diss., Jerusalem 1958, mit englischer Zusammenfassung)
JONES G. D. B. 'Southern Etruria 50—40 B.C., an attack on Veii in 41 B.C.', *Latomus*, 1963, 773—776
S. 122 Vell., 2.74.3
S. 122 App., *BC*, 5.12
S. 124 (Vergil, *Eklogen*, 1 und 9)
(Horaz, *Epoden*, 7, vgl. 16)
S. 125 App., *BC*, 5.17
S. 129 App., *BC*, 5.29
S. 131 Schleudergeschosse: *CIL*, 11.6721
Oktavians Epigramm: Martial, 11.20.3—8
S. 132 Aug. bei App., *BC*, 5.45 f.

Kapitel IX

S. 134 Statuenbasis: *SEG*, 17.75
S. 134 Plut., *Ant.*, 23
S. 136 Shakespeare, *A. u. C.*, II.2
S. 136 Plut., *Ant.*, 26
S. 139 Plut., *Ant.*, 28

S. 145 Vell., 2.76.4
S. 146 Vergil, *Eklogen*, 4.3—17

Kapitel X

COMBES R. *Imperator. Recherches sur l'emploi et la signification du titre d'Impérator dans la Rome républicaine* (Paris 1966)
SYME R. 'Imperator Caesar, a study in nomenclature', *Historia*, 1958, 172—188
S. 161 App., *BC*, 5.83
S. 163 App., *BC*, 5.92
S. 168. Suet., *Aug.*, 70 (zweimal)
S. 170 Dio., 48.54.5

Kapitel XI

PAGET R. F. 'The ancient ports of Cumae', *JRS*, 1968, 152—169
INSTINSKY H. U. 'Bemerkungen über die ersten Schenkungen des Antonius an Kleopatra', *Robinson Studies*, 11, 975—979
MICHEL D. *Alexander als Vorbild für Pompeius, Caesar und Marcus Antonius, Archäologische Untersuchungen* (Brüssel 1967)
CERFAUX-TONDRIAU (s. oben Kap. VII)
S. 177 App., *BC*, 118—120
S. 178 Dio., 49.9
S. 183 Plut., *Ant.*, 36
S. 189 Plut., *Ant.*, 49

Kapitel XII

KROMAYER J. 'Kleine Forschungen ... VI: Die Vorgeschichte des Krieges von Actium', *Hermes*, 1898, 13—70
SCHMITTHENNER W. 'Octavians militärische Unternehmungen in den Jahren 35—33 v. Chr.', *Historia*, 1958, 189—236
S. 194 Plut., *Ant.*, 43
S. 199 Tarn, *CAH*, 10.77
S. 199 Plut., *Ant.*, 53
S. 201 App., *BC*, 5.132
S. 201 Verg., *Georgica*, 2.493—502

Kapitel XIII

KRAFT K. 'Zu Sueton, Divus Augustus 69.2: M. Anton und Kleopatra', *Hermes*, 1967, 496—499
S. 207 Dio., 49.40.3 (zweimal)
S. 208 Dio., 49.40.5
S. 210 Suet., *Aug.*, 69
S. 212 Plut., *Ant.*, 55
S. 215 *Orac. Sibyll.*, 3.350—361, 367—380
S. 217 Suet., *Aug.*, 69

Kapitel XIV

CROOK J. A. 'A legal point about Mark Antony's will', *JRS*, 1957, 36—38
HERRMANN P. *Der römische Kaisereid* (Göttingen 1968)
KRAFT K. 'Der Sinn des Mausoleums des Augustus', *Historia*, 1967, 189—206
HOLLOWAY R. R. 'The tomb of Augustus and the princes of Troy', *AJA*, 1966, 171—173

S. 223 Suet., *Nero*, 2
S. 223 Dio., 50.3.2
S. 226 Plut., *Ant.*, 56
S. 227 Vell., 2.83.1
S. 230 Sallust, *BJ*, 85.4
S. 230 Aug., *Res Gest.*, 25
S. 231 Dio, 51.4.6
S. 231 (Die Worte des Eids sind eine Verschmelzung von *ILS* 190 und 8781)
S. 234 Vell., 2.86.3

Kapitel XV und XVI
Zur Topographie:

HAMMOND N. G. L. *Epirus* (Oxford 1967)
LEAKE W. M. *Travels in Northern Greece* (4 Bde., London 1835)

Zum Feldzug:

KROMAYER J. 'Kleine Forschungen ... VII: Der Feldzug von Actium und der sogenannte Verrath der Cleopatra', *Hermes*, 1899, 1—54
FERRABINO A. 'La battaglia d'Azio', *Riv. Fil.*, 1924, 433—472
KROMAYER J. *Antike Schlachtfelder*, IV (1931), 662—671
TARN W. W. 'The battle of Actium', *JRS*, 1931, 173—199
LEVI M. A. 'La battaglia d'Azio', *Athenaeum*, 1932, 3—21
KROMAYER J. 'Actium: ein Epilog', *Hermes*, 1933, 361—383
RICHARDSON G. W. 'Actium', *JRS*, 1937, 153—164
WISTRAND E. *Horace's Ninth Epode and its Historical Background* (Göteborg 1958)

Zum Seekrieg:

ANDERSON R. C. *Oared Fighting Ships from Classical Times to the Coming of Steam* (London 1962)
BASCH L. 'Un modèle de navire romain', *L'AC*, 1968, 136—171
* CASSON L. *The Ancient Mariners* (London 1959)
KROMAYER J. 'Die Entwicklung der römischen Flotte vom Seeräuberkriege des Pompeius bis zur Schlacht von Actium', *Philologus*, 1897, 426—491

S. 236 Dio., 50.10.3
S. 239 Syme, *Roman Revolution*, 297
S. 239 Verg., *Aen.*, 8.678—88
S. 248 Vell., 2.84.2
S. 249 Horaz, *Epoden* 9
S. 249 Plut., *Ant.*, 68
S. 251 Dio., 50.23.2
S. 252 Plut., *Ant.*, 64
S. 257 Plut., *Ant.*, 65
S. 257 Dio., 50.31—32
S. 258 Dio., 50.31.6
S. 258, 259 Plut., *Ant.*, 66
S. 261 Verg., *Aen.*, 8.710
S. 262 Dio., 50.34—35
S. 262 Plut., *Ant.*, 67
S. 264 Plut., *Ant.*, 68

Kapitel XVII
S. 271 App., *BC*, 5.136
S. 272 Plut., *Ant.*, 85
S. 273 Horaz, *Oden*, 1.37

Kapitel XVIII

* EARL D. C. *Augustus und seine Zeit* (Wiesbaden 1969)
GRENADE P. *Essai sur les Origines du Principat* (Paris 1961)
HAMMOND M. 'The sincerity of Augustus', *HSCP*, 1965, 139—162
* ROWELL H. T. *Rome in the Augustan Age* (Univ. of Oklahoma 1962)
MILLAR F. 'The emperor, the Senate, and the provinces', *JRS*, 1966, 156—166
SALMON E. T. 'The evolution of Augustus' principate', *Historia*, 1956, 456—478
SATTLER P. *Augustus und der Senat. Untersuchungen zur römischen Innenpolitik zwischen 30 und 17 v. Chr.* (Göttingen 1960)

S. 277 Tac., *Ann.*, 1.3
S. 277 Aug., *Res Gest.*, 34
S. 279 Ennius ap. Suet., *Aug.*, 7
S. 281 Vell., 2.89.3
S. 281 Tac., *Ann.*, 3.56

Abkürzungen

AJA American Journal of Archaeology
AJP American Journal of Philology
CAH Cambridge Ancient History
CIL Corpus Inscriptionum Latinarum
HSCP Harvard Studies in Classical Philology
ILS Inscriptiones Latinae Selectae (Hrg. H. Dessau, Berlin 1892)
JRS Journal of Roman Studies
L'AC L'Antiquité Classique
Mél. Carcopino Mélanges d'Archéologie, d'Epigraphie et d'Histoire Offerts à Jérôme Carcopino (Paris 1966)
REL Revue des Etudes Latines
Riv. Fil. Rivista di Filologia
Robinson Studies Studies Presented to David Moore Robinson on his Seventieth Birthday (2 Bde. St. Louis 1951—53)
SEG Supplementum Epigraphicum Graecum

Danksagung

Offiziell zu Dank verpflichtet bin ich nur wenigen, die ich hier nennen werde. Die vielen anderen Verpflichtungen könnte ich nicht einmal zählen, geschweige denn einzeln aufführen; ohne die Lebensarbeit anderer mit zu verwerten, wäre es unmöglich, ein solches Buch zu schreiben. Doch insbesondere sind es zwei Bücher, die ich eigens erwähnen möchte: das großartige Werk »The Roman Revolution« von Sir Ronald Syme, in sich schon eine Revolution der Erforschung römischer Geschichte in England, für mich zugleich Anregung und unentbehrliches Nachschlagewerk, und »Die Orientpolitik des Triumvirn M. Antonius« von H. Buchheim, das von einem ganz anderen Blickwinkel aus das von Syme gezeichnete Bild bestätigt und erhellt.

Ich bin auch Dr. W. Schmitthenner sehr dankbar, daß er mich Einblick in seine unveröffentlichte Dissertation »The Armies of the Triumviral Period« nehmen ließ. Dank gebührt ebenfalls dem Verteidigungsministerium *(Air Force Department)* für die Genehmigung, die Luftaufnahme von Aktium zu veröffentlichen; und schließlich Monsieur J.-M. Rouquette, Conservateur des Musées d'Arles, dem ich mich persönlich verbunden fühle, weil er mir so hilfreich und großzügig neue Photos der in Arles befindlichen Büste des Oktavian überließ.

Meiner Frau möchte ich für ihre Ermutigung und Unterstützung danken und ihren Brüdern für deren Hilfe, als sich die Arbeit dem Ende zuneigte. Zum Schluß möchte ich dem *Master and Council of Ormond College* der Universität von Melbourne meinen Dank aussprechen für den Lehrauftrag auf dem Seymour-Lehrstuhl *(Seymour Readership)*, der mir überhaupt erst die Beschäftigung mit diesem Thema erlaubte.

Royal Holloway College
September 1969

REGISTER

John M. Carter

wurde 1934 in Watford geboren, studierte klassische Philologie in Sherborne und setzte nach dem Militärdienst von 1954 bis 1958 sein Studium am Corpus Christi College in Cambridge fort. Nach zwei Jahren Tätigkeit im Schuldienst arbeitete er bis 1968 als Lektor für klassische Philologie und Kunstgeschichte am Ormond College der Universität Melbourne. Ein einjähriger Studienaufenthalt in Europa ermöglichte ihm 1967 den Beginn der Vorarbeiten für sein Buch und den Besuch der historischen Stätten. Seit seiner Rückkehr nach England ist er am Royal Holloway College der Universität London tätig.

Aufgewachsen an der Küste des nördlichen Wales, fesselte ihn die Seefahrt von Jugend an, und er nahm aktiv an Segelregatten teil. Seine wissenschaftlichen Arbeiten gelten der frühen griechischen und römischen Kunst sowie der Geschichte Roms.

Die Mittelmeerwelt
44 v. Chr.